偏正态下数字金融风险预警的统计建模及应用

叶仁道　罗　堃等　著

国家社会科学基金项目"复杂偏态数据下数字金融风险预警的统计建模及应用研究"（21BTJ068）、国家自然科学基金项目"偏正态纵向数据混合效应模型的统计推断及应用"（11401148）研究成果

科学出版社

北　京

内 容 简 介

本书突破经济金融统计建模中常引发质疑的正态分布假定窠臼，创造性地提出非中心偏 χ^2 分布、广义非中心偏 χ^2 分布、非中心偏 F 分布等偏态分布理论。进一步，构建偏正态单向分类随机效应模型、偏正态两向分类随机效应模型、偏正态非平衡面板数据模型、偏正态混合效应模型等偏正态统计模型，并建立一系列新的有效的统计推断理论与方法。最后，将上述偏正态建模理论与机器学习方法相结合，构建我国数字金融风险最优预警模型，以提高数字金融领域统计推断的精度，改善实际数据分析的效果，为当前数字金融风险预警及防范治理实践提供更有力的数据支撑。

本书可作为数字金融风险预警和复杂偏态数据统计建模领域的研究人员及相关专业博士和硕士研究生、金融行业管理人员、科技工作者的参考书目。

图书在版编目（CIP）数据

偏正态下数字金融风险预警的统计建模及应用 / 叶仁道等著. -- 北京：科学出版社, 2024. 12. -- ISBN 978-7-03-079632-5

Ⅰ. F830.9

中国国家版本馆 CIP 数据核字第 20248630XY 号

责任编辑：魏如萍 / 责任校对：杨聪敏
责任印制：张　伟 / 封面设计：有道设计

科 学 出 版 社 出版
北京东黄城根北街 16 号
邮政编码：100717
http://www.sciencep.com
北京中石油彩色印刷有限责任公司印刷
科学出版社发行　各地新华书店经销
*
2024 年 12 月第 一 版　开本：720 × 1000　1/16
2024 年 12 月第一次印刷　印张：13 3/4
字数：300 000
定价：150.00 元
（如有印装质量问题，我社负责调换）

作 者 简 介

叶仁道，1981 年 10 月生，浙江瑞安人。博士、教授、博士生导师，现任杭州电子科技大学杂志社社长，曾任经济学院副院长。入选浙江省高校领军人才培养计划高层次拔尖人才、浙江省高校中青年学科带头人、浙江省"之江青年社科学者"、浙江省"151 人才"，曾为美国新墨西哥州立大学和西俄勒冈大学访问学者。主要从事数据挖掘、数理统计、金融统计等领域的研究。

主持完成国家社会科学基金 1 项（结项鉴定等级为"良好"）、国家自然科学基金 2 项，教育部人文社会科学研究项目、国家统计局重点项目、浙江省自然科学基金项目、浙江省哲学社会科学规划课题等省部级课题 10 项（含省部级重点 2 项），并作为主要成员参与完成国家自然科学基金、国家社会科学基金、教育部人文社会科学研究项目、浙江省自然科学基金项目、浙江省哲学社会科学规划课题等多项。

已在 *Journal of Multivariate Analysis*、*Computational Statistics & Data Analysis*、*Acta Mathematica Sinica（English Series）*、*Economic Analysis and Policy*、*Journal of Statistical Planning and Inference*、*Metrika*、*Journal of Statistical Computation and Simulation*、*Statistical Papers*、*Statistics and Probability Letters*、《数学学报》和《经济地理》等国内外重要刊物上发表论文 80 余篇，其中 SSCI、SCI 收录 36 篇、EI 收录 14 篇，CSSCI 收录 4 篇，一级期刊 9 篇。在 *Taylor & Francis Group* 旗下 CRC Press、科学出版社出版著作 3 部，教材 3 部（含浙江省"十四五"重点建设教材 1 部）。研究成果获浙江省教学成果奖二等奖 1 项，浙江省高校优秀科研成果奖二等奖 2 项、三等奖 1 项，杭州市哲学社会科学优秀成果奖二等奖 1 项，京津地区青年概率统计会议优秀论文奖等多个奖项。

担任浙江省首批一流专业建设点"统计学"负责人、一级学科硕士学位授权点"统计学"负责人、校一流学科（A 类）"统计学"负责人、*International Journal of Applied & Experimental Mathematics* 期刊编委、中国统计教育学会理事、中国数量经济学会理事等。曾担任国家重点研发计划项目会评专家、国家社会科学基金及成果鉴定函评专家、全国研究生教育评估监测专家库专家、教育部 CJXZ 函评专家、北京市等 6 个省市自然科学基金函评专家。

序　言

　　金融是国民经济的血脉，关系到中国式现代化建设全局。防范化解金融风险特别是防止发生系统性金融风险，是金融工作的根本性任务，也是金融工作的永恒主题。党的十八大以来，习近平总书记从战略全局出发，擘画了建设金融强国的宏伟蓝图，强调以推进金融高质量发展为主题，以全面加强监管、防范化解风险为重点，坚定不移走中国特色金融发展之路，为资本市场改革发展稳定工作提供了根本遵循。近年来，数字金融业务蓬勃发展，但对其风险进行评估与预警研究却相对滞后。为此，系统研究数字金融风险预警的统计建模问题，显得尤为必要。该书以数字金融风险为研究对象，以风险预警模型的构建为逻辑主线，系统分析了复杂偏正态数据下统计建模理论与方法、数字金融风险评估指标及最优预警模型构建等，是基于当前现实问题的科学凝练，也是响应和服务国家高质量发展战略需求的研究命题。

　　该书突破现有正态分布假定的局限性，在复杂偏正态分布下，构建了若干类偏正态统计模型，提出了一系列偏态分布理论，建立了新的有效的统计推断理论与方法，从而改进与推广了现有研究结果，成为该研究领域的重要创新点之一。这些研究成果有助于丰富和拓展偏正态统计模型的统计推断理论与方法，为偏态数据处理提供一种新的研究思路，具有重要学术价值。同时，该书所构建的最优风险预警模型，可作出更为准确有效的统计推断和预测，对我国数字金融风险防范与治理具有重要现实意义，亦为破解其他类似的复杂经济金融问题提供了借鉴。

　　该书是作者长期学术研究的积累，围绕偏正态模型与数字金融风险统计建模的相关研究，已获得了多项国家级、省部级课题资助，包括国家社会科学基金项目、国家自然科学基金项目、国家统计局重点项目等，具有科学性、创新性和实践指导性。相信该书的出版会有助于增进读者对数字金融风险及预警的理解，对提高风险防范意识产生有益的启示作用。

黄先海

浙江大学副校长

前　言

2019 年 2 月，习近平总书记在主持中央政治局第十三次集体学习时指出"金融安全是国家安全的重要组成部分……防范化解金融风险特别是防止发生系统性风险，是金融工作的根本性任务"。2024 年 5 月，中央政治局会议指出"防范化解金融风险，事关国家安全、发展全局、人民财产安全，是实现高质量发展必须跨越的重大关口"。近年政府工作报告亦屡屡提及互联网金融风险问题。因此，基于数字金融实际数据对其风险预警开展统计建模及应用研究，已成为具有国家战略意义的重要课题。

然而，数字金融实际数据更常见、更频繁地呈现出各种偏态分布的特征，如偏正态分布、偏 t 分布、偏椭球等高分布等。在众多偏态分布中，偏正态分布可以说是实际数据拟合分布中最为常见的。显然，此时若简单沿用传统的正态分布假定对实际数据及其理论模型进行统计推断研究，易导致统计推断方法缺乏稳健性，也易导致具有误导性的结论。

对此，本书突破经济金融统计建模中常引发质疑的正态分布假定窠臼，创造性地提出非中心偏 χ^2 分布、广义非中心偏 χ^2 分布、非中心偏 F 分布等偏态分布理论。进一步，构建偏正态单向分类随机效应模型、偏正态两向分类随机效应模型、偏正态非平衡面板数据模型、偏正态混合效应模型等偏正态统计模型。在此基础上，综合运用矩阵技术、极大似然估计、EM（expectation-maximum，期望最大化）算法、Bootstrap（自助）方法、广义方法、蒙特卡罗（Monte Carlo）方法、机器学习等多种研究方法和工具，建立一系列新的有效的统计推断理论与方法，并将其应用到我国数字金融风险最优预警模型的构造中，以提高数字金融领域统计推断的精度，改善实际数据分析的效果，为当前数字金融风险预警及防范治理实践提供更有力的数据支持。

本书共分 10 章，系统阐述复杂偏正态数据下统计建模理论与方法、数字金融风险评估指标及最优预警模型构建等。具体内容包括：①构建若干类偏正态统计模型，并讨论矩生成函数、密度函数、线性型分布、二次型分布、独立性等模型性质。②针对上述偏正态统计模型，探讨回归系数、方差分量函数、偏度参数等感兴趣参数的可行估计问题，并从理论视角证明其统计优良性。③针对上述偏正态统计模型，研究回归系数、方差分量函数、位置参数等感兴趣参数的可行检验问题，并从数值视角证明其统计优良性。④构建数字金融风险指标体系，并基于最优综合赋权法研究我国数字金融风险指数的测度问题。⑤将偏正态统计建模理论与机器学习方法相结合，探究中国数字金融风险最优预警模型的构建问题，并作数值模拟及对策分析。

本书将偏正态总体推广至偏正态统计模型，系统探讨数字金融风险预警的统计建模理论，建立了一系列新的有效的统计推断理论与方法，实现了对文献中现有结果的改进与推广（可参见第2～4章和第6章）。具体研究特色与创新之处包括：①巧妙运用矩阵分解、矩阵微商、矩阵偏序等矩阵技术的高度技巧，结合极大似然估计、EM算法等统计方法，构造回归系数、方差分量函数、偏度参数等感兴趣参数的优良估计。②利用Bootstrap方法和广义方法，建立回归系数、方差分量函数、位置参数等感兴趣参数的优良检验。③创造性地提出一系列新的偏态分布理论，基于此构造回归系数、方差分量函数等感兴趣参数的精确检验统计量。④应用上述统计推断理论与方法，构建我国数字金融风险最优预警模型，以提高数字金融领域统计推断的精度，改善实际数据分析的效果。

本书部分章节主要内容在国内外学术刊物上已发表过，其中SCI收录9篇、CSSCI收录1篇、一级期刊2篇。具体为：第2章（SCI收录：*Computational Statistics and Data Analysis*、*Communications in Statistics-Simulation and Computation*，一级期刊：《数学物理学报》）、第3章（SCI收录：《数学学报（英文版）、*Applied Mathematics-A Journal of Chinese Universities*（*Series B*）》，CSSCI收录：《数理统计与管理》）、第4章（SCI收录：*Communications in Statistics-Simulation and Computation*）、第5章（SCI收录：*Journal of Statistical Computation and Simulation*）、第6章（SCI收录：*Metrika*、*Applied Mathematics-A Journal of Chinese Universities*（*Series B*））、第7章（一级期刊：《系统科学与数学》）、第8章（SCI收录：*Journal of Multivariate Analysis*、*Metrika*）。

本书是作者主持完成的国家社会科学基金项目"复杂偏态数据下数字金融风险预警的统计建模及应用研究"（21BTJ068）、国家自然科学基金项目"偏正态纵向数据混合效应模型的统计推断及应用"（11401148）、全国统计科学研究重点项目"数字金融风险评估与预警的复杂数据统计建模研究"（2024LZ029）的重要研究成果之一。在这里衷心感谢曾经给予过我们帮助的导师、朋友及学生。首先，特别感谢浙江大学黄先海教授、北京工业大学王松桂教授和杭州电子科技大学陈畴镛教授，感谢他们多年来在作者研究过程中所给予的关心、指导和帮助。其次，要感谢美国新墨西哥州立大学的王通会教授，感谢他将我引入偏正态分布研究领域，并在我访问该校期间给予热情的指导与关心。再次，要感谢我指导的研究生谢怡晨、杜微晓、安娜、王仲池、戚戬、徐立军、林雅、姜玲、方冰妮、张逸澜等为本书相关内容研究与写作所付出的辛勤劳动，部分内容也成为他们学位论文的主要成果。最后，要感谢科学出版社魏如萍老师，为本书顺利出版付出的辛勤劳动。

由于作者水平所限，书中若有不足之处还望国内同行及广大读者不吝赐教。联系方式：yerendao@hdu.edu.cn。

叶仁道

2024 年 11 月于西溪诚园

目　　录

第1章 绪 论

1.1 研 究 背 景

随着移动支付、网络贷款、数字保险等业务的蓬勃发展，数字金融已成为当今世界经济的重要组成部分。例如，2005 年 3 月英国 Zopa 公司开创 P2P（peer to peer，点对点）网贷业务，截至 2020 年 1 月已向 50 万人发放 40 亿英镑贷款；2009 年 1 月比特币"横空出世"，2024 年 11 月总市值已突破 1.72 万亿美元。据 IMF（International Monetary Fund，国际货币基金组织）统计，中国数字支付、网络借贷两大业务规模分别达 154.9 万亿元和 2.3 万亿元，蚂蚁金服、京东金融、陆金所等公司估值占全球 70%。业务迅猛发展，对其风险评估、预警、防范等关键问题的研究与实践却相对滞后，网贷欺诈、P2P 爆雷等事件频发以致影响恶劣，引起党中央和国务院高度重视。2019 年 2 月，习近平总书记在主持中央政治局第十三次集体学习时指出"金融安全是国家安全的重要组成部分……防范化解金融风险特别是防止发生系统性风险，是金融工作的根本性任务。"2024 年 5 月，中央政治局会议指出"防范化解金融风险，事关国家安全、发展全局、人民财产安全，是实现高质量发展必须跨越的重大关口"。近年政府工作报告亦屡屡提及互联网金融风险问题。基于数字金融实际数据对其风险预警开展统计建模及应用研究，已成为具有国家战略意义的重要课题。

然而，现有相关理论与方法更多地基于传统金融风险预警模型，如 Logit 模型、支持向量机（support vector machine，SVM）、BP 神经网络（back propagation neural network，BPNN）等，难以对数字金融风险预警作出准确、有效的统计推断，不利于现实问题的解决。对此，偏正态面板数据模型不仅能刻画个体的组间差异和组内差异，还能充分契合数字金融实际问题的偏态数据特征，理应能够提高拟合精度。

鉴于此，本书在偏正态分布假设下，针对平衡、非平衡、异方差等数据特征，研究偏正态总体、偏正态单向分类随机效应模型、偏正态两向分类随机效应模型、偏正态非平衡面板数据模型、偏正态混合效应模型等偏正态模型的统计推断理论，建立若干新的有效的统计推断方法。在此基础上，将上述偏正态统计推断方法与机器学习方法相结合，以构建数字金融风险最优预警模型，为数字金融风险预警及防范治理实践提供支持。本书研究成果不仅有助于深化对偏态数据统计建模理论与方法的探索，亦有助于提高我国数字金融风险的预测能力，具有重要的学术价值和应用价值。

1.2　研究现状

1. 数字金融风险

鉴于互联网复杂度、数据安全风险以及数字金融企业操作风险等因素的存在，数字金融风险具有不稳定性、难控制等特征。因此，国内外学者对数字金融风险的影响因素及其防范措施开展深入研究。例如，塔琳[1]从互联网金融系统特性、市场特征和风险影响因素等方面构建系统性风险指标体系，研究结果表明，宏观经济波动冲击、政府债务冲击等外部因素会放大互联网金融系统性风险。谭中明等[2]针对经济、金融、科技、网络等外部环境因素，构建数字金融风险综合压力指数，并利用马尔可夫区制转移模型探讨数字金融所面临的风险。董小君和石涛[3]运用面板向量自回归模型，分析互联网金融风险的影响因素，如企业赢利能力、固定资产投资、通货膨胀率等。进一步，谢平等[4]针对数字金融风险，提出了五个方面的监管对策，即必要性、一般性、特殊性、一致性、差异性。张晶[5]、廖愉平[6]、夏政[7]、张承惠[8]分别提出健全金融消费权益保护制度、完善第三方虚拟支付平台监管措施、提高数字金融监管效率、加大打击非法集资力度等监管措施。在此基础上，刘芬华等[9]给出以保护投资者为根，监管为体，消弭信息不对称为导向的监管逻辑。

国外学者则从数字金融机构视角对数字金融风险进行研究，并对机构模式提出对策建议。例如，Magee[10]、Chaffee 和 Rapp[11]通过分析 Dodd-Frank 法案，针对 P2P 监管的新内容，预测 P2P 借贷行业未来发展趋势。Michael[12]通过分析众多筹资人借贷案例，得出较高信用评级与较低债务收入比是 P2P 平台对客户准入的一个关键指标。Larrimore 等[13]基于欧洲不同 P2P 平台借款业务分析，得出 75% 的借款拒绝率是 Zopa 平台风控成功的关键所在。进一步，Steelmann[14]提出 P2P 借贷应实行抵押，以减少交易中因双方信息不对称而产生的信用风险。Puro 等[15]基于实证研究方法，证明数字金融平台投资方会审慎确定较低的资金融出额，并通过提高利率定价实现风险补偿。Dumičić 等[16]建立欧盟国家互联网银行业务的多元回归模型，认为监管机构应重点关注互联网银行因网络用户虚拟信息和自身违规而产生的风险。

随着数字金融风险研究的深入，其预警问题显得尤为重要。例如，王傲君[17]从用户隐私、社会稳定、监管框架等方面分析数字金融面临的风险，并基于宏观、中观、微观三个层面提出对策和建议。进一步，何宏庆[18]针对数字普惠金融风险产生的原因，从数字技术和普惠金融相结合的视角提出合理规避和有效化解风险的措施。针对我国数字金融风险现状，王伟都[19]和张燕[20]分别从信息内容和海量数据两个维度建立互联网金融风险预警机制。赵潇潇[21]采取层次分析法（analytic hierarchy process，AHP）构建数字金融风险指标体系，分析 2016～2018 年区域性数字金融风险的变化，并提出相关建议。王立勇和石颖[22]采用二层次 CRITIC-灰色关联模型构建互联网风险评价体系，并运用风险价值方法测算互联网金融风险大小。贺丽娜[23]根据指标选取原则确立 P2P 网络借贷平台财务风险预警指标，进而运用 AHP-模糊综合评价法建立财务风险预警模型。

2. 偏正态分布

近年来，经济学、物理学、流行病学等诸多领域的实际数据，更常见、更频繁地呈现出单峰、非对称的偏态分布特征[24-26]。此时，仍旧利用正态分布作为拟合分布，已受到众多学者的质疑[27-33]。早在 1985 年，Azzalini[34]通过引入偏度参数，首次提出偏正态分布，实现正态分布到偏正态分布的连续变化，即推广了正态分布。

鉴于偏正态分布应用的广泛性，众多学者对偏正态分布性质进行了深入研究。如分布特征、特征函数、抽样分布、二次型分布、偏度度量、相对熵度量、极值的矩的近似表达式、极值的收敛率、独立变量和的精确密度、偏正态分布有限组合的识别等，具体可以参见文献[33]，[35]～[46]。在此基础上，可将偏正态分布作为实际数据的拟合分布，进行统计建模研究，以促进实际问题的解决。如空气污染数据的建模、心理测量数据的建模、有界健康得分的建模、保险理赔、资产定价、个人赔款准备金、稳健投资组合估计、粗尾后竺鲷生长估计、分年龄段的生育率、可靠性研究、统计过程控制、大学课程学生满意度分析、微小核糖核酸数据基因的差异表达等，具体可以参见文献[47]～[59]。

由于偏正态分布结构较为复杂，传统的参数估计方法难以直接适用。为此，Pewsey[60]研究了参数估计中直接参数化的弊端，并提出了中心参数化方法。Pewsey[61, 62]将该方法应用于缠绕偏正态（wrapped skew-normal）总体，给出矩估计和极大似然估计方法。进一步，Arellano-Valle 和 Azzalini[63]将中心参数化方法推广到多元偏正态分布，并研究其信息矩阵问题。近年来，Wang 等[64]在变异系数和偏度参数已知时，探讨了位置参数的区间估计问题。Ma 等[65]在尺度参数和偏度参数已知时，讨论了位置参数的区间估计和假设检验问题。Gui 和 Guo[66]基于近似极大似然方程，给出了位置参数和尺度参数的显式估计。Thiuthad 和 Pal[67]分别针对尺度参数和偏度参数为已知与未知时，研究了位置参数的假设检验问题，但蒙特卡罗模拟结果表明，当尺度参数和偏度参数未知时，犯第一类错误的概率和功效并不理想。

在此基础上，偏正态统计模型的统计推断研究已成为热点问题之一。例如，在贝叶斯（Bayesian）框架下，Maleki 和 Wraith[68]将偏正态分布与因子分析模型相结合，获得偏正态因子分析模型的混合及其参数估计。基于函数型主成分分析，

Hu 等[69]讨论偏正态部分函数线性模型的极大似然估计问题。Arellano-Valle 等[70]运用向前过滤和向后抽样方法，研究偏正态动态线性模型的贝叶斯统计推断方法，并将其应用于智利北部雌雄凤尾鱼的条件因子指数分析。基于惩罚极大似然估计和惩罚 EM 算法，金立斌等[71]给出偏正态混合模型未知参数的极大似然估计。Said 等[72]针对偏正态分布的变点问题，基于似然比检验得到探测方法，并将其应用于股票收益问题。

3. Bootstrap 方法

鉴于传统检验方法难以直接构造精确检验统计量，Efron[73]基于计算机数值算法，提出 Bootstrap 方法。该方法因在很多案例中表现令人满意而广受欢迎，广泛应用于各类统计推断问题，如误差估计、假设检验、区间估计等。例如，Krishnamoorthy 等[74]、Ma 和 Tian[75]分别针对正态总体和逆高斯总体的均值的齐次检验问题，建立 Bootstrap 检验方法，并将其与广义检验进行比较研究。模拟结果表明，Bootstrap 检验在犯第一类错误的概率意义下优于广义检验。

进一步，杨方芹等[76]针对平衡单向分类随机效应模型，给出方差分量的 Bootstrap 检验。Zhang 等[77]针对异方差条件下单向方差分析问题，利用参数 Bootstrap 方法和客观贝叶斯方法，建立总均值的检验方法。Xu 等[78, 79]针对异方差条件下非平衡两因子和三因子套设计，构建主效应的参数 Bootstrap 检验。Xu 等[80]针对异方差条件下不带交互效应的两向方差分析模型，研究因子效应的相等性检验问题。模拟结果表明，Bootstrap 方法优于广义方法。Yue 等[81]针对两向误差分量回归模型，构造回归系数的 Bootstrap 检验统计量。Sinha[82]、叶仁道和姜玲[83]、Ye 等[84]将 Bootstrap 方法应用于非平衡两向分类随机效应模型、面板数据模型和广义线性混合效应模型，研究方差分量的假设检验问题。

4. 广义方法

对于复杂统计模型，未知参数可分为感兴趣参数（interest parameter）和冗余参数（nuisance parameter）。通常情况下，冗余参数的数量多于感兴趣参数，这导致对感兴趣参数检验的研究变得较为复杂。此时，基于精确分布的传统方法往往难以奏效。对此，Tsui 和 Weerahandi[85]另辟蹊径，创造性地提出了广义 p-值（generalized p-value）的概念，为研究复杂数据和模型的检验问题开辟了一种全新的思路。Weerahandi[86]推广了置信区间的定义，进一步提出广义置信区间（generalized confidence interval）的概念。基于广义 p-值和广义置信区间所建立的广义方法，可应用于传统检验统计量和枢轴量不存在或难以获得的情形，具有稳健性、计算简便以及易应用于小样本问题等优良特点。

近年来，有关广义方法的研究受到高度重视，并取得了长足发展。例如，

Tian[87]、Park[88]、Krishnamoorthy 和 Mathew[89]、Krishnamoorthy 等[90]、Gamage 等[91]针对正态总体、对数正态总体和逆高斯总体，研究总体均值的推断问题。类似地，Krishnamoorthy 和 Lu[92]、Lin 和 Lee[93]、Ye 等[94]针对正态总体和逆高斯总体，考虑共同均值的推断问题。又如，Weerahandi[95]、Arendacká[96]、Mathew 和 Webb[97]针对各种简单混合效应模型，讨论方差分量的推断问题。Weerahandi 和 Berger[98]、Lin 和 Lee[99]、Chi 和 Weerahandi[100]针对各种简单生长曲线模型，探讨固定处理效应的检验问题。此外，Tian[101]、Ye 和 Wang[102]、Gilder 等[103]针对各种随机效应模型，研究组内相关系数的推断问题。再如，Weerahandi 和 Johnson[104]、Roy 和 Mathew[105]、Krishnamoorthy 和 Lin[106]针对正态总体、指数总体和韦布尔（Weibull）总体，考虑可靠性参数的推断问题。Mathew 等[107]、Hsu 等[108]针对正态总体，讨论几种常见过程能力指数的区间估计问题。此外，李新民等[109]、Hannig 等[110]利用信仰推断理论，分别研究广义 p-值和广义置信区间的构建问题。徐兴忠和刘芳[111]针对混合模型，考虑混合比的推断问题。Xiong 等[112]针对异方差线性模型，讨论位置参数和尺度参数的检验问题。这些研究成果可为实际数据分析提供切实可行的方法，但也产生了一些新的值得深入研究的问题。其中，广义方法在一般平衡随机效应模型、非平衡随机效应模型、一般混合效应模型等复杂统计模型下的应用及其理论性质，显得尤为重要。

1.3　研究方法与思路

本书将偏正态总体推广至偏正态模型，构建了偏正态单向分类随机效应模型、偏正态两向分类随机效应模型、偏正态非平衡面板数据模型、偏正态混合效应模型等偏正态模型。进一步，针对上述偏正态模型，综合运用矩阵技术、极大似然估计、EM 算法、Bootstrap 方法、广义方法、蒙特卡罗方法、机器学习等多种研究方法和工具，建立一系列新的有效的统计推断方法，并将其应用于我国数字金融风险最优预警模型的构造问题。具体研究方法如下。

（1）矩阵技术的高度技巧。在深入研究参数估计方法的统计优良性时，矩阵技术是一个不可或缺的工具，尤其是其中的高度技巧，如矩阵分解、矩阵微商、矩阵偏序等。巧妙地将矩阵技术与极大似然估计方法相结合，可以达到事半功倍的效果。

（2）极大似然估计和 EM 算法。鉴于偏正态密度函数的复杂性，基于极大似然估计无法获得感兴趣参数的显式解。为此，借助 EM 算法，得到感兴趣参数的极大似然估计。

（3）Bootstrap 方法和广义方法。在研究感兴趣参数的假设检验问题时，利用

Bootstrap 方法和广义方法，构造回归系数、方差分量函数、位置参数等感兴趣参数的检验统计量和枢轴量。

（4）蒙特卡罗方法。为验证新方法的合理性和有效性，可以利用蒙特卡罗方法计算犯第一类错误的概率、功效函数、覆盖概率、区间长度等统计指标。

（5）机器学习方法。本书运用随机森林、朴素贝叶斯、XGBoost、LightGBM、CatBoost、SVM、BPNN 等七种机器学习方法，依次构建三段、四段预警区间下的数字金融风险预警模型。进一步，在准确率、精确率和召回率的加权平均值意义下，选取最优风险预警区间和预警模型。

基于上述多种统计研究方法，本书的研究思路如下。

其一，针对多个偏正态总体，当尺度参数和偏度参数未知时，利用极大似然估计和矩估计，并结合矩阵分解、矩阵微商、矩阵偏序、矩阵广义逆等矩阵技术中的高度技巧，研究位置参数的齐次检验问题，构造相应的检验统计量。在此基础上，探讨共同位置参数的假设检验和区间估计问题。从而将徐礼文[113]关于多个正态总体齐次检验的结果推广至偏正态总体。

其二，在偏正态分布下，为构造未知参数的检验统计量和枢轴量，创造性地提出非中心偏 χ^2 分布、广义非中心偏 χ^2 分布、非中心偏 F 分布等偏态分布理论。

其三，将偏正态总体推广至偏正态模型，构建偏正态单向分类随机效应模型、偏正态两向分类随机效应模型、偏正态非平衡面板数据模型、偏正态混合效应模型等偏正态模型。进一步，综合运用矩阵技术、极大似然估计、EM 算法、Bootstrap 方法、广义方法等多种统计研究方法，研究固定效应、回归系数、方差分量函数的假设检验和区间估计问题，建立相应的 Bootstrap 推断方法和广义推断方法。在此基础上，研究其不变性、理论功效和理论置信水平等统计性质。

其四，针对上述统计推断方法，利用蒙特卡罗方法模拟犯第一类错误的概率、功效函数、覆盖概率和区间长度等评价指标，以验证这些方法的合理性和有效性。

其五，将上述统计推断理论与机器学习方法相结合，研究数字金融风险预警的统计建模及数值模拟问题，以构建中国数字金融风险的最优预警模型。

1.4　研究特色与价值

在诸多数字金融问题中，实际数据更常见、更频繁地呈现出各种偏态分布的特征，如偏正态分布、偏 t 分布、偏椭球等高分布等。在众多偏态分布中，偏正态分布可以说是实际数据拟合分布中最为常见的。显然，此时若简单沿用传统的正态分布假定对实际数据及其理论模型进行统计推断研究，易导致统计推断方法缺乏稳健性，也易导致误导性结论。

对此，本书将偏正态总体推广至偏正态模型，提出了若干类偏正态统计模型，包括：偏正态单向分类随机效应模型、偏正态两向分类随机效应模型、偏正态非平衡面板数据模型、偏正态混合效应模型等。在此基础上，系统研究其统计推断理论、方法及应用，可深化现有对偏正态统计模型参数估计和检验的理论探索，而且能够充分契合实际数据的偏正态、非平衡、异方差特征，提高统计推断的精度，进而促进我国数字金融风险预警模型构造问题的有效解决。具体而言，本书的研究特色与创新之处如下。

（1）在偏正态分布下，运用矩阵技术的高度技巧，构造感兴趣参数的优良估计。在偏正态分布假设下，现有基于正态分布的传统参数估计理论与方法难以直接应用于偏正态统计模型。为此，本书巧妙运用矩阵分解、矩阵微商、矩阵偏序等矩阵技术的高度技巧，结合极大似然估计、EM 算法等统计方法，构造回归系数、方差分量函数、偏度参数等感兴趣参数的优良估计。

（2）在偏正态分布下，利用 Bootstrap 方法和广义方法，建立感兴趣参数的优良检验。在偏正态分布假设下，鉴于密度函数的复杂性，故而无法沿用传统方法构建感兴趣参数的检验统计量。为此，利用 Bootstrap 方法和广义方法，建立回归系数、方差分量函数、位置参数等感兴趣参数的优良检验。这是一个难度较大但理论与实际意义均很重要的工作，是本书的重要创新性之一。

（3）创造性地提出一系列新的偏态分布理论，并基于此构造感兴趣参数的精确检验，建立偏正态统计模型的假设检验理论与方法。前期研究表明，在偏正态分布假设下，对于回归系数、方差分量函数等感兴趣参数，基于两个观测向量二次型比值所构造的检验统计量，不服从通常意义下的非中心 F 分布，故而无法建立相应的检验方法。对此，本书创造性地提出一系列新的偏态分布理论，如非中心偏 χ^2 分布、广义非中心偏 χ^2 分布、非中心偏 F 分布等，以此构造回归系数、方差分量函数等感兴趣参数的精确检验统计量，从而建立偏正态统计模型的假设检验理论与方法。

（4）应用上述统计推断理论与方法，构建我国数字金融风险最优预警模型，以提高数字金融领域统计推断的精度，改善实际数据分析的效果。基于上述统计推断理论与方法，对我国东中西地区数字金融风险的影响因素进行统计分析，以确定预警变量。进一步结合七种机器学习方法，构建我国东中西地区数字金融风险最优预警模型，从而作出更为准确、有效的统计推断，有助于实际问题的解决。对于其他领域的实际数据分析，亦具有借鉴意义。

本书的学术价值和应用价值主要包括：

（1）构建偏正态统计模型在平衡、非平衡、异方差情形下的可行估计和检验，并证明其统计优良性，可深化与推广现有关于此类模型的统计推断理论。

（2）突破经济金融统计建模中常引发质疑的正态分布假定窠臼，在偏正态分布下建立统计推断理论与方法，以更为准确地刻画实际数据特征及提高统计推断精度，为偏态数据分析提供一种新的有效的统计方法。

（3）充分契合数字金融风险预警的统计建模的现实问题，研究成果可对数字金融风险作出更为准确有效的统计推断和预测，改善实际数据分析效果，为当前数字金融风险预警及防范治理实践提供更有力的数据支撑。

（4）研究成果亦可推广应用于类似的复杂经济金融问题，具有重要的借鉴意义。

1.5　研究内容与框架

本书针对偏正态总体、偏正态单向分类随机效应模型、偏正态两向分类随机效应模型、偏正态非平衡面板数据模型、偏正态混合效应模型等偏正态统计模型，系统探讨感兴趣参数的统计推断理论与方法，并将其应用于我国数字金融风险最优预警模型的构造问题。具体研究内容与框架如下。

第 1 章，绪论。本章通过数字金融风险建模研究引入各类偏正态统计模型，并介绍国内外研究现状、研究方法与思路、研究特色与价值、研究内容与框架等，使读者对这类模型的丰富实际背景及相关研究有一些了解，有助于对后续章节内容的理解。

第 2 章，偏正态总体位置参数。本章针对多个偏正态总体，当尺度参数和偏度参数未知时，利用极大似然估计和矩估计，并结合 Bootstrap 方法与矩阵技术的高度技巧，研究位置参数的齐次检验问题，构造相应的检验统计量。在此基础上，探讨共同位置参数的假设检验和区间估计问题。从而将徐礼文[113]关于多个正态总体齐次检验的结果推广至偏正态总体。

第 3 章，偏正态单向分类随机效应模型。本章针对偏正态单向分类随机效应模型，在平衡数据情形下，研究固定效应和方差分量函数的假设检验与区间估计问题。基于 EM 算法，给出未知参数的极大似然估计。进一步，基于所提出的非中心偏 χ^2 分布，构造固定效应和方差分量函数的检验统计量，并从数值角度研究其统计优良性。从而将 Wang 等[40]、杨方芹等[76]、Weerahandi[86, 95]的研究结果进行了改进与推广。

第 4 章，偏正态非平衡单向分类随机效应模型。本章针对偏正态单向分类随机效应模型，在非平衡数据情形下，探讨固定效应和方差分量函数的单边假设检验和区间估计问题，建立 Bootstrap 检验统计量、广义检验变量和广义枢轴量。从而将杨方芹等[76]、Weerahandi[86, 95]关于正态、平衡数据情形下的结果推广至偏正态非平衡单向分类随机效应模型。

第 5 章，偏正态非平衡异方差单向分类随机效应模型。本章针对偏正态单向分类随机效应模型，在非平衡、异方差数据情形下，研究固定效应和方差分量函数的单边假设检验和区间估计问题。利用 Bootstrap 方法和广义方法，构建固定效应和方差分量函数的检验统计量与置信区间，并讨论其理论性质。

第 6 章，偏正态两向分类随机效应模型。本章针对偏正态两向分类随机效应模型，探讨固定效应和方差分量函数的统计推断问题。基于非中心偏 F 分布，构造固定效应单边假设检验问题的精确检验统计量。在此基础上，基于 Bootstrap 方法和广义方法，建立单个方差分量、方差分量之和、方差分量之比的单边假设检验方法和区间估计。从而将杨方芹等[76]、Weerahandi[86,95]关于正态情形下的结果推广至偏正态两向分类随机效应模型。

第 7 章，偏正态非平衡面板数据单因素随机效应模型。本章针对偏正态非平衡面板数据单因素随机效应模型，研究回归系数和方差分量函数的假设检验与区间估计问题。基于矩阵分解技术，给出回归系数的精确检验。进一步，基于 Bootstrap方法和广义方法，构造单个方差分量、方差分量之和的检验统计量和置信区间。在此基础上，建立方差分量之比的精确检验和近似检验，并证明所给检验方法和置信区间的不变性。

第 8 章，偏正态混合效应模型。本章针对偏正态混合效应模型，研究回归系数和方差分量函数的假设检验与区间估计问题。基于广义非中心偏 χ^2 分布和非中心偏 F 分布，构造回归系数线性假设检验问题的精确检验。进而，分别基于 Bootstrap 方法和广义方法，构造单个方差分量、方差分量之和、方差分量之比的检验统计量和置信区间。最后，给出蒙特卡罗数值模拟结果。

第 9 章，数字金融风险指数测度与分析。本章利用统计指标方法，构建我国数字金融风险指标体系。进一步，将 AHP 和熵权法相结合进行综合赋权，对我国23 个省区市数字金融风险指数进行测算。最后，运用泰尔指数探究区域内、区域间数字金融风险差异及其对总体差异的贡献度。

第 10 章，中国区域数字金融风险影响与预警分析。本章利用上述偏正态建模理论，对我国东中西区域数字金融风险构建偏正态面板数据模型，以确定数字金融风险预警变量。在此基础上，基于七种机器学习方法，建立我国东中西区域数字金融风险最优预警模型。最后，对预警变量重要性进行识别，以分析重要变量对预测效果的影响程度。

第 2 章　偏正态总体位置参数

考虑偏正态总体的密度函数：
$$f(y;\xi,\eta^2,\alpha)=2\phi(y;\xi,\eta^2)\Phi(\alpha\eta^{-1}(y-\xi)) \tag{2.1}$$
其中，$\xi\in R$ 为位置参数，$\eta^2\in R^+$ 为尺度参数，$\alpha\in R$ 为偏度参数，$\phi(\cdot)$ 和 $\Phi(\cdot)$ 分别为标准正态分布的密度函数和分布函数。记 $Y\in SN(\xi,\eta^2,\alpha)$。若 $\xi=0$ 和 $\eta^2=1$，则式（2.1）退化为标准偏正态分布 $Y\in SN(\alpha)$。若 $\alpha=0$，则式（2.1）退化为正态分布 $Y\sim N(\xi,\eta^2)$。

对于式（2.1），当尺度参数和偏度参数未知时，考虑位置参数的齐次检验问题。首先，构造条件检验统计量，并证明其近似分布。其次，分别给出未知参数的矩估计和极大似然估计，并构造 Bootstrap 检验统计量。在此基础上，探讨共同位置参数的假设检验和区间估计问题。最后，给出蒙特卡罗数值模拟结果。

2.1　条件检验统计量

为方便起见，令 $\overset{\text{asy}}{\sim}$ 表示近似服从，$D(X)$ 表示随机变量 X 的方差。本节构造 k 个偏正态总体的位置参数齐次检验问题的条件检验统计量，接下来给出偏正态分布的相关性质。

引理　2.1　设 $X_j\overset{\text{asy}}{\sim}N(0,1),j=1,2,\cdots,k$，且 $X_1,X_2,\cdots,X_k$ 相互独立，则 $\sum\limits_{j=1}^{k}X_j^2\overset{\text{asy}}{\sim}\chi^2(k)$。

证明　设 X_j 的分布函数为 $F_j(x),j=1,2,\cdots,k$，且标准正态随机变量 X 的分布函数为 $F(x)$。由弱收敛定理[114]可得
$$\int e^{itx^2}dF_j(x)\to\int e^{itx^2}dF(x),\quad j=1,2,\cdots,k$$
即
$$E(e^{itx_j^2})\to E(e^{itx^2}),\quad j=1,2,\cdots,k$$
由连续性定理[115]可得
$$X_j^2\overset{\text{asy}}{\sim}\chi^2(1),\quad j=1,2,\cdots,k$$
由于 $X_1,X_2,\cdots,X_k$ 相互独立，根据文献[116]，有

$$\sum_{j=1}^{k} X_j^2 \overset{\text{asy}}{\sim} \chi^2(k), \quad j=1,2,\cdots,k$$

故引理 2.1 得证。□

设 $Y_{i1}, Y_{i2}, \cdots, Y_{in_i}$ 是来自偏正态总体 $\mathrm{SN}(\xi_i, \eta_i^2, \alpha_i)$ 的一组样本，$i=1,2,\cdots,k$，其样本均值、样本二阶中心矩和样本三阶中心矩可分别表示为

$$\bar{Y}_i = \frac{1}{n_i}\sum_{j=1}^{n_i} Y_{ij}, \quad S_{2i} = \frac{1}{n_i}\sum_{j=1}^{n_i}(Y_{ij}-\bar{Y}_i)^2, \quad S_{3i} = \frac{1}{n_i}\sum_{j=1}^{n_i}(Y_{ij}-\bar{Y}_i)^3, \quad i=1,2,\cdots,k \quad (2.2)$$

易见，Y_i 的矩生成函数为

$$M_{Y_i}(t) = 2\exp\left(t\xi_i + \frac{t^2\eta_i^2}{2}\right)\Phi(t\eta_i\delta_i) \quad (2.3)$$

对式（2.3）求前三阶导数，则有

$$\begin{aligned}
E(Y_i) &= M'_{Y_i}(t)\big|_{t=0} = \xi_i + b\eta_i\delta_i, \\
E(Y_i^2) &= M''_{Y_i}(t)\big|_{t=0} = \xi_i^2 + 2b\xi_i\eta_i\delta_i + \eta_i^2, \\
E(Y_i^3) &= M'''_{Y_i}(t)\big|_{t=0} = \xi_i^3 + 3b\xi_i^2\eta_i\delta_i + 3\xi_i\eta_i^2 + 3b\eta_i^3\delta_i - b\eta_i^3\delta_i^3
\end{aligned} \quad (2.4)$$

其中，$\delta_i = \alpha_i / (1+\alpha_i^2)^{1/2}, b = (2/\pi)^{1/2}$。若 (η_i, δ_i) 已知，则第 i 个总体位置参数的估计及其方差可表示为

$$\hat{\xi}_i\big|_{(\eta_i,\delta_i)} = \bar{Y}_i - b\eta_i\delta_i, \quad D(\hat{\xi}_i\big|_{(\eta_i,\delta_i)}) = \frac{\eta_i^2(1-b^2\delta_i^2)}{n_i}, \quad i=1,2,\cdots,k \quad (2.5)$$

在位置参数齐次检验问题中，将 k 个总体的位置参数分别表示为 $\xi_i = \xi + \Delta\xi_i$，$\Delta\xi_i$ 表示第 i 个总体中位置参数与共同位置参数之差，$i=1,2,\cdots,k$，则感兴趣的假设检验问题为

$$H_0: \Delta\xi_1 = \Delta\xi_2 = \cdots = \Delta\xi_k = 0 \quad \text{vs} \quad H_1: \exists i, \Delta\xi_i \neq 0 \quad (2.6)$$

在原假设 H_0 成立且 (η_i, δ_i) 已知时，借鉴 Ye 等[94]和 Graybill-Deal 估计[117]的统计思想，可得共同位置参数 ξ 的估计为

$$\hat{\xi} = \frac{\displaystyle\sum_{i=1}^{k}\frac{1}{D(\hat{\xi}_i\big|_{(\eta_i,\delta_i)})}\hat{\xi}_i\big|_{(\eta_i,\delta_i)}}{\displaystyle\sum_{i=1}^{k}\frac{1}{D(\hat{\xi}_i\big|_{(\eta_i,\delta_i)})}} = \frac{\displaystyle\sum_{i=1}^{k}\frac{n_i}{\eta_i^2(1-b^2\delta_i^2)}\hat{\xi}_i\big|_{(\eta_i,\delta_i)}}{\displaystyle\sum_{i=1}^{k}\frac{n_i}{\eta_i^2(1-b^2\delta_i^2)}} = \sum_{i=1}^{k}\omega_i\hat{\xi}_i\big|_{(\eta_i,\delta_i)} \quad (2.7)$$

其中，$\omega_i = \dfrac{\dfrac{n_i}{\eta_i^2(1-b^2\delta_i^2)}}{\displaystyle\sum_{i=1}^{k}\dfrac{n_i}{\eta_i^2(1-b^2\delta_i^2)}}, i=1,2,\cdots,k$。

进而，定义统计量

$$Z_i = \frac{n_i}{\eta_i^2(1-b^2\delta_i^2)}\left(\hat{\xi}_i\mid_{(\eta_i,\delta_i)} - \sum_{i=1}^{k}\omega_i\hat{\xi}_i\mid_{(\eta_i,\delta_i)}\right), \quad i=1,2,\cdots,k \qquad (2.8)$$

在原假设 H_0 成立时，Z_i 的期望和方差分别为

$$E(Z_i) = \frac{n_i}{\eta_i^2(1-b^2\delta_i^2)}\left(E(\hat{\xi}_i\mid_{(\eta_i,\delta_i)}) - \sum_{i=1}^{k}\omega_i E(\hat{\xi}_i\mid_{(\eta_i,\delta_i)})\right) = 0,$$

$$D(Z_i) = \left(\frac{n_i}{\eta_i^2(1-b^2\delta_i^2)}\right)^2 D\left((1-\omega_i)\hat{\xi}_i\mid_{(\eta_i,\delta_i)} + \sum_{i=1}^{k}\omega_i\hat{\xi}_i\mid_{(\eta_i,\delta_i)}\right)$$

$$= \left(\frac{n_i}{\eta_i^2(1-b^2\delta_i^2)}\right)^2 \left((1-\omega_i)^2\frac{\eta_i^2(1-b^2\delta_i^2)}{n_i} + \sum_{j=1,j\neq i}^{k}\omega_j^2\frac{\eta_j^2(1-b^2\delta_j^2)}{n_j}\right) \quad (2.9)$$

$$= \left(\frac{n_i}{\eta_i^2(1-b^2\delta_i^2)}\right)^2\left(\frac{\eta_i^2(1-b^2\delta_i^2)}{n_i} - \frac{1}{\sum_{i=1}^{k}\dfrac{n_i}{\eta_i^2(1-b^2\delta_i^2)}}\right), i=1,2,\cdots,k$$

对 Z_i 进行标准化，则

$$\frac{Z_i - E(Z_i)}{\sqrt{D(Z_i)}} \qquad (2.10)$$

由中心极限定理，当 $n_i \to \infty$ 时，$\dfrac{Z_i - E(Z_i)}{\sqrt{D(Z_i)}}\overset{\mathrm{asy}}{\sim} N(0,1), i=1,2,\cdots,k$。进而，定义条件检验统计量

$$T = \sum_{i=1}^{k}\left(\frac{\hat{\xi}_i\mid_{(\eta_i,\delta_i)} - \sum_{i=1}^{k}\omega_i\hat{\xi}_i\mid_{(\eta_i,\delta_i)}}{\sqrt{\dfrac{\eta_i^2(1-b^2\delta_i^2)}{n_i}(1-\omega_i)}}\right)^2$$

$$\qquad (2.11)$$

$$= \sum_{i=1}^{k}\frac{n_i}{\eta_i^2(1-b^2\delta_i^2)}\frac{\left((\bar{Y}_i - b\eta_i\delta_i) - \sum_{i=1}^{k}\omega_i(\bar{Y}_i - b\eta_i\delta_i)\right)^2}{1-\omega_i}$$

由引理 2.1 可知，条件检验统计量 $T\overset{\mathrm{asy}}{\sim}\chi^2(k)$。

记

$$\bar{Y} = (\bar{Y}_1 - b\eta_1\delta_1, \bar{Y}_2 - b\eta_2\delta_2, \cdots, \bar{Y}_k - b\eta_k\delta_k)^{\mathrm{T}},$$

$$\Delta = \mathrm{diag}\left(\frac{\eta_1^2(1-b^2\delta_1^2)}{n_1}, \frac{\eta_2^2(1-b^2\delta_2^2)}{n_2}, \cdots, \frac{\eta_k^2(1-b^2\delta_k^2)}{n_k}\right)$$

易见，条件检验统计量 T 可表示为

$$T = (\Delta^{-1/2}\overline{Y})^{\mathrm{T}} AB^{-1} A(\Delta^{-1/2}\overline{Y}) \tag{2.12}$$

其中，$A = I_k - (\Delta^{-1/2} 11^{\mathrm{T}} \Delta^{-1/2}) / 1^{\mathrm{T}} \Delta^{-1} 1, B = I_k - \Delta^{-1} / 1^{\mathrm{T}} \Delta^{-1} 1$，$I_k$ 为 k 阶单位矩阵。易证，A 是秩为 $k-1$ 的对称幂等阵。根据幂等阵的性质，存在正交分解 $A = P\begin{pmatrix} I_{k-1} & 0 \\ 0 & 0 \end{pmatrix}P^{-1}$，其中 P 为正交矩阵。于是，

$$AB^{-1}A = P\begin{pmatrix} I_{k-1} & 0 \\ 0 & 0 \end{pmatrix}P^{-1}B^{-1}P\begin{pmatrix} I_{k-1} & 0 \\ 0 & 0 \end{pmatrix}P^{-1} \tag{2.13}$$

令 $Z = \begin{pmatrix} I_{k-1} & 0 \\ 0 & 0 \end{pmatrix}P^{-1}B^{-1}P\begin{pmatrix} I_{k-1} & 0 \\ 0 & 0 \end{pmatrix}$。对 Z 进行正交分解，得 $Z = Q\Lambda Q^{-1}$，其中 $\Lambda = \mathrm{diag}(\lambda_1, \lambda_2, \cdots, \lambda_k)$ 为 Z 的特征值矩阵，Q 是对应于 Λ 的特征向量矩阵。故式（2.12）可表示为

$$T = (\Delta^{-1/2}\overline{Y})^{\mathrm{T}} PQ\Lambda Q^{-1}P^{-1}(\Delta^{-1/2}\overline{Y}) \tag{2.14}$$

定理 2.1　令 $\tau = \zeta^{\mathrm{T}} \Delta^{-1} \zeta$，$\zeta = (\xi_1, \xi_2, \cdots, \xi_k)^{\mathrm{T}}$。若 $\alpha_1 = \alpha_2 = \cdots = \alpha_k = 0$，则有 $T \sim \sum\limits_{i=1}^{k} \lambda_i \chi_i^2(1, \tau)$，其中 $\chi_i^2(1, \tau)$ 表示自由度为 1，非中心参数为 τ 的 χ^2 分布，$i = 1, 2, \cdots, k$，且 $\chi_1^2(1, \tau), \chi_2^2(1, \tau), \cdots, \chi_k^2(1, \tau)$ 相互独立。

证明　当 $\alpha_1 = \alpha_2 = \cdots = \alpha_k = 0$ 时，有

$$\Delta^{-1/2}\overline{Y} \sim N_k(\Delta^{-1/2}\zeta, I_k)$$

$$(\Delta^{-1/2}\overline{Y})^{\mathrm{T}} PQQ^{-1}P^{-1}(\Delta^{-1/2}\overline{Y}) \sim \chi_k^2(\zeta^{\mathrm{T}} \Delta^{-1} \zeta)$$

进而可得

$$T = (\Delta^{-1/2}\overline{Y})^{\mathrm{T}} PQ\Lambda Q^{-1}P^{-1}(\Delta^{-1/2}\overline{Y}) \sim \sum\limits_{i=1}^{k} \lambda_i \chi_i^2(1, \tau)$$

于是，定理 2.1 得证。□

注 2.1　若 $\alpha_1 = \alpha_2 = \cdots = \alpha_k = 0$，则 T 可表示为 $T = \sum\limits_{i=1}^{k} \dfrac{n_i}{\eta_i^2} \dfrac{\left(\overline{Y}_i - \sum\limits_{i=1}^{k} \omega_{1i}\overline{Y}_i\right)^2}{1 - \omega_{1i}}$。其中，$\omega_{1i} = \left(\dfrac{n_i}{\eta_i^2}\right) \Big/ \left(\sum\limits_{i=1}^{k} \dfrac{n_i}{\eta_i^2}\right), i = 1, 2, \cdots, k$。由定理 2.1，$T$ 可作为多个正态总体均值齐次检验的条件检验统计量，即为徐礼文[113]的结论。

2.2　参　数　估　计

在实际问题中，(η_i^2, δ_i) 往往是未知的，$i = 1, 2, \cdots, k$。因此，本节给出未知参

数的矩估计和极大似然估计。

定理 2.2　若 $Y_i \sim \mathrm{SN}(\xi_i, \eta_i^2, \alpha_i)$，则 $(\xi_i, \eta_i^2, \alpha_i)$ 的矩估计可表示为

$$\hat{\xi}_i = \overline{Y}_i - cS_{3i}^{1/3}, \hat{\eta}_i^2 = S_{2i} + c^2 S_{3i}^{2/3}, \hat{\alpha}_i = \hat{\delta}_i / (1-\hat{\delta}_i^2)^{1/2}, i=1,2,\cdots,k \quad (2.15)$$

其中，$c = (2/(4-\pi))^{1/3}, \hat{\delta}_i = \dfrac{cS_{3i}^{1/3}}{b(S_{2i}+c^2S_{3i}^{2/3})^{1/2}}$。

证明　令 $(\overline{y}_i, s_{2i}, s_{3i})$ 表示式（2.2）中 $(\overline{Y}_i, S_{2i}, S_{3i})$ 的观测值。对 Y_{ij} 进行标准化，即为

$$X_{ij} = \frac{(Y_{ij}-\overline{y}_i)}{\sqrt{s_{2i}}}, \ i=1,2,\cdots,k, j=1,2,\cdots,n_i \quad (2.16)$$

则 $X_{i1}, X_{i2}, \cdots, X_{in_i}$ 是来自 $X_i \sim \mathrm{SN}(\xi_{si}, \eta_{si}, \alpha_i)$ 的一组样本，$i=1,2,\cdots,k$。其中

$$\xi_{si} = (\xi_i - \overline{y}_i)/\sqrt{s_{2i}}, \ \eta_{si} = \eta_i/\sqrt{s_{2i}} \quad (2.17)$$

易见，X_i 的矩生成函数为

$$M_{X_i}(t) = 2\exp\left(t\xi_{si} + \frac{t^2\eta_{si}^2}{2}\right)\Phi(t\eta_{si}\delta_i) \quad (2.18)$$

对式（2.18）求前三阶导数，则有

$$M'_{X_i}(t)|_{t=0} = \xi_{si} + b\eta_{si}\delta_i = 0,$$
$$M''_{X_i}(t)|_{t=0} = \xi_{si}^2 + 2b\xi_{si}\eta_{si}\delta_i + \eta_{si}^2 = 1, \quad (2.19)$$
$$M'''_{X_i}(t)|_{t=0} = \xi_{si}^3 + 3b\xi_{si}^2\eta_{si}\delta_i + 3\xi_{si}\eta_{si}^2 + 3b\eta_{si}^3\delta_i - b\eta_{si}^3\delta_i^3 = s_{2i}^{-3/2}s_{3i},$$

根据式（2.17）和式（2.19），可得 $(\xi_i, \eta_i^2, \alpha_i)$ 的矩估计值为

$$\hat{\xi}_i^* = \overline{y}_i - cs_{3i}^{1/3}, \ \hat{\eta}_i^{*2} = s_{2i} + c^2s_{3i}^{2/3}, \ \hat{\alpha}_i^* = \frac{\hat{\delta}_i^*}{\sqrt{1-\hat{\delta}_i^{*2}}} \quad (2.20)$$

其中，$\hat{\delta}_i^* = \dfrac{cs_{3i}^{1/3}}{b(s_{2i}+c^2s_{3i}^{2/3})^{1/2}}, i=1,2,\cdots,k$。故定理 2.2 得证。□

接下来考虑未知参数的极大似然估计。由于偏正态总体中直接参数 $(\xi_i, \eta_i^2, \alpha_i)$ 的似然方程不存在唯一解，故基于中心化参数思想，给出未知参数的极大似然估计[34, 60, 118]。令

$$W_i = \frac{Y_i - \xi_i}{\eta_i} \sim \mathrm{SN}(\alpha_i), \ Y_{Ci} = \mu_i + \sigma_i\left(\frac{W_i - E(W_i)}{\sqrt{D(W_i)}}\right) \sim \mathrm{SN}_C(\mu_i, \sigma_i^2, \gamma_i) \quad (2.21)$$

其中，$\mathrm{SN}_C(\mu_i, \sigma_i^2, \gamma_i)$ 表示均值为 $\mu_i \in \mathrm{R}$，方差为 $\sigma_i^2 \in \mathrm{R}^+$，偏度系数为 γ_i 的偏正态分布，$i=1,2,\cdots,k$。由 Pewsey[62] 可知，直接参数 $(\xi_i, \eta_i^2, \alpha_i)$ 与中心化参数 $(\mu_i, \sigma_i^2, \gamma_i)$ 之间存在如下关系

$$\xi_i = \mu_i - c\gamma_i^{1/3}\sigma_i, \quad \eta_i^2 = \sigma_i^2(1 + c^2\gamma_i^{2/3}), \quad \alpha_i = \frac{c\gamma_i^{1/3}}{\sqrt{b^2 + c^2(b^2-1)\gamma_i^{2/3}}}, \quad i = 1,2,\cdots,k \qquad (2.22)$$

定理 2.3　设 $Y_i \sim \mathrm{SN}(\xi_i,\eta_i^2,\alpha_i)$，令 $W_i = \dfrac{Y_i - \xi_i}{\eta_i}$，$Y_{Ci} = \mu_i + \sigma_i\left(\dfrac{W_i - E(W_i)}{\sqrt{D(W_i)}}\right)$，则 $Y_{Ci} = Y_i$，$i = 1,2,\cdots,k$。

证明　由式（2.3）求 $M_{Y_i}(t)$ 前三阶导数，可得 Y_i 的偏度系数 γ_i

$$\gamma_i = \frac{E\left(\left(Y_i - EY_i\right)^3\right)}{\left(E\left(Y_i - EY_i\right)^2\right)^{3/2}} = \frac{b^3\delta_i^3}{c^3(1 - b^2\delta_i^2)^{3/2}} \qquad (2.23)$$

由式（2.22）和式（2.23）可得

$$\sigma_i = \eta_i\sqrt{1 - b^2\delta_i^2}, \quad \mu_i = \xi_i + b\eta_i\delta_i, \quad i = 1,2,\cdots,k \qquad (2.24)$$

由于 $W_i \sim \mathrm{SN}(\alpha_i)$，易得 $E(W_i) = b\delta_i$，$D(W_i) = 1 - b^2\delta_i^2$，$i = 1,2,\cdots,k$。于是，有

$$Y_{Ci} = \xi_i + b\eta_i\delta_i + \eta_i\sqrt{1 - b^2\delta_i^2}\left(\frac{\dfrac{Y_i - \xi_i}{\eta_i} - b\delta_i}{\sqrt{1 - b^2\delta_i^2}}\right) = Y_i$$

故定理 2.3 得证。□

注 2.2　若偏度参数 $|\alpha_i| \to \infty$，则 $|\delta_i| \to 1$。由式（2.23）可知 γ_i 的取值范围为 $(-0.99527, 0.99527)$，$i = 1,2,\cdots,k$。

接下来，考虑中心化参数 $(\mu_i,\sigma_i^2,\gamma_i)$ 的极大似然估计，$i = 1,2,\cdots,k$。令 $(\bar{y}_{Ci}, s_{C2i}, s_{C3i})$ 表示 $(\bar{Y}_{Ci}, S_{C2i}, S_{C3i})$ 的观测值，类似地，对 Y_{Cij} 进行标准化。令 $Y_{sij} = (Y_{Cij} - \bar{y}_{Ci})/\sqrt{s_{C2i}}$，可知 $Y_{si1}, Y_{si2}, \cdots, Y_{sin_i}$ 是来自 $Y_{si} \sim \mathrm{SN}_C(\mu_{si}, \sigma_{si}^2, \gamma_i)$ 的一组样本，其中，$\mu_{si} = (\mu_i - \bar{y}_{Ci})/\sqrt{s_{C2i}}$，$\sigma_{si} = \sigma_i/\sqrt{s_{C2i}}$，$i = 1,2,\cdots,k, j = 1,2,\cdots,n_i$。则 Y_{si} 的密度函数为

$$f\left(y_{si};\mu_{si},\sigma_{si}^2,\gamma_i\right) = \frac{2}{\sigma_{si}\sqrt{s_{C2i}\left(1 + c^2\gamma_i^{2/3}\right)}}\phi\left(\left(\frac{y_{si} - \mu_{si}}{\sigma_{si}} + c\gamma_i^{1/3}\right)\frac{1}{\sqrt{1 + c^2\gamma_i^{2/3}}}\right)$$
$$\times \Phi\left(\left(\frac{y_{si} - \mu_{si}}{\sigma_{si}} + c\gamma_i^{1/3}\right)\frac{c\gamma_i^{1/3}}{\sqrt{\left(1 + c^2\gamma_i^{2/3}\right)\left(b^2 + c^2\gamma_i^{2/3}\left(b^2 - 1\right)\right)}}\right) \qquad (2.25)$$

由式（2.25）可得其对数似然函数

$$l\left(y_{si1}, y_{si2}, \cdots, y_{sin_i}; \mu_{si}, \sigma_{si}^2, \gamma_i\right) = -n_i \log \sigma_{si} - \frac{n_i}{2}\log\left(1 + c^2\gamma_i^{2/3}\right)$$

$$+ \sum_{j=1}^{n_i} \log \phi\left(\left(\frac{y_{sij} - \mu_{si}}{\sigma_{si}} + c\gamma_i^{1/3}\right)\frac{1}{\left(1 + c^2\gamma_i^{2/3}\right)^{1/2}}\right)$$

$$+ \sum_{j=1}^{n_i} \log \Phi\left(\frac{\dfrac{\left(y_{sij} - \mu_{si}\right)c\gamma_i^{1/3}}{\sigma_{si}} + c^2\gamma_i^{2/3}}{\left(1 + c^2\gamma_i^{2/3}\right)^{1/2}\left(b^2 + c^2\gamma_i^{2/3}\left(b^2 - 1\right)\right)^{1/2}}\right), \quad i = 1, 2, \cdots, k$$

(2.26)

因此，令 $(\tilde{\mu}_{si}^*, \tilde{\sigma}_{si}^{*2}, \tilde{\gamma}_i^*)$ 表示式（2.26）中 $(\mu_{si}, \sigma_{si}^2, \gamma_i)$ 的极大似然估计值，其初始值可取 $(\mu_{si}, \sigma_{si}^2, \gamma_i)$ 的矩估计，即

$$\hat{\mu}_{si} = -cS_{C2i}^{-1/2}S_{C3i}^{1/3}, \quad \hat{\sigma}_{si}^2 = 1 + cS_{C2i}^{-1}S_{C3i}^{2/3}, \quad \hat{\gamma}_i = \frac{b\hat{\delta}_i^3\left(2b^2 - 1\right)}{\left(1 - b^2\hat{\delta}_i^2\right)^{3/2}}, \quad i = 1, 2, \cdots, k \quad (2.27)$$

进一步，可得 (μ_i, σ_i^2) 的极大似然估计值

$$\tilde{\mu}_i^* = \overline{y}_{Ci} + s_{C2i}^{1/2}\tilde{\mu}_{si}^*, \quad \tilde{\sigma}_i^{*2} = s_{C2i}\tilde{\sigma}_{si}^{*2}, \quad i = 1, 2, \cdots, k \quad (2.28)$$

由式（2.22）可得直接参数 $(\xi_i, \eta_i^2, \lambda_i)$ 的极大似然估计值分别为

$$\tilde{\xi}_i^* = \tilde{\mu}_i^* - c\tilde{\gamma}_i^{*1/3}\tilde{\sigma}_i^*, \quad \tilde{\eta}_i^{*2} - \tilde{\sigma}_i^{*2}(1 + c^2\tilde{\gamma}_i^{*2/3}), \quad \tilde{\alpha}_i^* = \frac{c\tilde{\gamma}_i^{*1/3}}{\sqrt{b^2 + c^2\left(b^2 - 1\right)\tilde{\gamma}_i^{*2/3}}} \quad (2.29)$$

进而 δ_i 的极大似然估计值为 $\tilde{\delta}_i^* = \tilde{\alpha}_i^* / \left(1 + \tilde{\alpha}_i^{*2}\right)^{1/2}, i = 1, 2, \cdots, k$。于是，未知参数 $(\xi_i, \eta_i^2, \alpha_i)$ 的极大似然估计由定理 2.4 给出。

定理 2.4 令 $(\tilde{\mu}_{si}, \tilde{\sigma}_{si}^{*2}, \tilde{\gamma}_i^*)$ 是对应于 $(\tilde{\mu}_{si}^*, \tilde{\sigma}_{si}^{*2}, \tilde{\gamma}_i^*)$ 的极大似然估计，则直接参数 $(\xi_i, \eta_i^2, \alpha_i)$ 的极大似然估计分别为

$$\tilde{\xi}_i = \tilde{\mu}_i - c\tilde{\gamma}_i^{1/3}\tilde{\sigma}_i, \quad \tilde{\eta}_i^2 = \tilde{\sigma}_i^2(1 + c^2\tilde{\gamma}_i^{2/3}), \quad \tilde{\alpha}_i = \frac{c\tilde{\gamma}_i^{1/3}}{\sqrt{b^2 + c^2\left(b^2 - 1\right)\tilde{\gamma}_i^{2/3}}} \quad (2.30)$$

其中，$(\tilde{\mu}_i, \tilde{\sigma}_i^2)$ 是对应于 $(\tilde{\mu}_i^*, \tilde{\sigma}_i^{*2})$ 的极大似然估计。进而，δ_i 的极大似然估计为 $\tilde{\delta}_i = \tilde{\alpha}_i / (1 + \tilde{\alpha}_i^2)^{1/2}, i = 1, 2, \cdots, k$。

2.3 Bootstrap 检验

本节利用 Bootstrap 方法探讨位置参数 $\xi_1, \xi_2, \cdots, \xi_k$ 的齐次检验问题（2.6）。分

别将 (η_i^2, δ_i) 的矩估计和极大似然估计代入式（2.11），构造检验统计量

$$T_1 = \sum_{i=1}^{k} \frac{n_i}{\hat{\eta}_i^2 (1 - b^2 \hat{\delta}_i^2)} \frac{\left(\left(\overline{Y}_i - b\hat{\eta}_i \hat{\delta}_i \right) - \sum_{i=1}^{k} \hat{\omega}_i \left(\overline{Y}_i - b\hat{\eta}_i \hat{\delta}_i \right) \right)^2}{1 - \hat{\omega}_i} \qquad (2.31)$$

$$T_2 = \sum_{i=1}^{k} \frac{n_i}{\tilde{\eta}_i^2 (1 - b^2 \tilde{\delta}_i^2)} \frac{\left(\left(\overline{Y}_i - b\tilde{\eta}_i \tilde{\delta}_i \right) - \sum_{i=1}^{k} \tilde{\omega}_i \left(\overline{Y}_i - b\tilde{\eta}_i \tilde{\delta}_i \right) \right)^2}{1 - \tilde{\omega}_i} \qquad (2.32)$$

其中，$\hat{\omega}_i = \dfrac{\dfrac{n_i}{\hat{\eta}_i^2 (1 - b^2 \hat{\delta}_i^2)}}{\displaystyle\sum_{i=1}^{k} \dfrac{n_i}{\hat{\eta}_i^2 (1 - b^2 \hat{\delta}_i^2)}}$，$\tilde{\omega}_i$ 的定义类似于 $\hat{\omega}_i$。

在原假设 $H_0 : \Delta\xi_1 = \Delta\xi_2 = \cdots = \Delta\xi_k = 0$ 成立的条件下，k 个偏正态总体拥有共同位置参数。令 $Y_{BMij} \sim \mathrm{SN}(\hat{\xi}^*, \hat{\eta}_i^{*2}, \hat{\alpha}_i^*), i = 1, 2, \cdots, k, j = 1, 2, \cdots, n_i$，其中

$$\hat{\xi}^* = \sum_{i=1}^{k} \hat{\omega}_i^* \hat{\xi}_i^* \big|_{(\hat{\eta}_i^*, \hat{\delta}_i^*)}, \quad \hat{\omega}_i^* = \frac{\dfrac{n_i}{\hat{\eta}_i^{*2} (1 - b^2 \hat{\delta}_i^{*2})}}{\displaystyle\sum_{i=1}^{k} \dfrac{n_i}{\hat{\eta}_i^{*2} (1 - b^2 \hat{\delta}_i^{*2})}}, \quad \hat{\xi}_i^* \big|_{(\hat{\eta}_i^*, \hat{\delta}_i^*)} = \overline{y}_i - b\hat{\eta}_i^* \hat{\delta}_i^* \qquad (2.33)$$

其样本均值、样本二阶中心矩和样本三阶中心矩分别为 $(\overline{Y}_{BMi}, S_{BM2i}, S_{BM3i})$，$i = 1, 2, \cdots, k$。由定理 2.2 可以得出 (η_i^2, δ_i) 的矩估计

$$\hat{\eta}_{BMi}^2 = S_{BM2i} + c^2 S_{BM3i}^{2/3}, \quad \hat{\delta}_{BMi} = \frac{c S_{BM3i}^{1/3}}{b\sqrt{S_{BM2i} + c^2 S_{BM3i}^{2/3}}}, \quad i = 1, 2, \cdots, k \qquad (2.34)$$

同理，令 $Y_{BLij} \sim \mathrm{SN}(\tilde{\xi}^*, \tilde{\eta}_i^{*2}, \tilde{\alpha}_i^*), i = 1, 2, \cdots, k, j = 1, 2, \cdots, n_i$，其中 $\tilde{\xi}^*$ 定义类似于式（2.33）中 $\hat{\xi}^*$，其样本均值为 $\overline{Y}_{BLi}$。由定理 2.4 可得，(η_i^2, δ_i) 的极大似然估计为 $(\tilde{\eta}_{BLi}^2, \tilde{\delta}_{BLi}), i = 1, 2, \cdots, k$。进而，类似于式（2.31）和式（2.32），分别构造 Bootstrap 检验统计量

$$T_{B1} = \sum_{i=1}^{k} \frac{n_i}{\hat{\eta}_{BMi}^2 (1 - b^2 \hat{\delta}_{BMi}^2)} \frac{\left(\left(\overline{Y}_{BMi} - b\hat{\eta}_{BMi} \hat{\delta}_{BMi} \right) - \sum_{i=1}^{k} \hat{\omega}_{BMi} \left(\overline{Y}_{BMi} - b\hat{\eta}_{BMi} \hat{\delta}_{BMi} \right) \right)^2}{1 - \hat{\omega}_{BMi}} \qquad (2.35)$$

$$T_{B2} = \sum_{i=1}^{k} \frac{n_i}{\tilde{\eta}_{BLi}^2 (1 - b^2 \tilde{\delta}_{BLi}^2)} \frac{\left(\left(\overline{Y}_{BLi} - b\tilde{\eta}_{BLi} \tilde{\delta}_{BLi} \right) - \sum_{i=1}^{k} \tilde{\omega}_{BLi} \left(\overline{Y}_{BLi} - b\tilde{\eta}_{BLi} \tilde{\delta}_{BLi} \right) \right)^2}{1 - \tilde{\omega}_{BLi}} \qquad (2.36)$$

其中，$\hat{\omega}_{BMi} = \dfrac{\dfrac{n_i}{\hat{\eta}^{*2}_{BMi}(1-b^2\hat{\delta}^{*2}_{BMi})}}{\sum\limits_{i=1}^{k}\dfrac{n_i}{\hat{\eta}^{*2}_{BMi}(1-b^2\hat{\delta}^{*2}_{BMi})}}$，$\tilde{\omega}_{BLi}$ 的定义类似于 $\hat{\omega}_{BMi}$。进一步，基于 T_{B1} 和 T_{B2}

可得

$$p_i = 2\min\{P(T_{Bi}>t_i), P(T_{Bi}<t_i)\}, \quad i=1,2 \tag{2.37}$$

其中，t_1 和 t_2 分别表示 T_1 和 T_2 的观测值。令 γ 为名义显著性水平。若 $p_i<\gamma$，则在名义显著性水平 γ 下拒绝假设检验问题（2.6）中的原假设 H_0，即认为至少存在两个总体的位置参数不相等。

注 2.3 若 $\alpha_1=\alpha_2=\cdots=\alpha_k=0$，则 T_{B1} 可表示为

$$T_{B1} = \sum_{i=1}^{k}\frac{n_i}{\hat{\eta}^2_{BMi}}\frac{\left(\bar{Y}_{BMi}-\sum\limits_{i=1}^{k}\hat{\omega}_{1BMi}\bar{Y}_{BMi}\right)^2}{1-\hat{\omega}_{1BMi}}$$

其中，$\hat{\omega}_{1BMi}=\left(\dfrac{n_i}{\hat{\eta}^2_{BMi}}\right)\Big/\left(\sum\limits_{i=1}^{k}\dfrac{n_i}{\hat{\eta}^2_{BMi}}\right), i=1,2,\cdots,k$。此时，$T_{B1}$ 可作为多个正态总体均值齐次检验的 Bootstrap 检验统计量，即为徐礼文[113]的研究结论。

进一步，考虑共同位置参数 ξ 的假设检验问题

$$H_0:\xi=\xi_0 \quad \text{vs} \quad H_1:\xi\neq\xi_0 \tag{2.38}$$

其中，ξ_0 为预先给定值。

为构造假设检验问题（2.38）的检验统计量，将式（2.7）改写为

$$\hat{\xi} = \frac{\sum\limits_{i=1}^{k}\dfrac{1}{D(\hat{\xi}^i|_{(\eta_i,\delta_i)})}\hat{\xi}^i|_{(\eta_i,\delta_i)}}{\sum\limits_{i=1}^{k}\dfrac{1}{D(\hat{\xi}^i|_{(\eta_i,\delta_i)})}} = \bar{Y}_G - \frac{\sum\limits_{i=1}^{k}\dfrac{bn_i\delta_i}{\eta_i(1-b^2\delta_i^2)}}{\sum\limits_{i=1}^{k}\dfrac{n_i}{\eta_i^2(1-b^2\delta_i^2)}} \tag{2.39}$$

其中，$\bar{Y}_G=\dfrac{\sum\limits_{i=1}^{k}\dfrac{n_i}{\eta_i^2(1-b^2\delta_i^2)}\bar{Y}_i}{\sum\limits_{i=1}^{k}\dfrac{n_i}{\eta_i^2(1-b^2\delta_i^2)}}$。在假设检验问题（2.38）中原假设成立的情况下，

由中心极限定理可得

$$Z = \sqrt{\sum_{i=1}^{k}\frac{n_i}{\eta_i^2(1-b^2\delta_i^2)}}\left(\bar{Y}_G-\xi_0-\frac{\sum\limits_{i=1}^{k}\dfrac{bn_i\delta_i}{\eta_i(1-b^2\delta_i^2)}}{\sum\limits_{i=1}^{k}\dfrac{n_i}{\eta_i^2(1-b^2\delta_i^2)}}\right) \tag{2.40}$$

若 η_i 和 δ_i 已知，则 Z 是假设检验问题（2.38）的近似检验统计量。然而，在实际问题中，由于 (η_i,δ_i) 在 $\bar{Y}_G$ 中是未知参数，所以分别用矩估计 $(\hat{\eta}_i,\hat{\delta}_i)$ 和极大似然估计 $(\tilde{\eta}_i,\tilde{\delta}_i)$ 代替 (η_i,δ_i)，则可以得到

$$\bar{Y}_{G1}=\frac{\sum_{i=1}^{k}\dfrac{n_i}{\hat{\eta}_i^2(1-b^2\hat{\delta}_i^2)}\bar{Y}_i}{\sum_{i=1}^{k}\dfrac{n_i}{\hat{\eta}_i^2(1-b^2\hat{\delta}_i^2)}},\quad \bar{Y}_{G2}=\frac{\sum_{i=1}^{k}\dfrac{n_i}{\tilde{\eta}_i^2(1-b^2\tilde{\delta}_i^2)}\bar{Y}_i}{\sum_{i=1}^{k}\dfrac{n_i}{\tilde{\eta}_i^2(1-b^2\tilde{\delta}_i^2)}} \tag{2.41}$$

于是，在式（2.40）中，分别用 $\bar{Y}_{G1}$ 和 $\bar{Y}_{G2}$ 取代 $\bar{Y}_G$，则有

$$Z_1=\sqrt{\sum_{i=1}^{k}\frac{n_i}{\hat{\eta}_i^2(1-b^2\hat{\delta}_i^2)}}\left(\bar{Y}_{G1}-\xi_0-\frac{\sum_{i=1}^{k}\dfrac{bn_i\hat{\delta}_i}{\hat{\eta}_i(1-b^2\hat{\delta}_i^2)}}{\sum_{i=1}^{k}\dfrac{n_i}{\hat{\eta}_i^2(1-b^2\hat{\delta}_i^2)}}\right) \tag{2.42}$$

$$Z_2=\sqrt{\sum_{i=1}^{k}\frac{n_i}{\tilde{\eta}_i^2(1-b^2\tilde{\delta}_i^2)}}\left(\bar{Y}_{G2}-\xi_0-\frac{\sum_{i=1}^{k}\dfrac{bn_i\tilde{\delta}_i}{\tilde{\eta}_i(1-b^2\tilde{\delta}_i^2)}}{\sum_{i=1}^{k}\dfrac{n_i}{\tilde{\eta}_i^2(1-b^2\tilde{\delta}_i^2)}}\right) \tag{2.43}$$

易见，Z_1 和 Z_2 的精确分布是未知的，故无法建立其检验方法。于是，将基于 Bootstrap 方法构造假设检验问题（2.38）的检验统计量。

基于 $(\hat{\eta}_{BMi}^2,\hat{\delta}_{BMi})$ 和 $(\tilde{\eta}_{BLi}^2,\tilde{\delta}_{BLi}),i=1,2,\cdots,k$，分别定义

$$\bar{Y}_{GB1}=\frac{\sum_{i=1}^{k}\dfrac{n_i}{\hat{\eta}_{BMi}^2(1-b^2\hat{\delta}_{BMi}^2)}\bar{Y}_{BMi}}{\sum_{i=1}^{k}\dfrac{n_i}{\hat{\eta}_{BMi}^2(1-b^2\hat{\delta}_{BMi}^2)}} \tag{2.44}$$

$$\bar{Y}_{GB2}=\frac{\sum_{i=1}^{k}\dfrac{n_i}{\tilde{\eta}_{BLi}^2(1-b^2\tilde{\delta}_{BLi}^2)}\bar{Y}_{BLi}}{\sum_{i=1}^{k}\dfrac{n_i}{\tilde{\eta}_{BLi}^2(1-b^2\tilde{\delta}_{BLi}^2)}} \tag{2.45}$$

类似于式（2.42）和式（2.43），分别构造 Bootstrap 检验统计量

$$Z_{B1}=\sqrt{\sum_{i=1}^{k}\frac{n_i}{\hat{\eta}_{BMi}^2(1-b^2\hat{\delta}_{BMi}^2)}}\left(\bar{Y}_{GB1}-\xi_0-\frac{\sum_{i=1}^{k}\dfrac{bn_i\hat{\delta}_{BMi}}{\hat{\eta}_{BMi}(1-b^2\hat{\delta}_{BMi}^2)}}{\sum_{i=1}^{k}\dfrac{n_i}{\hat{\eta}_{BMi}^2(1-b^2\hat{\delta}_{BMi}^2)}}\right) \tag{2.46}$$

$$Z_{B2} = \sqrt{\sum_{i=1}^{k} \frac{n_i}{\tilde{\eta}_{BLi}^2 (1-b^2 \tilde{\delta}_{BLi}^2)}} \left(\bar{Y}_{GB2} - \xi_0 - \frac{\sum_{i=1}^{k} \dfrac{bn_i \tilde{\delta}_{BLi}}{\tilde{\eta}_{BLi}(1-b^2 \tilde{\delta}_{BLi}^2)}}{\sum_{i=1}^{k} \dfrac{n_i}{\tilde{\eta}_{BLi}^2 (1-b^2 \tilde{\delta}_{BLi}^2)}} \right) \qquad （2.47）$$

分别基于 Z_{B1} 和 Z_{B2} 可得

$$p_i^* = 2\min\{P(Z_{Bi} > z_i), P(Z_{Bi} < z_i)\}, i=1,2 \qquad （2.48）$$

其中，z_1 和 z_2 分别表示 Z_1 和 Z_2 的观测值。若 $p_i^* < \gamma$，则在名义显著性水平 γ 下拒绝假设检验问题（2.38）中的原假设 H_0，即认为 ξ 和 ξ_0 具有显著性差异，$i=1,2$。

注 2.4　当 $\alpha_1 = \alpha_2 = \cdots = \alpha_k = 0$ 时，可得 $p_1^* = p_2^*$。此时假设检验问题（2.38）的 Bootstrap 检验 p 值退化成徐礼文[113]的研究结论。

注 2.5　类似于式（2.46）和式（2.47）的构造方式，根据文献[119]，令 Z_{B1}^* 和 Z_{B2}^* 表示共同位置参数 ξ 的两种 Bootstrap 枢轴量，$Z_{B1}^*(\gamma)$ 表示 Z_{B1}^* 的第 γ 分位点。则可得 ξ 的一个置信水平近似为 $1-\gamma$ 的 Bootstrap 置信区间

$$\left[\bar{y}_{G1} - \frac{Z_{B1}^*(1-\gamma/2)}{\sqrt{\sum_{i=1}^{k} \dfrac{n_i}{\hat{\eta}_i^{*2}(1-b^2 \hat{\delta}_i^{*2})}}} - \frac{\sum_{i=1}^{k} \dfrac{bn_i \hat{\delta}_i^*}{\hat{\eta}_i^*(1-b^2 \hat{\delta}_i^{*2})}}{\sum_{i=1}^{k} \dfrac{n_i}{\hat{\eta}_i^{*2}(1-b^2 \hat{\delta}_i^{*2})}}, \ \bar{y}_{G1} - \frac{Z_{B1}^*(\gamma/2)}{\sqrt{\sum_{i=1}^{k} \dfrac{n_i}{\hat{\eta}_i^{*2}(1-b^2 \hat{\delta}_i^{*2})}}} - \frac{\sum_{i=1}^{k} \dfrac{bn_i \hat{\delta}_i^*}{\hat{\eta}_i^*(1-b^2 \hat{\delta}_i^{*2})}}{\sum_{i=1}^{k} \dfrac{n_i}{\hat{\eta}_i^{*2}(1-b^2 \hat{\delta}_i^{*2})}} \right]$$

其中，$\bar{y}_{G1}$ 表示式（2.41）中 $\bar{Y}_{G1}$ 的观测值。同理可得，基于 Z_{B2}^* 的一个置信水平近似为 $1-\gamma$ 的 Bootstrap 置信区间。

此外，通过基于不同的权重，可以构造第二种 Bootstrap 检验方法。令 $\bar{Y}^* = \sum_{i=1}^{k} n_i \bar{Y}_i / \tilde{n}$，其中 $\tilde{n} = \sum_{i=1}^{k} n_i$。在式（2.40）中用 $\bar{Y}^*$ 代替 $\bar{Y}_G$，并结合中心极限定理，可得

$$W = \frac{\bar{Y}^* - \sum_{i=1}^{k} n_i(\xi_0 + b\eta_i \delta_i)/\tilde{n}}{\sqrt{\sum_{i=1}^{k} n_i \eta_i^2 (1-b^2 \delta_i^2)/\tilde{n}^2}} \qquad （2.49）$$

于是，在式（2.49）中，分别用矩估计 $(\hat{\eta}_i, \hat{\delta}_i)$ 和极大似然估计 $(\tilde{\eta}_i, \tilde{\delta}_i)$ 代替 (η_i, δ_i)，则有

$$W_1 = \frac{\bar{Y}^* - \sum_{i=1}^{k} n_i(\xi_0 + b\hat{\eta}_i \hat{\delta}_i)/\tilde{n}}{\sqrt{\sum_{i=1}^{k} n_i \hat{\eta}_i^2 (1-b^2 \hat{\delta}_i^2)/\tilde{n}^2}} \qquad （2.50）$$

$$W_2 = \frac{\overline{Y}^* - \sum\limits_{i=1}^{k} n_i(\xi_0 + b\tilde{\eta}_i\tilde{\delta}_i)\big/\tilde{n}}{\sqrt{\sum\limits_{i=1}^{k} n_i\tilde{\eta}_i^2(1 - b^2\tilde{\delta}_i^2)\big/\tilde{n}^2}} \tag{2.51}$$

类似于式（2.46）和式（2.47），分别构造 Bootstrap 检验统计量

$$W_{B1} = \frac{\overline{Y}_{B1}^* - \sum\limits_{i=1}^{k} n_i\left(\xi_0 + b\hat{\eta}_{BMi}\hat{\delta}_{BMi}\right)\big/\tilde{n}}{\sqrt{\sum\limits_{i=1}^{k} n_i\hat{\eta}_{BMi}^2(1 - b^2\hat{\delta}_{BMi}^2)\big/\tilde{n}^2}} \tag{2.52}$$

$$W_{B2} = \frac{\overline{Y}_{B2}^* - \sum\limits_{i=1}^{k} n_i\left(\xi_0 + b\tilde{\eta}_{BLi}\tilde{\delta}_{BLi}\right)\big/\tilde{n}}{\sqrt{\sum\limits_{i=1}^{k} n_i\tilde{\eta}_{BLi}^2(1 - b^2\tilde{\delta}_{BLi}^2)\big/\tilde{n}^2}} \tag{2.53}$$

分别基于 W_{B1} 和 W_{B2} 可得

$$\tilde{p}_i = 2\min\{P(W_{Bi} > w_i), P(W_{Bi} < w_i)\}, i = 1,2 \tag{2.54}$$

同样地，w_1 和 w_2 分别表示 W_1 和 W_2 的观测值。若 $\tilde{p}_i < \gamma$，则在名义显著性水平 γ 下拒绝假设检验问题（2.38）中的原假设 H_0，即认为 ξ 和 ξ_0 具有显著性差异，$i = 1,2$。

注 2.6　类似于式（2.52）和式（2.53）的构造方式，根据文献[119]，令 W_{B1}^* 和 W_{B2}^* 表示共同位置参数 ξ 的两种 Bootstrap 枢轴量，$W_{B1}^*(\gamma)$ 表示 W_{B1}^* 的第 γ 分位点。则可得 ξ 的一个置信水平近似为 $1-\gamma$ 的 Bootstrap 置信区间

$$\left[\overline{y}^* - \frac{W_{B1}^*(1-\gamma/2)\sqrt{\sum\limits_{i=1}^{k} n_i\hat{\eta}_i^{*2}(1 - b^2\hat{\delta}_i^{*2})}}{\tilde{n}} - \sum\limits_{i=1}^{k} \frac{bn_i\hat{\eta}_i^*\hat{\delta}_i^*}{\tilde{n}}, \right.$$

$$\left. \overline{y}^* - \frac{W_{B1}^*(\gamma/2)\sqrt{\sum\limits_{i=1}^{k} n_i\hat{\eta}_i^{*2}(1 - b^2\hat{\delta}_i^{*2})}}{\tilde{n}} - \sum\limits_{i=1}^{k} \frac{bn_i\hat{\eta}_i^*\hat{\delta}_i^*}{\tilde{n}} \right]$$

其中，$\overline{y}^*$ 表示式（2.50）中 $\overline{Y}^*$ 的观测值。同理可得，基于 W_{B2}^* 的一个置信水平近似为 $1-\gamma$ 的 Bootstrap 置信区间。

2.4 蒙特卡罗数值模拟

本节通过蒙特卡罗数值模拟，从数值上研究上述检验方法犯第一类错误的概率和功效的统计性质。为方便起见，本节针对假设检验问题（2.6），给出基于矩估计的 Bootstrap 检验方法在 k 个偏正态总体中犯第一类错误的概率和功效的算法。

步骤 1：对于给定的 $(n_i, \xi_i, \eta_i^2, \alpha_i)$，$i = 1, 2, \cdots, k$，生成一组随机样本 $Y_{ij} \sim \mathrm{SN}(\xi_i, \eta_i^2, \alpha_i)$，由式（2.2）可得 $(\bar{Y}_i, S_{2i}, S_{3i})$，$i = 1, 2, \cdots, k, j = 1, 2, \cdots, n_i$。

步骤 2：由式（2.20）和式（2.33），可得 $(\xi_i, \eta_i^2, \alpha_i)$ 的矩估计值 $(\hat{\xi}_i^*, \hat{\eta}_i^{*2}, \hat{\alpha}_i^*)$，$i = 1, 2, \cdots, k$ 以及共同位置参数 $\hat{\xi}^*$。进一步，由式（2.31）计算 T_1。

步骤 3：在原假设 H_0 成立时，生成一组 Bootstrap 样本 $Y_{BMij} \sim \mathrm{SN}(\hat{\xi}^*, \hat{\eta}_i^{*2}, \hat{\alpha}_i^*)$，并计算 $(\bar{Y}_{BMi}, S_{2BMi}, S_{3BMi})$，$i = 1, 2, \cdots, k, j = 1, 2, \cdots, n_i$。

步骤 4：由式（2.20），计算 Bootstrap 样本的矩估计值 $(\hat{\eta}_{BMi}^{*2}, \hat{\alpha}_{BMi}^*)$，$i = 1, 2, \cdots, k$。进一步，由式（2.35）计算 T_{B1}。

步骤 5：将步骤 3 和步骤 4 重复 n_1 次，并由式（2.37）得到 p_1 值。若 $p_1 < 5\%$，则 $Q = 1$，反之，则 $Q = 0$。

步骤 6：将步骤 1～步骤 5 重复 n_2 次，得到 n_2 个 Q 值，即为 $Q_1, Q_2, \cdots, Q_{n_2}$，则犯第一类错误的概率为 $\dfrac{1}{n_2} \sum\limits_{i=1}^{n_2} Q_i$。

当备择假设 H_1 成立时，基于上述算法类似可得假设检验问题（2.6）的功效。

在模拟研究中，令名义显著性水平为 5%，$\xi = 2$，内循环数 $n_1 = 2500$，外循环数 $n_2 = 2500$。对于两个总体，设尺度参数 $\eta_1^2 = (0.2^2, 0.6^2)$，$\eta_2^2 = (0.3^2, 0.9^2)$，$\eta_3^2 = (0.5^2, 0.7^2)$，$\eta_4^2 = (0.9^2, 1.2^2)$，$\eta_5^2 = (1.5^2, 2^2)$；偏度参数 $(\lambda_1, \lambda_2) = (3, 4), (6, 7)$；样本量 $(n_1, n_2) = (30, 40), (40, 60), (50, 80), (80, 120), (180, 240)$。

对于三个总体，设尺度参数 $\eta_1^2 = (0.2^2, 0.4^2, 0.6^2)$，$\eta_2^2 = (0.3^2, 0.5^2, 0.7^2)$，$\eta_3^2 = (0.5^2, 0.7^2, 0.9^2)$，$\eta_4^2 = (0.9^2, 1.2^2, 1.5^2)$，$\eta_5^2 = (1.5^2, 2^2, 2.5^2)$；偏度参数 $(\lambda_1, \lambda_2, \lambda_3) = (2, 3, 4), (5, 5, 6)$；样本量 $(n_1, n_2, n_3) = (30, 40, 40), (60, 60, 80), (80, 100, 120), (120, 150, 150), (180, 240, 300)$。

对于五个总体，设尺度参数 $\eta_1^2 = (0.1^2, 0.3^2, 0.5^2, 0.7^2, 0.9^2)$，$\eta_2^2 = (0.2^2, 0.4^2, 0.6^2, 0.8^2, 1^2)$，$\eta_3^2 = (0.3^2, 0.5^2, 0.7^2, 0.9^2, 0.9^2)$，$\eta_4^2 = (0.4^2, 0.6^2, 0.8^2, 1^2, 1.2^2)$，$\eta_5^2 = (0.5^2, 0.7^2, 0.9^2, 1.1^2, 1.3^2)$；偏度参数 $(\lambda_1, \lambda_2, \lambda_3, \lambda_4, \lambda_5) = (3, 4, 4, 5, 6), (5, 5, 6, 7, 8)$；样本量 $(n_1, n_2, n_3, n_4, n_5) = (30, 30, 40, 40, 50), (40, 50, 60, 60, 70), (60, 70, 80, 80, 90), (80, 90, 90, 100, 120), (90, 100, 100, 120, 150)$。

　　表 2.1～表 2.3 分别给出两个、三个和五个总体时犯第一类错误的概率模拟结果。对于矩估计方法来说，无论两个、三个还是五个总体，均严格小于 5% 名义显著性水平，可有效控制犯第一类错误的概率。但对于极大似然估计来说，就犯第一类错误的概率而言，当总体个数、样本量和偏度参数较小时，呈现出自由的趋势。当偏度参数较大时，极大似然估计方法出现个别比较保守的情况，但在五个总体的情况下，基于极大似然估计方法犯第一类错误的概率控制在 5% 水平，整体表现较好。

　　表 2.4～表 2.6 分别给出两个、三个和五个总体时两种估计方法的功效模拟结果。无论两个、三个还是五个总体，当 ξ 偏离原假设时，两种方法的功效均出现显著的增加。但基于矩估计方法的功效一致优于极大似然估计方法。对于极大似然估计，当尺度参数较小时，随着 ξ 偏离原假设，功效上升较为缓慢。但随着尺度参数和样本量的增加，基于极大似然估计的功效得到明显改善。

表 2.1　两个总体时犯第一类错误的概率模拟结果

η		N_1		N_2		N_3		N_4		N_5	
		P_1	P_2	P_1	P_2	P_1	P_2	P_1	P_2	P_1	P_2
	η_1^2	0.0416	0.0644	0.0364	0.0668	0.0300	0.0588	0.0240	0.0396	0.0328	0.0248
	η_2^2	0.0416	0.0644	0.0364	0.0668	0.0300	0.0588	0.0240	0.0396	0.0328	0.0248
$(\lambda_1,\lambda_2)=(3,4)$	η_3^2	0.0476	0.0888	0.0472	0.0748	0.0476	0.0672	0.0328	0.0404	0.0340	0.0228
	η_4^2	0.0532	0.0892	0.0452	0.0748	0.0476	0.0652	0.0336	0.0436	0.0304	0.0240
	η_5^2	0.0532	0.0892	0.0452	0.0748	0.0476	0.0652	0.0336	0.0436	0.0304	0.0240
	η_1^2	0.0356	0.0420	0.0304	0.0412	0.0304	0.0412	0.0304	0.0412	0.0304	0.0412
	η_2^2	0.0356	0.0420	0.0304	0.0412	0.0304	0.0412	0.0304	0.0412	0.0304	0.0412
$(\lambda_1,\lambda_2)=(6,7)$	η_3^2	0.0336	0.0644	0.0304	0.0520	0.0304	0.0520	0.0304	0.0520	0.0304	0.0520
	η_4^2	0.0356	0.0640	0.0340	0.0420	0.0340	0.0420	0.0340	0.0420	0.0340	0.0420
	η_5^2	0.0356	0.0640	0.0340	0.0420	0.0340	0.0420	0.0340	0.0420	0.0340	0.0420

　　注：$\eta_1^2=(0.2^2,0.6^2)$，$\eta_2^2=(0.3^2,0.9^2)$，$\eta_3^2=(0.5^2,0.7^2)$，$\eta_4^2=(0.9^2,1.2^2)$，$\eta_5^2=(1.5^2,2^2)$；$N_1=(30,40)$，$N_2=(40,60)$，$N_3=(50,80)$，$N_4=(80,120)$，$N_5=(180,240)$。

表 2.2　三个总体时犯第一类错误的概率模拟结果

η		N_1		N_2		N_3		N_4		N_5	
		P_1	P_2	P_1	P_2	P_1	P_2	P_1	P_2	P_1	P_2
$(\lambda_1,\lambda_2,\lambda_3)=(2,3,4)$	η_1^2	0.0372	0.0784	0.0308	0.0632	0.0312	0.0548	0.0260	0.0404	0.0252	0.0180
	η_2^2	0.0320	0.0756	0.0324	0.0648	0.0408	0.0592	0.0392	0.0420	0.0280	0.0184

续表

η	N_1		N_2		N_3		N_4		N_5	
	P_1	P_2	P_1	P_2	P_1	P_2	P_1	P_2	P_1	P_2
η_3^2	0.0388	0.0748	0.0408	0.0652	0.0504	0.0636	0.0420	0.0472	0.0264	0.0364
η_4^2	0.0404	0.0704	0.0432	0.0660	0.0500	0.0624	0.0396	0.0464	0.0272	0.0400
η_5^2	0.0404	0.0704	0.0432	0.0660	0.0500	0.0624	0.0396	0.0464	0.0272	0.0400
η_1^2	0.0376	0.0612	0.0304	0.0312	0.0268	0.0236	0.0172	0.0120	0.0208	0.0102
η_2^2	0.0380	0.0576	0.0240	0.0352	0.0228	0.0224	0.0148	0.0128	0.0260	0.0104
η_3^2	0.0344	0.0544	0.0264	0.0364	0.0268	0.0248	0.0232	0.0328	0.0252	0.0500
η_4^2	0.0352	0.0588	0.0292	0.0344	0.0244	0.0260	0.0244	0.0340	0.0252	0.0568
η_5^2	0.0352	0.0588	0.0292	0.0344	0.0244	0.0260	0.0244	0.0340	0.0252	0.0568

左侧分组：$(\lambda_1,\lambda_2,\lambda_3)=(2,3,4)$ 对应前三行；$(\lambda_1,\lambda_2,\lambda_3)=(5,5,6)$ 对应后五行。

注：$\eta_1^2=(0.2^2,0.4^2,0.6^2),\eta_2^2=(0.3^2,0.5^2,0.7^2),\eta_3^2=(0.5^2,0.7^2,0.9^2),\eta_4^2=(0.9^2,1.2^2,1.5^2),\eta_5^2=(1.5^2,2^2,2.5^2)$；$N_1=(30,40,40)$，$N_2=(60,60,80)$，$N_3=(80,100,120)$，$N_4=(120,150,150)$，$N_5=(180,240,300)$。

表 2.3　五个总体时犯第一类错误的概率模拟结果

η	N_1		N_2		N_3		N_4		N_5	
	P_1	P_2	P_1	P_2	P_1	P_2	P_1	P_2	P_1	P_2
η_1^2	0.0408	0.0444	0.0364	0.0544	0.0224	0.0464	0.0220	0.0548	0.0220	0.0600
η_2^2	0.0384	0.0456	0.0320	0.0468	0.0248	0.0408	0.0268	0.0360	0.0240	0.0356
η_3^2	0.0392	0.0516	0.0328	0.0500	0.0244	0.0444	0.0312	0.0332	0.0280	0.0308
η_4^2	0.0400	0.0560	0.0368	0.0548	0.0252	0.0464	0.0332	0.0308	0.0308	0.0324
η_5^2	0.0424	0.0560	0.0364	0.0588	0.0276	0.0536	0.0324	0.0392	0.0284	0.0364
η_1^2	0.0396	0.0440	0.0332	0.0560	0.0204	0.0476	0.0220	0.0560	0.0220	0.0616
η_2^2	0.0380	0.0436	0.0308	0.0468	0.0220	0.0300	0.0252	0.0296	0.0220	0.0284
η_3^2	0.0372	0.0492	0.0300	0.0420	0.0232	0.0316	0.0288	0.0284	0.0252	0.0236
η_4^2	0.0428	0.0516	0.0352	0.0476	0.0232	0.0336	0.0300	0.0256	0.0248	0.0268
η_5^2	0.0448	0.0540	0.0348	0.0552	0.0220	0.0396	0.0316	0.0340	0.0284	0.0328

左侧分组：$(\lambda_1,\lambda_2,\lambda_3,\lambda_4,\lambda_5)=(3,4,4,5,6)$ 对应前五行；$(\lambda_1,\lambda_2,\lambda_3,\lambda_4,\lambda_5)=(5,5,6,7,8)$ 对应后五行。

注：$\eta_1^2=(0.1^2,0.3^2,0.5^2,0.7^2,0.9^2),\eta_2^2=(0.2^2,0.4^2,0.6^2,0.8^2,1^2),\eta_3^2=(0.3^2,0.5^2,0.7^2,0.9^2,0.9^2),\eta_4^2=(0.4^2,0.6^2,0.8^2,1^2,1.2^2),\eta_5^2=(0.5^2,0.7^2,0.9^2,1.1^2,1.3^2)$；$N_1=(30,30,40,40,50)$，$N_2=(40,50,60,60,70)$，$N_3=(60,70,80,80,90)$，$N_4=(80,90,90,100,120)$，$N_5=(90,100,100,120,150)$。

表 2.4　两个总体时假设检验问题（2.6）下两种方法功效比较

| ξ | $(\lambda_1,\lambda_2)=(3,4)$ | | | | | | $(\lambda_1,\lambda_2)=(6,7)$ | | | | | |
| | N_1 | | N_2 | | N_3 | | N_1 | | N_2 | | N_3 | |
	P_1	P_2	P_1	P_2	P_1	P_2	P_1	P_2	P_1	P_2	P_1	P_2
$(\eta_1^2,\eta_2^2)=(0.3^2,0.8^2)$												
2,2.5	0.1928	0.1072	0.3592	0.0780	0.6292	0.0620	0.2388	0.0704	0.5096	0.0624	0.8096	0.0536
2,2.6	0.3464	0.1220	0.5532	0.0992	0.7696	0.0820	0.4428	0.0884	0.7076	0.0720	0.9208	0.1256
2,2.7	0.5044	0.1520	0.7356	0.1340	0.9128	0.1812	0.6328	0.1168	0.8748	0.1396	0.9892	0.2944
2,2.8	0.6880	0.2032	0.8844	0.2224	0.9832	0.3656	0.8124	0.1932	0.9684	0.2768	0.9992	0.5236
2,2.9	0.8268	0.2792	0.9624	0.3624	0.9968	0.5768	0.9184	0.2948	0.9956	0.4560	0.9996	0.7308
$(\eta_1^2,\eta_2^2)=(0.5^2,0.7^2)$												
2,2.5	0.3344	0.1292	0.5364	0.1048	0.7684	0.1480	0.4344	0.0972	0.6976	0.0964	0.7684	0.1480
2,2.6	0.5092	0.1700	0.7196	0.1784	0.9144	0.3092	0.6560	0.1540	0.8760	0.2348	0.9144	0.3092
2,2.7	0.6808	0.2440	0.8632	0.3228	0.9776	0.5460	0.8216	0.2656	0.9692	0.4360	0.9776	0.5460
2,2.8	0.8092	0.3524	0.9408	0.5052	0.9908	0.7552	0.9236	0.4148	0.9928	0.6480	0.9908	0.7552
2,2.9	0.8980	0.4944	0.9732	0.6792	0.9972	0.8896	0.9732	0.5812	0.9980	0.8100	0.9972	0.8896
$(\eta_1^2,\eta_2^2)=(0.6^2,0.6^2)$												
2,2.5	0.3944	0.1168	0.5640	0.2092	0.8384	0.3516	0.5500	0.1148	0.7492	0.2908	0.9548	0.5532
2,2.6	0.6416	0.1940	0.7952	0.3112	0.9572	0.4800	0.7892	0.2180	0.9260	0.4232	0.9972	0.7028
2,2.7	0.7984	0.3156	0.8944	0.4596	0.9724	0.6820	0.9148	0.3796	0.9756	0.6048	0.9992	0.8660
2,2.8	0.8612	0.4968	0.9248	0.6428	0.9764	0.8736	0.9488	0.6016	0.9880	0.7884	0.9996	0.9628
2,2.9	0.8860	0.6548	0.9424	0.8200	0.9876	0.9604	0.9612	0.7792	0.9924	0.9212	1.0000	0.9952

注：$N_1=(20,30)$，$N_2=(30,40)$，$N_3=(50,60)$。

表 2.5　三个总体时假设检验问题（2.6）下两种方法功效比较

| ξ | $(\lambda_1,\lambda_2,\lambda_3)=(2,3,4)$ | | | | | | $(\lambda_1,\lambda_2,\lambda_3)=(5,5,6)$ | | | | | |
| | N_1 | | N_2 | | N_3 | | N_1 | | N_2 | | N_3 | |
	P_1	P_2	P_1	P_2	P_1	P_2	P_1	P_2	P_1	P_2	P_1	P_2
$(\eta_1^2,\eta_2^2,\eta_3^2)=(0.1^2,0.4^2,0.7^2)$												
2,2.5	0.3616	0.1112	0.6604	0.1152	0.8800	0.1960	0.5028	0.0780	0.8344	0.1636	0.9736	0.2516
2,2.6	0.5408	0.1556	0.8512	0.2416	0.9628	0.3920	0.6752	0.1296	0.9312	0.3376	0.9904	0.4692
2,2.7	0.6956	0.2320	0.9524	0.3880	0.9924	0.5576	0.7996	0.2376	0.9776	0.5012	0.9980	0.6976
2,2.8	0.8272	0.3260	0.9856	0.5092	0.9992	0.6924	0.8924	0.3708	0.9936	0.6388	0.9996	0.8356
2,2.9	0.9124	0.4356	0.9968	0.6140	1.0000	0.7860	0.9484	0.4960	0.9976	0.7368	1.0000	0.9144
$(\eta_1^2,\eta_2^2,\eta_3^2)=(0.4^2,0.8^2,0.8^2)$												
2,2.5	0.1500	0.0812	0.4984	0.0516	0.8056	0.0584	0.2012	0.0548	0.7524	0.0540	0.9572	0.1048
2,2.6	0.2504	0.0928	0.7112	0.0640	0.9140	0.1132	0.3668	0.0596	0.8860	0.1180	0.9780	0.2100
2,2.7	0.4052	0.1112	0.8636	0.1408	0.9588	0.2580	0.5628	0.0924	0.9472	0.2480	0.9908	0.3796
2,2.8	0.5556	0.1436	0.9416	0.2644	0.9872	0.4256	0.7332	0.1356	0.9784	0.3992	0.9960	0.5708
2,2.9	0.7132	0.1972	0.9720	0.4140	0.9960	0.5896	0.8548	0.2116	0.9892	0.5628	0.9988	0.7260

续表

ξ	$(\lambda_1,\lambda_2,\lambda_3)=(2,3,4)$						$(\lambda_1,\lambda_2,\lambda_3)=(5,5,6)$					
	N_1		N_2		N_3		N_1		N_2		N_3	
	P_1	P_2	P_1	P_2	P_1	P_2	P_1	P_2	P_1	P_2	P_1	P_2

$(\eta_1^2,\eta_2^2,\eta_3^2)=(0.6^2,0.7^2,0.8^2)$

ξ	P_1	P_2	P_1	P_2	P_1	P_2	P_1	P_2	P_1	P_2	P_1	P_2
2,2.5	0.1544	0.0768	0.4596	0.0540	0.7412	0.0912	0.2504	0.0596	0.7228	0.0964	0.9384	0.2436
2,2.6	0.2884	0.0924	0.6552	0.0788	0.8704	0.1480	0.4280	0.0676	0.8580	0.1832	0.9704	0.3856
2,2.7	0.4284	0.1108	0.8112	0.1264	0.9420	0.2308	0.6136	0.0984	0.9316	0.2880	0.9892	0.5572
2,2.8	0.5632	0.1484	0.8952	0.2156	0.9752	0.3696	0.7552	0.1508	0.9712	0.4200	0.9960	0.6892
2,2.9	0.6884	0.2028	0.9416	0.3316	0.9904	0.5068	0.8520	0.2292	0.9904	0.5536	0.9988	0.7852

注：$N_1=(30,40,40)$，$N_2=(60,60,80)$，$N_3=(80,100,120)$。

表 2.6　五个总体时假设检验问题（2.6）下两种方法功效比较

ξ	$(\lambda_1,\lambda_2,\lambda_3,\lambda_4,\lambda_5)=(3,4,4,5,6)$						$(\lambda_1,\lambda_2,\lambda_3,\lambda_4,\lambda_5)=(5,5,6,7,8)$					
	N_1		N_2		N_3		N_1		N_2		N_3	
	P_1	P_2	P_1	P_2	P_1	P_2	P_1	P_2	P_1	P_2	P_1	P_2
$(\eta_1^2,\eta_2^2,\eta_3^2,\eta_4^2,\eta_5^2)=(0.1^2,0.3^2,0.5^2,0.7^2,0.9^2)$												
2,2.5	0.4940	0.0996	0.7552	0.1296	0.8148	0.1840	0.5544	0.0932	0.8200	0.1572	0.8628	0.2368
2,2.6	0.6448	0.1344	0.8500	0.1796	0.8848	0.2464	0.6952	0.1288	0.8948	0.2180	0.9232	0.3192
2,2.7	0.7700	0.1736	0.9180	0.2420	0.9444	0.3160	0.8080	0.1676	0.9452	0.2928	0.9612	0.4020
2,2.8	0.8620	0.2152	0.9580	0.3144	0.9768	0.3936	0.8916	0.2160	0.9740	0.3692	0.9860	0.4808
2,2.9	0.9240	0.2688	0.9824	0.3864	0.9896	0.4680	0.9412	0.2712	0.9900	0.4388	0.9936	0.5476
$(\eta_1^2,\eta_2^2,\eta_3^2,\eta_4^2,\eta_5^2)=(0.2^2,0.4^2,0.6^2,0.8^2,1^2)$												
2,2.5	0.2096	0.0652	0.4368	0.0592	0.5716	0.0568	0.2348	0.0552	0.5476	0.0612	0.6812	0.0652
2,2.6	0.3064	0.0716	0.5692	0.0760	0.6808	0.0784	0.3416	0.0636	0.6712	0.0824	0.7696	0.0972
2,2.7	0.4172	0.0852	0.6976	0.1004	0.7704	0.1252	0.4780	0.0768	0.7828	0.1112	0.8364	0.1572
2,2.8	0.5372	0.1040	0.7952	0.1376	0.8492	0.1752	0.5960	0.0972	0.8480	0.1500	0.8924	0.2232
2,2.9	0.6508	0.1332	0.8636	0.1736	0.9012	0.2288	0.7112	0.1312	0.9072	0.2012	0.9332	0.2892
$(\eta_1^2,\eta_2^2,\eta_3^2,\eta_4^2,\eta_5^2)=(0.3^2,0.5^2,0.7^2,0.9^2,0.9^2)$												
2,2.5	0.5048	0.0944	0.7792	0.1128	0.8408	0.1328	0.5628	0.0876	0.8348	0.1204	0.8892	0.1648
2,2.6	0.6396	0.1252	0.8636	0.1640	0.9068	0.2016	0.7020	0.1212	0.9108	0.1880	0.9420	0.2520
2,2.7	0.7636	0.1704	0.9260	0.2276	0.9568	0.2788	0.8188	0.1680	0.9508	0.2616	0.9732	0.3376
2,2.8	0.8612	0.2192	0.9652	0.3132	0.9820	0.3576	0.8940	0.2248	0.9800	0.3444	0.9912	0.4408
2,2.9	0.9224	0.2732	0.9860	0.3872	0.9940	0.4572	0.9464	0.2772	0.9912	0.4380	0.9964	0.5220

注：$N_1=(30,30,40,40,50)$，$N_2=(40,50,60,60,70)$，$N_3=(60,70,80,80,90)$。

第3章 偏正态单向分类随机效应模型

偏正态单向分类随机效应模型作为一类特殊的偏正态混合效应矩阵模型，常用于比较两个或多个因子的大小，广泛应用于计量经济、市场研究、社会科学等领域。对此，本章考虑偏正态单向分类随机效应模型

$$Y = 1_{ab}\mu + (I_a \otimes 1_b)\varepsilon_1 + \varepsilon_0 \tag{3.1}$$

其中，Y 为 $ab \times 1$ 观测变量，$\mu \in R$ 为固定效应，ε_1 是 $a \times 1$ 的随机效应，ε_0 是 $ab \times 1$ 的误差项，1_m 表示分量全为 1 的 m 维列向量，I_m 表示 m 阶单位矩阵，$\otimes$ 表示克罗内克（Kronecker）积。假定 $\varepsilon_1 \sim SN_a(0, \sigma_1^2 I_a, \alpha)$，$\varepsilon_0 \sim N_{ab}(0, \sigma_0^2 I_{ab})$，且 ε_1 和 ε_0 相互独立，这里 $SN_m(\mu_0, \Sigma_0, \alpha_0)$ 表示位置参数为 μ_0，尺度参数为 Σ_0，偏度参数为 α_0 的 m 维偏正态分布。当 $\mu_0 = 0$，$\Sigma_0 = I_m$ 时，$SN_m(\mu_0, \Sigma_0, \alpha_0)$ 退化为标准偏正态分布 $SN_m(\alpha_0)$。当 $\alpha_0 = 0$ 时，模型（3.1）退化为正态单向分类随机效应模型。

对于模型（3.1），本章研究未知参数的极大似然估计问题，以及固定效应和方差分量函数的假设检验与区间估计问题。首先，提出非中心偏 χ^2 分布，并给出模型（3.1）的统计性质，如矩生成函数、密度函数、线性型分布、二次型分布等。其次，基于 EM 算法，给出未知参数的极大似然估计。再次，分别基于 Bootstrap 方法和广义方法构造单个方差分量的检验统计量与置信区间。进而，探讨方差分量之和以及方差分量之比的单边假设检验和区间估计问题。最后，给出蒙特卡罗数值模拟结果。

3.1 模 型 性 质

为方便起见，令 $M_{n \times k}$ 表示 R 上所有 $n \times k$ 矩阵的集合，且 $R^n = M_{n \times 1}$。对任给 $B \in M_{n \times k}$，则 B^T 表示矩阵 B 的转置，$P_B = B(B^T B)^- B^T$。对任给非负定矩阵 $T \in M_{n \times n}$，$m > 0$，则 $rk(T)$ 和 $tr(T)$ 分别表示矩阵 T 的秩和迹，T^m 和 T^{-m} 分别表示 T 和 T^- 的第 m 阶非负定根。对任意给定的 $B \in M_{m \times n}$ 和 $C \in M_{p \times q}$，则 $B \otimes C$ 表示矩阵 B 和 C 的克罗内克积。

为构造模型（3.1）中未知参数的检验统计量，首次提出非中心偏 χ^2 分布，并证明其密度函数。进一步，讨论该分布的统计性质及几何特征。

定义 3.1 设 $U \sim SN_m(v, I_m, \alpha)$，则随机变量 $T = U^T U$ 的分布称为自由度为 m，

非中心参数为 $\lambda = \nu^{\mathrm{T}} \nu$ ，偏度参数为 $\delta_1 = \alpha^{\mathrm{T}} \nu$ 和 $\delta_2 = \alpha^{\mathrm{T}} \alpha$ 的非中心偏 χ^2 分布，记为 $T \sim S \chi_m^2 (\lambda, \delta_1, \delta_2)$ 。

定理 3.1　设 $U \sim SN_m (\nu, I_m, \alpha)$ ，$T = U^{\mathrm{T}} U \sim S \chi_m^2 (\lambda, \delta_1, \delta_2)$ ，其中 $\lambda = \nu^{\mathrm{T}} \nu$ ，$\delta_1 = \alpha^{\mathrm{T}} \nu$ ，$\delta_2 = \alpha^{\mathrm{T}} \alpha$ 。则 T 的密度函数为

$$f_T(x; \lambda, \delta_1, \delta_2) = \frac{\exp\left(-\frac{1}{2}(\lambda + x)\right)}{\Gamma\left(\frac{1}{2}\right)\Gamma\left(\frac{m-1}{2}\right)2^{m/2-1}} h(x; \lambda, \delta_1, \delta_2), \quad x > 0 \qquad (3.2)$$

其中

$$h(x; \lambda, \delta_1, \delta_2) = \int_{-\sqrt{x}}^{\sqrt{x}} \exp\left(\lambda^{1/2} s_1\right)(x - s_1^2)^{\frac{m-3}{2}} \Phi\left(\alpha_0(s_1 - \lambda^{1/2})\right) \mathrm{d}s_1$$

$$\alpha_0 = \frac{\lambda^{-1/2} \delta_1}{(1 + \delta_2 - \delta_1^2 / \lambda)^{1/2}}$$

若 $\delta_1 = 0$ ，则 T 的密度函数退化为

$$f_T(x; \lambda) = \mathrm{e}^{-\lambda/2} {}_0 F_1\left(\frac{1}{2} m; \frac{1}{4} \lambda x\right) \frac{1}{2^{m/2} \Gamma\left(\frac{m}{2}\right)} \mathrm{e}^{-x/2} x^{m/2-1}, \quad x > 0 \qquad (3.3)$$

其中，${}_0 F_1(\kappa_1; \kappa_2)$ 为贝塞尔（Bessel）函数（参见文献[120]），即 $T \sim \chi_m^2(\lambda)$ 。

证明　令 $S = KU, \nu = (\nu_1, \nu_2, \cdots, \nu_m)^{\mathrm{T}}$ ，其中 K 为第一行为 $\nu_i / \lambda^{1/2} (i = 1, 2, \cdots, m)$ 的 m 阶正交矩阵，则有 $S \sim SN_m(K\nu, I_m, K\alpha)$, $K\nu = (\lambda^{1/2}, 0, \cdots, 0)^{\mathrm{T}}$ 。进一步，

$$T = U^{\mathrm{T}} U = S^{\mathrm{T}} S = \sum_{i=1}^m S_i^2 = S_1^2 + W$$

其中

$$W = \sum_{i=2}^m S_i^2 \sim \chi_{m-1}^2, \quad S_1 \sim SN(\lambda^{1/2}, 1, \alpha_0)$$

于是，在 $S_1 = s_1$ 时，T 的条件密度函数为

$$f_{T|S_1=s_1}(x) = \frac{(x - s_1^2)^{\frac{m-3}{2}}}{\Gamma\left(\frac{m-1}{2}\right) 2^{\frac{m-1}{2}}} \exp\left(-\frac{x - s_1^2}{2}\right), \quad x \geqslant s_1^2$$

令 $f_{S_1}(s_1)$ 表示 S_1 的密度函数。则 T 的密度函数为

$$f_T(x;\lambda,\delta_1,\delta_2) = \int\limits_{-\sqrt{x}}^{\sqrt{x}} f_{T|S_1=s_1}(x)f_{S_1}(s_1)\mathrm{d}s_1$$

$$= \frac{1}{\Gamma\left(\frac{1}{2}\right)\Gamma\left(\frac{m-1}{2}\right)2^{\frac{m}{2}-1}} \int\limits_{-\sqrt{x}}^{\sqrt{x}} \exp\left(-\frac{x-s_1^2}{2} - \frac{(s_1-\lambda^{1/2})^2}{2}\right)\left(x-s_1^2\right)^{\frac{m-3}{2}}\Phi\left(\alpha_0(s_1-\lambda^{1/2})\right)\mathrm{d}s_1$$

$$= \frac{\exp\left(-\frac{1}{2}(\lambda+x)\right)}{\Gamma\left(\frac{1}{2}\right)\Gamma\left(\frac{m-1}{2}\right)2^{\frac{m}{2}-1}} h(x;\lambda,\delta_1,\delta_2),\quad x>0$$

其中，$h(x;\lambda,\delta_1,\delta_2)$ 由式（3.2）给出。若 $\delta_1=0$，则 $f_T(x;\lambda,\delta_1,\delta_2)$ 简化为

$$f_T(x;\lambda) = \frac{\exp\left(-\frac{1}{2}(\lambda+x)\right)}{\Gamma\left(\frac{1}{2}\right)\Gamma\left(\frac{m-1}{2}\right)2^{m/2}} \int\limits_{-\sqrt{x}}^{\sqrt{x}} \exp\left(\lambda^{1/2}s_1\right)\left(x-s_1^2\right)^{\frac{m-3}{2}}\mathrm{d}s_1$$

令 $s_1 = x^{1/2}\cos\theta, 0 < \theta < \pi$。容易计算雅可比（Jacobian）行列式为 $-x^{1/2}\sin\theta$，所以 $f_T(x;\lambda)$ 可以改写为

$$f_T(x;\lambda) = \frac{\exp\left(-\frac{1}{2}(\lambda+x)\right)}{\Gamma\left(\frac{1}{2}\right)\Gamma\left(\frac{m-1}{2}\right)2^{m/2}} \int\limits_0^\pi \exp\left(\lambda^{1/2}x^{1/2}\cos\theta\right)\left(\sin\theta\right)^{m-2}x^{m/2-1}\mathrm{d}\theta$$

$$= \mathrm{e}^{-\lambda/2}\frac{\Gamma\left(\frac{m}{2}\right)}{\Gamma\left(\frac{1}{2}\right)\Gamma\left(\frac{m-1}{2}\right)}\int\limits_0^\pi \exp\left(\lambda^{1/2}x^{1/2}\cos\theta\right)\left(\sin\theta\right)^{m-2}\mathrm{d}\theta \frac{1}{2^{m/2}\Gamma\left(\frac{m}{2}\right)}\mathrm{e}^{-x/2}x^{m/2-1}$$

$$= \mathrm{e}^{-\lambda/2}\,_0F_1\left(\frac{1}{2}m;\frac{1}{4}\lambda x\right)\frac{1}{2^{m/2}\Gamma\left(\frac{m}{2}\right)}\mathrm{e}^{-x/2}x^{m/2-1},\quad x>0\quad\square$$

注 3.1　根据定理 3.1，非中心偏 χ^2 分布的密度函数由 m、λ、δ_1、δ_2 唯一决定。这个定理改进了 Wang 等[40]的定义，避免了偏度参数 α 的不可确定性。进一步，讨论该分布的统计性质，并画出了概率密度曲线图。然而，由于篇幅有限，此处略去，有兴趣的读者可以参见文献[120]。

对于模型（3.1），给出如下模型性质的相关定理，具体证明可以参见 Ye 和 Wang[120]的相关研究。

定理 3.2　对于模型（3.1），则有

（1）观测向量 Y 的矩生成函数为

$$M_Y(t) = 2\exp\left(t^{\mathrm{T}}\mu_Y + \frac{t^{\mathrm{T}}\Sigma_Y t}{2}\right)\Phi\left(\frac{\sigma_1\alpha^{\mathrm{T}}(I_a\otimes 1_b^{\mathrm{T}})t}{(1+\alpha^{\mathrm{T}}\alpha)^{1/2}}\right), \ t\in \mathrm{R}^n \qquad (3.4)$$

其中，$n = ab$，$\mu_Y = 1_n\mu$，$\Sigma_Y = \sigma_0^2 I_n + \sigma_1^2(I_a\otimes(1_b 1_b^{\mathrm{T}}))$，$\Phi(\cdot)$ 表示标准正态累积分布函数。

（2）观测向量 Y 的密度函数为

$$f_Y(x;\mu_Y,\Sigma_Y,\alpha_1) = 2\phi_n(x;\mu_Y,\Sigma_Y)\Phi(\alpha_1^{\mathrm{T}}\Sigma_Y^{-1/2}(x-\mu_Y)), \ x\in \mathrm{R}^n \qquad (3.5)$$

其中，$\alpha_1 = \dfrac{\sigma_1\Sigma_Y^{-1/2}(I_a\otimes 1_b)\alpha}{\left(1+\alpha^{\mathrm{T}}(I_a - \sigma_1^2(I_a\otimes 1_b)^{\mathrm{T}}\Sigma_Y^{-1}(I_a\otimes 1_b))\alpha\right)^{1/2}}$，$\phi_n(x;\mu_Y,\Sigma_Y)$ 表示 n 维正态密度函数，记 $Y\sim \mathrm{SN}_n(\mu_Y,\Sigma_Y,\alpha_1)$。

（3）观测向量 Y 的均值向量和协方差阵为

$$E(Y) = \mu_Y + \sqrt{\frac{2}{\pi}}\frac{\Sigma_Y^{1/2}\alpha_1}{(1+\alpha_1^{\mathrm{T}}\alpha_1)^{1/2}}, \ \mathrm{Cov}(Y) = \Sigma_Y^{1/2}\left(I_n - \frac{2\alpha_1\alpha_1^{\mathrm{T}}}{\pi(1+\alpha_1^{\mathrm{T}}\alpha_1)}\right)\Sigma_Y^{1/2} \quad (3.6)$$

定理 3.3 对于模型（3.1），令 $Y = \mu^* + \Sigma^{1/2}V$，其中 $V\sim \mathrm{SN}_n(0,I_n,\alpha)$，$\Sigma$ 为正定矩阵。则 $Y\sim \mathrm{SN}_n(\mu^*,\Sigma,\alpha)$。

定理 3.4 对于模型（3.1），令 $Q = Y^{\mathrm{T}}AY/\sigma^2$，其中对称矩阵 $A\in M_{n\times n}$，$m = \mathrm{rk}(A)$，$\sigma^2 = \left(\sigma_0^2\mathrm{tr}(A) + \sigma_1^2\mathrm{tr}(A(I_a\otimes(1_b 1_b^{\mathrm{T}})))\right)/m$。则 $Q\sim \mathrm{S}\chi_m^2(\lambda,\delta_1,\delta_2)$ 的充要条件为：

（1）ΩA 为秩是 m 的幂等阵；

（2）$\lambda = \mu_Y^{\mathrm{T}}A\mu_Y/\sigma^2$；

（3）$\delta_1 = \alpha_1^{\mathrm{T}}\Omega^{1/2}A\mu_Y/(d\sigma)$；

（4）$\delta_2 = \alpha_1^{\mathrm{T}}P_1 P_1^{\mathrm{T}}\alpha_1/d^2$。

其中，$\alpha_1 = \dfrac{\sigma_1\Sigma_Y^{-1/2}(I_a\otimes 1_b)\alpha}{\left(1+\alpha^{\mathrm{T}}(I_a - \sigma_1^2(I_a\otimes 1_b)^{\mathrm{T}}\Sigma_Y^{-1}(I_a\otimes 1_b))\alpha\right)^{1/2}}$，$d = (1+\alpha_1^{\mathrm{T}}P_2 P_2^{\mathrm{T}}\alpha_1)^{1/2}$，

$\mu_Y = 1_n\mu$，$\Sigma_Y = \sigma_0^2 I_n + \sigma_1^2(I_a\otimes(1_b 1_b^{\mathrm{T}})) = \sigma^2\Omega$，$P = (P_1,P_2)$ 为正交阵，且满足

$$\Omega^{1/2}A\Omega^{1/2} = P\begin{pmatrix} I_m & 0 \\ 0 & 0 \end{pmatrix}P^{\mathrm{T}} = P_1 P_1^{\mathrm{T}}$$

特别地，若 $\mu_Y = 0$ 或者 $\alpha_1 = 0$，则 $Q\sim \chi_m^2(\lambda)$。

定理 3.5 对于模型（3.1），令 $X = 1_{ab}$，$Z = (I_a\otimes 1_b)$。易见，$P_X ZZ^{\mathrm{T}} = ZZ^{\mathrm{T}}P_X$，$ZZ^{\mathrm{T}} = bP_Z$。则有

（1）$Y^{\mathrm{T}}(P_{(X:Z)} - P_X)Y/\sigma_2^2\sim \chi_{n_1}^2$；

（2）$Y^{\mathrm{T}}(I_n - P_{(X:Z)})Y/\sigma_0^2\sim \chi_{n_2}^2$；

（3）$Y^{\mathrm{T}}(P_{(X:Z)}-P_X)Y$ 与 $Y^{\mathrm{T}}(I_n-P_{(X:Z)})Y$ 相互独立。

其中，$\sigma_2^2=\sigma_0^2+b\sigma_1^2$，$n_1=\mathrm{rk}(X:Z)-\mathrm{rk}(X)=a-1$，$n_2=n-\mathrm{rk}(X:Z)=a(b-1)$，

$n=ab$。

3.2 参 数 估 计

首先，将模型（3.1）表示为各分量形式，具体如下：

$$y_j=\mu_j+1_b\varepsilon_{1j}+\varepsilon_{0j},\quad j=1,2,\cdots,a \tag{3.7}$$

其中，$\mu_j=1_b\mu$，$\varepsilon_{1j}\sim\mathrm{SN}(0,\sigma_1^2,\alpha^*)$，$\varepsilon_{0j}\sim N_b(0,\sigma_0^2I_b)$。

根据结论 2.2[121]，可得

$$\varepsilon_{1j}=\sigma_1\delta t_j+\sigma_1(1-\delta^2)^{1/2}X_j,\quad j=1,2,\cdots,a$$

其中，$\delta=\alpha^*/\sqrt{1+\alpha^*\alpha^*}$，$t_j$ 为标准正态分布随机变量的绝对值，X_j 为服从标准正态分布的随机变量，且 t_j 与 X_j 相互独立。因此，模型（3.7）可表示为

$$y_j=\mu_j+1_b\varepsilon_{1j}+\varepsilon_{0j}=\mu_j+1_b\sigma_1\delta t_j+r_j \tag{3.8}$$

其中，$r_j=1_b\sigma_1(1-\delta^2)^{1/2}X_j+\varepsilon_{0j}$。因此，$r_j$ 服从以下正态分布：

$$r_j\sim N_b(0,\sigma_0^2I_b+1_b1_b^{\mathrm{T}}\sigma_1^2(1-\delta^2))$$

在应用 EM 算法时，隐变量即为 t_j。令 $\Psi=\sigma_0^2I_b+1_b1_b^{\mathrm{T}}\sigma_1^2(1-\delta^2)$，则

$$y_j\big|t_j\sim N_b(\mu_j+1_b\sigma_1\delta t_j,\Psi) \tag{3.9}$$

记 $\theta=(\mu,\sigma_1,\sigma_0)^{\mathrm{T}}$，因此模型（3.7）的待估参数为 θ 和 δ。根据结论 2.3[121] 和式（3.9）可得 Y_j 和 t_j 的联合分布概率密度函数为

$$f_{y_j,t_j}(y_j^{\mathrm{T}},t_j|\theta,\delta)=2\phi_b(y_j|\mu_j+1_b\sigma_1\delta t_j,\Psi)\phi(t_j)\mathbb{I}\{t_j>0\}$$
$$=2\phi_b(y_j|\mu_j,\sigma_0^2I_b+\sigma_1^21_b1_b^{\mathrm{T}})\phi(t_j|\eta_j,\tau_j^2)\mathbb{I}\{t_j>0\}$$

其中，$\eta_j=\dfrac{(1_b\sigma_1\delta)^{\mathrm{T}}\Psi^{-1}(y_j-\mu_j)}{1+(1_b\sigma_1\delta)^{\mathrm{T}}\Psi^{-1}(1_b\sigma_1\delta)}$，$\tau_j^2=\dfrac{1}{1+(1_b\sigma_1\delta)^{\mathrm{T}}\Psi^{-1}(1_b\sigma_1\delta)}$。

根据上述联合分布概率密度函数,可求得包含 Y_j 和隐变量 t_j 的对数似然函数。

$$l(\theta,\delta)\propto-\frac{1}{2}\sum_{j=1}^a\ln|\Psi|-\frac{1}{2}\sum_{j=1}^a(y_j-\mu_j)^{\mathrm{T}}\Sigma^{-1}(y_j-\mu_j)-\frac{1}{2}\sum_{j=1}^a\frac{(t_j-\eta_j)^2}{\tau_j^2} \tag{3.10}$$

其中，$\Sigma=\sigma_0^2I_b+\sigma_1^21_b1_b^{\mathrm{T}}$。

同时,可得到隐变量 t_j 关于 Y_j 的条件分布密度函数,以及其一阶和二阶原点矩。

$$f_{t_j|y_j}(t_j|y_j) = 2\phi(t_j|\eta_j, \tau_j^2)\mathbb{I}\{t_j > 0\},$$

$$E[t_j|y_j] = \eta_j + \frac{\phi(\eta_j/\tau_j)}{\Phi(\eta_j/\tau_j)}\tau_j, \qquad (3.11)$$

$$E[t_j^2|y_j] = \eta_j^2 + \tau_j^2 + \frac{\phi(\eta_j/\tau_j)}{\Phi(\eta_j/\tau_j)}\tau_j\eta_j$$

因此，利用 EM 算法估计模型（3.7）参数的步骤如下。

E 步：基于 Y_j 以及上次迭代所得参数 $(\hat{\theta}, \hat{\delta})$，根据式（3.11）可得

$$\hat{t}_j = \hat{\eta}_j + \frac{\phi(\hat{\eta}_j/\hat{\tau}_j)}{\Phi(\hat{\eta}_j/\hat{\tau}_j)}\hat{\tau}_j,$$

$$\hat{t}_j^2 = \hat{\eta}_j^2 + \hat{\tau}_j^2 + \frac{\phi(\hat{\eta}_j/\hat{\tau}_j)}{\Phi(\hat{\eta}_j/\hat{\tau}_j)}\hat{\tau}_j\hat{\eta}_j$$

M 步：通过极大化似然函数，即令 $\frac{\partial l(\theta, \delta)}{\partial \mu} = 0$，可得

$$\hat{\mu} = \left\{\sum_{j=1}^{a}1_b^{\mathrm{T}}\left[\hat{\varSigma}^{-1} + \hat{\tau}_j^2\hat{\varPsi}^{-1}1_b\hat{\sigma}_1\hat{\delta}(1_b\hat{\sigma}_1\hat{\delta})^{\mathrm{T}}\hat{\varPsi}^{-1}\right]1_b\right\}^{-1}$$

$$\times \sum_{j=1}^{a}\left\{1_b^{\mathrm{T}}\left[\hat{\varSigma}^{-1} + \hat{\tau}_j^2\hat{\varPsi}^{-1}1_b\hat{\sigma}_1\hat{\delta}(1_b\hat{\sigma}_1\hat{\delta})^{\mathrm{T}}\hat{\varPsi}^{-1}\right]y_j - \hat{t}_j1_b^{\mathrm{T}}\hat{\varPsi}^{-1}1_b\hat{\sigma}_1\hat{\delta}\right\}$$

其中，$\hat{\sigma}_1$、$\hat{\sigma}_0$ 和 $\hat{\delta}$ 根据上次迭代所得。然后，将 $\hat{\mu}$ 代入 $l(\theta, \delta)$ 中，利用数值算法极大化即可求得 (θ, δ) 的极大似然估计值。在给定待估参数的初始值后，重复上述两个步骤直至收敛，即可得到参数的极大似然估计值。

模型（3.1）中，$\varepsilon_1 = (\varepsilon_{11}, \varepsilon_{12}, \cdots, \varepsilon_{1a})^{\mathrm{T}} \sim \mathrm{SN}_a(0, \sigma_1^2 I_a, \alpha)$。此时，令 $l = (1, 0, \cdots, 0)^{\mathrm{T}}$ 为 $a \times 1$ 向量，则有 $l^{\mathrm{T}}\varepsilon_1 = \varepsilon_{11} \sim \mathrm{SN}(0, \sigma_1^2, \alpha^*)$，其中

$$\alpha^* = \frac{l^{\mathrm{T}}\alpha}{\left(1 + \alpha^{\mathrm{T}}(I_a - ll^{\mathrm{T}})\alpha\right)^{1/2}} \qquad (3.12)$$

特别地，当模型（3.1）中偏度参数 α 向量中各个元素值相同时，ε_{1j} 独立同分布于 $\mathrm{SN}(0, \sigma_1^2, \alpha^*)$，其中 α^* 如式（3.12）所示。

此外，根据定理 3.5，可得 σ_0^2 和 σ_1^2 的无偏估计量分别为 $\hat{\sigma}_0^2 = T_2/n_2$ 和 $\hat{\sigma}_1^2 = \frac{T_1/n_1 - T_2/n_2}{b}$，其中 $T_1 = Y^{\mathrm{T}}(P_{(X:Z)} - P_X)Y$，$T_2 = Y^{\mathrm{T}}(I_n - P_{(X:Z)})Y$。

3.3 固定效应的推断

基于上述模型参数估计方法，本节利用参数 Bootstrap 方法构建偏正态单向分

类随机效应模型中固定效应的精确检验。首先，考虑如下假设检验问题

$$H_0: \mu = d \quad \text{vs} \quad H_1: \mu \neq d \tag{3.13}$$

根据定理 3.4，可得

$$Q = \frac{Y^{\mathrm{T}} A Y}{\sigma^2} \sim S\chi_m^2(\lambda, \delta_1, \delta_2) \tag{3.14}$$

其中，$A = I_a \otimes (1_b 1_b^{\mathrm{T}} / b)$，$\sigma^2 = \sigma_0^2 + b\sigma_1^2$，$\lambda = \mu_y^{\mathrm{T}} A \mu_y / \sigma^2$，$\delta_1 = \alpha_1^{\mathrm{T}} \Omega^{1/2} A \mu_y / (d\sigma)$，$\delta_2 = \alpha_1^{\mathrm{T}} P_1 P_1^{\mathrm{T}} \alpha_1 / d^2$。同时，$\Omega$、$d$ 和 P_1 的定义见定理 3.4。特别地，当 $d=0$ 时，Q 服从以下卡方分布

$$Q = \frac{Y^{\mathrm{T}} A Y}{\sigma^2} \sim \chi_m^2 \tag{3.15}$$

于是，定义

$$Q^* = \sigma^2 Q = Y^{\mathrm{T}} A Y \sim \sigma^2 S\chi_m^2(\lambda, \delta_1, \delta_2) \tag{3.16}$$

假如 α、σ_1^2 和 σ_0^2 已知，则 Q^* 可被用于检验问题（3.13）。因此，在名义显著性水平 β 下拒绝 H_0 的条件如下：

$$Q^* = Y^{\mathrm{T}} A Y > \sigma^2 S\chi_{m,\beta}^2(\lambda, \delta_1, \delta_2) \tag{3.17}$$

实际上，偏度参数 α 和方差分量 σ_1^2、σ_0^2 均为未知。因此，可以使用 3.2 节估计出的 $\hat{\alpha}$、$\hat{\sigma}_1^2$ 和 $\hat{\sigma}_0^2$ 分别替代 α、σ_1^2 和 σ_0^2，得到检验统计量

$$Q^* = Y^{\mathrm{T}} A Y \sim \hat{\sigma}^2 S\chi_m^2(\hat{\lambda}, \hat{\delta}_1, \hat{\delta}_2) \tag{3.18}$$

由于参数 Bootstrap 涉及从估计模型中抽样，因而样本和样本统计量产生于包含估计参数的模型。在式（3.13）的原假设条件下，可得

$$\tilde{Q}^* \sim \hat{\sigma}^2 S\chi_m^2(\hat{\lambda}, \hat{\delta}_1, \hat{\delta}_2) \tag{3.19}$$

因此，在名义显著性水平 β 下，基于参数 Bootstrap 方法拒绝（3.13）中原假设的条件如下：

$$p = \Pr(\tilde{Q}^* > Q^* = Y^{\mathrm{T}} A Y) < \beta \tag{3.20}$$

对于给定的 α、σ_1^2 和 σ_0^2，上述概率不依赖于任何未知参数。因此，该概率可以使用蒙特卡罗模拟算法估计得出，具体见算法 3.1。

算法 3.1　对于一个给定的 α、σ_1^2 和 σ_0^2：计算 $Q^* = Y^{\mathrm{T}} A Y$，令 $k=1,2,\cdots,n$，在 $\hat{\lambda} = v^{\mathrm{T}} v$、$\hat{\delta}_1 = \alpha^{\mathrm{T}} v$ 和 $\hat{\delta}_2 = \alpha^{\mathrm{T}} \alpha$ 条件下，分别模拟生成 $U \sim \mathrm{SN}_m(v, I_m, \alpha)$ 和 $T = U^{\mathrm{T}} U \sim S\chi_m^2(\hat{\lambda}, \hat{\delta}_1, \hat{\delta}_2)$，计算 $\tilde{Q}^* = \hat{\sigma}^2 T$，若 $\tilde{Q}^* > Q^*$，则记 $W_k = 1$，计算 $(1/m)\sum_{k=1}^{m} W_k$，即为使用蒙特卡罗模拟得到式（3.20）的 p 值。

3.4 单个方差分量的推断

本节利用 Bootstrap 方法和广义方法, 对模型 (3.1) 中的方差分量 σ_1^2 进行检验。考虑单边假设检验问题:

$$H_0 : \sigma_1^2 \leqslant \delta_0 \quad \text{vs} \quad H_1 : \sigma_1^2 > \delta_0 \quad\quad (3.21)$$

其中, δ_0 为预先给定值。

1. Bootstrap 方法

对于假设检验问题 (3.21), 首先构造 Bootstrap 检验统计量。定义

$$F_1 = \frac{T_1}{\sigma_0^2 + b\sigma_1^2} \sim \chi_{n_1}^2 \quad\quad (3.22)$$

若 σ_0^2 已知, 则式 (3.22) 中 F_1 为假设检验问题 (3.21) 的检验统计量。然而, 在实际问题中, σ_0^2 往往是未知的。因此, 在原假设成立的条件下, 用无偏估计量 $\hat{\sigma}_0^2$ 来代替 σ_0^2, 可得

$$F_1 = \frac{T_1}{T_2/n_2 + b\delta_0} \quad\quad (3.23)$$

显然, F_1 的精确分布是难以获取的, 无法建立其精确检验方法, 故可以利用 Bootstrap 方法构建检验统计量。于是, 基于式 (3.23) 的 Bootstrap 检验统计量为

$$F_{1B} = \frac{T_{1B}}{T_{2B}/n_2 + b\delta_0} \qu\quad (3.24)$$

其中, $T_{1B} \sim (t_2/n_2 + b\delta_0)\chi_{n_1}^2$, $T_{2B} \sim (t_2/n_2)\chi_{n_2}^2$, t_1 表示 T_1 的观测值, t_2 表示 T_2 的观测值。因此, 对于假设检验问题 (3.21), 利用式 (3.24) 的 F_{1B} 可以给出如下 p 值。

$$p_1 = P(F_{1B} > f_1 | H_0) \quad\quad (3.25)$$

其中, f_1 表示式 (3.23) 中 F_1 的观测值。令 β 表示名义显著性水平。若 $p_1 \leqslant \beta$, 则在名义显著性水平 β 下拒绝原假设。

注 3.2 当偏度参数 $\alpha = 0$ 时, Bootstrap 检验统计量 (3.24) 退化为杨方芹等[76]的结果。

注 3.3 基于 F_{1B} 构造 σ_1^2 的 Bootstrap 枢轴量, 记为 $\tilde{F}_{1B}$。令 $\tilde{F}_{1B}(\gamma)$ 表示 $\tilde{F}_{1B}$ 的第 γ 分位点, 则 σ_1^2 的一个置信水平为 $1 - \beta$ 的 Bootstrap 置信区间为

$$\left[\frac{t_1}{b\tilde{F}_{1B}(1 - \beta/2)} - \frac{t_2}{bn_2}, \frac{t_1}{b\tilde{F}_{1B}(\beta/2)} - \frac{t_2}{bn_2} \right] \quad\quad (3.26)$$

2. 广义方法

对于假设检验问题（3.21），借鉴 Ye 等[94]的构造方法，建立广义检验变量。令 $V_1 = \dfrac{T_1}{\sigma^2} \sim \chi_{n_1}^2$，$V_2 = \dfrac{T_2}{\sigma_0^2} \sim \chi_{n_2}^2$。定义

$$F_2 = V_1(1/V_2 + b\sigma_1^2/t_2) \qquad (3.27)$$

显然，F_2 的观测值 $f_2 = t_1/t_2$ 与未知参数无关，F_2 的分布与冗余参数无关。由式（3.27）得，F_2 关于 σ_1^2 随机单调增。因此，对于假设检验问题（3.21），F_2 为广义检验变量。根据 F_2，可以计算广义值

$$
\begin{aligned}
p_2 &= P(F_2 \geqslant t_1/t_2 \mid H_0) = P\left(V_1 \geqslant \frac{t_1}{t_2/V_2 + b\delta_0}\right) \\
&= 1 - E_{V_2}\left(F_{\chi_{n_1}^2}\left(\frac{t_1}{t_2/V_2 + b\delta_0}\right)\right)
\end{aligned}
\qquad (3.28)
$$

其中，$F_{\chi_{n_1}^2}$ 表示自由度为 n_1 的 χ^2 分布的分布函数。式（3.28）中的期望是根据统计量 V_2 所获取的。若 $p_2 \leqslant \beta$，则在名义显著性水平 β 下拒绝 H_0。

注 3.4 当偏度参数 $\alpha = 0$ 时，广义检验变量（3.27）退化为 Weerahandi[95] 的结果。

下面考虑 σ_1^2 的广义置信区间。定义

$$F_2^* = \frac{1}{b}\left(\frac{t_1(\sigma_0^2 + b\sigma_1^2)}{T_1} - \frac{t_2\sigma_0^2}{T_2}\right)$$

易见，F_2^* 的分布与未知参数无关。且 F_2^* 的观测值为 σ_1^2，与冗余参数无关，故 F_2^* 为广义枢轴量。由 F_2^* 分位点可得 σ_1^2 的置信水平为 $1-\beta$ 的广义置信上限和广义置信下限，分别记为 $F_2^*(1-\beta/2)$ 和 $F_2^*(\beta/2)$。

注 3.5 当偏度参数 $\alpha = 0$ 时，广义置信区间 $\left[F_2^*(\beta/2), F_2^*(1-\beta/2)\right]$ 退化为 Weerahandi[86]的结果。

3.5 方差分量之和的推断

本节利用 Bootstrap 方法和广义方法，对模型（3.1）中的方差分量之和 $\sigma_1^2 + \sigma_0^2$ 进行检验。考虑单边假设检验问题

$$H_0 : \sigma_1^2 + \sigma_0^2 \leqslant \delta_1 \quad \text{vs} \quad H_1 : \sigma_1^2 + \sigma_0^2 > \delta_1 \qquad (3.29)$$

其中，δ_1 为预先给定值。

1. Bootstrap 方法

对于假设检验问题（3.29），首先构造 Bootstrap 检验统计量。定义

$$F_3 = \frac{T_1}{\sigma_0^2 + b\sigma_1^2} \sim \chi_{n_1}^2 \tag{3.30}$$

若 σ_0^2 已知，则式（3.30）中 F_3 为假设检验问题（3.29）的检验统计量。然而，在实际问题中，σ_0^2 往往是未知的。因此，用无偏估计量 $\hat{\sigma}_0^2$ 来代替 σ_0^2，且在原假设成立的条件下可得

$$F_3 = \frac{T_1}{b\delta_1 - (b-1)T_2 / n_2} \tag{3.31}$$

易见，F_3 的精确分布是难以获取的，故可利用 Bootstrap 方法构建检验统计量。于是，基于式（3.31）的 Bootstrap 检验统计量为

$$F_{3B} = \frac{T_{1B}}{b\delta_1 - (b-1)T_{2B} / n_2} \tag{3.32}$$

其中，$T_{1B} \sim (b\delta_1 - (b-1)t_2 / n_2)\chi_{n_1}^2$，$T_{2B} \sim (t_2 / n_2)\chi_{n_2}^2$。因此，对于假设检验问题（3.29），利用式（3.32）的 F_{3B} 可以给出如下 p 值：

$$p_3 = P(F_{3B} > f_3 \mid H_0) \tag{3.33}$$

其中，f_3 表示式（3.31）中 F_3 的观测值。若 $p_3 \leq \beta$，则在名义显著性水平 β 下拒绝原假设 H_0。

注 3.6　基于 F_{3B} 构造 $\sigma_1^2 + \sigma_0^2$ 的 Bootstrap 枢轴量，记为 $\tilde{F}_{3B}$。令 $\tilde{F}_{3B}(\gamma)$ 表示 $\tilde{F}_{3B}$ 的第 γ 分位点，则 $\sigma_1^2 + \sigma_0^2$ 的一个置信水平为 $1-\beta$ 的 Bootstrap 置信区间为

$$\left[\frac{t_1}{b\tilde{F}_{3B}(1-\beta/2)} + \frac{(b-1)t_2}{bn_2}, \frac{t_1}{b\tilde{F}_{3B}(\beta/2)} + \frac{(b-1)t_2}{bn_2} \right] \tag{3.34}$$

2. 广义方法

类似地，利用 Ye 等[94]的构造方法，对于假设检验问题（3.29），构造广义检验变量。定义

$$F_4 = \frac{t_1}{bV_1} + \frac{(b-1)t_2}{bV_2} - (\sigma_1^2 + \sigma_0^2) \tag{3.35}$$

显然，F_4 的观测值 $f_4 = 0$ 与未知参数无关。因为 V_1 和 V_2 分布不含任何未知参数，故 F_4 的分布与冗余参数无关。由式（3.35）得，F_4 关于 $\sigma_1^2 + \sigma_0^2$ 随机单调减。因此，对于假设检验问题（3.29），F_4 为广义检验变量。根据 F_4，可以计算广义值：

$$p_4 = P(F_4 \leq 0 \mid H_0) = 1 - E_{V_2}\left(F_{\chi_{n_1}^2}\left(\left(\frac{b\delta_1}{t_1} - \frac{(b-1)t_2}{V_2 t_1} \right)^{-1} \right) \right) \tag{3.36}$$

若 $p_4 \leqslant \beta$ ，则在名义显著性水平 β 下拒绝原假设 H_0 。

为给出 $\sigma_1^2 + \sigma_0^2$ 的广义置信区间。定义广义枢轴量：

$$F_4^* = \frac{t_1}{bV_1} + \frac{(b-1)t_2}{bV_2}$$

令 $F_4^*(\gamma)$ 表示 F_4^* 的第 γ 分位点，则 $\left[F_4^*(\beta/2), F_4^*(1-\beta/2) \right]$ 为 $\sigma_1^2 + \sigma_0^2$ 的置信水平为 $1-\beta$ 的广义置信区间。

3.6　方差分量之比的推断

本节利用 Bootstrap 方法和广义方法，对模型（3.1）中的方差分量之比 σ_1^2/σ_0^2 进行检验。考虑单边假设检验问题

$$H_0: \sigma_1^2/\sigma_0^2 \leqslant \delta_2 \quad \text{vs} \quad H_1: \sigma_1^2/\sigma_0^2 > \delta_2 \tag{3.37}$$

其中，δ_2 为预先给定值。

1. Bootstrap 方法

对于假设检验问题（3.37），首先构造 Bootstrap 检验统计量。定义

$$F_5 = \frac{T_1}{\sigma_0^2 + b\sigma_1^2} \sim \chi_{n_1}^2 \tag{3.38}$$

在原假设成立的条件下，用估计量 $\hat{\sigma}_0^2$ 来代替 σ_0^2 ，可得

$$F_5 = \frac{T_1}{(b\delta_2 + 1)T_2/n_2} \tag{3.39}$$

显然，F_5 的精确分布是难以获取的，无法建立其精确检验方法，故可以利用 Bootstrap 方法构建检验统计量。于是，基于式（3.39）的 Bootstrap 检验统计量为

$$F_{5B} = \frac{T_{1B}}{(b\delta_2 + 1)T_{2B}/n_2} \tag{3.40}$$

其中，$T_{1B} \sim (b\delta_2+1)(t_2/n_2)\chi_{n_1}^2$ ，$T_{2B} \sim (t_2/n_2)\chi_{n_2}^2$ 。对于假设检验问题（3.37），利用式（3.40）的 F_{5B} 可给出如下 p 值：

$$p_5 = P(F_{5B} > f_5 \mid H_0) \tag{3.41}$$

其中，f_5 表示式（3.39）中 F_5 的观测值。若 $p_5 \leqslant \beta$ ，则在名义显著性水平 β 下拒绝原假设 H_0 。

注 3.7　基于 F_{5B} 构造 σ_1^2/σ_0^2 的 Bootstrap 枢轴量，记为 $\tilde{F}_{5B}$ 。令 $\tilde{F}_{5B}(\gamma)$ 表示 $\tilde{F}_{5B}$ 的第 γ 分位点，则 σ_1^2/σ_0^2 的一个置信水平为 $1-\beta$ 的 Bootstrap 置信区间为

$$\left[\frac{t_1 n_2}{b\tilde{F}_{5B}(1-\beta/2)t_2} - \frac{1}{b}, \frac{t_1 n_2}{b\tilde{F}_{5B}(\beta/2)t_2} - \frac{1}{b} \right] \tag{3.42}$$

2. 广义方法

对于假设检验问题（3.37），构造广义检验变量。定义

$$F_6 = \frac{V_2 t_1}{b V_1 t_2} - \frac{1}{b} - \frac{\sigma_1^2}{\sigma_0^2} \qquad (3.43)$$

显然，F_6 的观测值 $f_6 = 0$ 与未知参数无关。因为 V_1 和 V_2 分布无任何未知参数，故 F_6 的分布与冗余参数无关。由式（3.43）得，F_6 关于 σ_1^2 / σ_0^2 随机单调减。因此，对于假设检验问题（3.37），F_6 为广义检验变量。根据 F_6，可以计算广义值

$$p_6 = P(F_6 \leqslant 0 \mid H_0) = 1 - E_{V_2}\left(F_{\chi_{n_1}^2}\left(\frac{V_2 t_1}{t_2 (b \delta_2 + 1)} \right) \right) \qquad (3.44)$$

若 $p_6 \leqslant \beta$，则在名义显著性水平 β 下拒绝原假设 H_0。

下面考虑 σ_1^2 / σ_0^2 的广义置信区间。定义

$$F_6^* = \frac{V_2 t_1}{b V_1 t_2} - \frac{1}{b}$$

其中，F_6^* 的观测值为 σ_1^2 / σ_0^2。因此，可以利用 F_6^* 的百分位数来构造 σ_1^2 / σ_0^2 的广义置信区间。

注 3.8 易证，式（3.41）和式（3.44）分别可以简化为 $p(T_{1B} / T_{2B} > t_1 / t_2 \mid H_0)$ 和 $p(T_1 / T_2 > t_1 / t_2 \mid H_0)$。因此，对于假设检验问题（3.37），Bootstrap 方法和广义方法几乎是等价的。

3.7　蒙特卡罗数值模拟

本节通过蒙特卡罗数值模拟，从数值上研究上述检验方法犯第一类错误的概率和功效的统计性质。为方便起见，本节仅针对假设检验问题（3.21），给出 Bootstrap 方法犯第一类错误的概率和功效的算法。具体步骤如下。

步骤 1：对于给定的 $(a, b, \sigma_0^2, \sigma_1^2, \delta_0)$，生成 $t_1 \sim (\sigma_0^2 + b\sigma_1^2)\chi_{n_1}^2$ 和 $t_2 \sim \sigma_0^2 \chi_{n_2}^2$。

步骤 2：由式（3.23），可计算 f_1。

步骤 3：生成 $T_{1B} \sim (t_2 / n_2 + b\delta_0)\chi_{n_1}^2$，$T_{2B} \sim (t_2 / n_2)\chi_{n_2}^2$，并由式（3.24）计算 F_{1B}。

步骤 4：将步骤 3 重复 k_1 次，并由式（3.25）得到 p_1 值。若 $p_1 \leqslant \beta$，则 $Q = 1$。反之，则 $Q = 0$。

步骤 5：将步骤 1～步骤 4 重复 k_2 次，得到 k_2 个 Q 值，记为 $Q_1, Q_2, \cdots, Q_{k_2}$，则犯第一类错误的概率为 $\sum_{i=1}^{k_2} Q_i / k_2$。

当备择假设 H_1 成立时，基于上述算法类似可得假设检验问题（3.21）的功效。

在模拟研究中，分别取名义显著性水平 $\beta = 0.025, 0.05, 0.075, 0.1$，内循环数 k_1 为 2500 次，外循环数 k_2 为 2500 次。针对假设检验问题（3.13），令 $d = 0$，$a = 3, 4, 5$，$b = 4, 8$。随机效应 ε_1 由参数 $\sigma_1 = 1, 2, 4$，$\alpha = \alpha_* 1_a$ 以及 $\alpha_* = 1/2, 1, 2$ 的偏正态分布随机产生。误差项 ε_0 由参数 $\sigma_0 = 1, 2, 4$ 的正态分布随机产生。

针对假设检验问题（3.21），取 $(a, b) = (5, 2), (6, 3), (10, 4), (15, 5), (20, 6)$，$\delta_0^* = 1$，$\sigma_0^2 = 4, 4.5, 5.5, 6.5, 8$。针对假设检验问题（3.29），取 $\delta_1^* = 5$，$\sigma_0^2 = 0.2, 0.4, 1, 1.5, 2.5$，$(a, b) = (5, 2), (6, 3), (10, 4), (15, 5), (20, 6)$。针对假设检验问题（3.37），取 $\delta_2^* = 1$，$\sigma_0^2 = 4, 4.5, 5.5, 6.5, 8$，$(a, b) = (5, 2), (6, 3), (10, 4), (15, 5), (20, 6)$。

在假设检验问题（3.13）的原假设条件下，上述参数检验方法犯第一类错误的概率如表 3.1 所示。由表 3.1 可知，在不同参数设定时，模拟所得犯第一类错误的概率均与相应的显著性水平接近。这说明在不同显著性水平下，基于参数 Bootstrap（parametric Bootstrap，PB）方法所给出的参数检验方法能够有效控制犯第一类错误的概率。进一步，本书在假设检验问题（3.13）的备择假设条件下，模拟得到相应的检验功效，如表 3.2 所示。由表 3.2 可知，当 μ 值越来越偏离原假设时，统计功效快速增加。同时，当其他参数设置相同时，不同的 α_* 值对检验功效并无显著影响。

对于假设检验问题（3.21），表 3.3 和表 3.4 分别给出了不同名义显著性水平下 Bootstrap 方法和广义（generalize p-value，GP）方法犯第一类错误的概率和功效的模拟结果。由表 3.3 可知，当样本量较小时，PB 方法略显自由，而 GP 方法较为保守。随着样本量的增加，上述两种方法的实际水平越来越接近于名义显著性水平 β，但 PB 方法在多数情况下优于 GP 方法。由表 3.4 可知，对于所设定的参数、样本量和名义显著性水平，PB 方法的功效一致优于 GP 方法的功效。

对于假设检验问题（3.29），表 3.5 和表 3.6 分别给出了不同名义显著性水平下 PB 方法和 GP 方法犯第一类错误的概率和功效的模拟结果。由表 3.5 可知，PB 方法和 GP 方法在样本量较小时，分别表现出轻微的保守和自由特征，且随着 σ_0^2 的增加，这种现象更为明显。然而，随着样本量的增加，这种现象得到显著改善，即上述两种方法均能较好地控制犯第一类错误的概率，但 PB 方法在多数情况下优于 GP 方法。由表 3.6 可知，随着 $\sigma_1^2 + \sigma_0^2$ 远离原假设及样本量的增加，PB 方法和 GP 方法的功效均呈现出显著增长，但后者在绝大多数情况下优于前者。

对于假设检验问题（3.37），表 3.7 和表 3.8 分别给出了不同名义显著性水平下 PB 方法和 GP 方法犯第一类错误的概率和功效的模拟结果。由表 3.7 可知，无论在小样本还是大样本情形下，PB 方法和 GP 方法的实际水平一致接近于名义显著性水平。两种方法的模拟结果几乎一致，这与注 3.8 的结论相符。随着 σ_1^2 / σ_0^2 远离原假设及样本量的增加，两种方法的功效均呈现出显著增长，并且效果较为理想。

表 3.1 假设检验问题（3.13）下犯第一类错误的概率

a	b	σ_1	σ_0	α_*	β			
					0.025	0.05	0.075	0.1
3	4	2	2	1/2	0.036	0.056	0.082	0.104
				1	0.042	0.068	0.086	0.102
				2	0.042	0.070	0.076	0.098
3	4	2	4	1/2	0.03	0.058	0.078	0.106
				1	0.032	0.05	0.076	0.102
				2	0.028	0.052	0.07	0.086
3	8	2	4	1/2	0.034	0.054	0.078	0.104
				1	0.046	0.060	0.084	0.114
				2	0.038	0.062	0.082	0.094
3	8	4	4	1/2	0.046	0.068	0.08	0.112
				1	0.032	0.050	0.072	0.084
				2	0.034	0.066	0.084	0.114
4	4	2	2	1/2	0.036	0.062	0.074	0.098
				1	0.034	0.054	0.064	0.074
				2	0.028	0.046	0.076	0.086
4	4	4	2	1/2	0.032	0.058	0.078	0.092
				1	0.038	0.048	0.072	0.086
				2	0.028	0.052	0.08	0.094
4	8	2	2	1/2	0.04	0.058	0.072	0.086
				1	0.032	0.05	0.068	0.082
				2	0.034	0.05	0.08	0.082
4	8	4	2	1/2	0.024	0.042	0.08	0.098
				1	0.044	0.06	0.07	0.086
				2	0.034	0.052	0.088	0.098
5	8	1	1	1/2	0.024	0.048	0.066	0.088
				1	0.036	0.046	0.06	0.082
				2	0.036	0.05	0.068	0.086
5	8	2	2	1/2	0.026	0.042	0.062	0.074
				1	0.026	0.046	0.06	0.072
				2	0.038	0.046	0.06	0.076
5	8	2	4	1/2	0.036	0.05	0.06	0.072
				1	0.034	0.048	0.065	0.085
				2	0.038	0.046	0.06	0.08
5	8	4	4	1/2	0.038	0.058	0.078	0.098
				1	0.04	0.054	0.074	0.09

续表

a	b	σ_1	σ_0	α_*	β			
					0.025	0.05	0.075	0.1
5	8	4	4	2	0.036	0.068	0.084	0.100
				1/2	0.038	0.066	0.084	0.102
5	4	4	2	1	0.042	0.068	0.082	0.112
				2	0.036	0.061	0.079	0.097

表 3.2　假设检验问题（3.13）下检验功效（$\sigma_0 = 2$）

a	b	σ_1	α_*	μ	β			
					0.025	0.05	0.075	0.1
3	4	1	1/3	1	0.252	0.316	0.376	0.428
				2	0.634	0.728	0.786	0.826
				3	0.912	0.946	0.96	0.984
3	4	2	1/2	1	0.248	0.304	0.338	0.394
				2	0.478	0.534	0.614	0.678
				3	0.692	0.758	0.826	0.848
3	4	2	1	1	0.236	0.286	0.352	0.384
				2	0.518	0.614	0.666	0.696
				3	0.748	0.812	0.856	0.908
3	8	1	1/3	1	0.386	0.472	0.526	0.588
				2	0.794	0.858	0.912	0.932
				3	0.976	0.988	0.994	0.996
3	8	2	1/2	1	0.258	0.318	0.37	0.396
				2	0.478	0.540	0.610	0.652
				3	0.764	0.826	0.862	0.888
3	8	2	1	1	0.226	0.308	0.380	0.410
				2	0.618	0.696	0.750	0.790
				3	0.832	0.886	0.936	0.958
4	4	1	1/3	1	0.256	0.342	0.400	0.450
				2	0.730	0.802	0.854	0.880
				3	0.94	0.96	0.976	0.994
4	4	2	1	1	0.172	0.220	0.292	0.336
				2	0.506	0.608	0.670	0.732
				3	0.804	0.886	0.914	0.934
4	8	1	1/3	1	0.358	0.432	0.480	0.532
				2	0.854	0.904	0.932	0.954

续表

a	b	σ_1	α_*	μ	β			
					0.025	0.05	0.075	0.1
4	8	1	1/3	3	0.994	0.998	0.998	0.998
4	8	2	1	1	0.214	0.270	0.312	0.344
				2	0.546	0.634	0.736	0.794
				3	0.87	0.926	0.96	0.97
5	4	2	1/2	1	0.17	0.226	0.292	0.328
				2	0.466	0.574	0.628	0.68
				3	0.792	0.856	0.906	0.924
5	4	2	1	1	0.180	0.238	0.292	0.334
				2	0.496	0.598	0.692	0.740
				3	0.852	0.914	0.948	0.968
5	8	2	1/2	1	0.192	0.262	0.324	0.364
				2	0.526	0.61	0.682	0.744
				3	0.85	0.918	0.946	0.964

表 3.3 假设检验问题（3.21）中两种检验方法犯第一类错误的概率（$\sigma_1^2 = \delta_0^* = 1$）

a	b	σ_0^2	β							
			0.025		0.05		0.075		0.1	
			PB	GP	PB	GP	PB	GP	PB	GP
5	2	4	0.0420	0.0172	0.0692	0.0368	0.0880	0.0592	0.1128	0.0808
		4.5	0.0448	0.0168	0.0696	0.0380	0.0876	0.0600	0.1172	0.0816
		5.5	0.0468	0.0172	0.0708	0.0400	0.0920	0.0628	0.1176	0.0828
		6.5	0.0472	0.0172	0.0720	0.0404	0.0936	0.0644	0.1232	0.0836
		8	0.0496	0.0188	0.0732	0.0424	0.0936	0.0656	0.1236	0.0848
6	3	4	0.0288	0.0216	0.0544	0.0432	0.0792	0.0636	0.1016	0.0900
		4.5	0.0296	0.0216	0.0548	0.0428	0.0800	0.0640	0.1032	0.0892
		5.5	0.0312	0.0216	0.0556	0.0444	0.0816	0.0668	0.1028	0.0904
		6.5	0.0332	0.0216	0.0560	0.0432	0.0824	0.0664	0.1032	0.0900
		8	0.0340	0.0224	0.0556	0.0440	0.0824	0.0668	0.1036	0.0908
10	4	4	0.0268	0.0212	0.0504	0.0464	0.0760	0.0708	0.1004	0.0944
		4.5	0.0276	0.0224	0.0500	0.0464	0.0760	0.0708	0.1008	0.0948
		5.5	0.0272	0.0224	0.0500	0.0468	0.0784	0.0704	0.0992	0.0944
		6.5	0.0252	0.0224	0.0508	0.0468	0.0768	0.0708	0.1008	0.0948
		8	0.0260	0.0232	0.0512	0.0476	0.0772	0.0692	0.1000	0.0952

续表

a	b	σ_0^2	β							
			0.025		0.05		0.075		0.1	
			PB	GP	PB	GP	PB	GP	PB	GP
15	5	4	0.0256	0.0228	0.0508	0.0476	0.0756	0.0716	0.1016	0.0964
		4.5	0.0260	0.0236	0.0512	0.0476	0.0752	0.0720	0.1016	0.0972
		5.5	0.0252	0.0244	0.0508	0.0476	0.0752	0.0728	0.0996	0.0964
		6.5	0.0252	0.0236	0.0508	0.0460	0.0772	0.0732	0.1000	0.0960
		8	0.0256	0.0232	0.0504	0.0480	0.0776	0.0728	0.1008	0.0956
20	6	4	0.0248	0.0232	0.0512	0.0484	0.0752	0.0720	0.1000	0.0968
		4.5	0.0252	0.0240	0.0500	0.0480	0.0752	0.0732	0.1000	0.0972
		5.5	0.0252	0.0240	0.0496	0.0480	0.0748	0.0724	0.1016	0.0976
		6.5	0.0256	0.0248	0.0500	0.0488	0.0752	0.0728	0.1004	0.0980
		8	0.0260	0.0244	0.0496	0.0488	0.0752	0.0720	0.1004	0.0984

表 3.4　假设检验问题（3.21）中两种检验方法的功效（$\sigma_0^2 = \delta_0^* = 1$）

a	b	σ_1^2	β							
			0.025		0.05		0.075		0.1	
			PB	GP	PB	GP	PB	GP	PB	GP
5	2	1.2	0.0468	0.0228	0.0820	0.0492	0.1144	0.0736	0.1424	0.1032
		1.5	0.0824	0.0404	0.1300	0.0820	0.1676	0.1228	0.1992	0.1552
		2	0.1468	0.0816	0.2104	0.1516	0.2580	0.1952	0.3036	0.2412
		2.5	0.2168	0.1364	0.2908	0.2156	0.3460	0.2768	0.3944	0.3316
		5	0.5228	0.3984	0.6040	0.5160	0.6536	0.5844	0.6900	0.6344
6	3	1.2	0.0488	0.0412	0.0852	0.0728	0.1224	0.1092	0.1484	0.1372
		1.5	0.1000	0.0844	0.1480	0.1336	0.1928	0.1724	0.2280	0.2064
		2	0.1872	0.1688	0.2604	0.2372	0.3112	0.2908	0.3612	0.3404
		2.5	0.2812	0.2624	0.3688	0.3436	0.4416	0.4136	0.4844	0.4684
		5	0.6552	0.6312	0.7196	0.7032	0.7684	0.7504	0.7928	0.7796
10	4	1.2	0.0596	0.0572	0.0992	0.0976	0.1360	0.1324	0.1728	0.1676
		1.5	0.1340	0.1304	0.1936	0.1908	0.2488	0.2416	0.2896	0.2836
		2	0.2844	0.2784	0.3784	0.3724	0.4516	0.4440	0.5116	0.5020
		2.5	0.4572	0.4508	0.5564	0.5512	0.6124	0.6056	0.6680	0.6580
		5	0.8680	0.8628	0.9052	0.9032	0.9244	0.9236	0.9420	0.9384

续表

a	b	σ_1^2	β							
			0.025		0.05		0.075		0.1	
			PB	GP	PB	GP	PB	GP	PB	GP
15	5	1.2	0.0668	0.0656	0.1156	0.1120	0.1604	0.1584	0.1928	0.1896
		1.5	0.1672	0.1672	0.2512	0.2472	0.3172	0.3140	0.3760	0.3708
		2	0.4060	0.4036	0.5220	0.5172	0.5948	0.5940	0.6440	0.6376
		2.5	0.6184	0.6172	0.7080	0.7040	0.7652	0.7624	0.8016	0.8000
		5	0.9644	0.9640	0.9788	0.9784	0.9840	0.9840	0.9868	0.9868
20	6	1.2	0.0784	0.0772	0.1316	0.1304	0.1760	0.1748	0.2168	0.2152
		1.5	0.2232	0.2212	0.3132	0.3096	0.3888	0.3860	0.4464	0.4444
		2	0.5360	0.5328	0.6328	0.6316	0.6996	0.6956	0.7388	0.7388
		2.5	0.7528	0.7512	0.8196	0.8176	0.8620	0.8608	0.8828	0.8824
		5	0.9900	0.9900	0.9936	0.9936	0.9964	0.9964	0.9968	0.9968

表 3.5　假设检验问题（3.29）中两种检验方法犯第一类错误的概率（ $\sigma_1^2 + \sigma_0^2 = \delta_1^* = 5$ ）

a	b	σ_0^2	β							
			0.025		0.05		0.075		0.1	
			PB	GP	PB	GP	PB	GP	PB	GP
5	2	0.2	0.0252	0.0260	0.0496	0.0516	0.0736	0.0768	0.1004	0.1032
		0.4	0.0248	0.0264	0.0504	0.0524	0.0752	0.0788	0.0992	0.1064
		1	0.0228	0.0292	0.0480	0.0568	0.0724	0.0856	0.0964	0.1164
		1.5	0.0188	0.0316	0.0436	0.0604	0.0676	0.0936	0.0924	0.1216
		2.5	0.0136	0.0372	0.0360	0.0672	0.0632	0.1032	0.0928	0.1348
6	3	0.2	0.0244	0.0256	0.0492	0.0516	0.0748	0.0756	0.0996	0.1008
		0.4	0.0248	0.0260	0.0496	0.0524	0.0740	0.0792	0.0992	0.1052
		1	0.0232	0.0300	0.0488	0.0544	0.0736	0.0836	0.0984	0.1088
		1.5	0.0212	0.0300	0.0464	0.0604	0.0688	0.0872	0.0940	0.1156
		2.5	0.0108	0.0352	0.0288	0.0660	0.0600	0.0976	0.0828	0.1276
10	4	0.2	0.0248	0.0252	0.0496	0.0500	0.0748	0.0752	0.0996	0.1004
		0.4	0.0248	0.0252	0.0496	0.0508	0.0748	0.0764	0.0992	0.1024
		1	0.0248	0.0276	0.0492	0.0540	0.0732	0.0812	0.0984	0.1060
		1.5	0.0240	0.0280	0.0456	0.0548	0.0736	0.0832	0.0980	0.1108
		2.5	0.0128	0.0332	0.0336	0.0612	0.0548	0.0908	0.0844	0.1208

续表

a	b	σ_0^2	β							
			0.025		0.05		0.075		0.1	
			PB	GP	PB	GP	PB	GP	PB	GP
15	5	0.2	0.0248	0.0252	0.0496	0.0500	0.0748	0.0752	0.0996	0.0996
		0.4	0.0248	0.0252	0.0496	0.0504	0.0748	0.0760	0.0996	0.1016
		1	0.0248	0.0276	0.0500	0.0516	0.0760	0.0772	0.0988	0.1036
		1.5	0.0244	0.0268	0.0484	0.0548	0.0736	0.0804	0.0996	0.1060
		2.5	0.0184	0.0300	0.0408	0.0592	0.0632	0.0876	0.0904	0.1168
20	6	0.2	0.0248	0.0248	0.0496	0.0496	0.0748	0.0748	0.0996	0.1000
		0.4	0.0248	0.0252	0.0496	0.0496	0.0748	0.0764	0.0996	0.1004
		1.0	0.0252	0.0272	0.0496	0.0512	0.0748	0.0768	0.1000	0.1036
		1.5	0.0248	0.0256	0.0500	0.0540	0.0744	0.0784	0.0992	0.1052
		2.5	0.0188	0.0284	0.0460	0.0568	0.0676	0.0852	0.0948	0.1148

表 3.6　假设检验问题（3.29）中两种检验方法的功效（ $\sigma_0^2 = 2, \delta_1^* = 5$ ）

a	b	σ_1^2	β							
			0.025		0.05		0.075		0.1	
			PB	GP	PB	GP	PB	GP	PB	GP
5	2	4.5	0.0552	0.0976	0.1104	0.1556	0.1652	0.2108	0.2048	0.2556
		5	0.0724	0.1232	0.1396	0.1924	0.1952	0.2484	0.2384	0.2944
		6	0.1204	0.1808	0.1960	0.2580	0.2704	0.3284	0.3156	0.3780
		10	0.3056	0.3968	0.4216	0.4868	0.5028	0.5612	0.5584	0.6064
		15	0.5160	0.5912	0.6176	0.6700	0.6848	0.7224	0.7188	0.7568
6	3	4.5	0.0676	0.1140	0.1284	0.1748	0.1828	0.2288	0.2276	0.2796
		5	0.0952	0.1464	0.1652	0.2144	0.2240	0.2804	0.2812	0.3356
		6	0.1568	0.2172	0.2428	0.3092	0.3184	0.3796	0.3708	0.4268
		10	0.4092	0.4884	0.5176	0.5788	0.5948	0.6440	0.6448	0.6848
		15	0.6328	0.6952	0.7204	0.7600	0.7748	0.8032	0.8060	0.8316
10	4	4.5	0.1280	0.1584	0.1896	0.2264	0.2528	0.2920	0.3052	0.3408
		5	0.1776	0.2112	0.2556	0.2976	0.3256	0.3636	0.3772	0.4116
		6	0.2920	0.3332	0.3816	0.4212	0.4528	0.4940	0.5076	0.5432
		10	0.6668	0.6956	0.7436	0.7680	0.7912	0.8124	0.8220	0.8356
		15	0.8660	0.8840	0.9040	0.9164	0.9272	0.9384	0.9452	0.9504

续表

a	b	σ_1^2	β							
			0.025		0.05		0.075		0.1	
			PB	GP	PB	GP	PB	GP	PB	GP
15	5	4.5	0.1736	0.1872	0.2608	0.2948	0.3304	0.3576	0.3800	0.4052
		5	0.2504	0.2732	0.3512	0.3824	0.4192	0.4464	0.4800	0.5040
		6	0.4096	0.4280	0.5228	0.5556	0.5932	0.6188	0.6472	0.6644
		10	0.8312	0.8424	0.8848	0.8956	0.9124	0.9204	0.9316	0.9384
		15	0.9640	0.9664	0.9804	0.9832	0.9856	0.9872	0.9892	0.9916
20	6	4.5	0.2328	0.2492	0.3348	0.3544	0.3948	0.4108	0.4480	0.4672
		5	0.3384	0.3552	0.4404	0.4620	0.5140	0.5300	0.5640	0.5800
		6	0.5336	0.5336	0.6436	0.6600	0.6984	0.7160	0.7444	0.7576
		10	0.9260	0.9336	0.9560	0.9584	0.9644	0.9692	0.9748	0.9768
		15	0.9912	0.9932	0.9964	0.9964	0.9976	0.9980	0.9980	0.9980

表 3.7　假设检验问题（3.37）中两种检验方法犯第一类错误的概率（$\sigma_1^2 / \sigma_0^2 = \delta_2^* = 1$）

a	b	σ_0^2	β							
			0.025		0.05		0.075		0.1	
			PB	GP	PB	GP	PB	GP	PB	GP
5	2	4	0.0252	0.0252	0.0500	0.0496	0.0752	0.0748	0.0996	0.0996
		4.5	0.0248	0.0248	0.0496	0.0496	0.0748	0.0752	0.0996	0.0996
		5.5	0.0248	0.0248	0.0496	0.0496	0.0752	0.0748	0.0996	0.0996
		6.5	0.0248	0.0248	0.0496	0.0496	0.0748	0.0752	0.0996	0.0996
		8	0.0252	0.0252	0.0500	0.0496	0.0752	0.0748	0.0996	0.0996
6	3	4	0.0252	0.0248	0.0496	0.0500	0.0752	0.0748	0.0996	0.0996
		4.5	0.0248	0.0248	0.0496	0.0496	0.0752	0.0752	0.1000	0.0996
		5.5	0.0248	0.0248	0.0500	0.0500	0.0748	0.0748	0.0996	0.0996
		6.5	0.0248	0.0248	0.0500	0.0496	0.0748	0.0752	0.0996	0.1000
		8	0.0252	0.0248	0.0496	0.0500	0.0752	0.0748	0.0996	0.0996
10	4	4	0.0248	0.0248	0.0496	0.0496	0.0748	0.0748	0.1000	0.0996
		4.5	0.0252	0.0248	0.0500	0.0500	0.0748	0.0748	0.0996	0.0996
		5.5	0.0248	0.0248	0.0496	0.0496	0.0748	0.0748	0.1000	0.1000
		6.5	0.0248	0.0248	0.0496	0.0500	0.0748	0.0748	0.1000	0.1000
		8	0.0248	0.0248	0.0496	0.0496	0.0748	0.0748	0.1000	0.0996

续表

a	b	σ_0^2	β							
			0.025		0.05		0.075		0.1	
			PB	GP	PB	GP	PB	GP	PB	GP
		4	0.0248	0.0248	0.0500	0.0500	0.0748	0.0748	0.1000	0.0996
		4.5	0.0248	0.0248	0.0496	0.0500	0.0752	0.0748	0.0996	0.0996
15	5	5.5	0.0248	0.0252	0.0500	0.0496	0.0752	0.0748	0.0996	0.0996
		6.5	0.0252	0.0252	0.0496	0.0496	0.0752	0.0748	0.0996	0.0996
		8	0.0248	0.0248	0.0500	0.0500	0.0748	0.0748	0.1000	0.0996
		4	0.0248	0.0248	0.0496	0.0496	0.0748	0.0748	0.0996	0.0996
		4.5	0.0252	0.0252	0.0496	0.0496	0.0748	0.0748	0.0996	0.0996
20	6	5.5	0.0248	0.0252	0.0500	0.0496	0.0748	0.0748	0.0996	0.0996
		6.5	0.0248	0.0248	0.0496	0.0496	0.0748	0.0748	0.1000	0.1000
		8	0.0248	0.0248	0.0496	0.0496	0.0748	0.0748	0.0996	0.0996

表 3.8　假设检验问题（3.37）中两种检验方法的功效（$\sigma_0^2=1, \delta_2^*=1$）

a	b	σ_1^2	β							
			0.025		0.05		0.075		0.1	
			PB	GP	PB	GP	PB	GP	PB	GP
		1.2	0.0320	0.0320	0.0644	0.0644	0.0892	0.0892	0.1284	0.1284
		1.5	0.0424	0.0424	0.0856	0.0856	0.1188	0.1188	0.1660	0.1660
5	2	2	0.0672	0.0672	0.1220	0.1220	0.1680	0.1680	0.2308	0.2308
		4	0.1756	0.1756	0.2940	0.2940	0.3696	0.3696	0.4588	0.4588
		6	0.2952	0.2952	0.4368	0.4368	0.5188	0.5188	0.5976	0.5976
		1.2	0.0380	0.0380	0.0744	0.0744	0.1012	0.1012	0.1400	0.1400
		1.5	0.0608	0.0608	0.1088	0.1088	0.1620	0.1620	0.2092	0.2092
6	3	2	0.1044	0.1044	0.1924	0.1924	0.2536	0.2536	0.3140	0.3140
		4	0.3604	0.3604	0.4884	0.4884	0.5704	0.5704	0.6364	0.6364
		6	0.5596	0.5596	0.6768	0.6768	0.7356	0.7356	0.7868	0.7868
		1.2	0.0468	0.0468	0.0880	0.0880	0.1216	0.1216	0.1648	0.1648
		1.5	0.0988	0.0988	0.1688	0.1688	0.2160	0.2160	0.2716	0.2716
10	4	2	0.2180	0.2180	0.3220	0.3220	0.3872	0.3872	0.4584	0.4584
		4	0.6704	0.6704	0.7624	0.7624	0.8048	0.8048	0.8396	0.8396
		6	0.8600	0.8600	0.9124	0.9124	0.9344	0.9344	0.9496	0.9496

续表

a	b	σ_1^2	β							
			0.025		0.05		0.075		0.1	
			PB	GP	PB	GP	PB	GP	PB	GP
15	5	1.2	0.0596	0.0596	0.1068	0.1068	0.1432	0.1432	0.1832	0.1832
		1.5	0.1412	0.1412	0.2260	0.2260	0.2840	0.2840	0.3460	0.3460
		2	0.3392	0.3392	0.4636	0.4636	0.5300	0.5300	0.5948	0.5948
		4	0.8572	0.8572	0.9116	0.9116	0.9312	0.9312	0.9460	0.9460
		6	0.9664	0.9664	0.9804	0.9804	0.9860	0.9860	0.9888	0.9888
20	6	1.2	0.0752	0.0752	0.1196	0.1196	0.1592	0.1592	0.2056	0.2056
		1.5	0.1888	0.1888	0.2788	0.2788	0.3460	0.3460	0.4176	0.4176
		2	0.4768	0.4768	0.5768	0.5768	0.6488	0.6488	0.7008	0.7008
		4	0.9464	0.9464	0.9668	0.9668	0.9760	0.9760	0.9824	0.9824
		6	0.9936	0.9936	0.9948	0.9948	0.9960	0.9960	0.9976	0.9976

第4章 偏正态非平衡单向分类随机效应模型

鉴于非平衡数据在实际应用领域的普遍性，将第 3 章的偏正态单向分类随机效应模型从平衡推广至非平衡，即考虑偏正态非平衡单向分类随机效应模型：

$$Y_{ij} = \mu + A_i + e_{ij}, \; i = 1, 2, \cdots, a, j = 1, 2, \cdots, n_i \qquad (4.1)$$

其中，Y_{ij} 为观测值，μ 为总体均值，A_i 为个体效应，e_{ij} 为随机误差项。上述模型可以写成矩阵形式：

$$Y = \mu 1_n + ZA + e \qquad (4.2)$$

其中，$Y = (Y_{11}, \cdots, Y_{1n_1}, \cdots, Y_{a1}, \cdots, Y_{an_a})^T$，$A = (A_1, A_2, \cdots, A_a)^T$，$Z = \mathrm{diag}(1_{n_1}, 1_{n_2}, \cdots, 1_{n_a})$，$e = (e_{11}, \cdots, e_{1n_1}, \cdots, e_{a1}, \cdots, e_{an_a})^T$，$n = \sum_{i=1}^{a} n_i$。假定 $A \sim \mathrm{SN}_n(0, \sigma_A^2 I_a, \lambda_1)$，$e \sim N_n(0, \sigma_e^2 I_n)$，$A$ 和 e 相互独立。这里 σ_A^2 称为组间方差分量，σ_e^2 称为组内方差分量。

对于模型（4.2），本章讨论固定效应和方差分量函数的单边假设检验和区间估计问题。首先，利用 Bootstrap 方法，构建固定效应的检验统计量。其次，基于 Bootstrap 方法和广义方法，构造单个方差分量、方差分量之和的检验统计量和置信区间。再次，给出方差分量之比的精确检验统计量。最后，给出蒙特卡罗数值模拟结果。

4.1 模 型 性 质

为方便起见，令 $M_{n \times k}$ 为实数域上所有 $n \times k$ 矩阵的集合。对任意 $A \in M_{n \times k}$，A^T、$\mathrm{rk}(A)$ 和 $\mathrm{tr}(B)$ 分别表示矩阵 A 的转置、秩和迹。对任意非负定矩阵 $B \in M_{n \times n}$，$B^{1/2}$ 表示矩阵 B 的平方根阵。记 I_n 为 n 阶单位矩阵，1_n 为分量全为 1 的 n 维列向量。$\mathrm{diag}(\cdot)$、$\overset{asy}{\sim}$ 和 $\triangleq$ 分别表示对角矩阵、近似服从和定义为。

对于模型（4.2），给出定理 4.1。由于证明过程比较简单，故略去，可以参见 Ye 和 Wang[120] 的相关研究。

定理 4.1 对于模型（4.2），有 Y-$\mathrm{SN}_n(\mu_Y, \Sigma_Y, \lambda_2)$，且矩生成函数为

$$M_Y(t) = 2 \exp\left(t^T \mu_Y + \frac{t^T \Sigma_Y t}{2} \right) \Phi\left(\frac{\sigma_A \lambda_1^T Z^T t}{\left(1 + \lambda_1^T \lambda_1 \right)^{\frac{1}{2}}} \right), \; t \in \mathrm{R}^n \qquad (4.3)$$

其中，$\mu_Y = 1_n\mu$，$\Sigma_Y = \sigma_A^2 ZZ^{\mathrm{T}} + \sigma_e^2 I_n$，$\lambda_2 = \dfrac{\sigma_A\left(\Sigma_Y\right)^{-1/2} Z\lambda_1}{\left(1+\lambda_1^{\mathrm{T}}\left(I_a - \sigma_A^2 Z^{\mathrm{T}}\Sigma_Y^{-1}Z\right)\lambda_1\right)^{1/2}}$。

令

$$H = \begin{bmatrix} \dfrac{1}{\sqrt{2}} & \dfrac{1}{\sqrt{6}} & \cdots & \dfrac{1}{\sqrt{n(n-1)}} \\[2mm] \dfrac{-1}{\sqrt{2}} & \dfrac{1}{\sqrt{6}} & \cdots & \dfrac{1}{\sqrt{n(n-1)}} \\[2mm] 0 & \dfrac{-2}{\sqrt{6}} & \cdots & \dfrac{1}{\sqrt{n(n-1)}} \\[2mm] 0 & 0 & \cdots & \dfrac{1}{\sqrt{n(n-1)}} \\[2mm] \vdots & \vdots & & \vdots \\[2mm] 0 & 0 & \cdots & \dfrac{-(n-1)}{\sqrt{n(n-1)}} \end{bmatrix}$$

则 H 满足 $H^{\mathrm{T}}1_n = 0$，$H^{\mathrm{T}}H = I_{n-1}$，且

$$H^{\mathrm{T}}Y \sim \mathrm{SN}_{n-1}\left(0, \sigma_A^2 H^{\mathrm{T}}ZZ^{\mathrm{T}}H + \sigma_e^2 I_{n-1}, \lambda_3\right) \tag{4.4}$$

其中，$\lambda_3 = \dfrac{\left(H^{\mathrm{T}}\Sigma_Y H\right)^{-1/2} H^{\mathrm{T}}\Sigma_Y^{1/2}\lambda_2}{\left(1 + \lambda_2^{\mathrm{T}}\left(I_n - \Sigma_Y^{1/2}H\left(H^{\mathrm{T}}\Sigma_Y H\right)^{-1} H^{\mathrm{T}}\Sigma_Y^{1/2}\right)\lambda_2\right)^{1/2}}$。

因为 $H^{\mathrm{T}}ZZ^{\mathrm{T}}H$ 为半正定矩阵，所以存在一个 $(n-1)$ 阶的正交矩阵 $P = [P_1, P_2, \cdots, P_d]$，满足

$$P^{\mathrm{T}}H^{\mathrm{T}}ZZ^{\mathrm{T}}HP = \mathrm{diag}\left(\varDelta_1, \cdots, \varDelta_1, \cdots, \varDelta_d, \cdots, \varDelta_d\right) \triangleq D \tag{4.5}$$

其中，$0 \leqslant \varDelta_1 < \varDelta_2 < \cdots < \varDelta_d$，$\varDelta_i$ 重复 r_i 次，$i = 1, 2, \cdots, d$，且 $\sum_{i=1}^{d} r_i = n-1$。注意到 $\mathrm{rk}\left(H^{\mathrm{T}}ZZ^{\mathrm{T}}H\right) = a-1$，则 $\varDelta_1 = 0$，$r_1 = n-a$。因此，$P^{\mathrm{T}}H^{\mathrm{T}}Y \sim \mathrm{SN}_{n-1}\left(0, \sigma_A^2 D + \sigma_e^2 I_{n-1}, \lambda_4\right)$，$P_i^{\mathrm{T}}H^{\mathrm{T}}Y \sim \mathrm{SN}_{r_i}\left(0, \left(\varDelta_i\sigma_A^2 + \sigma_e^2\right)I_{r_i}, \lambda_4^{(i)}\right)$，这里

$$\lambda_4 = \dfrac{\left(P^{\mathrm{T}}\Sigma_H P\right)^{-1/2} P^{\mathrm{T}}\Sigma_H^{1/2}\lambda_3}{\left(1 + \lambda_3^{\mathrm{T}}\left(I_{n-1} - \Sigma_H^{1/2}P\left(P^{\mathrm{T}}\Sigma_H P\right)^{-1} P^{\mathrm{T}}\Sigma_H^{1/2}\right)\lambda_3\right)^{1/2}}$$

$$\lambda_4^{(i)} = \dfrac{\left(P_i^{\mathrm{T}}\Sigma_H P_i\right)^{-1/2} P_i^{\mathrm{T}}\Sigma_H^{1/2}\lambda_3}{\left(1 + \lambda_3^{\mathrm{T}}\left(I_{n-1} - \Sigma_H^{1/2}P_i\left(P_i^{\mathrm{T}}\Sigma_H P_i\right)^{-1} P_i^{\mathrm{T}}\Sigma_H^{1/2}\right)\lambda_3\right)^{1/2}}$$

$$\Sigma_H = \sigma_A^2 H^{\mathrm{T}} ZZ^{\mathrm{T}} H + \sigma_e^2 I_{n-1}$$

定理 4.2　对于模型（4.2），若 $n_1 = n_2 = \cdots = n_a = b$，则有 $\varDelta_1 = 0$，$\varDelta_2 = b$，$r_1 = n - a$，$r_2 = a - 1$，$d = 2$，其中 $\varDelta_1$、$\varDelta_2$、r_1、r_2、d 由式（4.5）给出。

证明　令 $A = bI_n - ZZ^{\mathrm{T}}$。易见，$A$ 的不同特征值分别为 b 和 0，$\mathrm{rk}(A) = n - a$。注意到，$\left[\dfrac{1}{\sqrt{n}} 1_n, H\right]$ 为一个 n 阶正交矩阵。因为

$$\left[\frac{1}{\sqrt{n}} 1_n, H\right]^{\mathrm{T}} A \left[\frac{1}{\sqrt{n}} 1_n, H\right] = \begin{bmatrix} 0_{1\times 1} & 0_{1\times(n-1)} \\ 0_{(n-1)\times 1} & H^{\mathrm{T}} AH \end{bmatrix}$$

所以，$\mathrm{rk}(H^{\mathrm{T}} AH) = \mathrm{rk}(A) = n - a$。易知，$bI_{n-1} - H^{\mathrm{T}} ZZ^{\mathrm{T}} H = H^{\mathrm{T}} AH$，故 $bI_{n-1} - H^{\mathrm{T}} ZZ^{\mathrm{T}} H$ 是一个奇异矩阵。因此，$H^{\mathrm{T}} ZZ^{\mathrm{T}} H$ 的特征值为 b 和 0，相对应的重数分别为 $a - 1$ 和 $n - a$，则定理 4.2 得证。□

引理 4.1　设 $X \sim \mathrm{SN}_n(0, \Sigma_0, \alpha_0)$ 和 $V \sim N_n(0, \Sigma_0)$，A 是 n 阶对称矩阵，则有 $X^{\mathrm{T}} AX$ 与 $V^{\mathrm{T}} AV$ 的分布相同。

引理 4.1 证明过程，可以参见 Wu 等[122]的相关研究。

定理 4.3　对于模型（4.2），令 $Q_i^* = Y^{\mathrm{T}} B_i Y / \sigma_{*i}^2$，$i = 1, 2, \cdots, l$，其中正定矩阵 $B_i \in M_{n\times n}$，$\sigma_{*i}^2 = \dfrac{1}{m_i}\left(\sigma_e^2 \mathrm{tr}(B_i) + \sigma_A^2 \mathrm{tr}(B_i ZZ^{\mathrm{T}})\right)$，$m_i = \mathrm{rk}(B_i)$。若 $\lambda_2^{\mathrm{T}} \Omega_i^{1/2} B_i \mu_Y = 0$，则 $\{Q_i^*\}_{i=1}^l$ 为一组独立非中心卡方随机变量，其中 $Q_i^* \sim \chi_{m_i}^2(\zeta_i)$，当且仅当对于任意不同的 $i, j \in \{1, 2, \cdots, l\}$，有

（1）$\Omega_i B_i$ 为秩是 m_i 的幂等阵；

（2）$\zeta_i = \mu_Y^{\mathrm{T}} B_i \mu_Y / \sigma_{*i}^2$；

（3）$B_i B_j = 0$。

其中，$\mu_Y = 1_n \mu$，$\Sigma_Y = \sigma_A^2 ZZ^{\mathrm{T}} + \sigma_e^2 I_n = \sigma_{*i}^2 \Omega_i$。

定理 4.3 证明过程，可以参见 Ye 和 Wang[120]的相关研究。

定理 4.4　对于模型（4.2），令 $Q_i = Y^{\mathrm{T}} HP_i P_i^{\mathrm{T}} H^{\mathrm{T}} Y$，$i = 1, 2, \cdots, d$，则有

$$Q_i \sim \left(\sigma_e^2 + \varDelta_i \sigma_A^2\right) \chi_{r_i}^2 \tag{4.6}$$

且 $Q_1, Q_2, \cdots, Q_d$ 相互独立。

证明　设 $B_i = HP_i P_i^{\mathrm{T}} H^{\mathrm{T}}$，$i = 1, 2, \cdots, d$。要证明定理 4.4，只需证明 $\lambda_2^{\mathrm{T}} \Omega_i^{1/2} B_i \mu_Y = 0$，以及定理 4.3 的条件（1）～（3）。因为 $\mathrm{rk}(B_i) = \mathrm{tr}(B_i) = r_i$，且 $\mathrm{tr}(B_i ZZ^{\mathrm{T}}) = \varDelta_i r_i$，故而 $\sigma_{*i}^2 = \dfrac{1}{r_i}\left(\sigma_e^2 \mathrm{tr}(B_i) + \sigma_A^2 \mathrm{tr}(B_i ZZ^{\mathrm{T}})\right) = \sigma_e^2 + \sigma_A^2 \varDelta_i$。令 $Q_i^* = Q_i / \sigma_{*i}^2$。易证，$\Omega_i =$

$\dfrac{1}{\sigma_e^2 + \sigma_A^2 \Delta_i} \sigma_e^2 I_n + \dfrac{1}{\sigma_e^2 + \sigma_A^2 \Delta_i} \sigma_A^2 Z Z^{\mathrm{T}}$，$\lambda_2^{\mathrm{T}} \Omega_i^{1/2} B_i \mu_Y = 0$。由于 $B_i \Omega_i B_i = B_i$，则有 $\mathrm{rk}(\Omega_i B_i) = \mathrm{tr}(\Omega_i B_i) = r_i$，故条件（1）成立。

经计算，$\zeta_i = \mu_Y^{\mathrm{T}} B_i \mu_Y / \sigma_{*i}^2 = 0$，故条件（2）成立。注意到，$B_k B_j = H P_k P_k^{\mathrm{T}} H^{\mathrm{T}} H P_j P_j^{\mathrm{T}} H^{\mathrm{T}} = 0$，$k,j = 1,2,\cdots,d$，$k \neq j$，则条件（3）成立。根据定理 4.3，$\{Q_i^*\}_{i=1}^d$ 是一组独立中心卡方分布随机变量，且 $Q_i^* \sim \chi_{r_i}^2$。至此，定理 4.4 得证。□

注 4.1　若 $n_1 = n_2 = \cdots = n_a = b$，则有 $Q_1 / \sigma_e^2 \sim \chi_{n-a}^2$。实际上，定理 4.4 是叶仁道和戚戬[123]中结论的推广。

定理 4.5　对于式（4.6）中的 Q_i，令 $\overline{\Delta} = \sum\limits_{i=2}^d r_i \Delta_i / \sum\limits_{i=2}^d r_i$，则有 $\dfrac{1}{\sigma_e^2 + \sigma_A^2 \overline{\Delta}} \sum\limits_{i=2}^d Q_i \overset{\mathrm{asy}}{\sim} \chi_{a-1}^2$。

证明　根据引理 4.1 和式（4.4），则存在 $V \sim N_{n-1}\left(0, \sigma_A^2 H^{\mathrm{T}} Z Z^{\mathrm{T}} H + \sigma_e^2 I_{n-1}\right)$，使得 $Q_i = Y^{\mathrm{T}} H P_i P_i^{\mathrm{T}} H^{\mathrm{T}} Y$ 与 $V^{\mathrm{T}} P_i P_i^{\mathrm{T}} V$ 的分布相同。由定理 4.4，可得 $\sum\limits_{i=2}^d \dfrac{1}{\sigma_e^2 + \sigma_A^2 \Delta_i} Q_i \sim \chi_{a-1}^2$，故 $\sum\limits_{i=2}^d \dfrac{1}{\sigma_e^2 + \sigma_A^2 \Delta_i} V^{\mathrm{T}} P_i P_i^{\mathrm{T}} V \sim \chi_{a-1}^2$。根据 Wimmer 和 Witkovský[124]，得到定理 4.5 的结论。至此，定理 4.5 得证。□

推论 4.1　对于式（4.6）中的 Q_i，则 σ_e^2 的无偏估计和 σ_A^2 的可行估计分别为 $\hat{\sigma}_e^2 = Q_1 / (n - a)$ 和 $\hat{\sigma}_A^2 = \dfrac{1}{(a-1)\overline{\Delta}} \sum\limits_{i=2}^d Q_i - \dfrac{1}{(n-a)\overline{\Delta}} Q_1$。

由定理 4.4 和定理 4.5，推论 4.1 易证，故略去证明过程。

令 $R = \left(Z^{\mathrm{T}} Z\right)^{-1} Z^{\mathrm{T}}$。用 R 左乘模型（4.2），可得

$$RY = 1_a \mu + A + Re \tag{4.7}$$

由模型（4.1），则有 $RY \sim \mathrm{SN}_a\left(1_a \mu, \sigma_A^2 I_a + M, \lambda_5\right)$，其中 $M = \mathrm{diag}\left\{\sigma_e^2 / n_i\right\}$，

$$\lambda_5 = \dfrac{\left(R \Sigma_Y R^{\mathrm{T}}\right)^{-1/2} R \Sigma_Y^{1/2} \lambda_2}{\left(1 + \lambda_2^{\mathrm{T}}\left(I_n - \Sigma_Y^{1/2} R^{\mathrm{T}}\left(R \Sigma_Y R^{\mathrm{T}}\right)^{-1} R \Sigma_Y^{1/2}\right)\lambda_2\right)^{1/2}}$$。进一步，则

$$1_a^{\mathrm{T}} RY \sim \mathrm{SN}\left(a\mu, a\sigma_s^2, \lambda_6\right) \tag{4.8}$$

其中，$\sigma_s^2 = \sigma_A^2 + \dfrac{1}{a} \sum\limits_{i=1}^a \sigma_e^2 / n_i$，$\lambda_6 = \dfrac{\left(1_a^{\mathrm{T}} \Sigma_R 1_a\right)^{-1/2} 1_a^{\mathrm{T}} \Sigma_R^{1/2} \lambda_5}{\left(1 + \lambda_5^{\mathrm{T}}\left(I_a - \Sigma_R^{1/2} 1_a\left(1_a^{\mathrm{T}} \Sigma_R 1_a\right)^{-1} 1_a^{\mathrm{T}} \Sigma_R^{1/2}\right)\lambda_5\right)^{1/2}}$，

$\Sigma_R = \sigma_A^2 I_a + M$。于是，有如下定理。

定理 4.6　对于模型（4.2），令 $Q_0 = Y^{\mathrm{T}} R^{\mathrm{T}} 1_a 1_a^{\mathrm{T}} RY$，则有

$$\frac{Q_0}{a\sigma_s^2} \sim S\chi_1^2 \left(\frac{a\mu^2}{\sigma_s^2}, \frac{\sqrt{a}\mu}{\sigma_s}\lambda_6, \lambda_6^2 \right) \tag{4.9}$$

特别地，若 $\mu = 0$，则有 $Q_0 / (a\sigma_s^2) \sim \chi_1^2$。

根据定义 3.1 和式（4.2），定理 4.6 易证，故略去证明过程。

引理 4.2　令 $X \sim N_n(0, \Sigma_0)$，B_{in} 为 $m \times n$ 矩阵，$L_{in} = B_{in}X$，$i = 1,2$。若 $B_{in}\Sigma_0 B_{in}^{\mathrm{T}} \overset{n\to\infty}{\to} M_i$ 和 $B_{1n}\Sigma_0 B_{2n}^{\mathrm{T}} \overset{n\to\infty}{\to} 0$，$i = 1,2$，则 L_{1n} 和 L_{2n} 是渐近独立的。

证明　对任给 $t_1, t_2 \in \mathbf{R}^m$，则 $L_n = \left[L_{1n}^{\mathrm{T}}, L_{2n}^{\mathrm{T}} \right]^{\mathrm{T}}$ 的特征函数为

$$\varphi_{L_n}(t_1, t_2) = \exp\left(-\frac{1}{2}\left(t_1^{\mathrm{T}}B_{1n}\Sigma_0 B_{1n}^{\mathrm{T}}t_1 + 2t_1^{\mathrm{T}}B_{1n}\Sigma_0 B_{2n}^{\mathrm{T}}t_2 + t_2^{\mathrm{T}}B_{2n}\Sigma_0 B_{2n}^{\mathrm{T}}t_2 \right) \right)$$

于是，则 L_{1n} 和 L_{2n} 相互独立的充要条件为 $B_{1n}\Sigma_0 B_{2n}^{\mathrm{T}} = 0$。若 $B_{1n}\Sigma_0 B_{2n}^{\mathrm{T}} \overset{n\to\infty}{\to} 0$ 和 $B_{in}\Sigma_0 B_{in}^{\mathrm{T}} \overset{n\to\infty}{\to} M_i$，$i = 1,2$，则

$$\varphi_{L_n}(t_1, t_2) \overset{n\to\infty}{\to} \exp\left(-\frac{1}{2}\left(t_1^{\mathrm{T}}M_1 t_1 + t_2^{\mathrm{T}}M_2 t_2 \right) \right)$$

根据潘捷建[125]的研究，L_{1n} 和 L_{2n} 是渐近独立的。故引理 4.2 得证。□

令式（4.5）中 $P_i = \left[p_{i1}, p_{i2}, \cdots, p_{ir_i} \right]$，$p_{ij} \in \mathbf{R}^{n-1}$，$w_{ij} = Y^{\mathrm{T}}Hp_{ij}p_{ij}^{\mathrm{T}}H^{\mathrm{T}}Y$，$i = 1,2,\cdots,d$，$j = 1,2,\cdots,r_i$。此时，式（4.6）中 Q_i 可表示为 $Q_i = \sum\limits_{j=1}^{r_i} w_{ij}$。令 $n_l = m + k_l$，$l = 1,2,\cdots,a$，其中 $m = \min\{n_l\}$，k_l 是给定常数。

定理 4.7　对任给 $i \in \{1,2,\cdots,d\}$，若 $\mu = 0$ 和 $\sigma_A^2 \overset{n\to\infty}{\to} 0$，则 Q_i 和 Q_0 是渐近独立的，其中 Q_i 和 Q_0 分别由式（4.6）和式（4.9）给出。

证明　要证明定理 4.7，只需证明对任给 $i \in \{1,2,\cdots,d\}$，Q_0 和 w_{ij} 是渐近独立的，$j = 1,2,\cdots,r_i$。若 $\mu = 0$，则 $Y \sim \mathrm{SN}_n(0, \Sigma_Y, \lambda_2)$。根据 Genton[126]的研究，$Y$ 可表示为

$$Y = \begin{cases} V, & U \leqslant \Phi\left(\lambda_2^{\mathrm{T}}\Sigma_Y^{-1/2}V \right) \\ -V, & U > \Phi\left(\lambda_2^{\mathrm{T}}\Sigma_Y^{-1/2}V \right) \end{cases}$$

其中，$V \sim N_n(0, \Sigma_Y)$，$U \sim U(0,1)$，这里 $U(0,1)$ 表示区间 $[0,1]$ 上的均匀分布。于是，有 $Y^{\mathrm{T}}AY = V^{\mathrm{T}}AV$，这里 A 为任意 n 阶矩阵。进一步，$Q_0 = V^{\mathrm{T}}R^{\mathrm{T}}1_a 1_a^{\mathrm{T}}RV$，$w_{ij} = V^{\mathrm{T}}Hp_{ij}p_{ij}^{\mathrm{T}}H^{\mathrm{T}}V$，$j = 1,2,\cdots,r_i$。对于 $n_l = m + k_l$，$l = 1,2,\cdots,a$，有 $n = am + \sum\limits_{l=1}^{a} k_l$。

令 $L_{0n} = 1_a^{\mathrm{T}}RV$，$L_{ijn} = p_{ij}^{\mathrm{T}}H^{\mathrm{T}}V$。易见，$p_{ij}^{\mathrm{T}}H^{\mathrm{T}}\Sigma_Y R^{\mathrm{T}}1_a = \sigma_e^2 p_{ij}^{\mathrm{T}}H^{\mathrm{T}}R^{\mathrm{T}}1_a$，$p_{ij}^{\mathrm{T}}H^{\mathrm{T}}\Sigma_Y Hp_{ij} = \sigma_A^2 \Delta_i + \sigma_e^2$，$1_a^{\mathrm{T}}R\Sigma_Y R^{\mathrm{T}}1_a = a\sigma_A^2 + \sigma_e^2 \sum\limits_{l=1}^{a} 1/n_l$。对于任给 $i \in \{1,2,\cdots,d\}$，

有 $p_{ij}^{\mathrm{T}} H^{\mathrm{T}} \Sigma_Y R^{\mathrm{T}} 1_a \xrightarrow{n \to \infty} 0$，$p_{ij}^{\mathrm{T}} H^{\mathrm{T}} \Sigma_Y H p_{ij} \xrightarrow{n \to \infty} \sigma_e^2$，$1_a^{\mathrm{T}} R \Sigma_Y R^{\mathrm{T}} 1_a \xrightarrow{n \to \infty} 0$，$j = 1, 2, \cdots, r_i$。因此，根据引理 4.2，$L_{0n}$ 和 L_{ijn} 是渐近独立的。另外，$Q_0 = L_{0n}^{\mathrm{T}} L_{0n}$ 和 $w_{ij} = L_{ijn}^{\mathrm{T}} L_{ijn}$，故 Q_0 和 w_{ij} 是渐近独立的。至此，定理 4.7 得证。□

注 4.2 若 $\mu = 0$ 和 $n_1 = n_2 = \cdots = n_a = b$，则 Q_0、Q_1 和 Q_2 是相互独立的。

4.2 固定效应的推断

对于模型（4.2），首先，考虑固定效应的单边假设检验问题

$$H_0 : \mu \leqslant \mu_0 \quad \text{vs} \quad H_1 : \mu > \mu_0 \tag{4.10}$$

其中，μ_0 为给定值。不失一般性，令 $\mu_0 = 0$。则该假设检验问题等价于

$$H_0 : \mu \leqslant 0 \quad \text{vs} \quad H_1 : \mu > 0 \tag{4.11}$$

对于假设检验问题（4.11），构造 Bootstrap 检验统计量。定义

$$T_0 = \frac{Q_0}{a \sigma_s^2} \tag{4.12}$$

若 σ_s^2 已知，则 T_0 为假设检验问题（4.11）的检验统计量。然而，在实际问题中，σ_s^2 往往是未知的。所以，当 H_0 成立时，在式（4.12）中，用估计量 $\hat{\sigma}_s^2 = \hat{\sigma}_A^2 + \frac{1}{a} \sum_{i=1}^{a} \hat{\sigma}_e^2 / n_i$ 替换 σ_s^2，可得检验统计量为

$$T_0^* = \frac{Q_0}{a \left(\dfrac{\sum_{i=2}^{d} Q_i}{(a-1) \bar{\Delta}} + \left(\dfrac{1}{a} \sum_{i=1}^{a} \dfrac{1}{n_i} - \dfrac{1}{\bar{\Delta}} \right) \dfrac{Q_1}{n-a} \right)} \tag{4.13}$$

易见，T_0^* 的精确分布难以获取，于是，利用 Bootstrap 方法来构造检验统计量。基于式（4.13），假设检验问题（4.11）的 Bootstrap 检验统计量可表示为

$$T_{0B}^* = \frac{Q_{0B}}{a \left(\dfrac{\sum_{i=2}^{d} Q_{iB}}{(a-1) \bar{\Delta}} + \left(\dfrac{1}{a} \sum_{i=1}^{a} \dfrac{1}{n_i} - \dfrac{1}{\bar{\Delta}} \right) \dfrac{Q_{1B}}{n-a} \right)} \tag{4.14}$$

其中，$Q_{0B} \sim \left(a \left(\dfrac{1}{(a-1) \bar{\Delta}} \sum_{i=2}^{d} q_i + \left(\dfrac{1}{a} \sum_{i=1}^{a} \dfrac{1}{n_i} - \dfrac{1}{\bar{\Delta}} \right) q_1 / (n-a) \right) \right) \chi_1^2$，$Q_{1B} \sim (q_1 / (n-a))$ χ_{n-a}^2，$\sum_{i=2}^{d} Q_{iB} \overset{\text{asy}}{\sim} \left(\dfrac{1}{a-1} \sum_{i=2}^{d} q_i \right) \chi_{a-1}^2$，$q_1, q_2, \cdots, q_d$ 分别表示 $Q_1, Q_2, \cdots, Q_d$ 的观测值。基于式（4.14）中的 T_{0B}^*，可给出如下 p 值：

$$p_{T_0} = P(T_{0B}^* > t_0^* \mid H_0) \tag{4.15}$$

这里 t_0^* 表示式（4.13）中 T_0^* 的观测值。令 β 表示名义显著性水平。若 $p_{T_0} \leqslant \beta$，则在名义显著性水平 β 下，拒绝原假设 H_0。

4.3　单个方差分量的推断

对于模型（4.2），考虑单个方差分量的单边假设检验问题：

$$H_0 : \sigma_A^2 \leqslant c_1 \quad \text{vs} \quad H_1 : \sigma_A^2 > c_1 \tag{4.16}$$

其中，c_1 为给定值。

1. Bootstrap 方法

对于假设检验问题（4.16），首先构造 Bootstrap 检验统计量。定义

$$T_1 = \sum_{i=2}^{d} \frac{Q_i}{\sigma_e^2 + c_1 \varDelta_i} \tag{4.17}$$

由于 σ_e^2 在实际问题中往往是未知的，故当假设检验问题（4.16）中 H_0 成立时，在式（4.17）中，用估计量 $\hat{\sigma}_e^2 = Q_1/(n-a)$ 替代 σ_e^2，则可得检验统计量

$$T_1^* = \sum_{i=2}^{d} \frac{Q_i}{Q_1/(n-a) + c_1 \varDelta_i} \tag{4.18}$$

类似于式（4.14），则 Bootstrap 检验统计量为

$$T_{1B}^* = \sum_{i=2}^{d} \frac{Q_{iB}}{Q_{1B}/(n-a) + c_1 \varDelta_i} \tag{4.19}$$

其中，$Q_{1B} \sim \left(q_1/(n-a)\right)\chi_{n-a}^2$，$Q_{iB} \sim \left(c_1 \varDelta_i + q_1/(n-a)\right)\chi_{r_i}^2$，$i = 2, 3, \cdots, d$。进一步，基于式（4.19）中的 T_{1B}^*，可给出如下 p 值：

$$p_{T_1} = P(T_{1B}^* > t_1^* \mid H_0) \tag{4.20}$$

其中，t_1^* 表示式（4.18）中 T_1^* 的观测值。若 $p_{T_1} \leqslant \beta$，则在名义显著性水平 β 下，拒绝原假设 H_0。

注 4.3　若 $n_1 = n_2 = \cdots = n_a = b$，则式（4.19）中的 T_{1B}^* 退化为叶仁道和戚戥[123]的结果。

注 4.4　若 $\lambda_1 = 0$ 和 $n_1 = n_2 = \cdots = n_a = b$，则式（4.19）中的 T_{1B}^* 退化为杨方芹等[76]的结果。

注 4.5　基于式（4.19）中的 T_{1B}^*，构造 σ_A^2 的 Bootstrap 枢轴量

$$\tilde{T}_{1B}^* = \sum_{i=2}^{d} \frac{\tilde{Q}_{iB}}{\tilde{Q}_{iB}/(n-a) + \tilde{\sigma}_A^2 \varDelta_i} \tag{4.21}$$

其中, $\tilde{\sigma}_A^2 = \frac{1}{(a-1)\overline{\Delta}} \sum_{i=2}^{d} q_i - \frac{1}{(n-a)\overline{\Delta}} q_1$, $\tilde{Q}_{iB} \sim (q_i / r_i) \chi_{r_i}^2$, $i = 1, 2, \cdots, d$。令 $\tilde{T}_{1B}^*(\beta)$ 为 $\tilde{T}_{1B}^*$ 的第 β 分位点。令 $\overline{\Delta} = \sum_{i=2}^{d} r_i \Delta_i / \sum_{i=2}^{d} r_i$。基于 Burch[127] 的研究, 用 $\overline{\Delta}$ 代替式 (4.21) 中的 $\Delta_2, \Delta_3, \cdots, \Delta_d$, 则 σ_A^2 的近似 $1 - \beta$ Bootstrap 置信区间为

$$\left[\frac{\sum_{i=2}^{d} q_i}{\overline{\Delta} \tilde{T}_{1B}^*(1 - \beta / 2)} - \frac{q_1}{\overline{\Delta}(n-a)}, \ \frac{\sum_{i=2}^{d} q_i}{\overline{\Delta} \tilde{T}_{1B}^*(\beta / 2)} - \frac{q_1}{\overline{\Delta}(n-a)} \right]$$

2. 广义方法

对于假设检验问题 (4.16), 构造广义检验变量。令 $R_1 = Q_1 / \sigma_e^2$, $R_i = Q_i / (\sigma_e^2 + \sigma_A^2 \Delta_i)$, $i = 2, 3, \cdots, d$。定义

$$F_1 = \sum_{i=2}^{d} R_i \left(\frac{1}{R_1} + \frac{\sigma_A^2 \Delta_i}{q_1} \right) \sim \sum_{i=2}^{d} \chi_{r_i}^2 \left(\frac{1}{\chi_{n-a}^2} + \frac{\sigma_A^2 \Delta_i}{q_1} \right) \qquad (4.22)$$

易见, F_1 的观测值 $f_1 = \sum_{i=2}^{d} q_i / q_1$ 与未知参数无关。F_1 的分布与冗余参数无关, 且 F_1 关于 σ_A^2 随机单调增。所以, 对于假设检验问题 (4.16), F_1 为广义检验变量。基于式 (4.22) 中的 F_1, 可给出如下广义 p 值

$$p_{F_1} = P\left(F_1 \geqslant f_1 | H_0 \right) = P\left(\frac{1}{R_1} \geqslant \frac{f_1 - \sum_{i=2}^{d} c_1 \Delta_i R_i / q_1}{\sum_{i=2}^{d} R_i} \right)$$

$$= 1 - E_{R_2, R_3, \cdots, R_d} \left[F_{\mathrm{IF}\left(\frac{n-a}{2}, \frac{1}{2} \right)} \left(\frac{f_1 - \sum_{i=2}^{d} c_1 \Delta_i R_i / q_1}{\sum_{i=2}^{d} R_i} \right) \right] \qquad (4.23)$$

其中, $F_{\mathrm{IF}\left(\frac{n-a}{2}, \frac{1}{2} \right)}$ 表示参数为 $\frac{n-a}{2}$ 和 $\frac{1}{2}$ 的逆伽马分布的分布函数, 式 (4.23) 中的期望关于统计量 $R_2, R_3, \cdots, R_d$ 计算而得。若 $p_{F_1} \leqslant \beta$, 则在名义显著性水平 β 下, 拒绝原假设 H_0。

考虑尺度变换

$$\left(\sigma_e^2, \sigma_A^2 \right) \mapsto \left(k\sigma_e^2, k\sigma_A^2 \right),$$

$$(Q_1, Q_2, \cdots, Q_d) \mapsto (kQ_1, kQ_2, \cdots, kQ_d), k > 0 \qquad (4.24)$$

易证, F_1 在尺度变换式 (4.24) 下是不变的, 而假设检验问题 (4.16) 则不是该变换下的不变检验问题。于是, 考虑等价假设检验问题

$$H_0 : \theta \leqslant \theta_1 \quad \text{vs} \quad H_1 : \theta > \theta_1 \qquad (4.25)$$

其中，$\theta = \sigma_A^2 / q_1$，$\theta_1 = c_1 / q_1$。在下列尺度变换下，

$$\left(\sigma_e^2, \theta\right) \mapsto \left(k\sigma_e^2, \theta\right)$$

$$(Q_1, Q_2, \cdots, Q_d) \mapsto (kQ_1, kQ_2, \cdots, kQ_d), k > 0 \qquad (4.26)$$

则假设检验问题（4.16）是不变的。在此基础上，计算广义 p 值

$$\tilde{p}_{F_1} = 1 - E_{R_2, R_3, \cdots, R_d}\left(F_{\text{II}\left(\frac{n-a}{2}, \frac{1}{2}\right)}\left(\frac{f_1 - \sum_{i=2}^{d}\theta_1 \Delta_i R_i}{\sum_{i=2}^{d} R_i}\right)\right) \qquad (4.27)$$

所以，对于假设检验问题（4.25），在尺度变换式（4.26）下，基于式（4.27）所构造的广义 p 值的检验方法为 p 不变检验。

注 4.6 若 $n_1 = n_2 = \cdots = n_a = b$，则式（4.22）中的 F_1 退化为叶仁道和戚戬[123]的结果。

注 4.7 若 $\lambda_1 = 0$ 和 $n_1 = n_2 = \cdots = n_a = b$，则式（4.22）中的 F_1 退化为 Weerahandi[95] 的结果。

为构造 σ_A^2 的广义置信区间，定义

$$F_1^* = \frac{1}{d-1}\sum_{i=2}^{d}\frac{1}{\Delta_i}\left(\frac{q_i\left(\sigma_e^2 + \sigma_A^2 \Delta_i\right)}{Q_i} - \frac{q_1 \sigma_e^2}{Q_1}\right) \qquad (4.28)$$

易见，F_1^* 的观测值是 σ_A^2，F_1^* 的分布与所有未知参数无关，故 F_1^* 为广义枢轴量。令 $F_1^*(\gamma)$ 表示 F_1^* 的第 γ 分位点，则 $\left[F_1^*(\beta/2), F_1^*(1-\beta/2)\right]$ 为 σ_A^2 的置信水平为 $1-\beta$ 的广义置信区间。

定理 4.8 若 $n_1 = n_2 = \cdots = n_a = b$，则有

$$\lim_{\sigma_e^2 \to 0}\text{Pr}\left(F_1^*(\beta/2) \leqslant \sigma_A^2 \leqslant F_1^*(1-\beta/2)\right) = 1 - \beta,$$

$$\lim_{\sigma_A^2 \to 0}\text{Pr}\left(F_1^*(\beta/2) \leqslant \sigma_A^2 \leqslant F_1^*(1-\beta/2)\right) = 1 - \beta,$$

$$\lim_{b \to \infty}\text{Pr}\left(F_1^*(\beta/2) \leqslant \sigma_A^2 \leqslant F_1^*(1-\beta/2)\right) = 1 - \beta,$$

$$\lim_{\sigma_e^2 \to 0, b \to \infty}\text{Pr}\left(F_1^*(\beta/2) \leqslant \sigma_A^2 \leqslant F_1^*(1-\beta/2)\right) = 1 - \beta$$

该定理的证明过程与叶仁道和罗堃[128]中的定理 4.1 类似，故略去。

注 4.8 若 $n_1 = n_2 = \cdots = n_a = b$，则 $\left[F_1^*(\beta/2), F_1^*(1-\beta/2)\right]$ 退化为叶仁道和戚戬[123]的结果。

注 4.9 若 $\lambda_1 = 0$ 和 $n_1 = n_2 = \cdots = n_a = b$，则 $\left[F_1^*(\beta/2), F_1^*(1-\beta/2)\right]$ 退化为 Weerahandi[86]的结果。

4.4　方差分量之和的推断

对于模型（4.2），考虑方差分量之和的单边假设检验问题：

$$H_0 : \sigma_A^2 + \sigma_e^2 \leqslant c_2 \quad vs \quad H_1 : \sigma_A^2 + \sigma_e^2 > c_2 \qquad （4.29）$$

其中，c_2 为给定值。

1. Bootstrap 方法

对于假设检验问题（4.29），定义

$$T_2 = \sum_{i=2}^{d} \frac{Q_i}{c_2 \Delta_i + (1 - \Delta_i) \sigma_e^2} \qquad （4.30）$$

类似于式（4.18），构建检验统计量

$$T_2^* = \sum_{i=2}^{d} \frac{Q_i}{c_2 \Delta_i + (1 - \Delta_i) Q_1 / (n-a)} \qquad （4.31）$$

进一步，假设检验问题（4.29）的 Bootstrap 检验统计量为

$$T_{2B}^* = \sum_{i=2}^{d} \frac{Q_{iB}}{c_2 \Delta_i + (1 - \Delta_i) Q_{1B} / (n-a)} \qquad （4.32）$$

其中，$Q_{1B} \sim \left(q_1 / (n-a) \right) \chi_{n-a}^2$，$Q_{iB} \sim \left(c_2 \Delta_i + (1 - \Delta_i) q_1 / (n-a) \right) \chi_{r_i}^2$，$i = 2, 3, \cdots, d$。
基于式（4.32）中的 T_{2B}^*，可给出如下 p 值：

$$p_{T_2} = P(T_{2B}^* > t_2^* \mid H_0) \qquad （4.33）$$

其中，t_2^* 是式（4.31）中 T_2^* 的观测值。若 $p_{T_2} \leqslant \beta$，则在名义显著性水平 β 下，拒绝原假设 H_0。

注 4.10　若 $n_1 = n_2 = \cdots = n_a = b$，则式（4.32）中的 T_{2B}^* 退化为叶仁道和戚戬[123]的结果。

注 4.11　基于式（4.32）中的 T_{2B}^*，构造 $\sigma_A^2 + \sigma_e^2$ 的 Bootstrap 枢轴量

$$\tilde{T}_{2B}^* = \sum_{i=2}^{d} \frac{\tilde{Q}_{iB}}{(\tilde{\sigma}_A^2 + \tilde{\sigma}_e^2) \Delta_i + (1 - \Delta_i) \tilde{Q}_{1B} / (n-a)} \qquad （4.34）$$

其中，$\tilde{\sigma}_e^2 = q_1 / (n-a)$。令 $F_1^*(\gamma)$ 表示 F_1^* 的第 γ 分位点。类似于注 4.5，$\sigma_A^2 + \sigma_e^2$ 的近似 $1 - \beta$ Bootstrap 置信区间为

$$\left[\frac{\sum_{i=2}^{d} q_i}{\tilde{T}_{2B}^* (1 - \beta / 2) \bar{\Delta}} - \frac{(1 - \bar{\Delta}) q_1}{(n-a) \bar{\Delta}}, \quad \frac{\sum_{i=2}^{d} q_i}{\tilde{T}_{2B}^* (\beta / 2) \bar{\Delta}} - \frac{(1 - \bar{\Delta}) q_1}{(n-a) \bar{\Delta}} \right]$$

2. 广义方法

对于假设检验问题（4.29），构造广义检验变量。令 $R_* = \dfrac{1}{\sigma_e^2 + \bar{\varDelta}\sigma_A^2}\displaystyle\sum_{i=2}^{d}Q_i$。定义

$$F_2 = \left(\frac{\sum_{i=2}^{d}q_i}{\bar{\varDelta}}\frac{1}{R_*} + \frac{q_1}{\bar{\varDelta}}\frac{\bar{\varDelta}-1}{R_1}\right) - \left(\sigma_A^2 + \sigma_e^2\right) \overset{\text{asy}}{\sim} \left(\frac{\sum_{i=2}^{d}q_i}{\bar{\varDelta}}\frac{1}{\chi_{a-1}^2} + \frac{q_1}{\bar{\varDelta}}\frac{\bar{\varDelta}-1}{\chi_{n-a}^2}\right) - \left(\sigma_A^2 + \sigma_e^2\right)$$

$$(4.35)$$

易证，F_2 为假设检验问题（4.29）的近似广义检验变量。基于式（4.35）中 F_2，可给出如下广义 p 值

$$p_{F_2} = E_{R_1}\left(F_{\text{II}\left(\frac{a-1}{2},\frac{1}{2}\right)}\left(\frac{c_2\bar{\varDelta} - q_1\left(\bar{\varDelta}-1\right)/R_1}{\sum_{i=2}^{d}q_i}\right)\right) \qquad (4.36)$$

若 $p_{F_2} \leqslant \beta$，则在名义显著性水平 β 下，拒绝原假设 H_0。

在下列尺度变换下，

$$\left(\sigma_e^2, \sigma_A^2\right) \mapsto \left(k\sigma_e^2, k\sigma_A^2\right),$$
$$\left(Q_1, Q_2, \cdots, Q_d\right) \mapsto \left(kQ_1, kQ_2, \cdots, kQ_d\right), \quad k > 0 \qquad (4.37)$$

式（4.35）中的 F_2 和假设检验问题（4.29）均不是不变的。于是，考虑与式（4.29）等价的假设检验问题：

$$H_0 : \xi \leqslant \xi_2 \quad \text{vs} \quad H_1 : \xi > \xi_2 \qquad (4.38)$$

其中，$\xi = \left(\sigma_A^2 + \sigma_e^2\right)/q_1$，$\xi_2 = c_2/q_1$。定义

$$F_{2G} = \left(\frac{\sum_{i=2}^{d}q_i}{\bar{\varDelta}q_1}\frac{1}{R_*} + \frac{\bar{\varDelta}-1}{\bar{\varDelta}}\frac{1}{R_1}\right) - \xi \qquad (4.39)$$

易证，F_{2G} 为假设检验问题（4.29）的近似广义检验变量，相应的广义 p 值为

$$\tilde{p}_{F_{2G}} = E_{R_1}\left(F_{\text{II}\left(\frac{a-1}{2},\frac{1}{2}\right)}\left(\frac{\xi_2\bar{\varDelta} - \left(\bar{\varDelta}-1\right)/R_1}{\sum_{i=2}^{d}q_i/q_1}\right)\right) \qquad (4.40)$$

在下列尺度变换下，

$$\left(\sigma_e^2, \xi\right) \mapsto \left(k\sigma_e^2, \xi\right),$$
$$\left(Q_1, Q_2, \cdots, Q_d\right) \mapsto \left(kQ_1, kQ_2, \cdots, kQ_d\right), k > 0 \qquad (4.41)$$

式（4.39）中 F_{2G} 和假设检验问题（4.38）均是不变的。所以，对于假设检验问题（4.38），在尺度变换（4.41）下，基于式（4.40）所构造的广义 p 值的检验方法为 p 不变检验。

注 4.12　若 $n_1 = n_2 = \cdots = n_a = b$，则式（4.35）中的 F_2 退化为叶仁道和戚戬[123]的结果。

为构建 $\sigma_A^2 + \sigma_e^2$ 的广义置信区间，定义

$$F_2^* = \frac{\sum_{i=2}^{d} q_i}{\bar{\Delta}} \cdot \frac{\sigma_e^2 + \bar{\Delta}\sigma_A^2}{\sum_{i=2}^{d} Q_i} + \frac{q_1}{\bar{\Delta}} \cdot \frac{(\bar{\Delta}-1)\sigma_e^2}{Q_1} \tag{4.42}$$

易证，F_2^* 为 $\sigma_A^2 + \sigma_e^2$ 的近似广义枢轴量。令 $F_2^*(\gamma)$ 表示 F_2^* 的第 γ 分位点，则 $\left[F_2^*(\beta/2), F_2^*(1-\beta/2)\right]$ 为 $\sigma_A^2 + \sigma_e^2$ 的置信水平近似为 $1-\beta$ 的广义置信区间。

定理 4.9　若 $n_1 = n_2 = \cdots = n_a = b$，则有

$$\lim_{\sigma_e^2 \to 0} \Pr\left(F_2^*(\beta/2) \leqslant \sigma_A^2 + \sigma_e^2 \leqslant F_2^*(1-\beta/2)\right) = 1-\beta,$$

$$\lim_{\sigma_A^2 \to 0, b \to \infty} \Pr\left(F_2^*(\beta/2) \leqslant \sigma_A^2 + \sigma_e^2 \leqslant F_2^*(1-\beta/2)\right) = 1-\beta,$$

$$\lim_{\sigma_e^2 \to 0, b \to \infty} \Pr\left(F_2^*(\beta/2) \leqslant \sigma_A^2 + \sigma_e^2 \leqslant F_2^*(1-\beta/2)\right) = 1-\beta$$

该定理的证明过程与叶仁道和罗堃[128]中的定理 4.1 类似，故略去。

注 4.13　若 $n_1 = n_2 = \cdots = n_a = b$，则近似广义置信区间 $\left[F_2^*(\beta/2), F_2^*(1-\beta/2)\right]$ 退化为叶仁道和戚戬[123]的结果。

4.5　方差分量之比的推断

对于模型（4.2），考虑方差分量之比的单边假设检验问题：

$$H_0: \sigma_A^2/\sigma_e^2 \leqslant c_3 \quad \text{vs} \quad H_1: \sigma_A^2/\sigma_e^2 > c_3 \tag{4.43}$$

其中，c_3 为给定值。

对于假设检验问题（4.43），构建检验统计量

$$T_3 = \frac{\sum_{i=2}^{d} \frac{Q_i}{1+c_3\Delta_i}/(a-1)}{Q_1/(n-a)} \sim F_{a-1, n-a} \tag{4.44}$$

进一步，基于式（4.44）中的 T_3，可给出如下 p 值：

$$p_{T_3} = P(T_3 > t_3 \mid H_0) \tag{4.45}$$

其中，t_3 为式（4.44）中 T_3 的观测值。若 $p_{T_3} \leqslant \beta$，则在名义显著性水平 β 下，拒绝原假设 H_0。

注 4.14　基于式（4.44）中的 T_3，可构造 σ_A^2/σ_e^2 的枢轴量。类似于注 4.5，σ_A^2/σ_e^2 的置信水平近似 $1-\beta$ 的置信区间为

$$\left[\frac{\sum_{i=2}^{d}q_i}{\frac{a-1}{n-a}\bar{\Delta}q_1 F_{a-1,n-a}(1-\beta/2)} - \frac{1}{\bar{\Delta}}, \frac{\sum_{i=2}^{d}q_i}{\frac{a-1}{n-a}\bar{\Delta}q_1 F_{a-1,n-a}(\beta/2)} - \frac{1}{\bar{\Delta}} \right]$$

4.6 蒙特卡罗数值模拟

本节利用蒙特卡罗数值模拟，从数值上研究本章所给检验方法的统计性质。为方便起见，本节仅针对假设检验问题（4.11），给出 Bootstrap 方法犯第一类错误的概率和功效的算法。具体步骤如下。

步骤 1：给定 $(n_1,n_2,\ldots,n_a)$、σ_A^2、σ_e^2 和 λ_1，生成 $y\sim\mathrm{SN}_n(0,\Sigma_Y,\lambda_2)$，则 $q_0 = y^{\mathrm{T}}R^{\mathrm{T}}1_a 1_a^{\mathrm{T}}Ry$，$q_i = y^{\mathrm{T}}HP_i P_i^{\mathrm{T}}H^{\mathrm{T}}y$，$i=1,2,\cdots,d$。

步骤 2：由式（4.13）计算 T_0^*，并记为 t_0^*。

步骤 3：生成 $Q_{0B}\sim\left(a\left(\frac{1}{(a-1)\bar{\Delta}}\sum_{i=2}^{d}q_i + \left(\frac{1}{a}\sum_{i=1}^{a}\frac{1}{n_i} - \frac{1}{\bar{\Delta}}\right)q_1/(n-a)\right)\right)\chi_1^2$，$Q_{1B}\sim$ $(q_1/(n-a))\chi_{n-a}^2$，$\sum_{i=2}^{d}Q_{iB}\overset{\mathrm{asy}}{\sim}\left(\frac{1}{a-1}\sum_{i=2}^{d}q_i\right)\chi_{a-1}^2$。由式（4.14）可得 T_{0B}^*。

步骤 4：将步骤 3 重复 k_1 次，并根据式（4.15）得到 p_{T_1}。令 ϑ 表示名义显著性水平。若 $p_{T_1}<\vartheta$，则 $l=1$。反之，则 $l=0$。

步骤 5：将步骤 1～步骤 4 重复 k_2 次，得到 $l_1,l_2,\cdots,l_{k_2}$，则犯第一类错误的概率可表示为 $\sum_{i=1}^{k_2}l_i/k_2$。

当备择假设 H_1 成立时，基于上述算法类似可得假设检验问题（4.11）的功效。

在数值模拟中，设置显著性水平 $\beta=0.025,0.05,0.075,0.1$，内外循环次数 k_1 和 k_2 都是 2500。样本量设定如下：$N_1=(n_1,n_2)=(5,6)$，$N_2=(n_1,n_2,n_3)=(6,8,10)$，$N_3=(n_1,n_2,n_3,n_4)=(9,12,15,18)$，$N_4=(n_1,n_2,n_3,n_4,n_5)=(16,20,24,28,32)$，$N_5=(n_1,n_2,n_3,n_4,n_5,n_6)=(30,35,40,45,50,55)$。其余参数设定可参见表 4.1。

表 4.1　参数设置

检验问题	犯第一类错误的概率	功效函数
式（4.11）	$\sigma_e^2=0.5,\lambda_1=1_a$, $\sigma_A^2=0.6,0.8,1,1.5,2$	$\sigma_e^2=0.5,\sigma_A^2=0.6,\lambda_1=1_a$, $\mu=0.2,0.4,0.6,0.8,1$
式（4.16）	$c_1=3,\lambda_1=1_a,\mu=1$, $\sigma_e^2=0.5,1,2,3,4$	$c_1=3,\sigma_e^2=1,\lambda_1=1_a,\mu=1$, $\sigma_A^2=5,10,15,20,25$

续表

检验问题	犯第一类错误的概率	功效函数
式（4.29）	$c_2=5, \lambda_1=1_a, \mu=1,$ $\sigma_e^2=0.3,0.5,1,1.5,2$	$c_2=5, \sigma_e^2=2, \lambda_1=1_a, \mu=1,$ $\sigma_A^2=5,10,15,20,25$
式（4.43）	$c_3=\sigma_A^2/\sigma_e^2, \sigma_e^2=0.5, \lambda_1=1_a,$ $\mu=1, \sigma_A^2=1,2,3,4,5$	$c_3=3, \sigma_e^2=0.5, \lambda_1=1_a,$ $\mu=1, \sigma_A^2=3,5,7,10,15$

针对假设检验问题（4.11），在不同名义显著性水平下，表 4.2 和表 4.3 分别给出 Bootstrap（Bootstrap approach，BA）方法犯第一类错误的概率和功效的模拟结果。由表 4.2 可知，实际水平与名义水平很接近，但在小样本情况下稍显自由。由表 4.3 可见，当参数逐渐远离原假设时，BA 方法的功效则随着样本量的增加而增加。

针对假设检验问题（4.16），在不同参数设置下，表 4.4 和表 4.5 分别给出 BA 方法和广义（GP）方法犯第一类错误的概率和功效的模拟结果。由表 4.4 可得，在大多数情况下，两种方法能较好地控制犯第一类错误的概率。由表 4.5 可知，在上述参数、样本量和名义显著性水平设置下，BA 方法在功效函数意义下一致优于 GP 方法。

针对假设检验问题（4.29），表 4.6 和表 4.7 分别给出 BA 方法和 GP 方法犯第一类错误的概率和功效的模拟结果。表 4.6 的模拟结果表明，BA 方法的实际水平在各类样本容量下均接近于名义水平。GP 方法略显自由，但随着样本容量的增加而有所改善。因此，在犯第一类错误的概率意义下，BA 方法优于 GP 方法。由表 4.7 可见，随着参数逐渐偏离原假设，两种方法的实际功效均呈现出显著提升的趋势，但 GP 方法在大多数情况下较 BA 方法更优。

针对假设检验问题（4.43），表 4.8 和表 4.9 分别给出精确检验方法犯第一类错误的概率和功效的模拟结果。模拟结果表明，在各种样本量设置下，精确检验方法能较好地控制犯第一类错误的概率。随着样本容量的增加，参数逐步偏离原假设，精确检验方法的功效显著增加。

表 4.2　假设检验问题（4.11）检验方法犯第一类错误的概率（$\sigma_e^2=0.5$）

样本量	σ_A^2	β			
		0.025	0.05	0.075	0.1
		BA	BA	BA	BA
N_1	0.6	0.0232	0.0460	0.0716	0.0988
	0.8	0.0244	0.0484	0.0748	0.0980
	1.0	0.0248	0.0512	0.0772	0.0976

续表

样本量	σ_A^2	β			
		0.025	0.05	0.075	0.1
		BA	BA	BA	BA
N_1	1.5	0.0268	0.0552	0.0792	0.1016
	2.0	0.0324	0.0568	0.0816	0.1012
N_2	0.6	0.0368	0.0592	0.0860	0.1084
	0.8	0.0376	0.0580	0.0824	0.1052
	1.0	0.0368	0.0592	0.0824	0.1044
	1.5	0.0336	0.0580	0.0796	0.1008
	2.0	0.0344	0.0572	0.0808	0.1024
N_3	0.6	0.0312	0.0536	0.0760	0.1020
	0.8	0.0292	0.0532	0.0736	0.1000
	1.0	0.0280	0.0504	0.0748	0.1000
	1.5	0.0244	0.0472	0.0712	0.0952
	2.0	0.0240	0.0460	0.0708	0.0948
N_4	0.6	0.0244	0.0508	0.0784	0.1016
	0.8	0.0224	0.0492	0.0772	0.1040
	1.0	0.0220	0.0508	0.0764	0.1004
	1.5	0.0256	0.0496	0.0752	0.1012
	2.0	0.0284	0.0524	0.0756	0.0964
N_5	0.6	0.0224	0.0476	0.0752	0.0952
	0.8	0.0224	0.0496	0.0728	0.0952
	1.0	0.0236	0.0484	0.0708	0.0980
	1.5	0.0232	0.0456	0.0716	0.0968
	2.0	0.0232	0.0440	0.0720	0.0944

注：$N_1 = (5,6)$，$N_2 = (6,8,10)$，$N_3 = (9,12,15,18)$，$N_4 = (16,20,24,28,32)$，$N_5 = (30,35,40,45,50,55)$。

表 4.3　假设检验问题（4.11）检验方法的功效（$\sigma_A^2 = 0.6$，$\sigma_e^2 = 0.5$）

样本量	μ	β			
		0.025	0.05	0.075	0.1
		BA	BA	BA	BA
N_1	0.2	0.0312	0.0640	0.0972	0.1348
	0.4	0.0416	0.0868	0.1304	0.1760
	0.6	0.0536	0.1056	0.1624	0.2140
	0.8	0.0624	0.1264	0.1956	0.2528
	1.0	0.0732	0.1464	0.2256	0.2964

样本量	μ	β			
		0.025	0.05	0.075	0.1
		BA	BA	BA	BA
N_2	0.2	0.0660	0.1040	0.1420	0.1832
	0.4	0.0988	0.1604	0.2208	0.2800
	0.6	0.1372	0.2292	0.3132	0.3868
	0.8	0.1860	0.3048	0.4048	0.4948
	1.0	0.2392	0.3748	0.4936	0.6000
N_3	0.2	0.0652	0.1104	0.1688	0.2168
	0.4	0.1212	0.2120	0.2988	0.3732
	0.6	0.2028	0.3348	0.4560	0.5448
	0.8	0.2988	0.4752	0.6124	0.7072
	1.0	0.4044	0.6164	0.7432	0.8380
N_4	0.2	0.0732	0.1344	0.1916	0.2468
	0.4	0.1600	0.2752	0.3764	0.4644
	0.6	0.2912	0.4700	0.6008	0.6932
	0.8	0.4580	0.6572	0.7856	0.8648
	1.0	0.6128	0.8160	0.9072	0.9484
N_5	0.2	0.0816	0.1468	0.2064	0.2644
	0.4	0.1992	0.3368	0.4484	0.5372
	0.6	0.3900	0.5804	0.7076	0.7956
	0.8	0.5972	0.7924	0.8960	0.9432
	1.0	0.7740	0.9256	0.9728	0.9912

注：$N_1 = (5,6)$，$N_2 = (6,8,10)$，$N_3 = (9,12,15,18)$，$N_4 = (16,20,24,28,32)$，$N_5 = (30,35,40,45,50,55)$。

表 4.4　假设检验问题（4.16）检验方法犯第一类错误的概率（$\sigma_A^2 = c_1 = 3$）

样本量	σ_e^2	β							
		0.025		0.05		0.075		0.1	
		BA	GP	BA	GP	BA	GP	BA	GP
N_1	0.5	0.0304	0.0300	0.0540	0.0532	0.0732	0.0720	0.0936	0.0920
	1.0	0.0268	0.0260	0.0536	0.0516	0.0744	0.0732	0.0956	0.0940
	2.0	0.0256	0.0232	0.0532	0.0504	0.0732	0.0712	0.0980	0.0944
	3.0	0.0264	0.0224	0.0552	0.0504	0.0744	0.0692	0.0992	0.0932
	4.0	0.0260	0.0232	0.0528	0.0488	0.0736	0.0700	0.0972	0.0924

续表

样本量	σ_e^2	β							
		0.025		0.05		0.075		0.1	
		BA	GP	BA	GP	BA	GP	BA	GP
N_2	0.5	0.0252	0.0264	0.0536	0.0476	0.0756	0.0768	0.0984	0.1004
	1.0	0.0276	0.0264	0.0496	0.0476	0.0744	0.0764	0.1032	0.1024
	2.0	0.0268	0.0260	0.0512	0.0484	0.0772	0.0744	0.1012	0.1060
	3.0	0.0260	0.0248	0.0548	0.0504	0.0768	0.0732	0.1048	0.1040
	4.0	0.0252	0.0240	0.0552	0.0512	0.0796	0.0732	0.1052	0.1036
N_3	0.5	0.0276	0.0312	0.0556	0.0548	0.0832	0.0796	0.1092	0.1072
	1.0	0.0276	0.0276	0.0568	0.0572	0.0872	0.0800	0.1116	0.1060
	2.0	0.0280	0.0312	0.0572	0.0560	0.0844	0.0756	0.1060	0.1032
	3.0	0.0312	0.0288	0.0556	0.0544	0.0844	0.0776	0.1052	0.0996
	4.0	0.0292	0.0292	0.0564	0.0540	0.0804	0.0740	0.1068	0.1016
N_4	0.5	0.0280	0.0264	0.0512	0.0524	0.0772	0.0744	0.1016	0.0968
	1.0	0.0272	0.0260	0.0528	0.0540	0.0784	0.0772	0.1012	0.0956
	2.0	0.0280	0.0288	0.0508	0.0508	0.0764	0.0736	0.1016	0.0980
	3.0	0.0292	0.0276	0.0492	0.0496	0.0736	0.0712	0.0992	0.0944
	4.0	0.0296	0.0280	0.0496	0.0500	0.0708	0.0724	0.0960	0.0968
N_5	0.5	0.0216	0.0228	0.0492	0.0472	0.0776	0.0748	0.0992	0.1000
	1.0	0.0208	0.0240	0.0508	0.0488	0.0796	0.0772	0.1028	0.1012
	2.0	0.0216	0.0216	0.0480	0.0472	0.0784	0.0776	0.1064	0.1040
	3.0	0.0236	0.0256	0.0476	0.0520	0.0760	0.0768	0.1096	0.1028
	4.0	0.0240	0.0256	0.0448	0.0504	0.0784	0.0772	0.1084	0.1052

注：$N_1 = (5,6)$，$N_2 = (6,8,10)$，$N_3 = (9,12,15,18)$，$N_4 = (16,20,24,28,32)$，$N_5 = (30,35,40,45,50,55)$。

表 4.5　假设检验问题（4.16）检验方法的功效（$\sigma_e^2 = 1$，$c_1 = 3$）

样本量	σ_A^2	β							
		0.025		0.05		0.075		0.1	
		BA	GP	BA	GP	BA	GP	BA	GP
N_1	5	0.0752	0.0736	0.1164	0.1148	0.1496	0.1468	0.1872	0.1840
	10	0.2012	0.1968	0.2672	0.2652	0.3152	0.3108	0.3580	0.3516
	15	0.3040	0.2996	0.3716	0.3688	0.4220	0.4200	0.4556	0.4532
	20	0.3796	0.3756	0.4404	0.4384	0.4844	0.4832	0.5176	0.5140
	25	0.4284	0.4244	0.4868	0.4864	0.5332	0.5304	0.5656	0.5624

续表

样本量	σ_A^2	β							
		0.025		0.05		0.075		0.1	
		BA	GP	BA	GP	BA	GP	BA	GP
N_2	5	0.1052	0.1028	0.1596	0.1572	0.2024	0.1980	0.2444	0.2404
	10	0.3140	0.3096	0.3972	0.3872	0.4532	0.4448	0.4904	0.4912
	15	0.4696	0.4604	0.5364	0.5328	0.5856	0.5852	0.6200	0.6196
	20	0.5640	0.5580	0.6276	0.6228	0.6688	0.6644	0.6976	0.6940
	25	0.6316	0.6268	0.6876	0.6816	0.7240	0.7188	0.7528	0.7480
N_3	5	0.1372	0.1284	0.2016	0.1932	0.2524	0.2452	0.2944	0.2868
	10	0.4252	0.4180	0.5136	0.5008	0.5660	0.5588	0.6016	0.5960
	15	0.6064	0.5948	0.6624	0.6580	0.7020	0.6968	0.7368	0.7284
	20	0.6968	0.6864	0.7488	0.7420	0.7848	0.7732	0.8112	0.8012
	25	0.7624	0.7520	0.8088	0.7968	0.8436	0.8328	0.8632	0.8552
N_4	5	0.1500	0.1412	0.2160	0.2096	0.2744	0.2680	0.3168	0.3140
	10	0.4924	0.4764	0.5772	0.5612	0.6244	0.6168	0.6632	0.6560
	15	0.6812	0.6700	0.7420	0.7368	0.7812	0.7744	0.8068	0.8016
	20	0.7800	0.7744	0.8312	0.8208	0.8584	0.8492	0.8720	0.8692
	25	0.8460	0.8364	0.8764	0.8732	0.8992	0.8960	0.9128	0.9092
N_5	5	0.1804	0.1784	0.2500	0.2428	0.3124	0.3028	0.3604	0.3512
	10	0.5756	0.5596	0.6452	0.6440	0.7056	0.6912	0.7420	0.7276
	15	0.7676	0.7568	0.8192	0.8144	0.8564	0.8496	0.8768	0.8700
	20	0.8640	0.8580	0.8976	0.8952	0.9168	0.9148	0.9268	0.9232
	25	0.9140	0.9060	0.9340	0.9304	0.9452	0.9444	0.9524	0.9532

注：$N_1=(5,6)$，$N_2=(6,8,10)$，$N_3=(9,12,15,18)$，$N_4=(16,20,24,28,32)$，$N_5=(30,35,40,45,50,55)$。

表 4.6　假设检验问题（4.29）检验方法犯第一类错误的概率（$\sigma_A^2+\sigma_e^2=c_2=5$）

样本量	σ_e^2	β							
		0.025		0.05		0.075		0.1	
		BA	GP	BA	GP	BA	GP	BA	GP
N_1	0.3	0.0292	0.0288	0.0500	0.0536	0.0736	0.0760	0.0956	0.0976
	0.5	0.0300	0.0300	0.0524	0.0544	0.0752	0.0784	0.0960	0.1024
	1.0	0.0284	0.0348	0.0540	0.0600	0.0752	0.0824	0.0940	0.1052
	1.5	0.0220	0.0360	0.0512	0.0628	0.0740	0.0896	0.0928	0.1108
	2.0	0.0176	0.0364	0.0516	0.0700	0.0780	0.0944	0.1004	0.1224

续表

样本量	σ_e^2	β							
		0.025		0.05		0.075		0.1	
		BA	GP	BA	GP	BA	GP	BA	GP
N_2	0.3	0.0264	0.0260	0.0508	0.0504	0.0752	0.0780	0.0984	0.0988
	0.5	0.0248	0.0264	0.0504	0.0528	0.0764	0.0808	0.0976	0.1004
	1.0	0.0256	0.0284	0.0488	0.0520	0.0740	0.0848	0.1004	0.1088
	1.5	0.0244	0.0276	0.0456	0.0568	0.0732	0.0844	0.0964	0.1152
	2.0	0.0184	0.0284	0.0436	0.0620	0.0676	0.0864	0.0912	0.1220
N_3	0.3	0.0308	0.0340	0.0580	0.0576	0.0824	0.0808	0.1088	0.1112
	0.5	0.0288	0.0328	0.0564	0.0584	0.0828	0.0824	0.1084	0.1112
	1.0	0.0276	0.0316	0.0540	0.0632	0.0840	0.0852	0.1076	0.1108
	1.5	0.0284	0.0324	0.0548	0.0604	0.0828	0.0852	0.1056	0.1120
	2.0	0.0260	0.0352	0.0516	0.0616	0.0796	0.0872	0.0996	0.1172
N_4	0.3	0.0240	0.0304	0.0532	0.0512	0.0748	0.0780	0.0984	0.1004
	0.5	0.0248	0.0300	0.0524	0.0556	0.0760	0.0772	0.1008	0.0996
	1.0	0.0272	0.0300	0.0504	0.0588	0.0768	0.0816	0.0996	0.0980
	1.5	0.0256	0.0308	0.0500	0.0564	0.0760	0.0816	0.0988	0.1028
	2.0	0.0268	0.0312	0.0476	0.0548	0.0756	0.0812	0.0968	0.1072
N_5	0.3	0.0220	0.0264	0.0516	0.0480	0.0736	0.0748	0.1032	0.0976
	0.5	0.0232	0.0260	0.0504	0.0492	0.0728	0.0740	0.1004	0.1024
	1.0	0.0212	0.0248	0.0480	0.0508	0.0768	0.0804	0.1052	0.1072
	1.5	0.0220	0.0260	0.0496	0.0512	0.0808	0.0800	0.1036	0.1100
	2.0	0.0232	0.0260	0.0464	0.0532	0.0796	0.0844	0.1084	0.1124

注：$N_1=(5,6)$，$N_2=(6,8,10)$，$N_3=(9,12,15,18)$，$N_4=(16,20,24,28,32)$，$N_5=(30,35,40,45,50,55)$。

表 4.7 假设检验问题（4.29）检验方法的功效（$\sigma_e^2=2$，$c_2=5$）

样本量	σ_A^2	β							
		0.025		0.05		0.075		0.1	
		BA	GP	BA	GP	BA	GP	BA	GP
N_1	5	0.0608	0.0880	0.1064	0.1312	0.1432	0.1824	0.1848	0.2164
	10	0.1616	0.2048	0.2408	0.2788	0.2944	0.3324	0.3384	0.3772
	15	0.2528	0.3024	0.3392	0.3772	0.3952	0.4332	0.4428	0.4780
	20	0.3256	0.3768	0.4128	0.4512	0.4676	0.4980	0.5072	0.5388
	25	0.3868	0.4328	0.4676	0.4964	0.5144	0.5464	0.5520	0.5776

续表

样本量	σ_A^2	β							
		0.025		0.05		0.075		0.1	
		BA	GP	BA	GP	BA	GP	BA	GP
N_2	5	0.0836	0.1172	0.1440	0.1740	0.1908	0.2252	0.2384	0.2648
	10	0.2728	0.3224	0.3608	0.4000	0.4184	0.4516	0.4712	0.4968
	15	0.4196	0.4616	0.5124	0.5364	0.5640	0.5880	0.5976	0.6260
	20	0.5228	0.5616	0.5984	0.6272	0.6440	0.6716	0.6796	0.7012
	25	0.5920	0.6232	0.6608	0.6892	0.7060	0.7244	0.7380	0.7508
N_3	5	0.1272	0.1408	0.1884	0.2072	0.2444	0.2548	0.2940	0.3028
	10	0.4012	0.4184	0.4872	0.5096	0.5424	0.5620	0.5896	0.6016
	15	0.5824	0.5944	0.6524	0.6588	0.6948	0.6984	0.7264	0.7344
	20	0.6836	0.6900	0.7380	0.7484	0.7772	0.7808	0.8028	0.8084
	25	0.7460	0.7560	0.7988	0.8060	0.8328	0.8356	0.8544	0.8544
N_4	5	0.1376	0.1492	0.2072	0.2148	0.2636	0.2780	0.3128	0.3216
	10	0.4804	0.4860	0.5680	0.5680	0.6168	0.6248	0.6604	0.6644
	15	0.6784	0.6776	0.7384	0.7420	0.7736	0.7764	0.7976	0.7996
	20	0.7772	0.7760	0.8228	0.8228	0.8540	0.8496	0.8692	0.8692
	25	0.8376	0.8392	0.8716	0.8712	0.8944	0.8956	0.9100	0.9100
N_5	5	0.1740	0.1860	0.2452	0.2496	0.3104	0.3116	0.3544	0.3564
	10	0.5688	0.5704	0.6464	0.6516	0.6980	0.6980	0.7360	0.7332
	15	0.7644	0.7600	0.8160	0.8152	0.8468	0.8468	0.8708	0.8660
	20	0.8624	0.8568	0.8948	0.8904	0.9104	0.9096	0.9228	0.9224
	25	0.9064	0.9064	0.9312	0.9312	0.9436	0.9424	0.9496	0.9500

注：$N_1 = (5,6)$，$N_2 = (6,8,10)$，$N_3 = (9,12,15,18)$，$N_4 = (16,20,24,28,32)$，$N_5 = (30,35,40,45,50,55)$。

表 4.8　假设检验问题（4.43）检验方法犯第一类错误的概率（$\sigma_e^2 = 0.5$，$c_3 = \sigma_A^2 / \sigma_e^2$）

样本量	σ_A^2	β			
		0.025	0.05	0.075	0.1
N_1	1	0.0244	0.0564	0.0760	0.1020
	2	0.0252	0.0536	0.0768	0.0984
	3	0.0252	0.0484	0.0752	0.1012
	4	0.0224	0.0460	0.0780	0.0988
	5	0.0220	0.0464	0.0764	0.0984

续表

样本量	σ_A^2	β			
		0.025	0.05	0.075	0.1
N_2	1	0.0250	0.0480	0.0740	0.1000
	2	0.0190	0.0540	0.0780	0.0980
	3	0.0210	0.0510	0.0710	0.1010
	4	0.0210	0.0500	0.0700	0.1010
	5	0.0210	0.0470	0.0700	0.1060
N_3	1	0.0284	0.0596	0.0836	0.1124
	2	0.0304	0.0580	0.0848	0.1092
	3	0.0296	0.0604	0.0832	0.1080
	4	0.0304	0.0596	0.0828	0.1064
	5	0.0304	0.0608	0.0812	0.1064
N_4	1	0.0272	0.0528	0.0772	0.1016
	2	0.0268	0.0480	0.0828	0.1024
	3	0.0268	0.0500	0.0808	0.1028
	4	0.0244	0.0496	0.0776	0.1016
	5	0.0240	0.0496	0.0776	0.1020
N_5	1	0.0208	0.0500	0.0748	0.1036
	2	0.0220	0.0468	0.0756	0.0992
	3	0.0220	0.0492	0.0752	0.0996
	4	0.0224	0.0508	0.0732	0.0980
	5	0.0228	0.0512	0.0736	0.0976

注: $N_1 = (5,6)$，$N_2 = (6,8,10)$，$N_3 = (9,12,15,18)$，$N_4 = (16,20,24,28,32)$，$N_5 = (30,35,40,45,50,55)$。

表 4.9　假设检验问题（4.43）检验方法的功效（$\sigma_e^2 = 0.5$，$c_3 = 3$）

样本量	σ_A^2	β			
		0.025	0.05	0.075	0.1
N_1	3	0.0876	0.1376	0.1824	0.2240
	5	0.1644	0.2404	0.2940	0.3312
	7	0.2376	0.3124	0.3660	0.4132
	10	0.3184	0.3972	0.4540	0.4932
	15	0.4124	0.4900	0.5408	0.5804
N_2	3	0.1280	0.1932	0.2432	0.2880
	5	0.2708	0.3504	0.4132	0.4624
	7	0.3872	0.4772	0.5324	0.5760

续表

样本量	σ_A^2	β			
		0.025	0.05	0.075	0.1
N_2	10	0.5176	0.5948	0.6424	0.6800
	15	0.6432	0.7048	0.7432	0.7696
N_3	3	0.1844	0.2588	0.3180	0.3596
	5	0.3908	0.4832	0.5416	0.5784
	7	0.5436	0.6188	0.6628	0.6984
	10	0.6728	0.7324	0.7728	0.8008
	15	0.7944	0.8404	0.8640	0.8808
N_4	3	0.2152	0.2988	0.3624	0.4068
	5	0.4792	0.5568	0.6100	0.6520
	7	0.6372	0.7024	0.7476	0.7764
	10	0.7692	0.8232	0.8500	0.8720
	15	0.8752	0.9040	0.9208	0.9304
N_5	3	0.2600	0.3560	0.4248	0.4748
	5	0.5632	0.6440	0.6948	0.7336
	7	0.7308	0.7892	0.8244	0.8540
	10	0.8588	0.8936	0.9148	0.9268
	15	0.9384	0.9512	0.9596	0.9676

注: $N_1 = (5,6)$, $N_2 = (6,8,10)$, $N_3 = (9,12,15,18)$, $N_4 = (16,20,24,28,32)$, $N_5 = (30,35,40,45,50,55)$。

第5章 偏正态非平衡异方差单向分类随机效应模型

针对模型（4.2），本章进一步放松对随机误差项的分布结构要求，即考虑异方差情形。于是，考虑偏正态非平衡异方差单向分类随机效应模型

$$Y = 1_n \mu + ZA + e \qquad (5.1)$$

其中，Y、μ、A 和 e 分别表示观测向量、固定效应、随机效应和随机误差项，$Z = \mathrm{diag}\left\{1_{n_1}, 1_{n_2}, \cdots, 1_{n_a}\right\}$。假定 $A \sim \mathrm{SN}_a\left(0, \sigma_A^2 I_a, \lambda_1\right)$，$e \sim N_n\left(0, \mathrm{diag}\left\{\sigma_i^2 I_{n_i}\right\}\right)$，且 A 和 e 相互独立。

对于模型（5.1），本章研究固定效应和方差分量函数的单边假设检验和区间估计问题。首先，利用 Bootstrap 方法，构建固定效应的检验统计量。其次，运用 Bootstrap 方法和广义方法，构建方差分量函数的检验统计量和置信区间，并讨论其理论性质。最后，给出蒙特卡罗数值模拟结果。

5.1　模　型　性　质

为方便起见，本章沿用第 4 章的相关符号。对于模型（5.1），给出如下相关模型性质。

定理 5.1　对于模型（5.1），则 Y 的矩生成函数为

$$M_Y(t) = 2\exp\left(t^T \mu_Y + \frac{t^T \Sigma_Y t}{2}\right)\Phi\left(\frac{\sigma_A \lambda_1^T Z^T t}{\left(1 + \lambda_1^T \lambda_1\right)^{1/2}}\right), \quad t \in \mathbf{R}^n \qquad (5.2)$$

其中，$\mu_Y = 1_n \mu$，$\Sigma_Y = \sigma_A^2 ZZ^T + \mathrm{diag}\left\{\sigma_i^2 I_{n_i}\right\}$，$\lambda_2 = \dfrac{\sigma_A \Sigma_Y^{-1/2} Z \lambda_1}{\left(1 + \lambda_1^T\left(I_a - \sigma_A^2 Z^T \Sigma_Y^{-1} Z\right)\lambda_1\right)^{1/2}}$。

记 $Y \sim \mathrm{SN}_n\left(\mu_Y, \Sigma_Y, \lambda_2\right)$。

该定理证明过程类似于 Ye 和 Wang[120] 的研究，故略去。

引理 5.1　令 $X \sim \mathrm{SN}_n\left(\mu_0, \Sigma_0, \alpha_0\right)$，$B_i \in M_{m_i \times n}$，$D_i = B_i X$，$i = 1,2$，则 D_1 和 D_2 相互独立的充要条件为

（1）$B_1 \Sigma_0 B_2^T = 0$；

（2）$B_1 \Sigma_0^{1/2} \alpha_0 = 0$ 或者 $B_2 \Sigma_0^{1/2} \alpha_0 = 0$。

该引理证明过程类似于叶仁道和罗堃[128] 的研究，故略去。

令分块矩阵 $C_i = \left[0_{1i}, I_{n_i}, 0_{2i} \right]$，$i = 1,2,\cdots,a$，其中 0_{1i} 和 0_{2i} 分别为 $n_i \times \sum\limits_{j=1}^{i-1} n_j$ 阶零矩阵和 $n_i \times \sum\limits_{j=i+1}^{a} n_j$ 阶零矩阵。用矩阵 C_i 左乘模型（5.1），则

$$Y_i = 1_{n_i}\mu + 1_{n_i}A_i + e_i \tag{5.3}$$

其中，$Y_i = \left[Y_{i1}, Y_{i2}, \cdots, Y_{in_i} \right]^{\mathrm{T}}$，$e_i = \left[e_{i1}, e_{i2}, \cdots, e_{in_i} \right]^{\mathrm{T}}$。令

$$H_i = \begin{bmatrix} \dfrac{1}{\sqrt{2}} & \dfrac{1}{\sqrt{6}} & \cdots & \dfrac{1}{\sqrt{n_i(n_i-1)}} \\[2mm] \dfrac{-1}{\sqrt{2}} & \dfrac{1}{\sqrt{6}} & \cdots & \dfrac{1}{\sqrt{n_i(n_i-1)}} \\[2mm] 0 & \dfrac{-2}{\sqrt{6}} & \cdots & \dfrac{1}{\sqrt{n_i(n_i-1)}} \\[2mm] 0 & 0 & \cdots & \dfrac{1}{\sqrt{n_i(n_i-1)}} \\ \vdots & \vdots & & \vdots \\ 0 & 0 & \cdots & \dfrac{-(n_i-1)}{\sqrt{n_i(n_i-1)}} \end{bmatrix}$$

满足 $H_i^{\mathrm{T}}1_{n_i} = 0$ 和 $H_i^{\mathrm{T}}H_i = I_{n_i-1}$。用 H_i^{T} 左乘模型（5.3），可得

$$H_i^{\mathrm{T}}Y_i = H_i^{\mathrm{T}}e_i \tag{5.4}$$

定理 5.2　对于模型（5.3），令 $W_i = Y_i^{\mathrm{T}}H_iH_i^{\mathrm{T}}Y_i$，$i = 1,2,\cdots,a$，则有

（1）$W_i \sim \sigma_i^2 \chi_{n_i-1}^2$；

（2）$W_1, W_2, \cdots, W_a$ 相互独立；

（3）$W_i = (n_i - 1)S_i$，其中 $S_i = \dfrac{1}{n_i-1}\sum\limits_{j=1}^{n_i}\left(Y_{ij} - \overline{Y_i}\right)^2$，$\overline{Y_i} = \dfrac{1}{n_i}\sum\limits_{j=1}^{n_i}Y_{ij}$。

证明　由模型（5.4）可得，$H_i^{\mathrm{T}}Y_i \sim N_{n_i-1}\left(0, \sigma_i^2 I_{n_i-1}\right)$。易证，$W_i \sim \sigma_i^2 \chi_{n_i-1}^2$，即条件（1）成立。令 $D_i = H_i^{\mathrm{T}}C_iY$。经计算，$H_k^{\mathrm{T}}C_k\Sigma_Y C_q^{\mathrm{T}}H_q = 0$，$H_k^{\mathrm{T}}C_k\Sigma_Y^{1/2}\lambda_2 = 0$，其中 $k,q = 1,2,\cdots,a$，$k \neq q$。由引理 5.1，可得 $D_1, D_2, \cdots, D_a$ 是相互独立的。因为 $W_i = Y^{\mathrm{T}}C_i^{\mathrm{T}}H_iH_i^{\mathrm{T}}C_iY = D_i^{\mathrm{T}}D_i$，故 $W_1, W_2, \cdots, W_a$ 亦是相互独立的。所以，条件（2）成立。

另外，$H_iH_i^{\mathrm{T}}Y_i = \left(I_{n_i} - \dfrac{1}{n_i}1_{n_i}1_{n_i}^{\mathrm{T}}\right)Y_i = \left[Y_{i1} - \overline{Y_i}, Y_{i2} - \overline{Y_i}, \cdots, Y_{in_i} - \overline{Y_i}\right]^{\mathrm{T}}$，则 $W_i =$

$\sum_{j=1}^{n_i}\left(Y_{ij}-\overline{Y}_i\right)^2$，故条件（3）成立。于是，定理 5.2 得证。□

令 $R=\left(Z^{\mathrm{T}}Z\right)^{-1}Z^{\mathrm{T}}$。用 R 左乘模型（5.1），则有

$$RY = 1_a\mu + A + Re \tag{5.5}$$

$$RY \sim \mathrm{SN}_a\left(1_a\mu, \sigma_A^2 I_a + M, \lambda_3\right) \tag{5.6}$$

其中，$M=\mathrm{diag}\left\{\sigma_i^2/n_i\right\}$，$\lambda_3 = \dfrac{\left(R\Sigma_Y R^{\mathrm{T}}\right)^{-1/2}R\Sigma_Y^{1/2}\lambda_2}{\left(1+\lambda_2^{\mathrm{T}}\left(I_n-\Sigma_Y^{1/2}R^{\mathrm{T}}\left(R\Sigma_Y R^{\mathrm{T}}\right)^{-1}R\Sigma_Y^{1/2}\right)\lambda_2\right)^{1/2}}$。令

$H_0\in M_{a\times(a-1)}$，且满足 $H_0^{\mathrm{T}}1_a=0$ 和 $H_0^{\mathrm{T}}H_0=I_{a-1}$。进一步，用 H_0^{T} 左乘式（5.5），可得

$$H_0^{\mathrm{T}}RY = H_0^{\mathrm{T}}A + H_0^{\mathrm{T}}Re \,,$$

$$H_0^{\mathrm{T}}RY \sim \mathrm{SN}_{a-1}\left(0, \sigma_A^2 I_{a-1} + H_0^{\mathrm{T}}MH_0, \lambda_4\right) \tag{5.7}$$

其中，$\lambda_4 = \dfrac{\left(H_0^{\mathrm{T}}\Sigma_R H_0\right)^{-1/2}H_0^{\mathrm{T}}\Sigma_R^{1/2}\lambda_3}{\left(1+\lambda_3^{\mathrm{T}}\left(I_a-\Sigma_R^{1/2}H_0\left(H_0^{\mathrm{T}}\Sigma_R H_0\right)^{-1}H_0^{\mathrm{T}}\Sigma_R^{1/2}\right)\lambda_3\right)^{1/2}}$，$\Sigma_R=\sigma_A^2 I_a + M$。

鉴于 $H_0^{\mathrm{T}}MH_0$ 为半正定矩阵，故存在一个 $(a-1)$ 阶正交矩阵 $P=[P_1,P_2,\cdots,P_d]$，使得 $P^{\mathrm{T}}H_0^{\mathrm{T}}MH_0P$ 为对角阵，即

$$P^{\mathrm{T}}H_0^{\mathrm{T}}MH_0P = \mathrm{diag}\left\{\Delta_1,\cdots,\Delta_1,\cdots,\Delta_d,\cdots,\Delta_d\right\}\triangleq D \tag{5.8}$$

其中，$0<\Delta_1<\Delta_2<\cdots<\Delta_d$，每个 Δ_i 重复 r_i 次（$i=1,2,\cdots,d$），$\sum_{i=1}^{d}r_i=a-1$。基于式（5.7）和式（5.8），可得 $P_i^{\mathrm{T}}H_0^{\mathrm{T}}RY \sim \mathrm{SN}_{r_i}\left(0,\left(\sigma_A^2+\Delta_i\right)I_{r_i},\lambda_5^{(i)}\right)$，这里

$$\lambda_5^{(i)} = \dfrac{\left(P_i^{\mathrm{T}}\Sigma_H P_i\right)^{-1/2}P_i^{\mathrm{T}}\Sigma_H^{1/2}\lambda_4}{\left(1+\lambda_4^{\mathrm{T}}\left(I_{a-1}-\Sigma_H^{1/2}P_i\left(P_i^{\mathrm{T}}\Sigma_H P_i\right)^{-1}P_i^{\mathrm{T}}\Sigma_H^{1/2}\right)\lambda_4\right)^{1/2}}\,,\quad \Sigma_H=\sigma_A^2 I_{a-1}+H_0^{\mathrm{T}}MH_0\,。$$ 易得，

$$\overline{\Delta}=\frac{\sum_{i=1}^{d}r_i\Delta_i}{\sum_{i=1}^{d}r_i}=\frac{1}{a}\sum_{i=1}^{a}\sigma_i^2/n_i\,。$$

定理 5.3　对于模型（5.1），令 $Q_i=Y^{\mathrm{T}}R^{\mathrm{T}}H_0P_iP_i^{\mathrm{T}}H_0^{\mathrm{T}}RY$，$i=1,2,\cdots,d$，则有

（1）$Q_i\sim\left(\sigma_A^2+\Delta_i\right)\chi_{r_i}^2$；

（2）$Q_1,Q_2,\cdots,Q_d$ 相互独立；

（3）$\sum_{i=1}^{d}Q_i=(a-1)S_0$，其中 $S_0=\frac{1}{a-1}\sum_{i=1}^{a}\left(\overline{Y}_i-\overline{Y}_.\right)^2$，$\overline{Y}_i=\frac{1}{n_i}\sum_{j=1}^{n_i}Y_{ij}$，$\overline{Y}_.=\frac{1}{a}\sum_{i=1}^{a}\overline{Y}_i$。

证明   令 $Q_i^* = \dfrac{Q_i}{\sigma_A^2 + \Delta_i}$。易得，$\dfrac{P_i P_i^{\mathrm{T}}}{\sigma_A^2 + \Delta_i}\left(\sigma_A^2 I_{a-1} + H_0^{\mathrm{T}} M H_0\right)\dfrac{P_i P_i^{\mathrm{T}}}{\sigma_A^2 + \Delta_i} = \dfrac{P_i P_i^{\mathrm{T}}}{\sigma_A^2 + \Delta_i}$，

$\mathrm{rk}\left(P_i P_i^{\mathrm{T}}\right) = r_i$。由文献[122]中引理 1 和式（5.7）可得，$Q_i^* \sim \chi_{r_i}^2$，故条件（1）成立。

易见，$P_k P_k^{\mathrm{T}}\left(\sigma_A^2 I_{a-1} + H_0^{\mathrm{T}} M H_0\right) P_q P_q^{\mathrm{T}} = 0$，$k,q = 1,2,\cdots,d$，$k \neq q$。根据文献[122]中引

理 1，则 $Q_1, Q_2, \cdots, Q_d$ 相互独立，故条件（2）成立。注意到，$H_0 H_0^{\mathrm{T}} RY = \left(I_a - \dfrac{1}{a} 1_a 1_a^{\mathrm{T}}\right)$

$RY = \left[\bar{Y}_1 - \bar{Y}, \bar{Y}_2 - \bar{Y}, \cdots, \bar{Y}_a - \bar{Y}\right]^{\mathrm{T}}$，则条件（3）成立。至此，定理 5.3 得证。□

定理 5.4   对于模型（5.1），令 $U_0 = \dfrac{(a-1)S_0}{\sigma_s^2}$，则 $U_0 \overset{\text{asy}}{\sim} \chi_{a-1}^2$，其中 $S_0 = \dfrac{1}{a-1}\sum_{j=1}^{d} Q_j$，

$Q_j = Y^{\mathrm{T}} R^{\mathrm{T}} H_0 P_j P_j^{\mathrm{T}} H_0^{\mathrm{T}} RY$，$\sigma_s^2 = \sigma_A^2 + \dfrac{1}{a}\sum_{k=1}^{a} \dfrac{\sigma_k^2}{n_k}$。

证明   不失一般性，在式（5.8）中假定 $d = a-1$，$P = \left[P_1, P_2, \cdots, P_{a-1}\right]$，

$D = \mathrm{diag}\left\{\delta_1, \delta_2, \cdots, \delta_{a-1}\right\}$，其中 $0 < \delta_1 \leqslant \delta_2 \leqslant \cdots \leqslant \delta_{a-1}$。令 $\varphi_x(\cdot)$ 表示随机变量 x 的

特征函数。由定理 5.3 可知，$\xi_j = Q_j / \left(\sigma_A^2 + \delta_j\right) \sim \chi_1^2$，$j = 1,2,\cdots,a-1$。进一步，

则 ξ_j 的特征函数为

$$\varphi_{\xi_j}(t) = E\left(\exp\left(\mathrm{i}t \frac{Q_j}{\sigma_A^2 + \delta_j}\right)\right) = \varphi_{Q_j}\left(\frac{t}{\sigma_A^2 + \delta_j}\right) = (1 - 2\mathrm{i}t)^{-1/2}, \ t \in \mathrm{R}$$

故 $\varphi_{Q_j}(t) = \left(1 - 2\mathrm{i}t\left(\sigma_A^2 + \delta_j\right)\right)^{-1/2}$。   令 $\Gamma_j = \dfrac{\sigma_A^2 + \delta_j}{\sigma_A^2 + \dfrac{1}{a}\sum_{k=1}^{a} \dfrac{\sigma_k^2}{n_k}}$，   则 有 $U_0 =$

$$\frac{\sum_{j=1}^{a-1} Q_j}{\sigma_A^2 + \dfrac{1}{a}\sum_{k=1}^{a} \dfrac{\sigma_k^2}{n_k}} = \sum_{j=1}^{a-1} \Gamma_j \xi_j$$。由于

$$\varphi_{\Gamma_j \xi_j}(t) = E\left(\exp\left(\mathrm{i}t\Gamma_j \frac{Q_j}{\sigma_A^2 + \delta_j}\right)\right) = \varphi_{Q_j}\left(\frac{\Gamma_j}{\sigma_A^2 + \delta_j} t\right) = \left(1 - 2\mathrm{i}\Gamma_j t\right)^{-1/2}$$

故 $\varphi_{U_0}(t) = \prod_{j=1}^{a-1}\left(1 - 2\mathrm{i}\Gamma_j t\right)^{-1/2}$。

进一步，$\varphi_{U_0}(t)$ 在 $\Gamma_{j0} = 1$ 处的泰勒展开式为

$$\varphi_{U_0}(t) = (1 - 2\mathrm{i}t)^{-(a-1)/2} - (1 - 2\mathrm{i}t)^{-(a+3)/2} t^2 \sum_{j=1}^{a-1}\left(\Gamma_j - 1\right)^2 + R^*$$

其中，R^* 为泰勒余项。令 $\tilde{U}_0 = \sum_{j=1}^{a-1} Q_j / \left(\sigma_A^2 + \delta_j\right)$。由定理 5.3 可得，$\tilde{U}_0 \sim \chi_{a-1}^2$，其

特征函数为 $\varphi_{\tilde{U}_0}(t) = (1-2\mathrm{i}t)^{-(a-1)/2}$ 。通过比较 $\varphi_{\tilde{U}_0}(t)$ 和 $\varphi_{U_0}(t)$ 的表达式，可证 $U_0 \overset{\text{asy}}{\sim} \chi_{a-1}^2$ 。至此，定理 5.4 得证。□

定理 5.5 对于模型式（5.1）和式（5.3），令 $W_i = Y_i^{\mathrm{T}} H_i H_i^{\mathrm{T}} Y_i$ ，$Q_j = Y^{\mathrm{T}} R^{\mathrm{T}} H_0 P_j P_j^{\mathrm{T}} H_0^{\mathrm{T}} R Y$ ，$i = 1,2,\cdots,a$ ，$j = 1,2,\cdots,d$ ，则 W_i 和 $\sum_{j=1}^{d} Q_j$ 相互独立，$i = 1,2,\cdots,a$ 。

证明 易见，$Y \sim \mathrm{SN}_n(\mu_Y, \Sigma_Y, \lambda_2)$ ，$W_i = Y^{\mathrm{T}} C_i^{\mathrm{T}} H_i H_i^{\mathrm{T}} C_i Y$ ，$\sum_{j=1}^{d} Q_j = Y^{\mathrm{T}} R^{\mathrm{T}} H_0 H_0^{\mathrm{T}} R Y$ 。可以证明，$H_i^{\mathrm{T}} C_i \Sigma_Y R^{\mathrm{T}} H_0 = 0$ ，$H_i^{\mathrm{T}} C_i \Sigma_Y^{1/2} \lambda_2 = 0$ 。由引理 5.1 可知，W_i 和 $\sum_{j=1}^{d} Q_j$ 是相互独立的。至此，定理 5.5 得证。□

推论 5.1 对于模型（5.1），σ_i^2 的无偏估计为 $\hat{\sigma}_i^2 = S_i$ ，$i = 1,2,\cdots,a$ ，σ_s^2 和 σ_A^2 的可行估计分别为 $\hat{\sigma}_s^2 = S_0$ 和 $\hat{\sigma}_A^2 = S_0 - \dfrac{1}{a} \sum_{i=1}^{a} S_i / n_i$ 。

由定理 5.2 和定理 5.4，易得推论 5.1 的结果，故略去证明过程。

5.2　固定效应的推断

对于模型（5.1），首先，考虑固定效应的单边假设检验问题

$$H_0: \mu \leqslant \mu_0 \quad \text{vs} \quad H_1: \mu > \mu_0 \tag{5.9}$$

其中，μ_0 为给定值。不失一般性，假定 $\mu_0 = 0$ 。则该假设检验问题等价于

$$H_0: \mu \leqslant 0 \quad \text{vs} \quad H_1: \mu > 0 \tag{5.10}$$

令

$$\lambda_6 = \frac{\left(1_a^{\mathrm{T}} \Sigma_R 1_a\right)^{-1/2} 1_a^{\mathrm{T}} \Sigma_R^{1/2} \lambda_3}{\left(1 + \lambda_3^{\mathrm{T}} \left(I_a - \Sigma_R^{1/2} 1_a \left(1_a^{\mathrm{T}} \Sigma_R 1_a\right)^{-1} 1_a^{\mathrm{T}} \Sigma_R^{1/2}\right) \lambda_3\right)^{1/2}} \tag{5.11}$$

定理 5.6 对于模型（5.1），令 $Q_0 = Y^{\mathrm{T}} R^{\mathrm{T}} 1_a 1_a^{\mathrm{T}} R Y$ ，则有

$$Q_0 \sim a \sigma_s^2 S \chi_1^2 \left(a \mu^2 / \sigma_s^2, \sqrt{a} \mu \lambda_6 / \sigma_s, \lambda_6^2\right)$$

特别地，若 $\mu = 0$ ，则 $Q_0 / \left(a \sigma_s^2\right) \sim \chi_1^2$ 。

证明 由文献[128]中定理 2.31 和式（5.6）可得，$1_a^{\mathrm{T}} R Y = a \overline{Y} \sim \mathrm{SN}\left(a\mu, a\sigma_s^2, \lambda_6\right)$ ，其中 λ_6 由式（5.11）给出。令 $X = 1_a^{\mathrm{T}} R Y / \left(\sqrt{a} \sigma_s\right) \sim \mathrm{SN}\left(\sqrt{a} \mu / \sigma_s, 1, \lambda_6\right)$ 。由定义 3.1，

有 $Q_0 = \left(a\sigma_s^2\right)X^{\mathrm{T}}X \sim a\sigma_s^2 S\chi_1^2\left(a\mu^2/\sigma_s^2, \sqrt{a}\mu\lambda_6/\sigma_s, \lambda_6^2\right)$。特别地，若 $\mu=0$，则 $Q_0/\left(a\sigma_s^2\right) \sim \chi_1^2$。至此，定理 5.6 得证。□

对于假设检验问题（5.10），定义

$$T_0 = \frac{Q_0}{a\sigma_s^2} \tag{5.12}$$

若 σ_s^2 已知，根据定理 5.6，则 T_0 自然为假设检验问题（5.10）的检验统计量。然而，σ_s^2 在实际问题中往往是未知的。当 H_0 为真时，在式（5.12）中，用估计量 $\hat{\sigma}_s^2 = S_0$ 替换 σ_s^2，可得检验统计量

$$T_0 = \frac{Q_0}{aS_0} \tag{5.13}$$

由于式（5.13）中 T_0 的精确分布难以获得，对此，本节利用 Bootstrap 方法来构造检验统计量。令 s_0 和 s_i 分别表示 S_0 和 S_i 的观测值，$i=1,2,\cdots,a$。基于式（5.13）中的 T_0，则 Bootstrap 检验统计量可表示为

$$T_{0B} = \frac{Q_{0B}}{aS_{0B_1}} \tag{5.14}$$

其中，$Q_{0B} = Y_B^{\mathrm{T}}R^{\mathrm{T}}1_a 1_a^{\mathrm{T}}RY_B$，$S_{0B_1} = \dfrac{1}{a-1}Y_B^{\mathrm{T}}R^{\mathrm{T}}H_0 H_0^{\mathrm{T}}RY_B$，$Y_B \sim \mathrm{SN}_n\left(0, \tilde{\Sigma}_Y, \tilde{\lambda}_2\right)$，$\tilde{\Sigma}_Y = \left(s_0 - \dfrac{1}{a}\displaystyle\sum_{i=1}^a \dfrac{s_i}{n_i}\right)ZZ^{\mathrm{T}} + \mathrm{diag}\left\{s_i I_{n_i}\right\}$，$\tilde{\lambda}_2$ 为 λ_2 的极大似然估计值。

容易得到，Y_B 的密度函数为 $f(y) = 2\phi_n\left(y; 0, \tilde{\Sigma}_Y\right)\Phi\left(\tilde{\lambda}_2^{\mathrm{T}}\tilde{\Sigma}_Y^{-1/2}y\right)$。根据 Genton[126] 的研究，$Y_B$ 可表示为

$$Y_B = \begin{cases} V_B, & U \leqslant \Phi\left(\tilde{\lambda}_2^{\mathrm{T}}\tilde{\Sigma}_Y^{-1/2}V_B\right) \\ -V_B, & U > \Phi\left(\tilde{\lambda}_2^{\mathrm{T}}\tilde{\Sigma}_Y^{-1/2}V_B\right) \end{cases} \tag{5.15}$$

其中，$V_B \sim N_n\left(0, \tilde{\Sigma}_Y\right)$，$U \sim U(0,1)$。由式（5.15）可知，$Y_B^{\mathrm{T}}AY_B = V_B^{\mathrm{T}}AV_B$，这里 A 为任意 n 阶矩阵。于是，式（5.14）中 T_{0B} 可重新表示为

$$T_{0B} = \frac{(a-1)V_B^{\mathrm{T}}R^{\mathrm{T}}1_a 1_a^{\mathrm{T}}RV_B}{aV_B^{\mathrm{T}}R^{\mathrm{T}}H_0 H_0^{\mathrm{T}}RV_B} \tag{5.16}$$

基于式（5.16）中的 T_{0B}，可给出如下 p 值

$$p_{T_0} = P(T_{0B} > t_0 \mid H_0) \tag{5.17}$$

其中，t_0 表示式（5.13）中 T_0 的观测值。若 $p_{T_0} \leqslant \beta$，则在名义显著性水平 β 下，拒绝原假设 H_0。

定理 5.7 对于模型（5.1），在下列变换下，

$$\left(Y_{11},\cdots,Y_{1n_1},\cdots,Y_{a1},\cdots,Y_{an_a}\right) \mapsto \left(Y_{1(1)},\cdots,Y_{1(n_1)},\cdots,Y_{a(1)},\cdots,Y_{a(n_a)}\right) \quad (5.18)$$

则式（5.16）中 T_{0B} 的分布和式（5.17）中 t_0 均是不变的，其中 $i(1),\cdots,i(n_i)$ 为 $i1,\cdots,in_i$ 的任意置换，$i=1,2,\cdots,a$。

证明　令 $\bar{y}_i$、$\bar{y}$、s_0 和 s_i 分别表示 $\bar{Y}_i$、$\bar{Y}$、S_0 和 S_i 的观测值。易见，$\bar{y}_i$、$\bar{y}$、s_0、s_i、$\bar{Y}_i$、$\bar{Y}$、S_0、S_i 和 t_0 在变换（5.18）下均为不变的。根据式（5.15）中 V_B 的分布，可得式（5.16）中 T_{0B} 的分布亦为不变的。至此，定理 5.7 得证。□

5.3　单个方差分量的推断

对于模型（5.1），考虑单个方差分量的单边假设检验问题

$$H_0:\sigma_A^2 \leqslant c_1 \quad \text{vs} \quad H_1:\sigma_A^2 > c_1 \quad (5.19)$$

其中，c_1 为给定值。

1. Bootstrap 方法

对于假设检验问题（5.19），定义

$$T_1 = \frac{(a-1)S_0}{c_1 + \dfrac{1}{a}\sum_{i=1}^{a}\sigma_i^2/n_i} \quad (5.20)$$

若 σ_i^2 已知，根据定理 5.4，则 T_1 为假设检验问题（5.19）的检验统计量。注意到，σ_i^2 往往是未知的。于是，当原假设 H_0 为真时，在式（5.20）中，用估计量 $\hat{\sigma}_i^2 = S_i$ 替代 σ_i^2，可得检验统计量

$$T_1 = \frac{(a-1)S_0}{c_1 + \dfrac{1}{a}\sum_{i=1}^{a}S_i/n_i} \quad (5.21)$$

类似于式（5.14），构造 Bootstrap 检验统计量

$$T_{1B} = \frac{(a-1)S_{0B_2}}{c_1 + \dfrac{1}{a}\sum_{i=1}^{a}S_{iB}/n_i} \quad (5.22)$$

其中，$S_{0B_2} \overset{asy}{\sim} \dfrac{1}{a-1}\left(c_1 + \dfrac{1}{a}\sum_{i=1}^{a}S_i/n_i\right)\chi_{a-1}^2$，$S_{iB} \sim \dfrac{s_i}{n_i-1}\chi_{n_i-1}^2$，$i=1,2,\cdots,a$。基于式（5.22）中的 T_{1B}，可给出如下 p 值：

$$p_{T_1} = P(T_{1B} > t_1 \mid H_0) \quad (5.23)$$

这里 t_1 表示式（5.21）中 T_1 的观测值。若 $p_{T_1} \leqslant \beta$，则在名义显著性水平 β 下，拒绝原假设 H_0。

定理 5.8　在变换式（5.18）下，则式（5.22）中 T_{1B} 的分布和式（5.23）中 t_1 均为不变的。

该定理的证明过程类似于定理 5.7，故略去。

令 $\zeta = \dfrac{\sigma_A^2}{s_0}$，$\zeta_1 = \dfrac{c_1}{s_0}$，$\tilde{T}_1 = \dfrac{(a-1)S_0/s_0}{\zeta_1 + \dfrac{1}{a}\sum_{i=1}^{a}S_i/(n_i s_0)}$，$\tilde{T}_{1B} = \dfrac{(a-1)S_{0B_2}/s_0}{\zeta_1 + \dfrac{1}{a}\sum_{i=1}^{a}S_{iB}/(n_i s_0)}$，

$p_{\tilde{T}_1} = P(\tilde{T}_{1B} > \tilde{t}_1 \mid H_0)$，其中 $\tilde{t}_1$ 为 $\tilde{T}_1$ 的观测值。

定理 5.9　针对假设检验问题（5.19），考虑与之等价的检验问题：

$$H_0: \zeta \leq \zeta_1 \quad \text{vs} \quad H_1: \zeta > \zeta_1 \tag{5.24}$$

则在下列仿射变换下：

$$Y_{ij}^* = dY_{ij} + \xi, \ i = 1, 2, \cdots, a, \ j = 1, 2, \cdots, n_i \tag{5.25}$$

基于 $p_{\tilde{T}_1}$ 的检验是仿射不变的，其中 ξ 和 d 分别为任意给定常数和非零常数。

证明　由式（5.25），Y_{ij}^* 可表示为

$$Y^* = 1_n \mu^* + ZA^* + e^*$$

其中，$\mu^* = d\mu + \xi$，$A^* = dA \sim \mathrm{SN}_a\left(0, d^2\sigma_A^2 I_a, \lambda_1\right)$，$e^* = de \sim N_n\left(0, \mathrm{diag}\left\{d^2\sigma_i^2 I_{n_i}\right\}\right)$。

记 $\overline{Y}_i^* = \dfrac{1}{n_i}\sum_{j=1}^{n_i}Y_{ij}^*$，$\overline{Y}_{\cdot}^* = \dfrac{1}{a}\sum_{i=1}^{a}\overline{Y}_i^*$，$S_0^* = \dfrac{1}{a-1}\sum_{i=1}^{a}(\overline{Y}_i^* - \overline{Y}_{\cdot}^*)^2$，$S_i^* = \dfrac{1}{n_i-1}\sum_{j=1}^{n_i}(Y_{ij}^* - \overline{Y}_i^*)^2$，

$S_{0B_2}^* \overset{\text{asy}}{\sim} \dfrac{s_0^*\zeta_1 + \dfrac{1}{a}\sum_{i=1}^{a}s_i^*/n_i}{a-1}\chi_{a-1}^2$，$S_{iB}^* \sim \dfrac{s_i^*}{n_i-1}\chi_{n_i-1}^2$，$i = 1, 2, \cdots, a$，$s_0^*$ 和 s_i^* 分别表示 S_0^* 和 S_i^* 的观测值。

易见，$S_0^* = d^2 S_0$，$S_i^* = d^2 S_i$，$s_0^* = d^2 s_0$，$s_i^* = d^2 s_i$。容易证明，$S_{0B_2}^* \overset{\text{d}}{=} d^2 S_{0B_2}$，$S_{iB}^* \overset{\text{d}}{=} d^2 S_{iB}$。类似于定理 5.2 和定理 5.5，可证 $S_{0B_2}^*, S_{1B}^*, \cdots, S_{aB}^*$ 是相互独立的。经仿射变换式（5.25）之后，则有

$$\tilde{T}_{1B}^* = \dfrac{(a-1)S_{0B_2}^*/s_0^*}{\zeta_1 + \dfrac{1}{a}\sum_{i=1}^{a}S_{iB}^*/(n_i s_0^*)} \overset{\text{d}}{=} \dfrac{(a-1)S_{0B_2}/s_0}{\zeta_1 + \dfrac{1}{a}\sum_{i=1}^{a}S_{iB}/(n_i s_0)} = \tilde{T}_{1B}$$

因此，$\tilde{T}_{1B}$ 的分布保持不变。

令 $\tilde{T}_1^* = \dfrac{(a-1)S_0^*/s_0^*}{\zeta_1 + \dfrac{1}{a}\sum_{i=1}^{a}S_i^*/(n_i s_0^*)}$，$\tilde{t}_1^*$ 为 $\tilde{T}_1^*$ 的观测值。易知，$\tilde{t}_1^* = \tilde{t}_1$，故 $\tilde{t}_1$ 的仿射

变换不变性成立。显然,假设检验问题(5.24)在仿射变换式(5.25)下是不变的。因此,对于假设检验问题(5.24),基于 $p_{\tilde{T}_1}$ 的 Bootstrap 检验是仿射变换不变的,故定理 5.9 得证。□

基于定理 5.4,定义

$$T_2 = \frac{(a-1)S_0}{\sigma_A^2 + \frac{1}{a}\sum_{i=1}^a \sigma_i^2 / n_i}$$

在上式中,用估计量 $\hat{\sigma}_i^2 = S_i$ 替代 σ_i^2,则 T_2 可表示为

$$T_2 = \frac{(a-1)S_0}{\sigma_A^2 + \frac{1}{a}\sum_{i=1}^a S_i / n_i}$$

于是,构造 Bootstrap 枢轴量

$$T_{2B} = \frac{(a-1)S_{0B_3}}{\tilde{\sigma}_A^2 + \frac{1}{a}\sum_{i=1}^a S_{iB} / n_i} \tag{5.26}$$

其中, $S_{0B_3} \overset{\text{asy}}{\sim} \frac{s_0}{a-1}\chi_{a-1}^2$, $\tilde{\sigma}_A^2 = s_0 - \frac{1}{a}\sum_{i=1}^a \frac{s_i}{n_i}$。当 s_0 和 s_i 给定时, T_{2B} 的分布不依赖于任何未知参数。令 $T_{2B}(\gamma)$ 表示 T_{2B} 的第 γ 分位点。则 σ_A^2 的置信水平为 $1-\beta$ 的 Bootstrap 置信区间为

$$\left[\frac{(a-1)s_0}{T_{2B}(1-\beta/2)} - \frac{1}{a}\sum_{i=1}^a \frac{s_i}{n_i}, \frac{(a-1)s_0}{T_{2B}(\beta/2)} - \frac{1}{a}\sum_{i=1}^a \frac{s_i}{n_i} \right]$$

注 5.1　在仿射变换式(5.25)下,则不变参数 ζ 的 Bootstrap 枢轴量为

$$\tilde{T}_{2B} = \frac{(a-1)S_{0B_3}/s_0}{\tilde{\zeta} + \frac{1}{a}\sum_{i=1}^a S_{iB}/(n_i s_0)}$$

其中, $\tilde{\zeta} = 1 - \frac{1}{a}\sum_{i=1}^a \frac{s_i}{n_i s_0}$。则 ζ 的置信水平为 $1-\beta$ 的不变 Bootstrap 置信区间为

$$\left[\frac{a-1}{\tilde{T}_{2B}(1-\beta/2)} - \frac{1}{a}\sum_{i=1}^a \frac{s_i}{n_i s_0}, \frac{a-1}{\tilde{T}_{2B}(\beta/2)} - \frac{1}{a}\sum_{i=1}^a \frac{s_i}{n_i s_0} \right]$$

2. 广义方法

令 $U_i = (n_i-1)S_i / \sigma_i^2$, $i=1,2,\cdots,a$。对于假设检验问题(5.19),定义

$$F_1 = U_0 \left[\sigma_A^2 + \frac{1}{a}\sum_{i=1}^a \frac{(n_i-1)s_i}{n_i U_i} \right] \overset{\text{asy}}{\sim} \chi_{a-1}^2 \left[\sigma_A^2 + \frac{1}{a}\sum_{i=1}^a \frac{(n_i-1)s_i}{n_i \chi_{n_i-1}^2} \right] \tag{5.27}$$

易见，F_1 的观测值是 $f_1 = (a-1)s_0$，且 F_1 关于 σ_A^2 随机单调增。F_1 的近似分布与冗余参数无关。所以，F_1 为近似广义检验变量。基于式（5.27）中的 F_1，可得如下广义 p 值：

$$p_{F_1} = P\left(F_1 > f_1 \mid H_0\right) = P\left(U_0 > \dfrac{f_1}{c_1 + \dfrac{1}{a}\sum_{i=1}^{a}(n_i-1)s_i/n_iU_i}\right)$$

$$= 1 - E_{U_1,U_2,\cdots,U_a}\left(F_{\chi_{a-1}^2}\left(\dfrac{f_1}{c_1 + \dfrac{1}{a}\sum_{i=1}^{a}(n_i-1)s_i/n_iU_i}\right)\right) \quad (5.28)$$

若 $p_{F_1} \leqslant \beta$，则在名义显著性水平 β 下，拒绝原假设 H_0。

在下列尺度变换下：

$$\left(\sigma_A^2,\sigma_i^2\right) \mapsto \left(l\sigma_A^2,l\sigma_i^2\right),$$
$$(S_0,S_i) \mapsto (lS_0,lS_i), \quad l>0, i=1,2,\cdots,a \quad (5.29)$$

假设检验问题（5.19）和近似广义检验变量 F_1 均不是不变的。对此，为建立 p 不变检验，考虑假设检验问题（5.24）。构造近似广义检验变量：

$$F_{1G} = U_0\left[\zeta + \dfrac{1}{a}\sum_{i=1}^{a}\dfrac{(n_i-1)s_i}{n_iU_is_0}\right]$$

相应的广义 p 值为

$$p_{F_{1G}} = 1 - E_{U_1,U_2,\cdots,U_a}\left(F_{\chi_{a-1}^2}\left(\dfrac{a-1}{\zeta_1 + \dfrac{1}{a}\sum_{i=1}^{a}(n_i-1)s_i/(n_iU_is_0)}\right)\right) \quad (5.30)$$

在下列尺度变换下：

$$\left(\zeta,\sigma_i^2\right) \mapsto \left(\zeta,l\sigma_i^2\right),$$
$$(S_0,S_i) \mapsto (lS_0,lS_i), \quad l>0, i=1,2,\cdots,a \quad (5.31)$$

假设检验问题（5.24）和近似广义检验变量 F_{1G} 均是不变的。因此，对于假设检验问题（5.24），基于 $p_{F_{1G}}$ 的检验在尺度变换（5.31）下为 p 不变检验。

为构建 σ_A^2 的近似广义置信区间，定义

$$F_2 = \dfrac{(a-1)s_0}{U_0} - \dfrac{1}{a}\sum_{i=1}^{a}\dfrac{(n_i-1)s_i}{n_iU_i} \overset{\text{asy}}{\sim} \dfrac{(a-1)s_0}{\chi_{a-1}^2} - \dfrac{1}{a}\sum_{i=1}^{a}\dfrac{(n_i-1)s_i}{n_i\chi_{n_i-1}^2} \quad (5.32)$$

注意到，F_2 的观测值为 σ_A^2，F_2 的分布与所有未知参数无关。所以，F_2 为近似广

义枢轴量。令 $F_2(\gamma)$ 表示 F_2 的第 γ 分位点，则 $\left[F_2(\beta/2), F_2(1-\beta/2)\right]$ 为 σ_A^2 的置信水平为 $1-\beta$ 的广义置信区间。

定理 5.10　对于式（5.32）中的 F_2，则有

$$\lim_{\sigma_1^2,\cdots,\sigma_a^2 \to 0} \Pr\left(F_2(\beta/2) \leqslant \sigma_A^2 \leqslant F_2(1-\beta/2)\right) = 1-\beta,$$

$$\lim_{n_1,\cdots,n_a \to \infty} \Pr\left(F_2(\beta/2) \leqslant \sigma_A^2 \leqslant F_2(1-\beta/2)\right) = 1-\beta,$$

$$\lim_{\substack{\sigma_1^2,\cdots,\sigma_a^2 \to 0 \\ n_1,\cdots,n_a \to \infty}} \Pr\left(F_2(\beta/2) \leqslant \sigma_A^2 \leqslant F_2(1-\beta/2)\right) = 1-\beta,$$

$$\lim_{\substack{\sigma_A^2 \to 0 \\ \sigma_1^2,\cdots,\sigma_{j-1}^2,\sigma_{j+1}^2,\cdots,\sigma_a^2 \to 0}} \Pr\left(F_2(\beta/2) \leqslant \sigma_A^2 \leqslant F_2(1-\beta/2)\right) = 1-\beta,$$

$$\lim_{\substack{\sigma_A^2 \to 0 \\ n_1,\cdots,n_{j-1},n_{j+1},\cdots,n_a \to \infty}} \Pr\left(F_2(\beta/2) \leqslant \sigma_A^2 \leqslant F_2(1-\beta/2)\right) = 1-\beta,$$

$$\lim_{\substack{\sigma_A^2 \to 0,\sigma_1^2,\cdots,\sigma_{j-1}^2,\sigma_{j+1}^2,\cdots,\sigma_a^2 \to 0 \\ n_1,\cdots,n_{j-1},n_{j+1},\cdots,n_a \to \infty}} \Pr\left(F_2(\beta/2) \leqslant \sigma_A^2 \leqslant F_2(1-\beta/2)\right) = 1-\beta \quad (5.33)$$

其中，$\sigma_1^2,\cdots,\sigma_a^2 \to 0$ 和 $n_1,\cdots,n_a \to \infty$ 分别表示 $\sigma_1^2 \to 0,\cdots,\sigma_a^2 \to 0$ 和 $n_1 \to \infty,\cdots,$ $n_a \to \infty$，$\sigma_1^2,\cdots,\sigma_{j-1}^2,\sigma_{j+1}^2,\cdots,\sigma_a^2 \to 0$ 和 $n_1,\cdots,n_{j-1},n_{j+1},\cdots,n_a \to \infty$ 分别表示 $\sigma_1^2 \to 0,\cdots,\sigma_{j-1}^2 \to 0,\sigma_{j+1}^2 \to 0,\cdots,\sigma_a^2 \to 0$ 和 $n_1 \to \infty,\cdots,n_{j-1} \to \infty,n_{j+1} \to \infty,\cdots, n_a \to \infty$。

该定理的证明过程与叶仁道和罗堃[128]中的定理 4.1 类似，故略去。

注 5.2　在尺度变换（5.31）下，则不变参数 ζ 的近似广义枢轴量为

$$\tilde{F}_2 = \frac{a-1}{U_0} - \frac{1}{a}\sum_{i=1}^{a} \frac{(n_i-1)s_i}{n_i s_0 U_i}$$

令 $\tilde{F}_2(\gamma)$ 表示 $\tilde{F}_2$ 的第 γ 分位点，则 $\left[\tilde{F}_2(\beta/2), \tilde{F}_2(1-\beta/2)\right]$ 为 ζ 的置信水平为 $1-\beta$ 的不变广义置信区间。

5.4　方差分量之和的推断

对于任给的 $k \in \{1,2,\cdots,a\}$，考虑假设检验问题：

$$H_0: \sigma_A^2 + \sigma_k^2 \leqslant c_{2k} \quad \text{vs} \quad H_1: \sigma_A^2 + \sigma_k^2 > c_{2k} \quad (5.34)$$

其中，c_{2k} 为给定值。

1. Bootstrap 方法

对于假设检验问题（5.34），有

$$T_{3k} = \frac{(a-1)S_0}{c_{2k} - \sigma_k^2 + \dfrac{1}{a}\sum_{i=1}^{a}\sigma_i^2 / n_i}$$

类似于式（5.21），定义检验统计量

$$T_{3k} = \frac{(a-1)S_0}{c_{2k} - S_k + \dfrac{1}{a}\sum_{i=1}^{a}S_i / n_i} \tag{5.35}$$

在此基础上，相应的 Bootstrap 检验统计量为

$$T_{3kB} = \frac{(a-1)S_{0B_4}}{c_{2k} - S_{kB} + \dfrac{1}{a}\sum_{i=1}^{a}S_{iB} / n_i} \tag{5.36}$$

其中，$S_{0B_4} \overset{\text{asy}}{\sim} \dfrac{1}{a-1}\left(c_{2k} - s_k + \dfrac{1}{a}\sum_{i=1}^{a}s_i / n_i\right)\chi_{a-1}^2$。基于式（5.36）中 T_{3kB}，可得下列 p 值

$$p_{T_{3k}} = P(T_{3kB} > t_{3k} \mid H_0) \tag{5.37}$$

这里 t_{3k} 表示式（5.35）中 T_{3k} 的观测值。若 $p_{T_{3k}} \leqslant \beta$，则在名义显著性水平 β 下，拒绝原假设 H_0。

定理 5.11　在变换式（5.18）下，则式（5.36）中 T_{3kB} 的分布和式（5.37）中 t_{3k} 均为不变的。

该定理证明过程与定理 5.7 相类似，故略去。

令 $\Theta_k = (\sigma_A^2 + \sigma_k^2)/s_0$，$\theta_{2k} - c_{2k}/s_0$，$\tilde{T}_{3k} = \dfrac{(a-1)S_0/s_0}{\theta_{2k} - S_k/s_0 + \dfrac{1}{a}\sum_{i=1}^{a}S_i/(n_i s_0)}$，

$\tilde{T}_{3kB} = \dfrac{(a-1)S_{0B_4}/s_0}{\theta_{2k} - S_{kB}/s_0 + \dfrac{1}{a}\sum_{i=1}^{a}S_{iB}/(n_i s_0)}$，$p_{\tilde{T}_{3k}} = P(\tilde{T}_{3kB} > \tilde{t}_{3k} \mid H_0)$，其中 $\tilde{t}_{3k}$ 表示 $\tilde{T}_{3k}$ 的观测值。

定理 5.12　针对假设检验问题（5.34），考虑与之等价的检验问题

$$H_0 : \Theta_k \leqslant \theta_{2k} \quad \text{vs} \quad H_1 : \Theta_k > \theta_{2k} \tag{5.38}$$

则基于 $p_{\tilde{T}_{3k}}$ 的检验在仿射变换（5.25）下是不变的。

该定理证明过程与定理 5.9 相类似，故略去。

为构造 $\sigma_A^2 + \sigma_k^2$ 的 Bootstrap 置信区间，定义

$$T_{4k} = \frac{(a-1)S_0}{\sigma_A^2 + \sigma_k^2 - S_k + \dfrac{1}{a}\sum_{i=1}^{a}S_i / n_i}$$

类似式（5.26），Bootstrap 枢轴量可表示为

$$T_{4kB} = \frac{(a-1)S_{0B_3}}{\tilde{\sigma}_A^2 + \tilde{\sigma}_k^2 - S_{kB} + \frac{1}{a}\sum_{i=1}^a S_{iB} / n_i} \tag{5.39}$$

其中，$\tilde{\sigma}_k^2 = s_k$。令 $T_{4kB}(\gamma)$ 表示 T_{4kB} 的第 γ 分位点，则 $\sigma_A^2 + \sigma_k^2$ 的置信水平为 $1-\beta$ 的 Bootstrap 置信区间为

$$\left[\frac{(a-1)s_0}{T_{4kB}(1-\beta/2)} + s_k - \frac{1}{a}\sum_{i=1}^a \frac{s_i}{n_i}, \frac{(a-1)s_0}{T_{4kB}(\beta/2)} + s_k - \frac{1}{a}\sum_{i=1}^a \frac{s_i}{n_i}\right]$$

注 5.3　在仿射变换式（5.25）下，则不变参数 Θ_k 的 Bootstrap 枢轴量为

$$\tilde{T}_{4kB} = \frac{(a-1)S_{0B_3} / s_0}{\tilde{\Theta}_k - S_{kB}/s_0 + \frac{1}{a}\sum_{i=1}^a S_{iB}/(n_i s_0)}$$

其中，$\tilde{\Theta}_k = 1 + s_k/s_0 - \frac{1}{a}\sum_{i=1}^a s_i/(n_i s_0)$。在此基础上，$\Theta_k$ 的置信水平为 $1-\beta$ 的不变 Bootstrap 置信区间为

$$\left[\frac{a-1}{\tilde{T}_{4kB}(1-\beta/2)} + \frac{s_k}{s_0} - \frac{1}{a}\sum_{i=1}^a \frac{s_i}{n_i s_0}, \frac{a-1}{\tilde{T}_{4kB}(\beta/2)} + \frac{s_k}{s_0} - \frac{1}{a}\sum_{i=1}^a \frac{s_i}{n_i s_0}\right]$$

2. 广义方法

类似于式（5.27）中 F_1，定义假设检验问题（5.34）的近似广义检验变量

$$F_{3k} = U_0\left((\sigma_A^2 + \sigma_k^2) - \frac{(n_k-1)s_k}{U_k} + \frac{1}{a}\sum_{i=1}^a \frac{(n_i-1)s_i}{n_i U_i}\right) \tag{5.40}$$

相应的广义 p 值为

$$p_{F_{3k}} = 1 - E_{U_1, U_2, \cdots, U_a}\left(F_{\chi_{a-1}^2}\left(\frac{(a-1)s_0}{c_{2k} - (n_k-1)s_k/U_k + \frac{1}{a}\sum_{i=1}^a (n_i-1)s_i/(n_i U_i)}\right)\right) \tag{5.41}$$

易见，在尺度变换式（5.29）下，假设检验问题（5.34）和检验统计量 F_{3k} 均不是不变的。于是，本节考虑假设检验问题（5.38）。构造近似广义检验变量：

$$F_{3kG} = U_0\left(\Theta_k - \frac{(n_k-1)s_k}{U_k s_0} + \frac{1}{a}\sum_{i=1}^a \frac{(n_i-1)s_i}{n_i U_i s_0}\right)$$

相应的广义 p 值为

$$p_{F_{3kG}} = 1 - E_{U_1,U_2,\cdots,U_a}\left(F_{\chi^2_{a-1}}\left(\frac{a-1}{\theta_{2k} - (n_k-1)s_k/(U_k s_0) + \frac{1}{a}\sum_{i=1}^{a}(n_i-1)s_i/(n_i U_i s_0)}\right)\right)$$

(5.42)

在下列尺度变换下：

$$\left(\Theta_k,\sigma_i^2\right)\mapsto\left(\Theta_k,l\sigma_i^2\right),$$
$$(S_0,S_i)\mapsto(lS_0,lS_i),\ l>0,i=1,2,\cdots,a$$

(5.43)

则假设检验问题（5.38）和检验统计量 F_{3kG} 均保持不变。所以，对于假设检验问题（5.38），在尺度变换（5.43）下，基于 $p_{F_{3kG}}$ 的检验是不变的。

类似于式（5.32）中的 F_2，$\sigma_A^2+\sigma_k^2$ 的近似广义枢轴量可定义为

$$F_{4k} = \frac{(a-1)s_0}{U_0} - \frac{1}{a}\sum_{i=1}^{a}\frac{(n_i-1)s_i}{n_i U_i} + \frac{(n_k-1)s_k}{U_k}$$

(5.44)

令 $F_{4k}(\gamma)$ 表示 F_{4k} 的第 γ 分位点，则 $[F_{4k}(\beta/2),F_{4k}(1-\beta/2)]$ 为 $\sigma_A^2+\sigma_k^2$ 的置信水平为 $1-\beta$ 的近似广义置信区间。

定理 5.13   对于式（5.44）中的 F_{4k}，则有

$$\lim_{\sigma_1^2,\cdots,\sigma_a^2\to0}\Pr\left(F_{4k}(\beta/2)\leqslant\sigma_A^2+\sigma_k^2\leqslant F_{4k}(1-\beta/2)\right)=1-\beta,$$

$$\lim_{\substack{n_1,\cdots,n_a\to\infty\\\sigma_1^2,\cdots,\sigma_a^2\to0}}\Pr\left(F_{4k}(\beta/2)\leqslant\sigma_A^2+\sigma_k^2\leqslant F_{4k}(1-\beta/2)\right)=1-\beta,$$

$$\lim_{\substack{n_1,\cdots,n_a\to\infty\\\sigma_k^2\to0}}\Pr\left(F_{4k}(\beta/2)\leqslant\sigma_A^2+\sigma_k^2\leqslant F_{4k}(1-\beta/2)\right)=1-\beta,$$

$$\lim_{\substack{n_1,\cdots,n_a\to\infty\\\sigma_A^2\to0}}\Pr\left(F_{4k}(\beta/2)\leqslant\sigma_A^2+\sigma_k^2\leqslant F_{4k}(1-\beta/2)\right)=1-\beta$$

(5.45)

该定理的证明过程与叶仁道和罗堃[128]中的定理 4.1 类似，故略去。

注 5.4   在尺度变换（5.43）下，则不变参数 Θ_k 的近似广义枢轴量为

$$\tilde{F}_{4k} = \frac{a-1}{U_0} - \frac{1}{a}\sum_{i=1}^{a}\frac{(n_i-1)s_i}{n_i s_0 U_i} + \frac{(n_k-1)s_k}{s_0 U_k}$$

令 $\tilde{F}_{4k}(\gamma)$ 表示 $\tilde{F}_{4k}$ 的第 γ 分位点，则 Θ_k 的不变广义置信区间为 $\left[\tilde{F}_{4k}(\beta/2),\right.$ $\left.\tilde{F}_{4k}(1-\beta/2)\right]$。

5.5   方差分量之比的推断

对于任给的 $k\in\{1,2,\cdots,a\}$，考虑假设检验问题

$$H_0 : \sigma_A^2 / \sigma_k^2 \leqslant c_{3k} \quad \text{vs} \quad H_1 : \sigma_A^2 / \sigma_k^2 > c_{3k} \tag{5.46}$$

其中，c_{3k} 为给定值。

1. Bootstrap 方法

对于假设检验问题（5.46），定义

$$T_{5k} = \frac{(a-1)S_0}{c_{3k}\sigma_k^2 + \frac{1}{a}\sum_{i=1}^a \sigma_i^2 / n_i}$$

类似于式（5.21），检验统计量可表示为

$$T_{5k} = \frac{(a-1)S_0}{c_{3k}S_k + \frac{1}{a}\sum_{i=1}^a S_i / n_i} \tag{5.47}$$

基于式（5.47）中的 T_{5k}，构造 Bootstrap 检验统计量

$$T_{5kB} = \frac{(a-1)S_{0B_5}}{c_{3k}S_{kB} + \frac{1}{a}\sum_{i=1}^a S_{iB} / n_i} \tag{5.48}$$

其中，$S_{0B_5} \overset{\text{asy}}{\sim} \frac{1}{a-1}\left(c_{3k}s_k + \frac{1}{a}\sum_{i=1}^a s_i / n_i\right)\chi_{a-1}^2$。基于式（5.48）中的 T_{5kB}，可得如下 p 值

$$p_{T_{5k}} = P(T_{5kB} > t_{5k} \mid H_0) \tag{5.49}$$

这里 t_{5k} 表示式（5.47）中 T_{5k} 的观测值。若 $p_{T_{5k}} \leqslant \beta$，则在名义显著性水平 β 下，拒绝原假设 H_0。

定理 5.14　在变换式（5.18）下，则式（5.48）中 T_{5kB} 的分布和式（5.49）中 t_{5k} 均为不变的。

该定理证明过程与定理 5.7 相类似，故略去。

定理 5.15　对于假设检验问题（5.46），基于 $p_{T_{5k}}$ 的 Bootstrap 检验在仿射变换式（5.25）下是不变的。

该定理的证明过程与定理 5.9 相类似，故略去。

为构造 σ_A^2 / σ_k^2 的 Bootstrap 置信区间，定义

$$T_{6k} = \frac{(a-1)S_0}{S_k \sigma_A^2 / \sigma_k^2 + \frac{1}{a}\sum_{i=1}^a S_i / n_i}$$

类似于式（5.26），基于 T_{6k} 构造 Bootstrap 枢轴量

$$T_{6kB} = \frac{(a-1)S_{0B_3}}{S_{kB}\tilde{\sigma}_A^2 / \tilde{\sigma}_k^2 + \frac{1}{a}\sum_{i=1}^a S_{iB} / n_i} \tag{5.50}$$

令 $T_{6kB}(\gamma)$ 表示 T_{6kB} 的第 γ 分位点，则 σ_A^2/σ_k^2 的置信水平为 $1-\beta$ 的 Bootstrap 置信区间为

$$\left[\frac{(a-1)s_0}{s_k T_{6kB}(1-\beta/2)}-\frac{\sum_{i=1}^a s_i/n_i}{as_k},\frac{(a-1)s_0}{s_k T_{6kB}(\beta/2)}-\frac{\sum_{i=1}^a s_i/n_i}{as_k}\right] \quad (5.51)$$

注 5.5 σ_A^2/σ_k^2 的 Bootstrap 置信区间式（5.51）在仿射变换式（5.25）下为仿射不变的。

2. 广义方法

对于假设检验问题（5.46），定义近似广义检验变量

$$F_{5k}=U_0\left(\frac{\sigma_A^2}{\sigma_k^2}\frac{(n_k-1)s_k}{U_k}+\frac{1}{a}\sum_{i=1}^a\frac{(n_i-1)s_i}{n_i U_i}\right) \quad (5.52)$$

类似于式（5.28），可得如下广义 p 值：

$$p_{F_{5k}}=1-E_{U_1,U_2,\cdots,U_a}\left(F_{\chi_{a-1}^2}\left(\frac{(a-1)s_0}{c_{3k}(n_k-1)s_k/U_k+\frac{1}{a}\sum_{i=1}^a(n_i-1)s_i/(n_i U_i)}\right)\right) \quad (5.53)$$

在尺度变换（5.29）下，假设检验问题（5.46）是不变的，而近似广义检验变量 F_{5k} 并不满足不变性。为此，定义近似广义检验变量

$$F_{5kG}=U_0\left(\frac{\sigma_A^2}{\sigma_k^2}\frac{(n_k-1)s_k}{U_k s_0}+\frac{1}{a}\sum_{i=1}^a\frac{(n_i-1)s_i}{n_i U_i s_0}\right)$$

易证，F_{5kG} 在尺度变换（5.29）下是不变的。相应的广义 p 值为

$$p_{F_{5kG}}=1-E_{U_1,U_2,\cdots,U_a}\left(F_{\chi_{a-1}^2}\left(\frac{a-1}{c_{3k}(n_k-1)s_k/U_k s_0+\frac{1}{a}\sum_{i=1}^a(n_i-1)s_i/(n_i U_i s_0)}\right)\right) \quad (5.54)$$

针对假设检验问题（5.46），基于 $p_{F_{5kG}}$ 的检验在尺度变换（5.29）下是不变的。

进一步，考虑 σ_A^2/σ_k^2 的广义置信区间问题。构造近似广义枢轴量

$$F_{6k}=\frac{(a-1)s_0 U_k}{(n_k-1)s_k U_0}-\frac{\frac{1}{a}\sum_{i=1}^a(n_i-1)s_i/(n_i U_i)}{(n_k-1)s_k/U_k} \quad (5.55)$$

令 $F_{6k}(\gamma)$ 表示 F_{6k} 的第 γ 分位点，则 σ_A^2/σ_k^2 的广义置信区间为 $[F_{6k}(\beta/2),F_{6k}(1-\beta/2)]$。

定理 5.16 对于式（5.55）中的 F_{6k}，则有

$$\lim_{\sigma_1^2,\cdots,\sigma_a^2 \to 0} \Pr\left(F_{6k}\left(\beta/2\right) \leqslant \sigma_A^2/\sigma_k^2 \leqslant F_{6k}\left(1-\beta/2\right)\right) = 1-\beta,$$

$$\lim_{n_1,\cdots,n_a \to \infty} \Pr\left(F_{6k}\left(\beta/2\right) \leqslant \sigma_A^2/\sigma_k^2 \leqslant F_{6k}\left(1-\beta/2\right)\right) = 1-\beta,$$

$$\lim_{\substack{\sigma_1^2,\cdots,\sigma_a^2 \to 0 \\ n_1,\cdots,n_a \to \infty}} \Pr\left(F_{6k}\left(\beta/2\right) \leqslant \sigma_A^2/\sigma_k^2 \leqslant F_{6k}\left(1-\beta/2\right)\right) = 1-\beta,$$

$$\lim_{\sigma_A^2 \to 0, \sigma_1^2,\cdots,\sigma_{j-1}^2,\sigma_{j+1}^2,\cdots,\sigma_a^2 \to 0} \Pr\left(F_{6k}\left(\beta/2\right) \leqslant \sigma_A^2/\sigma_k^2 \leqslant F_{6k}\left(1-\beta/2\right)\right) = 1-\beta,$$

$$\lim_{\sigma_A^2 \to 0, n_1,\cdots,n_{j-1},n_{j+1},\cdots,n_a \to \infty} \Pr\left(F_{6k}\left(\beta/2\right) \leqslant \sigma_A^2/\sigma_k^2 \leqslant F_{6k}\left(1-\beta/2\right)\right) = 1-\beta,$$

$$\lim_{\substack{\sigma_A^2 \to 0, \sigma_1^2,\cdots,\sigma_{j-1}^2,\sigma_{j+1}^2,\cdots,\sigma_a^2 \to 0, \\ n_1,\cdots,n_{j-1},n_{j+1},\cdots,n_a \to \infty}} \Pr\left(F_{6k}\left(\beta/2\right) \leqslant \sigma_A^2/\sigma_k^2 \leqslant F_{6k}\left(1-\beta/2\right)\right) = 1-\beta$$

该定理证明过程与叶仁道和罗堃[128]中的定理 4.1 类似，故略去。

注 5.6   在尺度变换式（5.29）下，广义置信区间 $\left[F_{6k}\left(\beta/2\right), F_{6k}\left(1-\beta/2\right)\right]$ 是不变的。

5.6   蒙特卡罗数值模拟

本节利用蒙特卡罗数值模拟研究所给方法的统计性质，如犯第一类错误的概率和功效。本节仅针对假设检验问题（5.10），给出 Bootstrap 方法犯第一类错误的概率和功效的算法。具体步骤如下。

步骤 1：给定 $\left(n_1,n_2,\cdots,n_a\right)$、$\left(\sigma_1^2,\sigma_2^2,\cdots,\sigma_a^2\right)$ 和 $\left(\sigma_A^2,\lambda_1\right)$，生成 $y \sim \mathrm{SN}_n\left(0,\Sigma_Y,\lambda_2\right)$，其中 Σ_Y 和 λ_2 由定理 5.1 给出。根据定理 5.2、定理 5.3 和定理 5.6，计算 S_i、S_0、Q_0，分别记为 s_i、s_0、q_0，$i=1,2,\cdots,a$。进一步，得到 $\tilde{\Sigma}_Y = \left(s_0 - \dfrac{1}{a}\sum_{i=1}^{a} s_i/n_i\right) ZZ^{\mathrm{T}} +$ $\mathrm{diag}\left\{s_i I_{n_i}\right\}$，这里 $Z = \mathrm{diag}\left\{1_{n_1},1_{n_2},\cdots,1_{n_a}\right\}$。

步骤 2：由式（5.13），计算 T_0，记为 t_0。

步骤 3：生成 $V_B \sim N_n\left(0,\tilde{\Sigma}_Y\right)$。根据式（5.16），计算 T_{0B}。

步骤 4：将步骤 3 重复 k_1 次，并由式（5.17）得到 p_{T_0}。令 ϑ 表示名义显著性水平。若 $p_{T_0} < \vartheta$，则 $l=1$。反之，则 $l=0$。

步骤 5：将步骤 1～步骤 4 重复 k_2 次，得到 $l_1,l_2,\cdots,l_{k_2}$，则犯第一类错误的概率可表示为 $\sum_{i=1}^{k_2} l_i/k_2$。

当备择假设 H_1 成立时，基于上述算法类似可得假设检验问题（5.10）的功效。在数值模拟中，令显著性水平 $\beta = 0.025,0.05,0.075,0.1$，偏度参数 $\lambda_1 = 1_a$，内

循环次数 k_1 和外循环次数 k_2 均为 2500。令 $N_i = (n_1, n_2, \cdots, n_a)$ 和 $\eta_j^2 = (\sigma_1^2, \sigma_2^2, \cdots, \sigma_a^2)$ 分别表示样本量和方差分量。N_i 和 η_j^2 设定如下：$N_1 = (3,3,4)$，$N_2 = (4,5,6)$，$N_3 = (7,10,13)$，$N_4 = (12,20,28)$，$N_5 = (24,40,56)$，$N_6 = (3)_{10}$，$N_7 = (3,4,4,5,5)_2$，$N_8 = (7,7,8,8,9)_2$，$N_9 = (9,9,10,10,12)_2$，$N_{10} = (11,11,12,13,13)_2$，$\eta_1^2 = (1,1,1)$，$\eta_2^2 = (1,1,0.5)$，$\eta_3^2 = (1,0.6,0.3)$，$\eta_4^2 = (1,0.1,0.3)$，$\eta_5^2 = (1)_{10}$，$\eta_6^2 = (1,0.9,0.8, 0.7,0.6,0.5,0.4,0.3,0.2,0.1)$，$\eta_7^2 = (1,(0.3,0.6,0.9)_3)$，$\eta_8^2 = (1,(0.1)_2,(0.2)_2,(0.3)_2, (0.4)_2,0.5)$，其中 $(u)_m$ 表示"行向量 u 在行方向上重复 m 次"。

针对假设检验问题（5.10），在不同参数设置下，表 5.1 和表 5.2 以及表 5.3 和表 5.4 分别给出了 Bootstrap（BA）方法犯第一类错误的概率和功效的模拟结果。根据表 5.1 和表 5.2，BA 方法能较好地控制犯第一类错误的概率，然而，在方差分量个数较少的情况下略显自由。由表 5.3 和表 5.4 可知，当 μ 逐步偏离原假设时，BA 方法的功效显著增加。在各种样本量和方差分量设置下，BA 方法在功效函数意义下是稳健的。

对于假设检验问题（5.19），表 5.5 和表 5.6 以及表 5.7 和表 5.8 分别给出 BA 方法和广义（GP）方法犯第一类错误的概率和功效的模拟结果。由表 5.5 和表 5.6 可得，BA 方法的实际水平在大多数情况下接近名义水平，然而，在部分参数设定下略显自由或保守。GP 方法则在 N_1、N_6 和 N_7 条件下较为保守，但随着样本量的增加，该现象得到显著改善。由表 5.7 和表 5.8 可知，在各种参数、样本量、显著性水平设置下，BA 方法在功效函数意义下一致优于 GP 方法。

针对假设检验问题（5.34），表 5.9 和表 5.10 以及表 5.11 和表 5.12 分别给出 BA 方法和 GP 方法犯第一类错误的概率和功效的模拟结果。由表 5.9 和表 5.10 可知，BA 方法在大多数情况下实际水平表现较好，但在 N_6、N_7 和 N_8 条件下略显保守。GP 方法在大多情况下表现自由，但在样本量 N_6 条件下表现较为保守。由表 5.11 和表 5.12 可得，当 $\sigma_A^2 + \sigma_1^2$ 逐步偏离原假设，两种方法的功效增长明显。然而，GP 方法在大多数情况下比 BA 方法具有更高的功效。

对于假设检验问题（5.46），表 5.13 和表 5.14 以及表 5.15 和表 5.16 分别给出 BA 方法和 GP 方法犯第一类错误的概率和功效的模拟结果。由表 5.13 和表 5.14 可见，BA 方法在小样本情况下较为自由，而 GP 方法在样本量 N_1 和 N_6 条件下较为保守。当样本量增加时，两种方法的实际水平逐渐接近名义水平。由表 5.15 和表 5.16 可知，当 σ_A^2 / σ_k^2 逐步远离原假设时，BA 方法和 GP 方法的功效显著增加，且 BA 方法在功效函数意义下一致优于 GP 方法。

注 5.7　对于检验问题（5.10），本章进一步在 0.025 和 0.075 名义显著性水平下进行数值模拟。模拟结果表明，BA 方法在犯第一类错误的概率和功效函数意义下表现较好。然而，由于篇幅限制，故略去模拟结果。

表 5.1　假设检验问题（5.10）检验方法犯第一类错误的概率（$\mu = \mu_0 = 0$，$a = 3$）

		β							
		0.05	0.1	0.05	0.1	0.05	0.1	0.05	0.1
		η_1^2		η_2^2		η_3^2		η_4^2	
	N_1	0.0632	0.1084	0.0648	0.1160	0.0680	0.1148	0.0704	0.1124
	N_2	0.0596	0.1044	0.0576	0.1056	0.0596	0.1064	0.0676	0.1124
$\sigma_A^2 = 1$	N_3	0.0584	0.1084	0.0596	0.1104	0.0600	0.1068	0.0660	0.1112
	N_4	0.0560	0.1008	0.0544	0.1028	0.0544	0.1020	0.0584	0.1052
	N_5	0.0516	0.0980	0.0524	0.1024	0.0540	0.1076	0.0632	0.1128
	N_1	0.0504	0.0928	0.0512	0.0912	0.0524	0.0956	0.0508	0.0996
	N_2	0.0468	0.0956	0.0476	0.0972	0.0524	0.0972	0.0556	0.1060
$\sigma_A^2 = 5$	N_3	0.0576	0.1096	0.0564	0.1072	0.0532	0.1092	0.0608	0.1060
	N_4	0.0512	0.1016	0.0496	0.1076	0.0492	0.1052	0.0528	0.1012
	N_5	0.0504	0.1028	0.0496	0.1012	0.0544	0.1020	0.0508	0.1036

注：$N_1 = (3,3,4)$，$N_2 = (4,5,6)$，$N_3 = (7,10,13)$，$N_4 = (12,20,28)$，$N_5 = (24,40,56)$，$\eta_1^2 = (1,1,1)$，$\eta_2^2 = (1,1,0.5)$，$\eta_3^2 = (1,0.6,0.3)$，$\eta_4^2 = (1,0.1,0.3)$。

表 5.2　假设检验问题（5.10）检验方法犯第一类错误的概率（$\mu = \mu_0 = 0$，$a = 10$）

		β							
		0.05	0.1	0.05	0.1	0.05	0.1	0.05	0.1
		η_5^2		η_6^2		η_7^2		η_8^2	
	N_6	0.0556	0.1012	0.0540	0.0980	0.0532	0.0996	0.0524	0.1032
	N_7	0.0520	0.0944	0.0536	0.0976	0.0544	0.0952	0.0548	0.0960
$\sigma_A^2 = 1$	N_8	0.0480	0.0980	0.0420	0.1024	0.0476	0.0992	0.0488	0.1032
	N_9	0.0496	0.0936	0.0488	0.0916	0.0476	0.0936	0.0476	0.0936
	N_{10}	0.0492	0.1024	0.0488	0.1000	0.0488	0.0960	0.0484	0.0972
	N_6	0.0532	0.0980	0.0504	0.0964	0.0528	0.0980	0.0508	0.0984
$\sigma_A^2 = 5$	N_7	0.0536	0.0956	0.0520	0.0976	0.0536	0.1008	0.0508	0.0976
	N_8	0.0500	0.1024	0.0488	0.1028	0.0492	0.1028	0.0472	0.1036

续表

		β							
		0.05	0.1	0.05	0.1	0.05	0.1	0.05	0.1
		η_5^2		η_6^2		η_7^2		η_8^2	
$\sigma_A^2=5$	N_9	0.0448	0.0920	0.0464	0.0932	0.0460	0.0948	0.0444	0.0924
	N_{10}	0.0496	0.0984	0.0512	0.0988	0.0524	0.0988	0.0532	0.1008

注：$N_6=(3)_{10}$，$N_7=(3,4,4,5,5)_2$，$N_8=(7,7,8,8,9)_2$，$N_9=(9,9,10,10,12)_2$，$N_{10}=(11,11,12,13,13)_2$，$\eta_5^2=(1)_{10}$，$\eta_6^2=(1,0.9,0.8,0.7,0.6,0.5,0.4,0.3,0.2,0.1)$，$\eta_7^2=(1,(0.3,0.6,0.9)_3)$，$\eta_8^2=(1,(0.1)_2,(0.2)_2,(0.3)_2,(0.4)_2,0.5)$。

表 5.3　假设检验问题（5.10）检验方法的功效（$\mu_0=0$，$\sigma_A^2=5$，$a=3$）

		β							
	μ	0.05	0.1	0.05	0.1	0.05	0.1	0.05	0.1
		η_1^2		η_2^2		η_3^2		η_4^2	
N_1	1	0.1196	0.2444	0.1224	0.2428	0.1236	0.2416	0.1320	0.2392
	3	0.3832	0.6348	0.3864	0.6436	0.3884	0.6452	0.3800	0.6396
	5	0.6676	0.8900	0.6652	0.8912	0.6632	0.8916	0.6584	0.8952
	7	0.8480	0.9780	0.8468	0.9800	0.8456	0.9796	0.8540	0.9796
N_2	1	0.1252	0.2416	0.1284	0.2416	0.1296	0.2404	0.1292	0.2388
	3	0.3800	0.6356	0.3784	0.6412	0.3836	0.6392	0.3844	0.6456
	5	0.6684	0.8908	0.6632	0.8908	0.6612	0.8936	0.6724	0.8988
	7	0.8468	0.9796	0.8464	0.9796	0.8484	0.9792	0.8520	0.9816
N_3	1	0.1320	0.2472	0.1292	0.2520	0.1344	0.2528	0.1324	0.2520
	3	0.3948	0.6564	0.4024	0.6544	0.4052	0.6568	0.3996	0.6560
	5	0.6772	0.8916	0.6764	0.8936	0.6752	0.8940	0.6816	0.8992
	7	0.8480	0.9824	0.8512	0.9824	0.8556	0.9816	0.8556	0.9820
N_4	1	0.1380	0.2468	0.1408	0.2508	0.1368	0.2508	0.1368	0.2604
	3	0.4028	0.6660	0.4024	0.6620	0.4016	0.6632	0.4044	0.6580
	5	0.6844	0.9104	0.6828	0.9092	0.6852	0.9108	0.6772	0.9144
	7	0.8700	0.9868	0.8660	0.9848	0.8644	0.9852	0.8664	0.9848
N_5	1	0.1416	0.2592	0.1392	0.2588	0.1412	0.2576	0.1440	0.2656
	3	0.3996	0.6576	0.3972	0.6588	0.3960	0.6628	0.3960	0.6556
	5	0.6736	0.8992	0.6740	0.8968	0.6780	0.8988	0.6788	0.9016
	7	0.8576	0.9824	0.8560	0.9816	0.8568	0.9812	0.8608	0.9820

注：$N_1=(3,3,4)$，$N_2=(4,5,6)$，$N_3=(7,10,13)$，$N_4=(12,20,28)$，$N_5=(24,40,56)$，$\eta_1^2=(1,1,1)$，$\eta_2^2=(1,1,0.5)$，$\eta_3^2=(1,0.6,0.3)$，$\eta_4^2=(1,0.1,0.3)$。

表 5.4　假设检验问题（5.10）检验方法的功效（$\mu_0=0$，$\sigma_A^2=5$，$a=10$）

	μ	β							
		0.05	0.1	0.05	0.1	0.05	0.1	0.05	0.1
		η_5^2		η_6^2		η_7^2		η_8^2	
N_6	0.5	0.1812	0.3164	0.1888	0.3236	0.1828	0.3184	0.1784	0.3152
	1	0.4500	0.6608	0.4612	0.6724	0.4612	0.6728	0.4640	0.6800
	1.5	0.7696	0.9312	0.7896	0.9372	0.7848	0.9384	0.7952	0.9440
	2	0.9576	0.9944	0.9592	0.9956	0.9632	0.9948	0.9652	0.9956
N_7	0.5	0.1688	0.3136	0.1700	0.3152	0.1692	0.3116	0.1724	0.3132
	1	0.4588	0.6696	0.4684	0.6780	0.4672	0.6776	0.4660	0.6776
	1.5	0.7808	0.9300	0.7912	0.9380	0.7884	0.9364	0.7920	0.9416
	2	0.9500	0.9972	0.9532	0.9980	0.9560	0.9972	0.9620	0.9976
N_8	0.5	0.1832	0.3072	0.1860	0.3080	0.1824	0.3064	0.1876	0.3064
	1	0.4584	0.6728	0.4544	0.6756	0.4580	0.6728	0.4592	0.6736
	1.5	0.7796	0.9384	0.7856	0.9404	0.7860	0.9408	0.7876	0.9408
	2	0.9620	0.9972	0.9616	0.9972	0.9636	0.9976	0.9644	0.9976
N_9	0.5	0.1736	0.3068	0.1744	0.3136	0.1720	0.3112	0.1740	0.3128
	1	0.4592	0.6812	0.4628	0.6892	0.4696	0.6820	0.4692	0.6820
	1.5	0.7948	0.9464	0.8004	0.9492	0.8004	0.9476	0.8036	0.9476
	2	0.9632	0.9948	0.9652	0.9948	0.9624	0.9952	0.9684	0.9960
N_{10}	0.5	0.1860	0.3148	0.1832	0.3152	0.1840	0.3132	0.1824	0.3132
	1	0.4692	0.6836	0.4696	0.6868	0.4664	0.6824	0.4656	0.6844
	1.5	0.8024	0.9500	0.8072	0.9480	0.8060	0.9492	0.8096	0.9492
	2	0.9656	0.9960	0.9656	0.9968	0.9664	0.9964	0.9672	0.9960

注：$N_6=(3)_{10}$，$N_7=(3,4,4,5,5)_2$，$N_8=(7,7,8,8,9)_2$，$N_9=(9,9,10,10,12)_2$，$N_{10}=(11,11,12,13,13)_2$，$\eta_5^2=(1)_{10}$，$\eta_6^2=(1,0.9,0.8,0.7,0.6,0.5,0.4,0.3,0.2,0.1)$，$\eta_7^2=(1,(0.3,0.6,0.9)_3)$，$\eta_8^2=(1,(0.1)_2,(0.2)_2,(0.3)_2,(0.4)_2,0.5)$。

表 5.5　假设检验问题（5.19）检验方法犯第一类错误的概率（$\sigma_A^2=c_1=5$，$a=3$，$\mu=1$）

		β							
		0.025		0.05		0.075		0.1	
		BA	GP	BA	GP	BA	GP	BA	GP
N_1	η_1^2	0.0260	0.0088	0.0524	0.0252	0.0728	0.0480	0.1044	0.0696
	η_2^2	0.0252	0.0088	0.0532	0.0272	0.0756	0.0488	0.1028	0.0708
	η_3^2	0.0252	0.0100	0.0556	0.0308	0.0788	0.0556	0.1036	0.0772
	η_4^2	0.0236	0.0156	0.0568	0.0380	0.0804	0.0624	0.1072	0.0868

		β							
		0.025		0.05		0.075		0.1	
		BA	GP	BA	GP	BA	GP	BA	GP
N_2	η_1^2	0.0304	0.0236	0.0532	0.0484	0.0824	0.0696	0.1060	0.0992
	η_2^2	0.0292	0.0228	0.0524	0.0488	0.0812	0.0688	0.1076	0.0996
	η_3^2	0.0296	0.0228	0.0508	0.0484	0.0828	0.0724	0.1096	0.1008
	η_4^2	0.0292	0.0248	0.0572	0.0516	0.0796	0.0736	0.1092	0.1020
N_3	η_1^2	0.0308	0.0304	0.0588	0.0580	0.0812	0.0812	0.1084	0.1052
	η_2^2	0.0304	0.0304	0.0588	0.0580	0.0800	0.0788	0.1080	0.1068
	η_3^2	0.0312	0.0308	0.0572	0.0568	0.0832	0.0828	0.1068	0.1048
	η_4^2	0.0304	0.0304	0.0552	0.0544	0.0816	0.0800	0.1044	0.1036
N_4	η_1^2	0.0208	0.0208	0.0468	0.0468	0.0688	0.0688	0.0936	0.0932
	η_2^2	0.0208	0.0208	0.0472	0.0472	0.0704	0.0700	0.0928	0.0924
	η_3^2	0.0204	0.0204	0.0444	0.0444	0.0680	0.0680	0.0912	0.0900
	η_4^2	0.0196	0.0196	0.0456	0.0456	0.0684	0.0684	0.0912	0.0912
N_5	η_1^2	0.0228	0.0228	0.0472	0.0472	0.0732	0.0732	0.0976	0.0972
	η_2^2	0.0232	0.0232	0.0480	0.0480	0.0716	0.0716	0.0968	0.0968
	η_3^2	0.0220	0.0220	0.0488	0.0488	0.0724	0.0724	0.0964	0.0964
	η_4^2	0.0224	0.0224	0.0488	0.0488	0.0728	0.0728	0.1012	0.1012

注：$N_1=(3,3,4)$，$N_2=(4,5,6)$，$N_3=(7,10,13)$，$N_4=(12,20,28)$，$N_5=(24,40,56)$，$\eta_1^2=(1,1,1)$，$\eta_2^2=(1,1,0.5)$，$\eta_3^2=(1,0.6,0.3)$，$\eta_4^2=(1,0.1,0.3)$。

表 5.6　假设检验问题（5.19）检验方法犯第一类错误的概率（$\sigma_A^2=c_1=5$，$a=10$，$\mu=1$）

		β							
		0.025		0.05		0.075		0.1	
		BA	GP	BA	GP	BA	GP	BA	GP
N_6	η_5^2	0.0264	0.0008	0.0464	0.0056	0.0724	0.0128	0.1012	0.0204
	η_6^2	0.0292	0.0032	0.0464	0.0140	0.0744	0.0264	0.0976	0.0400
	η_7^2	0.0276	0.0012	0.0476	0.0116	0.0716	0.0216	0.1000	0.0344
	η_8^2	0.0264	0.0072	0.0472	0.0224	0.0712	0.0344	0.1020	0.0516

续表

| | | \multicolumn{8}{c}{β} |
| | | 0.025 | | 0.05 | | 0.075 | | 0.1 | |
		BA	GP	BA	GP	BA	GP	BA	GP
N_7	η_5^2	0.0292	0.0104	0.0528	0.0288	0.0796	0.0448	0.1052	0.0640
	η_6^2	0.0296	0.0144	0.0504	0.0356	0.0760	0.0512	0.1048	0.0712
	η_7^2	0.0304	0.0144	0.0532	0.0356	0.0780	0.0516	0.1048	0.0680
	η_8^2	0.0300	0.0188	0.0504	0.0388	0.0796	0.0572	0.1092	0.0796
N_8	η_5^2	0.0312	0.0300	0.0580	0.0544	0.0844	0.0784	0.1080	0.1040
	η_6^2	0.0324	0.0312	0.0588	0.0560	0.0888	0.0872	0.1096	0.1080
	η_7^2	0.0324	0.0312	0.0556	0.0548	0.0820	0.0792	0.1072	0.1032
	η_8^2	0.0324	0.0308	0.0620	0.0612	0.0848	0.0824	0.1076	0.1068
N_9	η_5^2	0.0272	0.0256	0.0576	0.0560	0.0836	0.0820	0.1104	0.1096
	η_6^2	0.0296	0.0288	0.0576	0.0568	0.0808	0.0804	0.1064	0.1048
	η_7^2	0.0296	0.0292	0.0592	0.0584	0.0856	0.0828	0.1104	0.1096
	η_8^2	0.0284	0.0280	0.0560	0.0560	0.0840	0.0836	0.1072	0.1072
N_{10}	η_5^2	0.0320	0.0320	0.0524	0.0512	0.0776	0.0756	0.1036	0.1032
	η_6^2	0.0276	0.0276	0.0520	0.0520	0.0768	0.0768	0.1100	0.1088
	η_7^2	0.0292	0.0292	0.0520	0.0516	0.0776	0.0768	0.1068	0.1068
	η_8^2	0.0276	0.0276	0.0504	0.0504	0.0768	0.0764	0.1060	0.1056

注：$N_6=(3)_{10}$，$N_7=(3,4,4,5,5)_2$，$N_8=(7,7,8,8,9)_2$，$N_9=(9,9,10,10,12)_2$，$N_{10}=(11,11,12,13,13)_2$，$\eta_5^2=(1)_{10}$，$\eta_6^2=(1,0.9,0.8,0.7,0.6,0.5,0.4,0.3,0.2,0.1)$，$\eta_7^2=(1,(0.3,0.6,0.9)_3)$，$\eta_8^2=(1,(0.1)_2,(0.2)_2,(0.3)_2,(0.4)_2,0.5)$。

表 5.7　假设检验问题（5.19）检验方法的功效（$c_1=5$，$a=3$，$\left(\sigma_1^2,\sigma_2^2,\sigma_3^2\right)=\eta_3^2$，$\mu=1$）

| σ_A^2 | | \multicolumn{8}{c}{β} |
| | | 0.025 | | 0.05 | | 0.075 | | 0.1 | |
		BA	GP	BA	GP	BA	GP	BA	GP
N_1	10	0.1584	0.1060	0.2152	0.1732	0.2688	0.2220	0.3080	0.2632
	50	0.6928	0.6280	0.7412	0.6984	0.7696	0.7400	0.7908	0.7636
	100	0.8304	0.7912	0.8584	0.8344	0.8784	0.8564	0.8924	0.8724
	200	0.9132	0.8888	0.9296	0.9188	0.9400	0.9308	0.9480	0.9368

续表

σ_A^2		β							
		0.025		0.05		0.075		0.1	
		BA	GP	BA	GP	BA	GP	BA	GP
N_2	10	0.1580	0.1488	0.2144	0.2020	0.2716	0.2580	0.3100	0.2976
	50	0.6888	0.6780	0.7436	0.7332	0.7776	0.7704	0.7952	0.7876
	100	0.8340	0.8256	0.8644	0.8596	0.8824	0.8784	0.8956	0.8932
	200	0.9144	0.9120	0.9304	0.9280	0.9416	0.9396	0.9472	0.9468
N_3	10	0.1576	0.1564	0.2272	0.2240	0.2736	0.2720	0.3128	0.3104
	50	0.6840	0.6820	0.7376	0.7356	0.7724	0.7716	0.7988	0.7988
	100	0.8316	0.8308	0.8580	0.8568	0.8768	0.8760	0.8900	0.8896
	200	0.9132	0.9120	0.9288	0.9280	0.9428	0.9424	0.9480	0.9480
N_4	10	0.1456	0.1452	0.2192	0.2184	0.2664	0.2664	0.3168	0.3160
	50	0.6908	0.6904	0.7380	0.7372	0.7688	0.7688	0.7892	0.7884
	100	0.8256	0.8252	0.8544	0.8544	0.8720	0.8720	0.8856	0.8856
	200	0.9088	0.9084	0.9232	0.9232	0.9344	0.9340	0.9408	0.9404
N_5	10	0.1580	0.1580	0.2212	0.2204	0.2740	0.2740	0.3164	0.3164
	50	0.6784	0.6780	0.7344	0.7344	0.7676	0.7672	0.7968	0.7968
	100	0.8296	0.8296	0.8584	0.8584	0.8760	0.8760	0.8880	0.8880
	200	0.9080	0.9080	0.9240	0.9240	0.9352	0.9352	0.9428	0.9428

注: $N_1=(3,3,4)$, $N_2=(4,5,6)$, $N_3=(7,10,13)$, $N_4=(12,20,28)$, $N_5=(24,40,56)$, $\eta_3^2=(1,0.6,0.3)$ 。

表 5.8　假设检验问题（5.19）检验方法的功效（ $c_1=5$, $a=10$, $\left(\sigma_1^2,\cdots,\sigma_{10}^2\right)=\eta_6^2$, $\mu=1$ ）

σ_A^2		β							
		0.025		0.05		0.075		0.1	
		BA	GP	BA	GP	BA	GP	BA	GP
N_6	10	0.3812	0.1356	0.4788	0.2692	0.5408	0.3664	0.5900	0.4296
	15	0.6980	0.4032	0.7644	0.5916	0.8092	0.6804	0.8396	0.7328
	20	0.8496	0.6324	0.8924	0.7744	0.9164	0.8412	0.9336	0.8708
	25	0.9244	0.7644	0.9448	0.8736	0.9616	0.9200	0.9688	0.9400
N_7	10	0.3896	0.2920	0.4812	0.3996	0.5476	0.4788	0.6008	0.5344
	15	0.7052	0.6132	0.7764	0.7184	0.8148	0.7704	0.8372	0.8020
	20	0.8456	0.7896	0.8952	0.8552	0.9168	0.8912	0.9300	0.9128
	25	0.9216	0.8820	0.9492	0.9276	0.9608	0.9468	0.9720	0.9588

续表

σ_A^2		β							
		0.025		0.05		0.075		0.1	
		BA	GP	BA	GP	BA	GP	BA	GP
N_8	10	0.3916	0.3876	0.4852	0.4780	0.5464	0.5404	0.6016	0.5944
	15	0.7092	0.7060	0.7748	0.7728	0.8200	0.8164	0.8532	0.8512
	20	0.8616	0.8600	0.9000	0.8988	0.9192	0.9172	0.9316	0.9296
	25	0.9244	0.9228	0.9460	0.9456	0.9576	0.9564	0.9640	0.9628
N_9	10	0.3736	0.3716	0.4820	0.4796	0.5456	0.5424	0.6004	0.5980
	15	0.7044	0.7012	0.7700	0.7692	0.8120	0.8092	0.8348	0.8340
	20	0.8488	0.8476	0.8920	0.8900	0.9148	0.9132	0.9276	0.9264
	25	0.9212	0.9208	0.9444	0.9432	0.9580	0.9572	0.9640	0.9628
N_{10}	10	0.3956	0.3940	0.4932	0.4916	0.5560	0.5548	0.6024	0.6020
	15	0.7032	0.7024	0.7772	0.7756	0.8156	0.8152	0.8408	0.8400
	20	0.8508	0.8504	0.8904	0.8896	0.9132	0.9120	0.9240	0.9236
	25	0.9160	0.9156	0.9388	0.9388	0.9520	0.9512	0.9624	0.9616

注: $N_6=(3)_{10}$, $N_7=(3,4,4,5,5)_2$, $N_8=(7,7,8,8,9)_2$, $N_9=(9,9,10,10,12)_2$, $N_{10}=(11,11,12,13,13)_2$, $\eta_6^2=(1,0.9,0.8,0.7,0.6,0.5,0.4,0.3,0.2,0.1)$。

表 5.9 假设检验问题（5.34）检验方法犯第一类错误的概率（$\sigma_A^2+\sigma_1^2=c_{21}=6$, $a=3$, $\mu=1$）

		β							
		0.025		0.05		0.075		0.1	
		BA	GP	BA	GP	BA	GP	BA	GP
N_1	η_1^2	0.0228	0.0220	0.0528	0.0540	0.0772	0.0820	0.1032	0.1120
	η_2^2	0.0236	0.0232	0.0524	0.0556	0.0760	0.0856	0.1060	0.1148
	η_3^2	0.0232	0.0288	0.0540	0.0612	0.0788	0.0932	0.1068	0.1244
	η_4^2	0.0232	0.0384	0.0516	0.0676	0.0828	0.1056	0.1092	0.1380
N_2	η_1^2	0.0196	0.0344	0.0484	0.0720	0.0768	0.1040	0.1056	0.1388
	η_2^2	0.0196	0.0360	0.0484	0.0700	0.0776	0.1040	0.1048	0.1352
	η_3^2	0.0180	0.0372	0.0488	0.0732	0.0756	0.1060	0.1060	0.1384
	η_4^2	0.0204	0.0404	0.0536	0.0780	0.0792	0.1096	0.1076	0.1356

偏正态下数字金融风险预警的统计建模及应用

续表

		β							
		0.025		0.05		0.075		0.1	
		BA	GP	BA	GP	BA	GP	BA	GP
N_3	η_1^2	0.0260	0.0408	0.0544	0.0680	0.0796	0.0972	0.1004	0.1248
	η_2^2	0.0288	0.0412	0.0544	0.0692	0.0820	0.0968	0.1020	0.1248
	η_3^2	0.0296	0.0400	0.0528	0.0692	0.0804	0.0972	0.1032	0.1240
	η_4^2	0.0272	0.0360	0.0520	0.0664	0.0800	0.1000	0.1032	0.1236
N_4	η_1^2	0.0192	0.0240	0.0448	0.0528	0.0700	0.0756	0.0892	0.1036
	η_2^2	0.0196	0.0232	0.0448	0.0516	0.0680	0.0764	0.0916	0.1044
	η_3^2	0.0200	0.0236	0.0432	0.0496	0.0652	0.0772	0.0916	0.1032
	η_4^2	0.0188	0.0260	0.0436	0.0516	0.0696	0.0752	0.0876	0.0988
N_5	η_1^2	0.0204	0.0236	0.0488	0.0524	0.0736	0.0760	0.0984	0.1048
	η_2^2	0.0212	0.0240	0.0500	0.0540	0.0716	0.0752	0.0996	0.1032
	η_3^2	0.0228	0.0248	0.0488	0.0544	0.0712	0.0764	0.0988	0.1052
	η_4^2	0.0236	0.0264	0.0484	0.0532	0.0752	0.0792	0.1032	0.1064

注： $N_1=(3,3,4)$， $N_2=(4,5,6)$， $N_3=(7,10,13)$， $N_4=(12,20,28)$， $N_5=(24,40,56)$， $\eta_1^2=(1,1,1)$， $\eta_2^2=(1,1,0.5)$， $\eta_3^2-(1,0.6,0.3)$， $\eta_4^2-(1,0.1,0.3)$。

表 5.10 假设检验问题（5.34）检验方法犯第一类错误的概率（$\sigma_A^2+\sigma_1^2=c_{21}=6$， $a=10$， $\mu=1$）

		β							
		0.025		0.05		0.075		0.1	
		BA	GP	BA	GP	BA	GP	BA	GP
N_6	η_5^2	0.0156	0.0012	0.0364	0.0124	0.0668	0.0296	0.0936	0.0508
	η_6^2	0.0188	0.0096	0.0376	0.0316	0.0680	0.0568	0.0952	0.0800
	η_7^2	0.0176	0.0068	0.0380	0.0268	0.0664	0.0488	0.0944	0.0736
	η_8^2	0.0176	0.0192	0.0376	0.0468	0.0660	0.0704	0.0920	0.1024
N_7	η_5^2	0.0152	0.0212	0.0404	0.0556	0.0708	0.0880	0.1004	0.1168
	η_6^2	0.0176	0.0308	0.0380	0.0660	0.0704	0.1032	0.1048	0.1348
	η_7^2	0.0176	0.0284	0.0404	0.0696	0.0720	0.1012	0.1036	0.1320
	η_8^2	0.0164	0.0332	0.0416	0.0756	0.0704	0.1088	0.1040	0.1448

续表

		β							
		0.025		0.05		0.075		0.1	
		BA	GP	BA	GP	BA	GP	BA	GP
N_8	η_5^2	0.0164	0.0372	0.0404	0.0696	0.0700	0.1088	0.0968	0.1356
	η_6^2	0.0148	0.0356	0.0408	0.0744	0.0712	0.1052	0.0996	0.1328
	η_7^2	0.0156	0.0376	0.0412	0.0724	0.0668	0.1060	0.0960	0.1328
	η_8^2	0.0168	0.0396	0.0436	0.0776	0.0728	0.1024	0.0924	0.1348
N_9	η_5^2	0.0176	0.0328	0.0448	0.0672	0.0744	0.1012	0.1008	0.1236
	η_6^2	0.0188	0.0332	0.0432	0.0636	0.0716	0.1020	0.0996	0.1264
	η_7^2	0.0196	0.0340	0.0472	0.0696	0.0740	0.0984	0.0988	0.1248
	η_8^2	0.0200	0.0352	0.0456	0.0660	0.0692	0.0960	0.0960	0.1264
N_{10}	η_5^2	0.0236	0.0356	0.0492	0.0640	0.0708	0.0932	0.0944	0.1224
	η_6^2	0.0220	0.0336	0.0488	0.0680	0.0728	0.0940	0.1000	0.1256
	η_7^2	0.0236	0.0344	0.0492	0.0660	0.0724	0.0968	0.0968	0.1240
	η_8^2	0.0212	0.0312	0.0452	0.0660	0.0724	0.0940	0.0980	0.1224

注：$N_6=(3)_{10}$，$N_7=(3,4,4,5,5)_2$，$N_8=(7,7,8,8,9)_2$，$N_9=(9,9,10,10,12)_2$，$N_{10}=(11,11,12,13,13)_2$，$\eta_5^2=(1)_{10}$，$\eta_6^2=(1,0.9,0.8,0.7,0.6,0.5,0.4,0.3,0.2,0.1)$，$\eta_7^2=(1,(0.3,0.6,0.9)_3)$，$\eta_8^2=(1,(0.1)_2,(0.2)_2,(0.3)_2,(0.4)_2,0.5)$。

表 5.11 假设检验问题（5.34）检验方法的功效（$c_{21}=6$，$a=3$，$\left(\sigma_1^2,\sigma_2^2,\sigma_3^2\right)=\eta_3^2$，$\mu=1$）

σ_A^2		β							
		0.025		0.05		0.075		0.1	
		BA	GP	BA	GP	BA	GP	BA	GP
N_1	10	0.1296	0.1560	0.2084	0.2276	0.2624	0.2880	0.3100	0.3420
	50	0.6604	0.6836	0.7272	0.7440	0.7632	0.7816	0.7876	0.7988
	100	0.8080	0.8244	0.8524	0.8628	0.8736	0.8816	0.8912	0.8948
	200	0.9040	0.9096	0.8256	0.9336	0.9392	0.9444	0.9468	0.9524
N_2	10	0.1372	0.1816	0.1996	0.2500	0.2532	0.3008	0.3052	0.3528
	50	0.6652	0.7044	0.7292	0.7576	0.7632	0.7844	0.7888	0.8104
	100	0.8164	0.8428	0.8572	0.8724	0.8792	0.8912	0.8928	0.9068
	200	0.9060	0.9196	0.9276	0.9328	0.9368	0.9464	0.9460	0.9492

σ_A^2		β							
		0.025		0.05		0.075		0.1	
		BA	GP	BA	GP	BA	GP	BA	GP
N_3	10	0.1428	0.1696	0.2172	0.2472	0.2700	0.3004	0.3080	0.3376
	50	0.6700	0.6944	0.7296	0.7544	0.7696	0.7880	0.7932	0.8080
	100	0.8260	0.8356	0.8504	0.8640	0.8740	0.8860	0.8896	0.8968
	200	0.9060	0.9148	0.9260	0.9332	0.9384	0.9448	0.9480	0.9532
N_4	10	0.1444	0.1608	0.2124	0.2324	0.2704	0.2852	0.3120	0.3328
	50	0.6872	0.6972	0.7320	0.7396	0.7672	0.7756	0.7876	0.7956
	100	0.8204	0.8264	0.8492	0.8536	0.8692	0.8768	0.8868	0.8932
	200	0.9060	0.9104	0.9220	0.9268	0.9336	0.9384	0.9412	0.9436
N_5	10	0.1608	0.1664	0.2180	0.2264	0.2760	0.2812	0.3156	0.3196
	50	0.6800	0.6872	0.7324	0.7400	0.7676	0.7720	0.7932	0.7984
	100	0.8304	0.8320	0.8580	0.8628	0.8760	0.8776	0.8860	0.8896
	200	0.9064	0.9068	0.9224	0.9244	0.9324	0.9340	0.9420	0.9440

注：$N_1=(3,3,4)$，$N_2=(4,5,6)$，$N_3=(7,10,13)$，$N_4=(12,20,28)$，$N_5=(24,40,56)$，$\eta_3^2=(1,0.6,0.3)$。

表 5.12　假设检验问题（5.34）检验方法的功效（$c_{21}=6$，$a=10$，$\left(\sigma_1^2,\cdots,\sigma_{10}^2\right)=\eta_6^2$，$\mu=1$）

σ_A^2		β							
		0.025		0.05		0.075		0.1	
		BA	GP	BA	GP	BA	GP	BA	GP
N_6	10	0.2172	0.2000	0.3656	0.3444	0.4720	0.4360	0.5348	0.5064
	15	0.5112	0.4908	0.6760	0.6468	0.7552	0.7384	0.8024	0.7820
	20	0.7144	0.7032	0.8348	0.9208	0.8868	0.8776	0.9100	0.9016
	25	0.8200	0.8264	0.9124	0.9068	0.9412	0.9344	0.9568	0.9516
N_7	10	0.2216	0.3548	0.3736	0.4696	0.4688	0.5488	0.5420	0.6056
	15	0.5236	0.6740	0.6900	0.7612	0.7680	0.8104	0.8104	0.8432
	20	0.7160	0.8352	0.8344	0.8796	0.8840	0.9120	0.9116	0.9324
	25	0.8228	0.9072	0.9116	0.9424	0.9412	0.9580	0.9564	0.9688
N_8	10	0.3232	0.4140	0.4336	0.5068	0.5124	0.5764	0.5684	0.6228
	15	0.6332	0.7224	0.7436	0.7876	0.7932	0.8288	0.8276	0.8564
	20	0.8056	0.8608	0.8788	0.9000	0.9044	0.9220	0.9224	0.9344
	25	0.8972	0.9228	0.9340	0.9484	0.9520	0.9596	0.9584	0.9656

续表

σ_A^2		0.025 BA	0.025 GP	0.05 BA	0.05 GP	0.075 BA	0.075 GP	0.1 BA	0.1 GP
					β				
N_9	10	0.3364	0.4020	0.4416	0.4940	0.5156	0.5700	0.5784	0.6216
	15	0.6576	0.7152	0.7520	0.7792	0.7912	0.8144	0.8188	0.8488
	20	0.8188	0.8556	0.8736	0.8936	0.9028	0.9188	0.9212	0.9336
	25	0.9036	0.9204	0.9356	0.9464	0.9508	0.9580	0.9608	0.9648
N_{10}	10	0.3600	0.4084	0.4720	0.5096	0.5388	0.5728	0.5844	0.6120
	15	0.6788	0.7148	0.7548	0.7804	0.7996	0.8200	0.8288	0.8484
	20	0.8344	0.8576	0.8808	0.8972	0.9064	0.9164	0.9208	0.9304
	25	0.9060	0.9212	0.9368	0.9432	0.9492	0.9564	0.9588	0.9656

注：$N_6=(3)_{10}$，$N_7=(3,4,4,5,5)_2$，$N_8=(7,7,8,8,9)_2$，$N_9=(9,9,10,10,12)_2$，$N_{10}=(11,11,12,13,13)_2$，$\eta_6^2=(1,0.9,0.8,0.7,0.6,0.5,0.4,0.3,0.2,0.1)$。

表 5.13　假设检验问题（5.46）检验方法犯第一类错误的概率（$\sigma_A^2/\sigma_1^2=c_{31}=5$，$a=3$，$\mu=1$）

		0.025 BA	0.025 GP	0.05 BA	0.05 GP	0.075 BA	0.075 GP	0.1 BA	0.1 GP
					β				
N_1	η_1^2	0.0720	0.0132	0.1036	0.0324	0.1260	0.0568	0.1480	0.0848
	η_2^2	0.0688	0.0128	0.0996	0.0364	0.1208	0.0636	0.1460	0.0872
	η_3^2	0.0680	0.0152	0.0936	0.0428	0.1176	0.0720	0.1408	0.0940
	η_4^2	0.0628	0.0260	0.0852	0.0552	0.1072	0.0796	0.1320	0.1060
N_2	η_1^2	0.0464	0.0240	0.0724	0.0460	0.0968	0.0740	0.1244	0.0960
	η_2^2	0.0440	0.0240	0.0696	0.0480	0.0944	0.0744	0.1168	0.0968
	η_3^2	0.0400	0.0240	0.0656	0.0488	0.0888	0.0772	0.1144	0.0984
	η_4^2	0.0332	0.0236	0.0588	0.0492	0.0832	0.0764	0.1112	0.1036
N_3	η_1^2	0.0332	0.0284	0.0580	0.0548	0.0776	0.0748	0.1016	0.0996
	η_2^2	0.0320	0.0292	0.0588	0.0548	0.0768	0.0744	0.1028	0.0984
	η_3^2	0.0308	0.0284	0.0580	0.0552	0.0784	0.0764	0.0972	0.0960
	η_4^2	0.0260	0.0256	0.0556	0.0552	0.0740	0.0728	0.1000	0.1000

续表

		β							
		0.025		0.05		0.075		0.1	
		BA	GP	BA	GP	BA	GP	BA	GP
N_4	η_1^2	0.0228	0.0228	0.0448	0.0432	0.0724	0.0720	0.0924	0.0912
	η_2^2	0.0236	0.0236	0.0444	0.0440	0.0728	0.0716	0.0928	0.0912
	η_3^2	0.0224	0.0220	0.0432	0.0432	0.0696	0.0696	0.0932	0.0932
	η_4^2	0.0196	0.0196	0.0416	0.0416	0.0680	0.0680	0.0908	0.0908
N_5	η_1^2	0.0224	0.0224	0.0480	0.0480	0.0696	0.0692	0.0976	0.0972
	η_2^2	0.0228	0.0224	0.0472	0.0472	0.0720	0.0720	0.0988	0.0988
	η_3^2	0.0224	0.0220	0.0472	0.0468	0.0672	0.0672	0.0992	0.0992
	η_4^2	0.0228	0.0228	0.0492	0.0492	0.0728	0.0728	0.0960	0.0960

注：$N_1=(3,3,4)$，$N_2=(4,5,6)$，$N_3=(7,10,13)$，$N_4=(12,20,28)$，$N_5=(24,40,56)$，$\eta_1^2=(1,1,1)$，$\eta_2^2=(1,1,0.5)$，$\eta_3^2=(1,0.6,0.3)$，$\eta_4^2=(1,0.1,0.3)$。

表 5.14　假设检验问题（5.46）检验方法犯第一类错误的概率（$\sigma_A^2/\sigma_1^2=c_{31}=5$，$a=10$，$\mu=1$）

		β							
		0.025		0.05		0.075		0.1	
		BA	GP	BA	GP	BA	GP	BA	GP
N_6	η_5^2	0.1408	0.0008	0.1680	0.0060	0.1856	0.0152	0.2052	0.0364
	η_6^2	0.1208	0.0036	0.1496	0.0176	0.1684	0.0432	0.1840	0.0676
	η_7^2	0.1264	0.0028	0.1564	0.0152	0.1752	0.0384	0.1880	0.0612
	η_8^2	0.1020	0.0084	0.1292	0.0340	0.1548	0.0596	0.1712	0.0852
N_7	η_5^2	0.1424	0.0168	0.1648	0.0396	0.1860	0.0624	0.2000	0.0904
	η_6^2	0.1152	0.0224	0.1432	0.0488	0.1620	0.0704	0.1780	0.0976
	η_7^2	0.1220	0.0224	0.1484	0.0484	0.1668	0.0724	0.1844	0.0968
	η_8^2	0.0984	0.0256	0.1212	0.0516	0.1436	0.0764	0.1604	0.1064
N_8	η_5^2	0.0352	0.0240	0.0596	0.0476	0.0828	0.0732	0.1056	0.0940
	η_6^2	0.0312	0.0256	0.0552	0.0472	0.0784	0.0724	0.1056	0.0956
	η_7^2	0.0320	0.0256	0.0548	0.0472	0.0792	0.0720	0.1016	0.0936
	η_8^2	0.0304	0.0236	0.0504	0.0468	0.0740	0.0716	0.0980	0.0960

续表

| | | \multicolumn{8}{c}{β} | | | | | | | |
| | | 0.025 | | 0.05 | | 0.075 | | 0.1 | |
		BA	GP	BA	GP	BA	GP	BA	GP
N_9	η_5^2	0.0260	0.0224	0.0488	0.0432	0.0728	0.0656	0.1008	0.0916
	η_6^2	0.0252	0.0224	0.0464	0.0428	0.0728	0.0692	0.0984	0.0932
	η_7^2	0.0260	0.0236	0.0480	0.0448	0.0720	0.0684	0.0996	0.0944
	η_8^2	0.0256	0.0244	0.0492	0.0472	0.0732	0.0724	0.0980	0.0960
N_{10}	η_5^2	0.0292	0.0264	0.0520	0.0500	0.0772	0.0736	0.1036	0.0992
	η_6^2	0.0292	0.0272	0.0512	0.0472	0.0796	0.0772	0.1036	0.1032
	η_7^2	0.0292	0.0276	0.0528	0.0500	0.0808	0.0772	0.1032	0.1012
	η_8^2	0.0288	0.0280	0.0512	0.0500	0.0800	0.0780	0.1036	0.1028

注：$N_6 = (3)_{10}$，$N_7 = (3,4,4,5,5)_2$，$N_8 = (7,7,8,8,9)_2$，$N_9 = (9,9,10,10,12)_2$，$N_{10} = (11,11,12,13,13)_2$，$\eta_5^2 = (1)_{10}$，$\eta_6^2 = (1,0.9,0.8,0.7,0.6,0.5,0.4,0.3,0.2,0.1)$，$\eta_7^2 = (1,(0.3,0.6,0.9)_3)$，$\eta_8^2 = (1,(0.1)_2,(0.2)_2,(0.3)_2,(0.4)_2,0.5)$。

表 5.15　假设检验问题（5.46）检验方法的功效（$c_{31} = 5$，$a = 3$，$\left(\sigma_1^2,\sigma_2^2,\sigma_3^2\right) = \eta_3^2$，$\mu = 1$）

| σ_A^2 | | \multicolumn{8}{c}{β} | | | | | | | |
| | | 0.025 | | 0.05 | | 0.075 | | 0.1 | |
		BA	GP	BA	GP	BA	GP	BA	GP
N_1	10	0.1144	0.0432	0.1596	0.0956	0.2032	0.1396	0.2368	0.1776
	50	0.3252	0.2108	0.4240	0.3444	0.4944	0.4372	0.5604	0.5152
	100	0.4540	0.3424	0.5716	0.5016	0.6560	0.6168	0.7164	0.6800
	200	0.5976	0.5028	0.7188	0.6728	0.7932	0.7592	0.8368	0.8148
N_2	10	0.0900	0.0632	0.1372	0.1168	0.1828	0.1648	0.2216	0.2084
	50	0.3720	0.3280	0.5020	0.4776	0.5804	0.5684	0.6276	0.6196
	100	0.5556	0.5312	0.6688	0.6528	0.7344	0.7284	0.7792	0.7736
	200	0.7212	0.7024	0.8024	0.7944	0.8512	0.8440	0.8800	0.8776
N_3	10	0.0960	0.0928	0.1544	0.1512	0.2104	0.2088	0.2464	0.2452
	50	0.5196	0.5136	0.6148	0.6116	0.6796	0.6772	0.7200	0.7192
	100	0.7108	0.7092	0.7792	0.7764	0.8128	0.8116	0.8420	0.8416
	200	0.8372	0.8340	0.8828	0.8820	0.9052	0.9052	0.9232	0.9232
N_4	10	0.1112	0.1096	0.1736	0.1732	0.2212	0.2212	0.2660	0.2656
	50	0.6068	0.6048	0.6820	0.6812	0.7232	0.7228	0.7536	0.7532
	100	0.7736	0.7736	0.8224	0.8220	0.8508	0.8504	0.8684	0.8684
	200	0.8768	0.8764	0.8988	0.8988	0.9140	0.9140	0.9264	0.9256

续表

σ_A^2		β							
		0.025		0.05		0.075		0.1	
		BA	GP	BA	GP	BA	GP	BA	GP
N_5	10	0.1352	0.1348	0.2012	0.2012	0.2548	0.2548	0.2976	0.2976
	50	0.6512	0.6512	0.7024	0.7024	0.7444	0.7444	0.7716	0.7716
	100	0.8028	0.8024	0.8416	0.8416	0.8640	0.8640	0.8796	0.8796
	200	0.8952	0.8952	0.9140	0.9136	0.9316	0.9316	0.9388	0.9388

注：$N_1 = (3,3,4)$，$N_2 = (4,5,6)$，$N_3 = (7,10,13)$，$N_4 = (12,20,28)$，$N_5 = (24,40,56)$，$\eta_3^2 = (1,0.6,0.3)$。

表 5.16　假设检验问题（5.46）检验方法的功效（$c_{31} = 5$，$a = 10$，$(\sigma_1^2, \cdots, \sigma_{10}^2) = \eta_6^2$，$\mu = 1$）

σ_A^2		β							
		0.025		0.05		0.075		0.1	
		BA	GP	BA	GP	BA	GP	BA	GP
N_6	15	0.2456	0.0448	0.2936	0.1220	0.3312	0.1868	0.3744	0.2472
	20	0.2888	0.0748	0.3388	0.1704	0.3892	0.2480	0.4332	0.3232
	30	0.3540	0.1244	0.4208	0.2496	0.4848	0.3484	0.5400	0.4352
	40	0.4032	0.1708	0.4884	0.3212	0.5572	0.4328	0.6200	0.5300
N_7	15	0.2320	0.0744	0.2740	0.1560	0.3128	0.2232	0.3576	0.2772
	20	0.2628	0.1008	0.3216	0.2024	0.3748	0.2796	0.4236	0.3428
	30	0.3308	0.1556	0.4008	0.2760	0.4708	0.3724	0.5232	0.4600
	40	0.3860	0.2020	0.4696	0.3372	0.5392	0.4556	0.6012	0.5456
N_8	15	0.2504	0.2316	0.3664	0.3532	0.4588	0.4460	0.5312	0.5244
	20	0.3696	0.3504	0.5144	0.5040	0.6040	0.5960	0.6784	0.6680
	30	0.5748	0.5584	0.7212	0.7080	0.7924	0.7864	0.8480	0.8440
	40	0.7176	0.7068	0.8372	0.8332	0.8908	0.8864	0.9160	0.9152
N_9	15	0.3172	0.3056	0.4488	0.4428	0.5312	0.5272	0.5928	0.5904
	20	0.4692	0.4640	0.5972	0.5904	0.6732	0.6720	0.7400	0.7368
	30	0.6740	0.6684	0.7916	0.7872	0.8524	0.8500	0.8884	0.8860
	40	0.8060	0.8012	0.8888	0.8868	0.9264	0.9244	0.9460	0.9456
N_{10}	15	0.3648	0.3600	0.5036	0.5016	0.5860	0.5824	0.6448	0.6408
	20	0.5460	0.5408	0.6664	0.6612	0.7424	0.7404	0.7956	0.7944
	30	0.7648	0.7612	0.8408	0.8392	0.8820	0.8812	0.9076	0.9076
	40	0.8628	0.8616	0.9156	0.9152	0.9392	0.9388	0.9528	0.9528

注：$N_6 = (3)_{10}$，$N_7 = (3,4,4,5,5)_2$，$N_8 = (7,7,8,8,9)_2$，$N_9 = (9,9,10,10,12)_2$，$N_{10} = (11,11,12,13,13)_2$，$\eta_6^2 = (1,0.9,0.8,0.7,0.6,0.5,0.4,0.3,0.2,0.1)$。

第6章 偏正态两向分类随机效应模型

本章将偏正态单向分类随机效应模型推广至偏正态两向分类随机效应模型，即考虑

$$y = 1_n\mu + Z_\alpha\alpha + Z_\beta\beta + Z_\gamma\gamma + \varepsilon \tag{6.1}$$

其中，y 为 $n \times 1$ 观测向量，$n = abc$，$\mu \in \mathrm{R}$ 为固定效应，α、β 和 γ 为随机效应，ε 为随机误差项。记 $Z_\alpha = I_a \otimes 1_b \otimes 1_c$，$Z_\beta = 1_a \otimes I_b \otimes 1_c$，$Z_\gamma = I_a \otimes I_b \otimes 1_c$，$1_m$ 表示分量全为 1 的 m 维列向量，I_m 表示 m 阶单位矩阵，$\otimes$ 表示克罗内克积。假定 $\alpha \sim N_a(0, \sigma_\alpha^2 I_a)$，$\beta \sim N_b(0, \sigma_\beta^2 I_b)$，$\gamma \sim N_{ab}(0, \sigma_\gamma^2 I_{ab})$，$\varepsilon \sim \mathrm{SN}_n(0, \sigma_\varepsilon^2 I_n, \alpha_0)$，且所有随机向量之间都相互独立。当 $\alpha_0 = 0$ 时，模型（6.1）退化为正态两向分类随机效应模型[129-131]。

对于模型（6.1），本章讨论固定效应和方差分量函数的统计推断问题。首先，提出非中心偏 F 分布，并给出模型（6.1）的相关统计性质，如二次型分布、独立性等。其次，构造固定效应单边假设检验问题的精确检验统计量。再次，基于 Bootstrap 方法和广义方法，探讨单个方差分量、方差分量之和、方差分量之比的单边假设检验和区间估计问题。最后，给出蒙特卡罗数值模拟结果。

6.1 模 型 性 质

记 A^{T} 表示矩阵 A 的转置，$\mathrm{tr}(A)$ 表示 A 的迹，$\mathrm{rk}(A)$ 表示 A 的秩，$M_{n\times n}$ 表示实数域 R 上所有 $n \times n$ 矩阵的集合，$\bar{J}_n = 1_n 1_n^{\mathrm{T}} / n$，$P_A$ 表示 A 的正交投影阵，即 $P_A = A(A^{\mathrm{T}}A)^- A^{\mathrm{T}}$。

为构造模型（6.1）中未知参数的检验统计量，首次提出非中心偏 F 分布，并证明其密度函数。进一步，讨论该分布的统计性质及几何特征。

定义 6.1 令 $Q_1 \sim \mathrm{S}\chi_{m_1}^2(\lambda, \delta_1, \delta_2)$，$Q_2 \sim \chi_{m_2}^2$，且 Q_1 与 Q_2 相互独立，则 $F = \dfrac{Q_1 / m_1}{Q_2 / m_2}$ 称为自由度分别为 m_1 和 m_2，非中心参数为 λ，偏度参数为 δ_1 和 δ_2 的非中心偏 F 分布，记为 $F \sim \mathrm{SF}_{m_1, m_2}(\lambda, \delta_1, \delta_2)$。

定理 6.1 设 $F \sim \mathrm{SF}_{m_1, m_2}(\lambda, \delta_1, \delta_2)$，则 F 的密度函数为

$$f_F(x;\lambda,\delta_1,\delta_2) = \frac{m_1 e^{-\lambda/2}}{m_2 \Gamma\left(\dfrac{2}{2}\right)\Gamma\left(\dfrac{m_1-1}{2}\right)\Gamma\left(\dfrac{m_2}{2}\right)2^{\frac{m_1+m_2}{2}-1}} h_1(x;\lambda,\delta_1,\delta_2),\ x>0 \quad (6.2)$$

其中，

$$h_1(x;\lambda,\delta_1,\delta_2) = \int_0^\infty \int_{-\sqrt{m_1 xu/m_2}}^{\sqrt{m_1 xu/m_2}} \exp\left(-\frac{1}{2}u\left(1+\frac{m_1}{m_2}x\right)+\lambda^{1/2}v\right)\left(\frac{m_1}{m_2}xu-v^2\right)^{\frac{m_1-3}{2}},$$

$$\times u^{\frac{m_2}{2}}\Phi\{\alpha_*(v-\lambda^{1/2})\}\mathrm{d}v\mathrm{d}u$$

$$\alpha_* = \frac{\lambda^{-1/2}\delta_1}{(1+\delta_2-\delta_1^2/\lambda)^{1/2}}$$

若 $\delta_1=0$ ，则 F 的密度函数退化为

$$f_F(x;\lambda) = e^{-\lambda/2}\,_1F_1\left(\frac{1}{2}(m_1+m_2);\frac{1}{2}m_1;\frac{\dfrac{1}{2}\dfrac{m_1}{m_2}\lambda x}{1+\dfrac{m_1}{m_2}x}\right)\frac{\Gamma\left(\dfrac{m_1+m_2}{2}\right)}{\Gamma\left(\dfrac{m_1}{2}\right)\Gamma\left(\dfrac{m_2}{2}\right)}\frac{x^{\frac{m_1}{2}-1}\left(\dfrac{m_1}{m_2}\right)^{\frac{m_1}{2}}}{\left(1+\dfrac{m_1}{m_2}x\right)^{\frac{m_1+m_2}{2}}} \quad (6.3)$$

这里 $x>0$ ，$_1F_1(\kappa_1;\kappa_2;\kappa_3)$ 为超几何函数（参见文献[132]），即 $F\sim F_{m_1,m_2}(\lambda)$ 。

证明 设 $F=\dfrac{Z_1/m_1}{Z_2/m_2}$，$Z_1\sim S\chi^2_{m_1}(\lambda,\delta_1,\delta_2),Z_2\sim\chi^2_{m_2}$，且 Z_1 与 Z_2 相互独立。由定理 3.1，Z_1 和 Z_2 的联合密度函数为

$$\frac{e^{-\lambda/2}\exp\left(\dfrac{-z_1+z_2}{2}\right)z_2^{\frac{m_2}{2}-1}}{\Gamma\left(\dfrac{1}{2}\right)\Gamma\left(\dfrac{m_1-1}{2}\right)\Gamma\left(\dfrac{m_2}{2}\right)2^{\frac{m_1+m_2}{2}-1}}\int_{-\sqrt{z_1}}^{\sqrt{z_1}}\exp\left(\lambda^{1/2}v\right)(z_1-v^2)^{\frac{m_1-3}{2}}\Phi\left(\alpha_*\left(v-\lambda^{1/2}\right)\right)\mathrm{d}v$$

进一步，作如下变量变换

$$x=\frac{m_2 z_1}{m_1 z_2},\ u=z_2, x>0, u>0$$

容易计算雅可比行列式为 $m_1 u/m_2$ ，所以 F 和 Z_2 的联合密度函数为

$$\int_{-\sqrt{m_1 xu/m_2}}^{\sqrt{m_1 xu/m_2}}\exp\left(-\frac{1}{2}u\left(1+\frac{m_1}{m_2}x\right)+\lambda^{1/2}v\right)\left(\frac{m_1}{m_2}xu-v^2\right)^{\frac{m_1-3}{2}}u^{\frac{m_2}{2}}\Phi\left(\alpha_*\left(v-\lambda^{1/2}\right)\right)\mathrm{d}v$$

$$\times\frac{m_1 e^{-\lambda/2}}{m_2\Gamma\left(\dfrac{1}{2}\right)\Gamma\left(\dfrac{m_1-1}{2}\right)\Gamma\left(\dfrac{m_2}{2}\right)2^{\frac{m_1+m_2}{2}-1}}$$

对上式关于 u 在区间 $0<u<\infty$ 内进行积分，则可得 F 的边缘密度函数，即为

式（6.2）。当 $\delta_1 = 0$ 时，由定理 3.1 可得 $Z_1 \sim \chi^2_{m_1}(\lambda)$。于是，有 $F \sim F_{m_1,m_2}(\lambda)$。由文献[132]中的定理 1.3.6，即得式（6.3）。定理 6.1 得证。□

注 6.1　根据定理 6.1，可知非中心偏 F 分布的密度函数由 m_1、m_2、λ、δ_1、δ_2 唯一决定。进一步，我们讨论了该分布的统计性质，并画出了概率密度曲线图。然而，由于篇幅有限，此处略去，有兴趣的读者可参见文献[133]。

对于模型（6.1），给出定理 6.2 和定理 6.3，证明过程类似于参考文献[128]，故略去。

定理 6.2　对于模型（6.1），令 $Q = y^{\mathrm{T}} A y / \sigma^2_*$，这里 $A \in M_{n \times n}$，$k = \mathrm{rk}(A)$，$\sigma^2_* = \dfrac{1}{k}\left(\sigma^2_\varepsilon \mathrm{tr}(A) + \sigma^2_\alpha \mathrm{tr}(A Z_\alpha Z^{\mathrm{T}}_\alpha) + \sigma^2_\beta \mathrm{tr}(A Z_\beta Z^{\mathrm{T}}_\beta) + \sigma^2_\gamma \mathrm{tr}(A Z_\gamma Z^{\mathrm{T}}_\gamma)\right)$，则 $Q \sim \mathrm{S}\chi^2_k(\lambda, \delta_1, \delta_2)$ 的充要条件为

（ i ）　ΩA 是秩为 k 的幂等阵；

（ ii ）　$\lambda = \mu^{\mathrm{T}}_y A \mu_y / \sigma^2_*$；

（ iii ）　$\delta_1 = \alpha^{\mathrm{T}}_1 \Omega^{1/2} A \mu_y / (d \sigma_*)$；

（ iv ）　$\delta_2 = \alpha^{\mathrm{T}}_1 P_1 P^{\mathrm{T}}_1 \alpha_1 / d^2$。

其中，$\mu_y = 1_n \mu$，$d = (1 + \alpha^{\mathrm{T}}_1 P_2 P^{\mathrm{T}}_2 \alpha_1)^{1/2}$，$\alpha_1 = \dfrac{\sigma_\varepsilon \Sigma^{-1/2}_y \alpha_0}{\left(1 + \alpha^{\mathrm{T}}_0 (I_n - \sigma^2_\varepsilon \Sigma^{-1}_y)\alpha_0\right)^{1/2}}$，$\Sigma_y = \sigma^2_\alpha Z_\alpha Z^{\mathrm{T}}_\alpha + \sigma^2_\beta Z_\beta Z^{\mathrm{T}}_\beta + \sigma^2_\gamma Z_\gamma Z^{\mathrm{T}}_\gamma + \sigma^2_\varepsilon I_n = \sigma^2_* \Omega$，$P = (P_1, P_2)$ 为正交矩阵，且满足

$$\Omega^{1/2} A \Omega^{1/2} = P \begin{pmatrix} I_k & 0 \\ 0 & 0 \end{pmatrix} P^{\mathrm{T}} = P_1 P^{\mathrm{T}}_1$$

定理 6.3　对于模型（6.1），记 $A_1 = (I_a - \bar{J}_a) \otimes \bar{J}_b \otimes \bar{J}_c$，$A_2 = \bar{J}_a \otimes (I_b - \bar{J}_b) \otimes \bar{J}_c$，$A_3 = (I_a - \bar{J}_a) \otimes (I_b - \bar{J}_b) \otimes \bar{J}_c$，$A_4 = I_a \otimes I_b \otimes (I_c - \bar{J}_c)$。则有

$$V_i = \frac{T_i}{\sigma^2_i} \sim \chi^2_{n_i}, \quad i = 1, 2, 3, 4 \tag{6.4}$$

且 V_1、V_2、V_3 和 V_4 相互独立。其中 $T_i = y^{\mathrm{T}} A_i y$，$\sigma^2_1 = bc\sigma^2_\alpha + c\sigma^2_\gamma + \sigma^2_\varepsilon$，$\sigma^2_2 = ac\sigma^2_\beta + c\sigma^2_\gamma + \sigma^2_\varepsilon$，$\sigma^2_3 = c\sigma^2_\gamma + \sigma^2_\varepsilon$，$\sigma^2_4 = \sigma^2_\varepsilon$，$n_1 = a - 1$，$n_2 = b - 1$，$n_3 = (a-1)(b-1)$，$n_4 = ab(c-1)$。

证明　对于模型（6.1），y 的尺度参数矩阵为

$$\Sigma_y = \sigma^2_\alpha Z_\alpha Z^{\mathrm{T}}_\alpha + \sigma^2_\beta Z_\beta Z^{\mathrm{T}}_\beta + \sigma^2_\gamma Z_\gamma Z^{\mathrm{T}}_\gamma + \sigma^2_\varepsilon I_n$$
$$= \sigma^2_\alpha (I_a \otimes J_b \otimes J_c) + \sigma^2_\beta (J_a \otimes I_b \otimes J_c) + \sigma^2_\gamma (I_a \otimes I_b \otimes J_c) + \sigma^2_\varepsilon I_n$$

对 Σ_y 进行谱分解，可得

$$\Sigma_y = \sum^4_{i=1} \sigma^2_i A_i + \sigma^2_0 \bar{J}_n$$

其中，$\sigma_0^2 = bc\sigma_\alpha^2 + ac\sigma_\beta^2 + c\sigma_\gamma^2 + \sigma_\varepsilon^2$，$\sigma_1^2 = bc\sigma_\alpha^2 + c\sigma_\gamma^2 + \sigma_\varepsilon^2$，$\sigma_2^2 = ac\sigma_\beta^2 + c\sigma_\gamma^2 + \sigma_\varepsilon^2$，$\sigma_3^2 = c\sigma_\gamma^2 + \sigma_\varepsilon^2$，$\sigma_4^2 = \sigma_\varepsilon^2$。相应地，$A_1 = (I_a - \overline{J}_a) \otimes \overline{J}_b \otimes \overline{J}_c$，$A_2 = \overline{J}_a \otimes (I_b - \overline{J}_b) \otimes \overline{J}_c$，$A_3 = (I_a - \overline{J}_a) \otimes (I_b - \overline{J}_b) \otimes \overline{J}_c$，$A_4 = I_a \otimes I_b \otimes (I_c - \overline{J}_c)$。

基于定理 6.2，对于定理 6.3 的证明，只需证明 $\lambda_i = 0$，$A_i \Omega_i A_i = A_i$，T_i 之间相互独立，其中 $\Omega_i = \sigma_i^{-2} \Sigma_y$，$i = 1,2,3,4$。由定理 6.2 可得

$$\lambda_1 = \mu_y^{\mathrm{T}} A_1 \mu_y / \sigma_1^2 = \mu^{\mathrm{T}} 1_n^{\mathrm{T}} A_1 1_n \mu / \sigma_1^2 = 0$$

进一步，可得

$$A_1 \Omega_1 A_1 = A_1 (\sigma_\alpha^2 bc(I_a \otimes \overline{J}_b \otimes \overline{J}_c) + \sigma_\beta^2 ac(\overline{J}_a \otimes I_b \otimes \overline{J}_c) + \sigma_\gamma^2 c(I_a \otimes I_b \otimes \overline{J}_c)$$

$$+ \sigma_\varepsilon^2 I_n) A_1 / \sigma_1^2 = \frac{bc\sigma_\alpha^2 + c\sigma_\gamma^2 + \sigma_\varepsilon}{\sigma_1^2} A_1 = A_1$$

$\lambda_i = 0$，$A_i \Omega_i A_i = A_i$，$i = 2,3,4$ 证明类似可得。此外，

$$A_1 \Sigma_y A_2 = A_1 (\sigma_\alpha^2 Z_\alpha Z_\alpha^{\mathrm{T}} + \sigma_\beta^2 Z_\beta Z_\beta^{\mathrm{T}} + \sigma_\gamma^2 Z_\gamma Z_\gamma^{\mathrm{T}} + \sigma_\varepsilon^2 I_n) A_2 = 0$$

故由 Ye 等[133]中的结论 2.2，可得 T_1 和 T_2 相互独立，即 V_1 和 V_2 相互独立。同理可得其他 V_i 之间均相互独立，故定理 6.3 结论得证。□

6.2 固定效应的推断

对于模型（6.1），考虑固定效应的单边假设检验问题

$$H_0: \mu \leqslant \mu_0 \qquad \text{vs} \qquad H_1: \mu > \mu_0 \qquad (6.5)$$

其中，μ_0 为预先给定值。不失一般性，设 $\mu_0 = 0$，则检验问题转化为

$$H_0: \mu \leqslant 0 \qquad \text{vs} \qquad H_1: \mu > 0 \qquad (6.6)$$

对于模型（6.1），由定理 6.2 可得

$$V_0 = y^{\mathrm{T}} P_{Z_\gamma} y / \sigma_*^2 \sim \mathrm{S}\chi_{n_0}^2(\lambda, \delta_1, \delta_2)$$

其中，$P_{Z_\gamma} = I_a \otimes I_b \otimes \overline{J}_c$，$\sigma_*^2 = c\sigma_\alpha^2 + c\sigma_\beta^2 + c\sigma_\gamma^2 + \sigma_\varepsilon^2$，$n_0 = ab$，$\lambda = \mu_y^{\mathrm{T}} P_{Z_\gamma} \mu_y / \sigma_*^2$，$\mu_y = 1_n \mu$，$\delta_1 = \alpha_1^{\mathrm{T}} \Omega^{1/2} P_{Z_\gamma} \mu_y / (d\sigma_*)$，$\delta_2 = \alpha_1^{\mathrm{T}} P_1 P_1^{\mathrm{T}} \alpha_1 / d^2$，$\Omega$、$d$、$\alpha_1$ 和 P_1 由定理 6.2 给出。根据定理 6.3 可得

$$V_4 = y^{\mathrm{T}} A_4 y / \sigma_4^2 \sim \chi_{n_4}^2$$

进一步，由 Ye 等[133]中的结论 2.2，容易得到 V_0 与 V_4 相互独立。由定义 6.1，可构造精确检验统计量

$$F = \frac{(c-1)y^{\mathrm{T}} P_{Z_\gamma} y / \sigma_*^2}{y^{\mathrm{T}} A_4 y / \sigma_4^2} \sim \mathrm{SF}_{n_0, n_4}(\lambda, \delta_1, \delta_2) \qquad (6.7)$$

在假设检验问题（6.6）中 H_0 成立的条件下，则

$$F \sim F_{n_0, n_4} \tag{6.8}$$

其中，F_{n_0, n_4} 表示自由度为 n_0 和 n_4 的 F 分布。因此，对于假设检验问题（6.6），利用式（6.8）的 F 可以给出如下 p 值

$$p = P(F > F_{n_0, n_4}(\delta) | H_0) \tag{6.9}$$

其中，δ 表示名义显著性水平，$F_{n_0, n_4}(\delta)$ 表示 F_{n_0, n_4} 的第 δ 分位点。若 $p \leqslant \delta$，则在名义显著性水平 δ 下拒绝原假设 H_0。

6.3　单个方差分量的推断

对于模型（6.1），考虑单个方差分量的单边假设检验问题

$$H_0: \sigma_\alpha^2 \leqslant c_0 \quad \text{vs} \quad H_1: \sigma_\alpha^2 > c_0 \tag{6.10}$$

$$H_0: \sigma_\beta^2 \leqslant c_0 \quad \text{vs} \quad H_1: \sigma_\beta^2 > c_0 \tag{6.11}$$

$$H_0: \sigma_\gamma^2 \leqslant c_0 \quad \text{vs} \quad H_1: \sigma_\gamma^2 > c_0 \tag{6.12}$$

其中，c_0 为预先给定值。

1. Bootstrap 方法

首先，构造 σ_i^2 的无偏估计，由式（6.4）可得

$$\hat{\sigma}_i^2 = \frac{T_i}{n_i}, \quad i = 1, 2, 3, 4 \tag{6.13}$$

对于假设检验问题（6.10），若 σ_3^2 已知，则式（6.4）中的 V_1 为假设检验问题（6.10）的检验统计量。然而，在实际问题中，σ_3^2 往往是未知的。因此，在假设检验问题（6.10）中 H_0 成立的条件下，用估计量 $\hat{\sigma}_3^2$ 代替 σ_3^2，可得

$$F_1 = \frac{T_1}{bcc_0 + T_3 / n_3} \tag{6.14}$$

显然，F_1 的精确分布是难以获取的，无法建立其精确检验方法，故可利用 Bootstrap 方法构建检验统计量。于是，基于式（6.14）的 Bootstrap 检验统计量为

$$F_{1B} = \frac{T_{1B}}{bcc_0 + T_{3B} / n_3} \tag{6.15}$$

其中，$T_{1B} \sim (bcc_0 + t_3/n_3) \chi_{n_1}^2$，$T_{3B} \sim (t_3/n_3) \chi_{n_3}^2$，$t_3$ 表示 T_3 的观测值。因此，对于假设检验问题（6.10），利用式（6.15）中的 F_{1B}，可以给出如下 p 值

$$p_1 = P(F_{1B} > f_1 | H_0) \tag{6.16}$$

其中，f_1 表示式（6.14）中 F_1 的观测值。若 $p_1 \leqslant \delta$，则在名义显著性水平 δ 下拒绝原假设 H_0。

注 6.2　当 $\sigma_\beta^2 = \sigma_\gamma^2 = 0$，$\alpha = 0$ 时，模型（6.1）退化为正态单向分类随机效应

模型，进而式（6.15）中 F_{1B} 退化为杨方芹等[76]的结果。

类似地，假设检验问题式（6.11）和式（6.12）的 Bootstrap 检验统计量可分别表示为

$$F_{2B} = \frac{T_{2B}}{acc_0 + T_{3B}/n_3}, \quad F_{3B} = \frac{T_{3B}}{cc_0 + T_{4B}/n_4} \qquad (6.17)$$

其中，在 F_{2B} 中，$T_{2B} \sim (acc_0 + t_3/n_3)\chi^2_{n_2}$，$T_{3B} \sim (t_3/n_3)\chi^2_{n_3}$。在 F_{3B} 中，$T_{3B} \sim (cc_0 + t_4/n_4)\chi^2_{n_3}$，$T_{4B} \sim (t_4/n_4)\chi^2_{n_4}$，$t_4$ 表示 T_4 的观测值。基于 F_{2B} 和 F_{3B} 的 p 值可分别定义为

$$p_2 = P(F_{2B} > f_2 \mid H_0), \quad p_3 = P(F_{3B} > f_3 \mid H_0)$$

类似于式（6.16）中的 f_1，f_2 和 f_3 分别表示对应检验统计量的观测值。

注 6.3 基于 F_{1B} 构造 σ^2_α 的 Bootstrap 枢轴量，记为 $\tilde{F}_{1B}$。令 $\tilde{F}_{1B}(\omega)$ 表示 $\tilde{F}_{1B}$ 的第 ω 分位点，则 σ^2_α 的置信水平为 $1 - \delta$ 的 Bootstrap 置信区间为

$$\left[\frac{t_1}{bc\tilde{F}_{1B}(1 - \delta/2)} - \frac{t_3}{n_3 bc}, \quad \frac{t_1}{bc\tilde{F}_{1B}(\delta/2)} - \frac{t_3}{n_3 bc} \right]$$

其中，t_1 表示 T_1 的观测值。同理，σ^2_β 和 σ^2_γ 的 Bootstrap 置信区间类似可得。

2. 广义方法

对于假设检验问题（6.10），构造广义检验变量。定义

$$F_4 = V_1(1/V_3 + bc\sigma^2_\alpha/t_3) \qquad (6.18)$$

显然，F_4 的观测值 $f_4 = t_1/t_3$ 与未知参数无关，F_4 的分布与冗余参数无关。由式（6.18）得，F_4 关于 σ^2_α 随机单调增。因此，对于假设检验问题（6.10），F_4 为广义检验变量。由 F_4，可计算广义 p 值

$$
\begin{aligned}
p_4 &= P(F_4 \geqslant t_1/t_3 \mid H_0) = P\left(V_1 \geqslant \frac{V_3 t_1}{bcV_3 c_0 + t_3} \right) \\
&= 1 - E_{V_3}\left(F_{\chi^2_{n_1}}\left(\frac{V_3 t_1}{bcV_3 c_0 + t_3} \right) \right)
\end{aligned}
\qquad (6.19)
$$

其中，$F_{\chi^2_{n_1}}$ 表示自由度为 n_1 的 χ^2 分布的分布函数。式（6.19）中的期望关于统计量 V_3 计算可得。若 $p_4 \leqslant \delta$，则在名义显著性水平 δ 下拒绝原假设 H_0。

注 6.4 当偏度参数 $\alpha = 0$ 时，模型（6.1）退化为正态两向分类随机效应模型，进而式（6.19）中 p_4 退化为 Weerahandi[95]的结果。

下面考虑 σ^2_α 的广义置信区间，定义

$$F_4^* = \frac{1}{bc}\left(\frac{t_1 \sigma^2_1}{T_1} - \frac{t_3 \sigma^2_3}{T_3} \right)$$

易见，F_4^* 的分布与未知参数无关，且 F_4^* 的观测值 σ^2_α 与冗余参数无关，故 F_4^* 为

广义枢轴量。由 F_4^* 分位点可得 σ_α^2 的置信水平为 $1-\delta$ 的广义置信上限和广义置信下限，分别记为 $F_4^*(1-\delta/2)$ 和 $F_4^*(\delta/2)$。

注 6.5 当 $\sigma_\beta^2 = \sigma_\gamma^2 = 0$，$\alpha = 0$ 时，广义置信区间 $[F_4^*(\delta/2), F_4^*(1-\delta/2)]$ 退化为 Weerahandi[86] 的结果。

类似地，假设检验问题式（6.11）和式（6.12）的广义检验变量可分别表示为

$$F_5 = V_2(1/V_3 + ac\sigma_\beta^2/t_3), \quad F_6 = V_3(1/V_4 + c\sigma_\gamma^2/t_4)$$

于是，基于 F_5 和 F_6，则假设检验问题式（6.11）和式（6.12）的广义 p 值分别为

$$p_5 = 1 - E_{V_3}\left(F_{\chi_{n_2}^2}\left(\frac{V_3 t_2}{acV_3 c_0 + t_3}\right)\right), \quad p_6 = 1 - E_{V_4}\left(F_{\chi_{n_3}^2}\left(\frac{V_4 t_3}{cV_4 c_0 + t_4}\right)\right)$$

进而，可得 σ_β^2 和 σ_γ^2 的广义枢轴量，分别为

$$F_5^* = \frac{1}{ac}\left(\frac{t_2\sigma_2^2}{T_2} - \frac{t_3\sigma_3^2}{T_3}\right), \quad F_6^* = \frac{1}{c}\left(\frac{t_3\sigma_3^2}{T_3} - \frac{t_4\sigma_4^2}{T_4}\right)$$

同理，容易得到 σ_β^2 和 σ_γ^2 的广义置信区间，此处不再赘述。

6.4 方差分量之和的推断

对于模型（6.1），考虑方差分量之和的单边假设检验问题

$$H_0 : \sigma_\alpha^2 + \sigma_\beta^2 + \sigma_\gamma^2 \leqslant c_1 \quad \text{vs} \quad H_1 : \sigma_\alpha^2 + \sigma_\beta^2 + \sigma_\gamma^2 > c_1 \qquad (6.20)$$

其中，c_1 为预先给定值。

1. Bootstrap 方法

对于假设检验问题（6.20），当原假设 H_0 成立时，在 V_1 中用无偏估计量 $\hat{\sigma}_2^2$、$\hat{\sigma}_3^2$ 和 $\hat{\sigma}_4^2$ 分别取代 σ_2^2、σ_3^2 和 σ_4^2，可得

$$F_7 = \frac{T_1}{bcc_1 - \dfrac{b}{a}\left(\dfrac{T_2}{n_2} - \dfrac{T_3}{n_3}\right) - \dfrac{(b-1)T_3}{n_3} + \dfrac{bT_4}{n_4}} \qquad (6.21)$$

易见，F_7 的精确分布是难以获取的，故可利用 Bootstrap 方法构建检验统计量。于是，基于式（6.21）的 Bootstrap 检验统计量为

$$F_{7B} = \frac{T_{1B}}{bcc_1 - \dfrac{b}{a}\left(\dfrac{T_{2B}}{n_2} - \dfrac{T_{3B}}{n_3}\right) - \dfrac{(b-1)T_{3B}}{n_3} + \dfrac{bT_{4B}}{n_4}} \qquad (6.22)$$

其中，$T_{1B} \sim \left(bcc_1 - \dfrac{b}{a}\left(\dfrac{t_2}{n_2} - \dfrac{t_3}{n_3}\right) - \dfrac{(b-1)t_3}{n_3} + \dfrac{bt_4}{n_4}\right)\chi_{n_1}^2$，$T_{2B} \sim (t_2/n_2)\chi_{n_2}^2$，$T_{3B} \sim (t_3/n_3)\chi_{n_3}^2$，

$T_{4B} \sim (t_4 / n_4) \chi_{n_4}^2$，$t_2$ 表示 T_2 的观测值。因此，利用式（6.22）的 F_{7B} 可给出如下 p 值

$$p_7 = P(F_{7B} > f_7 \mid H_0) \tag{6.23}$$

其中，f_7 表示式（6.21）中 F_7 的观测值。若 $p_7 \leqslant \delta$，则在名义显著性水平 δ 下拒绝原假设 H_0。

注 6.6 基于 F_{7B} 构造 $\sigma_\alpha^2 + \sigma_\beta^2 + \sigma_\gamma^2$ 的 Bootstrap 枢轴量，记为 $\tilde{F}_{7B}$。令 $\tilde{F}_{7B}(\omega)$ 表示 $\tilde{F}_{7B}$ 的第 ω 分位点，则 $\sigma_\alpha^2 + \sigma_\beta^2 + \sigma_\gamma^2$ 的置信水平为 $1 - \delta$ 的 Bootstrap 置信区间为

$$\left[\frac{t_1}{bc\tilde{F}_{7B}(1 - \delta/2)} + \frac{1}{ac}\left(\frac{t_2}{n_2} - \frac{t_3}{n_3} \right) + \frac{(b-1)t_3}{bcn_3} - \frac{t_4}{cn_4}, \right.$$

$$\left. \frac{t_1}{bc\tilde{F}_{7B}(\delta/2)} + \frac{1}{ac}\left(\frac{t_2}{n_2} - \frac{t_3}{n_3} \right) + \frac{(b-1)t_3}{bcn_3} - \frac{t_4}{cn_4} \right]$$

2. 广义方法

对于假设检验问题（6.20），构造广义检验统计量。定义

$$F_8 = \frac{1}{bc}\left(\frac{t_1}{V_1} - \frac{t_3}{V_3} \right) + \frac{1}{ac}\left(\frac{t_2}{V_2} - \frac{t_3}{V_3} \right) + \frac{1}{c}\left(\frac{t_3}{V_3} - \frac{t_4}{V_4} \right) - (\sigma_\alpha^2 + \sigma_\beta^2 + \sigma_\gamma^2) \tag{6.24}$$

显然，F_8 的观测值 $f_8 = 0$ 与未知参数无关。因 V_1、V_2、V_3 和 V_4 分布无任何未知参数，故 F_8 的分布与冗余参数无关。由式（6.24）得，F_8 关于 $\sigma_\alpha^2 + \sigma_\beta^2 + \sigma_\gamma^2$ 随机单调减。因此，对于假设检验问题（6.20），F_8 为广义检验变量。由 F_8 可计算广义 p 值

$$p_8 = P(F_8 \leqslant 0 \mid H_0)$$

$$= 1 - E_{V_2, V_3, V_4}\left(F_{\chi_{n_1}^2}\left(t_1\left(bcc_1 - \frac{b}{a}\left(\frac{t_2}{V_2} - \frac{t_3}{V_3} \right) - b\left(\frac{t_3}{V_3} - \frac{t_4}{V_4} \right) + \frac{t_3}{V_3} \right)^{-1} \right) \right) \tag{6.25}$$

若 $p_8 \leqslant \delta$，则在名义显著性水平 δ 下拒绝原假设 H_0。

下面考虑 $\sigma_\alpha^2 + \sigma_\beta^2 + \sigma_\gamma^2$ 的广义置信区间，定义广义枢轴量

$$F_8^* = \frac{1}{bc}\left(\frac{t_1}{V_1} - \frac{t_3}{V_3} \right) + \frac{1}{ac}\left(\frac{t_2}{V_2} - \frac{t_3}{V_3} \right) + \frac{1}{c}\left(\frac{t_3}{V_3} - \frac{t_4}{V_4} \right)$$

令 $F_8^*(\omega)$ 表示 F_8^* 的第 ω 分位点，则 $[F_8^*(\delta/2), F_8^*(1 - \delta/2)]$ 为 $\sigma_\alpha^2 + \sigma_\beta^2 + \sigma_\gamma^2$ 的置信水平为 $1 - \delta$ 的广义置信区间。

6.5 方差分量之比的推断

对于模型（6.1），考虑方差分量之比的单边假设检验问题

$$H_0 : \sigma_\alpha^2 / \sigma_\beta^2 \leqslant c_2 \qquad \text{vs} \qquad H_1 : \sigma_\alpha^2 / \sigma_\beta^2 > c_2 \tag{6.26}$$

$$H_0 : \sigma_\alpha^2 / \sigma_\gamma^2 \leqslant c_2 \qquad \text{vs} \qquad H_1 : \sigma_\alpha^2 / \sigma_\gamma^2 > c_2 \tag{6.27}$$

$$H_0 : \sigma_\beta^2 / \sigma_\gamma^2 \leqslant c_2 \qquad \text{vs} \qquad H_1 : \sigma_\beta^2 / \sigma_\gamma^2 > c_2 \tag{6.28}$$

其中，c_2 为预先给定值。

1. Bootstrap 方法

对于假设检验问题（6.26），借鉴 Ye 等[131]的构造方式，当原假设 H_0 成立时，在 V_1 中用无偏估计量 $\hat{\sigma}_2^2$ 和 $\hat{\sigma}_3^2$ 分别取代 σ_2^2 和 σ_3^2，可得

$$F_9 = \frac{T_1}{bc_2(T_2 / n_2 - T_3 / n_3) / a + T_3 / n_3} \tag{6.29}$$

易见，F_9 的精确分布是难以获取的，故可利用 Bootstrap 方法构建检验统计量。于是，基于式（6.29）的 Bootstrap 检验统计量为

$$F_{9B} = \frac{T_{1B}}{bc_2(T_{2B} / n_2 - T_{3B} / n_3) / a + T_{3B} / n_3} \tag{6.30}$$

其中，$T_{1B} \sim \left(\dfrac{bc_2(t_2 / n_2 - t_3 / n_3)}{a} + \dfrac{t_3}{n_3} \right) \chi_{n_1}^2$，$T_{2B} \sim (t_2 / n_2) \chi_{n_2}^2$，$T_{3B} \sim (t_3 / n_3) \chi_{n_3}^2$。因此，对于假设检验问题（6.26），利用式（6.30）的 F_{9B} 可以给出如下 p 值：

$$p_9 = P(F_{9B} > f_9 \mid H_0) \tag{6.31}$$

其中，f_9 表示式（6.29）中 F_9 的观测值。若 $p_9 \leqslant \delta$，则在名义显著性水平 δ 下拒绝原假设 H_0。

类似地，假设检验问题式（6.27）和式（6.28）的 Bootstrap 检验统计量可分别表示为

$$F_{10B} = \frac{T_{1B}}{bc_2(T_{3B} / n_3 - T_{4B} / n_4) + T_{3B} / n_3}, \quad F_{11B} = \frac{T_{2B}}{ac_2(T_{3B} / n_3 - T_{4B} / n_4) + T_{3B} / n_3} \tag{6.32}$$

基于 F_{10B} 和 F_{11B} 的 p 值可分别定义为

$$p_{10} = P(F_{10B} > f_{10} \mid H_0), \quad p_{11} = P(F_{11B} > f_{11} \mid H_0)$$

其中 f_{10} 和 f_{11} 分别为 F_{10} 和 F_{11} 的观测值。

注 6.7 基于 F_{9B} 构造 $\sigma_\alpha^2 / \sigma_\beta^2$ 的 Bootstrap 枢轴量，记为 $\tilde{F}_{9B}$。令 $\tilde{F}_{9B}(\omega)$ 表示 $\tilde{F}_{9B}$ 的第 ω 分位点，则 $\sigma_\alpha^2 / \sigma_\beta^2$ 的一个置信水平为 $1 - \delta$ 的 Bootstrap 置信区间为

$$\left[\left(b\left(\frac{t_2}{n_2} - \frac{t_3}{n_3} \right) \right)^{-1} \left(\frac{at_1}{\tilde{F}_{9B}(1 - \delta / 2)} - \frac{at_3}{n_3} \right), \left(b\left(\frac{t_2}{n_2} - \frac{t_3}{n_3} \right) \right)^{-1} \left(\frac{at_1}{\tilde{F}_{9B}(\delta / 2)} - \frac{at_3}{n_3} \right) \right]$$

同理，基于 $\tilde{F}_{10B}$ 和 $\tilde{F}_{11B}$ 的置信水平为 $1 - \delta$ 的 Bootstrap 置信区间类似可得。

2. 广义方法

对于假设检验问题（6.26），定义广义检验变量

$$F_{12} = \frac{aV_2(t_1V_3 - t_3V_1)}{bV_1(t_2V_3 - t_3V_2)} - \frac{\sigma_\alpha^2}{\sigma_\beta^2} \quad (6.33)$$

由式（6.33）可计算广义 p 值

$$p_{12} = P(F_{12} \leqslant 0 \mid H_0) = 1 - E_{V_2, V_3}\left(F_{\chi_m^2}\left(\frac{at_1V_2V_3}{(a - bc_2)t_3V_2 + bc_2t_2V_3}\right)\right) \quad (6.34)$$

若 $p_{12} \leqslant \delta$，则在名义显著性水平 δ 下拒绝原假设 H_0。

下面考虑 $\sigma_\alpha^2 / \sigma_\beta^2$ 的广义置信区间。定义

$$F_{12}^* = \frac{aV_2(t_1V_3 - t_3V_1)}{bV_1(t_2V_3 - t_3V_2)}$$

其中，F_{12}^* 的观测值为 $\sigma_\alpha^2 / \sigma_\beta^2$。因此，可利用 F_{12}^* 的百分位数构造其广义置信区间。

类似地，假设检验问题式（6.27）和式（6.28）的广义检验变量分别为

$$F_{13} = \frac{V_4(t_1V_3 - t_3V_1)}{bV_1(t_3V_4 - t_4V_3)} - \frac{\sigma_\alpha^2}{\sigma_\gamma^2}, \quad F_{14} = \frac{V_4(t_2V_3 - t_3V_2)}{aV_1(t_3V_4 - t_4V_3)} - \frac{\sigma_\beta^2}{\sigma_\gamma^2}$$

于是，基于 F_{13} 和 F_{14}，则假设检验问题式（6.27）和式（6.28）的广义 p 值分别为

$$p_{13} = 1 - E_{V_3, V_4}\left(F_{\chi_{m_1}^2}\left(\frac{t_1V_3V_4}{(bc_2 + 1)t_3V_4 - bc_2t_4V_3}\right)\right),$$

$$p_{14} = 1 - E_{V_3, V_4}\left(F_{\chi_{n_2}^2}\left(\frac{t_2V_3V_4}{(ac_2 + 1)t_3V_4 - ac_2t_4V_3}\right)\right)$$

进一步，容易得到 $\sigma_\alpha^2 / \sigma_\gamma^2$ 与 $\sigma_\beta^2 / \sigma_\gamma^2$ 的广义置信区间。

6.6 蒙特卡罗数值模拟

本节通过蒙特卡罗数值模拟，从数值上研究上述检验方法犯第一类错误的概率和功效的统计性质。为方便起见，本节仅针对假设检验问题式（6.10），给出 Bootstrap 方法犯第一类错误的概率和功效的算法。具体步骤如下。

步骤 1：对于给定的 $(a, b, c, \sigma_\alpha^2, \sigma_\gamma^2, \sigma_\varepsilon^2, c_0)$，生成 $t_1 \sim (bc\sigma_\alpha^2 + c\sigma_\gamma^2 + \sigma_\varepsilon^2)\chi_{n_1}^2$ 和 $t_3 \sim (c\sigma_\gamma^2 + \sigma_\varepsilon^2)\chi_{n_3}^2$。

步骤 2：由式（6.14），计算可得 f_1。

步骤 3：生成 $T_{1B} \sim (bcc_0 + t_3/n_3)\chi_{n_1}^2$，$T_{3B} \sim (t_3/n_3)\chi_{n_3}^2$，并由式（6.15）计算 F_{1B}。

步骤 4：将步骤 3 重复 l_1 次，并由式（6.16）得到 p_1 值。若 $p_1 < \delta$，则 $Q=1$。反之，则 $Q=0$。

步骤 5：将步骤 1～步骤 4 重复 l_2 次，得到 l_2 个 Q 值，记为 $Q_1, Q_2, \cdots, Q_{l_2}$，则犯第一类错误的概率为 $\sum_{i=1}^{l_2} Q_i / l_2$。

当备择假设 H_1 成立时，基于上述算法类似可得假设检验问题（6.10）的功效。

在模拟研究中，分别取名义显著性水平 $\delta = 0.025$，0.05，0.075，0.1，内循环数 l_1 为 2500 次，外循环数 l_2 为 2500 次。针对假设检验问题（6.6），在对固定效应进行假设检验时，样本量 $(a,b,c)=(2,2,2),(2,3,4),(3,4,5),(4,4,5),(5,6,6)$，令 $\alpha = \alpha^* 1_n$，$\alpha^* = 0, 0.5, 1, 1.5, 2$，取 $\sigma_\beta^2 = \sigma_\varepsilon^2 = 1$，$\sigma_\alpha^2 = 0.1, 0.5, 1, 1.5$，$\sigma_\gamma^2 = 6, 6.5, 7, 8$。在对方差分量函数进行假设检验时，样本量 $(a,b,c)=(3,4,5),(4,5,6),(5,6,7),(6,8,10),(8,10,12)$。针对假设检验问题（6.10），取 $c_0 = 0.1$，$\sigma_\alpha^2 = \sigma_\beta^2 = 0.1$，$\sigma_\gamma^2 = 0.1, 1, 2.5, 4, 6$，$\sigma_\varepsilon^2 = 0.5, 2.5, 4, 6, 8$。针对假设检验问题（6.20），取 $c_1 = 8$，$\sigma_\beta^2 = 0.5$，$\sigma_\alpha^2 = 4, 4.5, 5, 5.5, 6$，$\sigma_\varepsilon^2 = 0.5, 1, 1.5, 2, 2.5$。针对假设检验问题（6.26），取 $c_2 = 5$，$\sigma_\gamma^2 = 0.1$，$\sigma_\beta^2 = 4, 4.5, 5, 5.5, 6$，$\sigma_\varepsilon^2 = 0.1, 0.5, 1, 1.5, 2$。

对于假设检验问题（6.6），表 6.1 和表 6.2 分别给出了不同名义显著性水平下精确检验犯第一类错误的概率和功效的模拟结果。由表 6.1 可知，当样本量较小时，精确检验略显保守。然而，随着样本量的增加，精确检验的实际水平逐渐接近于名义显著性水平。由表 6.2 可知，对于所设定的各种参数、样本量和名义显著性水平，该检验方法的功效表现良好。

对于假设检验问题（6.10），表 6.3 和表 6.4 分别给出了不同名义显著性水平下 Bootstrap（PB）方法和广义（GP）方法犯第一类错误的概率和功效的模拟结果。由表 6.3 可知，当样本量较小时，PB 方法略显自由，而 GP 方法略显保守。随着样本量的增加，上述两种方法的实际水平越来越接近于名义显著性水平，但 PB 方法在多数情况下优于 GP 方法。由表 6.4 可知，对于所设定的各种参数、样本量和名义显著性水平，PB 方法的功效一致优于 GP 方法的功效。

对于假设检验问题（6.20），表 6.5 和表 6.6 分别给出了不同名义显著性水平下 PB 方法和 GP 方法犯第一类错误的概率和功效的模拟结果。由表 6.5 可知，当样本量较小时，PB 方法和 GP 方法分别较为保守和自由。然而，随着样本量的增加，这种现象得到改善，且 PB 方法在绝大多数情况下优于 GP 方法。由表 6.6 可知，随着 $\sigma_\alpha^2 + \sigma_\beta^2 + \sigma_\gamma^2$ 远离原假设及样本量的增加，PB 方法和 GP 方法的功效均呈现出增长趋势，但后者一致优于前者。

对于假设检验问题（6.26），表 6.7 和表 6.8 分别给出了不同名义显著性水平下 PB 方法和 GP 方法犯第一类错误的概率和功效的模拟结果。由表 6.7 和表 6.8

可知，在小样本情况下，PB 方法犯第一类错误的概率和功效均优于 GP 方法。然而，随着样本量的增加，上述两种方法均能较好地控制犯第一类错误的概率，但 GP 方法表现更好。

注 6.8　在上述研究中，仅给出偏度参数为零和正数情形下的模拟结果。对于偏度参数为负值的情况，其模拟结果与正偏情况类似，故略去。

表 6.1　假设检验问题（6.6）检验方法犯第一类错误的概率（ $\sigma_\beta^2 = \sigma_\varepsilon^2 = 1$, $\mu = \mu_0 = 0$ ）

a	b	c	α	σ_α^2	σ_γ^2	δ			
						0.025	0.05	0.075	0.1
2	2	2	0	0.1	6	0.0208	0.0448	0.0720	0.0972
				0.5	6.5	0.0216	0.0452	0.0712	0.0960
				1	7	0.0212	0.0452	0.0708	0.0956
				1.5	8	0.0224	0.0432	0.0700	0.0960
2	3	4	0.5	0.1	6	0.0240	0.0452	0.0604	0.0808
				0.5	6.5	0.0240	0.0444	0.0608	0.0828
				1	7	0.0232	0.0464	0.0608	0.0820
				1.5	8	0.0236	0.0480	0.0620	0.0844
3	4	5	1	0.1	6	0.0256	0.0548	0.0820	0.1088
				0.5	6.5	0.0276	0.0564	0.0800	0.1060
				1	7	0.0292	0.0564	0.0820	0.1076
				1.5	8	0.0308	0.0568	0.0828	0.1104
4	4	5	1.5	0.1	6	0.0284	0.0560	0.0856	0.1084
				0.5	6.5	0.0268	0.0576	0.0860	0.1100
				1	7	0.0280	0.0624	0.0880	0.1092
				1.5	8	0.0268	0.0620	0.0868	0.1108
5	6	6	2	0.1	6	0.0268	0.0576	0.0796	0.1064
				0.5	6.5	0.0284	0.0532	0.0836	0.1048
				1	7	0.0272	0.0592	0.0836	0.1084
				1.5	8	0.0268	0.0596	0.0864	0.1108

表 6.2　假设检验问题（6.6）检验方法的功效（ $\sigma_\alpha^2 = \sigma_\beta^2 = \sigma_\gamma^2 = 1$, $\mu_0 = 0$ ）

a	b	c	α	σ_ε^2	μ	δ			
						0.025	0.05	0.075	0.1
2	2	2	0	1	1	0.0393	0.0784	0.1148	0.1444
				1.5	2	0.0864	0.1532	0.2028	0.2504
				2	3	0.1600	0.2592	0.3496	0.4196
				2.5	4	0.2564	0.4012	0.5140	0.6088

续表

a	b	c	α	σ_ε^2	μ	δ			
						0.025	0.05	0.075	0.1
2	3	4	0.5	1	1	0.0760	0.1248	0.1588	0.1884
				1.5	2	0.2424	0.3356	0.4028	0.4604
				2	3	0.5376	0.6432	0.7040	0.7456
				2.5	4	0.7904	0.8592	0.8928	0.9208
3	4	5	1	1	1	0.1416	0.1976	0.2428	0.2784
				1.5	2	0.4360	0.5268	0.5844	0.6284
				2	3	0.8104	0.8608	0.8868	0.9056
				2.5	4	0.9660	0.9796	0.9852	0.9896
4	4	5	1.5	1	1	0.1608	0.2160	0.2608	0.3012
				1.5	2	0.5224	0.6032	0.6564	0.6932
				2	3	0.8776	0.9180	0.9344	0.9456
				2.5	4	0.9884	0.9932	0.9944	0.9968
5	6	6	2	1	1	0.2280	0.2944	0.3352	0.3712
				1.5	2	0.7092	0.7736	0.8084	0.8384
				2	3	0.9752	0.9844	0.9868	0.9896
				2.5	4	0.9996	1.0000	1.0000	1.0000

表 6.3　假设检验问题（6.10）检验方法犯第一类错误的概率（$\sigma_\beta^2 = \sigma_\alpha^2 = c_0 = 0.1$）

a	b	c	σ_γ^2	σ_ε^2	δ							
					0.025		0.05		0.075		0.1	
					PB	GP	PB	GP	PB	GP	PB	GP
3	4	5	0.1	0.5	0.0268	0.0184	0.0516	0.0384	0.0756	0.0596	0.1004	0.0816
			1	2.5	0.0352	0.0212	0.0604	0.0432	0.0856	0.0660	0.1084	0.0892
			2.5	4	0.0344	0.0224	0.0596	0.0452	0.0848	0.0700	0.1060	0.0940
			4	6	0.0328	0.0232	0.0584	0.0480	0.0848	0.0716	0.1044	0.0964
			6	8	0.0316	0.0244	0.0580	0.0476	0.0848	0.0736	0.1032	0.0964
4	5	6	0.1	0.5	0.0256	0.0224	0.0520	0.0420	0.0764	0.0680	0.1012	0.0912
			1	2.5	0.0292	0.0236	0.0540	0.0460	0.0800	0.0684	0.1024	0.0936
			2.5	4	0.0296	0.0236	0.0516	0.0476	0.0792	0.0708	0.1020	0.0952
			4	6	0.0296	0.0244	0.0516	0.0484	0.0796	0.0724	0.1020	0.0972
			6	8	0.0292	0.0248	0.0512	0.0484	0.0784	0.0736	0.1016	0.0980
5	6	7	0.1	0.5	0.0252	0.0228	0.0512	0.0452	0.0756	0.0712	0.0996	0.0952
			1	2.5	0.0260	0.0240	0.0516	0.0452	0.0756	0.0708	0.1012	0.0956
			2.5	4	0.0268	0.0236	0.0512	0.0476	0.0788	0.0724	0.1012	0.0944

续表

a	b	c	σ_γ^2	σ_ε^2	δ							
					0.025		0.05		0.075		0.1	
					PB	GP	PB	GP	PB	GP	PB	GP
5	6	7	4	6	0.0264	0.0244	0.0512	0.0476	0.0768	0.0740	0.1012	0.0972
			6	8	0.0264	0.0244	0.0496	0.0488	0.0752	0.0744	0.1004	0.0980
6	8	10	0.1	0.5	0.0252	0.0244	0.0496	0.0472	0.0752	0.0736	0.1004	0.0972
			1	2.5	0.0252	0.0244	0.0500	0.0464	0.0760	0.0712	0.1008	0.0956
			2.5	4	0.0264	0.0248	0.0504	0.0480	0.0764	0.0728	0.1012	0.0976
			4	6	0.0260	0.0240	0.0496	0.0488	0.0756	0.0736	0.1012	0.0976
			6	8	0.0260	0.0244	0.0504	0.0484	0.0752	0.0740	0.1004	0.0984
8	10	12	0.1	0.5	0.0252	0.0244	0.0504	0.0476	0.0752	0.0724	0.1000	0.0984
			1	2.5	0.0260	0.0232	0.0504	0.0488	0.0748	0.0728	0.1000	0.0972
			2.5	4	0.0252	0.0244	0.0508	0.0492	0.0764	0.0728	0.1004	0.0980
			4	6	0.0248	0.0236	0.0512	0.0488	0.0748	0.0744	0.1000	0.0984
			6	8	0.0256	0.0248	0.0500	0.0496	0.0748	0.0748	0.1004	0.0988

表 6.4　假设检验问题（6.10）检验方法的功效（$\sigma_\beta^2 = \sigma_\varepsilon^2 = c_0 = 0.1$）

a	b	c	σ_α^2	σ_γ^2	δ							
					0.025		0.05		0.075		0.1	
					PB	GP	PB	GP	PB	GP	PB	GP
3	4	5	0.5	1	0.1444	0.1056	0.2120	0.1748	0.2628	0.2232	0.3048	0.2680
			1	1.5	0.2160	0.1596	0.2960	0.2544	0.3496	0.3108	0.3980	0.3612
			1.5	2	0.2428	0.1988	0.3320	0.2956	0.3916	0.3564	0.4380	0.4048
			2	2.5	0.2644	0.2176	0.3548	0.3168	0.4140	0.3848	0.4616	0.4348
			2.5	3	0.2752	0.2284	0.3692	0.3340	0.4288	0.4032	0.4760	0.4552
4	5	6	0.5	1	0.2184	0.1904	0.2976	0.2716	0.3600	0.3388	0.4132	0.3928
			1	1.5	0.3484	0.3172	0.4396	0.4124	0.5072	0.4864	0.5604	0.5452
			1.5	2	0.4128	0.3800	0.5056	0.4860	0.5652	0.5480	0.6176	0.6048
			2	2.5	0.4472	0.4252	0.5384	0.5252	0.5956	0.5808	0.6480	0.6380
			2.5	3	0.4708	0.4492	0.5608	0.5456	0.6184	0.6020	0.6688	0.6596
5	6	7	0.5	1	0.3032	0.2828	0.3924	0.3724	0.4612	0.4444	0.5164	0.5064
			1	1.5	0.4872	0.4656	0.5752	0.5620	0.6360	0.6228	0.6744	0.6644
			1.5	2	0.5632	0.5456	0.6468	0.6404	0.6964	0.6884	0.7340	0.7268
			2	2.5	0.6028	0.5920	0.6860	0.6776	0.7284	0.7248	0.7688	0.7604
			2.5	3	0.6284	0.6216	0.7116	0.7008	0.7492	0.7432	0.7848	0.7804

续表

a	b	c	σ_α^2	σ_γ^2	\multicolumn{8}{c}{δ}
					0.025		0.05		0.075		0.1	
					PB	GP	PB	GP	PB	GP	PB	GP
				1	0.4392	0.4284	0.5316	0.5200	0.5956	0.5864	0.6288	0.6224
			1	1.5	0.6568	0.6492	0.7228	0.7164	0.7672	0.7608	0.7964	0.7936
6	8	10	1.5	2	0.7368	0.7296	0.7920	0.7888	0.8256	0.8220	0.8528	0.8512
			2	2.5	0.7808	0.7728	0.8256	0.8232	0.8576	0.8556	0.8768	0.8744
			2.5	3	0.8004	0.7932	0.8488	0.8464	0.8744	0.8716	0.8964	0.8940
			0.5	1	0.5988	0.5940	0.6760	0.6724	0.7256	0.7204	0.7612	0.7588
			1	1.5	0.8184	0.8092	0.8604	0.8584	0.8952	0.8916	0.9100	0.9096
8	10	12	1.5	2	0.8852	0.8824	0.9164	0.9156	0.9388	0.9372	0.9464	0.9464
			2	2.5	0.9144	0.9128	0.9428	0.9416	0.9556	0.9548	0.9636	0.9636
			2.5	3	0.9344	0.9336	0.9528	0.9524	0.9652	0.9640	0.9720	0.9720

注：第一行 $\sigma_\alpha^2=0.5$。

表 6.5　假设检验问题（6.20）检验方法犯第一类错误的概率（ $\sigma_\alpha^2 + \sigma_\beta^2 = \sigma_\gamma^2 = c_1 = 8$ ， $\sigma_\beta^2 = 0.5$ ）

a	b	c	σ_α^2	σ_ε^2	\multicolumn{8}{c}{δ}
					0.025		0.05		0.075		0.1	
					PB	GP	PB	GP	PB	GP	PB	GP
			4	0.5	0.0236	0.0504	0.0544	0.1004	0.0880	0.1460	0.1172	0.1820
			4.5	1	0.0204	0.0480	0.0512	0.0920	0.0832	0.1352	0.1100	0.1748
3	4	5	5	1.5	0.0172	0.0444	0.0496	0.0864	0.0752	0.1276	0.1052	0.1688
			5.5	2	0.0168	0.0416	0.0464	0.0820	0.0740	0.1208	0.0992	0.1592
			6	2.5	0.0196	0.0396	0.0428	0.0764	0.0712	0.1128	0.0976	0.1460
			4	0.5	0.0136	0.0436	0.0424	0.0908	0.0744	0.1272	0.1012	0.1588
			4.5	1	0.0108	0.0408	0.0396	0.0824	0.0676	0.1212	0.0960	0.1508
4	5	6	5	1.5	0.0112	0.0400	0.0388	0.0796	0.0656	0.1168	0.0932	0.1476
			5.5	2	0.0136	0.0372	0.0416	0.0760	0.0656	0.1068	0.0904	0.1404
			6	2.5	0.0176	0.0352	0.0440	0.0708	0.0672	0.0988	0.0924	0.1344
			4	0.5	0.0100	0.0396	0.0336	0.0816	0.0600	0.1208	0.0896	0.1484
			4.5	1	0.0112	0.0372	0.0356	0.0756	0.0608	0.1140	0.0876	0.1436
5	6	7	5	1.5	0.0144	0.0364	0.0400	0.0720	0.0624	0.1064	0.0908	0.1412
			5.5	2	0.0176	0.0332	0.0416	0.0688	0.0656	0.1012	0.0924	0.1360
			6	2.5	0.0204	0.0320	0.0456	0.0640	0.0692	0.0944	0.0956	0.1280

续表

a	b	c	σ_α^2	σ_ε^2	\multicolumn{8}{c}{δ}
					0.025 PB	0.025 GP	0.05 PB	0.05 GP	0.075 PB	0.075 GP	0.1 PB	0.1 GP
6	8	10	4	0.5	0.0112	0.0392	0.0312	0.0764	0.0576	0.1120	0.0872	0.1408
			4.5	1	0.0140	0.0352	0.0380	0.0720	0.0616	0.1044	0.0896	0.1340
			5	1.5	0.0192	0.0316	0.0420	0.0716	0.0680	0.0984	0.0924	0.1288
			5.5	2	0.0224	0.0312	0.0452	0.0660	0.0700	0.0952	0.0952	0.1240
			6	2.5	0.0232	0.0304	0.0464	0.0632	0.0724	0.0924	0.0964	0.1192
8	10	12	4	0.5	0.0152	0.0328	0.0388	0.0704	0.0612	0.1040	0.0884	0.1316
			4.5	1	0.0196	0.0332	0.0420	0.0688	0.0672	0.0976	0.0908	0.1252
			5	1.5	0.0220	0.0336	0.0448	0.0640	0.0720	0.0924	0.0952	0.1248
			5.5	2	0.0232	0.0320	0.0460	0.0620	0.0724	0.0892	0.0960	0.1204
			6	2.5	0.0232	0.0312	0.0476	0.0612	0.0732	0.0892	0.0964	0.1164

表 6.6　假设检验问题（6.20）检验方法的功效（$c_1 = 8$，$\sigma_\gamma^2 = \sigma_\varepsilon^2 = 0.5$）

a	b	c	σ_α^2	σ_β^2	\multicolumn{8}{c}{δ}
					0.025 PB	0.025 GP	0.05 PB	0.05 GP	0.075 PB	0.075 GP	0.1 PB	0.1 GP
3	4	5	6	4.5	0.0936	0.1464	0.1508	0.2204	0.1948	0.2832	0.2284	0.3340
			6.5	5	0.1068	0.1844	0.1616	0.2656	0.1976	0.3332	0.2364	0.3896
			7	5.5	0.1100	0.2212	0.1680	0.3096	0.2144	0.3840	0.2512	0.4408
			8	6	0.1152	0.2780	0.1848	0.3788	0.2344	0.4496	0.2764	0.5024
			10	8	0.1492	0.4280	0.2204	0.5260	0.2628	0.5868	0.2912	0.6272
4	5	6	6	4.5	0.1004	0.1564	0.1664	0.2340	0.2096	0.3008	0.2488	0.3632
			6.5	5	0.1140	0.2004	0.1724	0.2896	0.2268	0.3708	0.2772	0.4264
			7	5.5	0.1120	0.2528	0.1796	0.3516	0.2416	0.4276	0.2896	0.4876
			8	6	0.1252	0.3220	0.2100	0.4312	0.2736	0.5076	0.3100	0.5552
			10	8	0.1676	0.5084	0.2464	0.5940	0.2896	0.6560	0.3176	0.7084
5	6	7	6	4.5	0.1040	0.1656	0.1708	0.2512	0.2212	0.3272	0.2696	0.3876
			6.5	5	0.1156	0.2220	0.1856	0.3232	0.2468	0.4020	0.3064	0.4620
			7	5.5	0.1196	0.2836	0.1988	0.3904	0.2700	0.4720	0.3192	0.5256
			8	6	0.1380	0.3744	0.2352	0.4856	0.3004	0.5484	0.3428	0.6032
			10	8	0.1800	0.5660	0.2612	0.6604	0.3104	0.7284	0.3408	0.7740

续表

a	b	c	σ_α^2	σ_β^2	δ							
					0.025		0.05		0.075		0.1	
					PB	GP	PB	GP	PB	GP	PB	GP
6	8	10		6	4.5	0.1056	0.1900	0.1780	0.2856	0.2408	0.3588	0.3008	0.4192
			6.5	5	0.1320	0.2624	0.2092	0.3712	0.2832	0.4436	0.3424	0.5008
			7	5.5	0.1324	0.3404	0.2264	0.4484	0.3060	0.5180	0.3584	0.5712
			8	6	0.1552	0.4420	0.2652	0.5420	0.3452	0.6116	0.3916	0.6652
			10	8	0.1972	0.6640	0.2880	0.7548	0.3392	0.8032	0.3700	0.8328
8	10	12	6	4.5	0.0996	0.2340	0.1820	0.3312	0.2528	0.4108	0.3260	0.4684
			6.5	5	0.1340	0.3292	0.2244	0.4356	0.3116	0.5048	0.3832	0.5548
			7	5.5	0.1400	0.4256	0.2472	0.5204	0.3368	0.5884	0.4044	0.6376
			8	6	0.1676	0.5328	0.2940	0.6256	0.3776	0.6912	0.4364	0.7432
			10	8	0.2052	0.7744	0.3012	0.8324	0.3608	0.8704	0.3992	0.8892

表 6.7　假设检验问题（6.26）检验方法犯第一类错误的概率（ $\sigma_\alpha^2 / \sigma_\beta^2 = c_2 = 5$ ， $\sigma_\gamma^2 = 0.1$ ）

a	b	c	σ_β^2	σ_ε^2	δ							
					0.025		0.05		0.075		0.1	
					PB	GP	PB	GP	PB	GP	PB	GP
3	4	5	4	0.1	0.0224	0.0100	0.0468	0.0352	0.0712	0.0652	0.0972	0.0912
			4.5	0.5	0.0216	0.0060	0.0440	0.0276	0.0684	0.0576	0.0968	0.0844
			5	1	0.0228	0.0048	0.0468	0.0232	0.0704	0.0492	0.0984	0.0740
			5.5	1.5	0.0228	0.0040	0.0472	0.0204	0.0716	0.0440	0.0992	0.0684
			6	2	0.0240	0.0040	0.0472	0.0168	0.0740	0.0428	0.1000	0.0636
4	5	6	4	0.1	0.0204	0.0224	0.0448	0.0472	0.0716	0.0740	0.0964	0.0988
			4.5	0.5	0.0200	0.0208	0.0444	0.0452	0.0724	0.0716	0.0968	0.0972
			5	1	0.0184	0.0188	0.0440	0.0428	0.0720	0.0700	0.0960	0.0952
			5.5	1.5	0.0180	0.0164	0.0428	0.0416	0.0704	0.0688	0.0952	0.0936
			6	2	0.0200	0.0160	0.0436	0.0400	0.0704	0.0676	0.0948	0.0928
5	6	7	4	0.1	0.0200	0.0248	0.0452	0.0500	0.0708	0.0760	0.0968	0.1000
			4.5	0.5	0.0176	0.0248	0.0448	0.0492	0.0700	0.0752	0.0968	0.1000
			5	1	0.0164	0.0248	0.0436	0.0500	0.0692	0.0752	0.0956	0.0996
			5.5	1.5	0.0160	0.0244	0.0428	0.0500	0.0680	0.0752	0.0948	0.0996
			6	2	0.0152	0.0248	0.0420	0.0496	0.0680	0.0752	0.0944	0.1004

a	b	c	σ_β^2	σ_ε^2	δ							
					0.025		0.05		0.075		0.1	
					PB	GP	PB	GP	PB	GP	PB	GP
6	8	10	4	0.1	0.0228	0.0248	0.0480	0.0496	0.0748	0.0748	0.0988	0.1000
			4.5	0.5	0.0220	0.0252	0.0480	0.0496	0.0744	0.0752	0.0984	0.1004
			5	1	0.0220	0.0248	0.0472	0.0496	0.0744	0.0752	0.0984	0.1004
			5.5	1.5	0.0216	0.0252	0.0468	0.0496	0.0740	0.0752	0.0984	0.1004
			6	2	0.0208	0.0248	0.0464	0.0496	0.0736	0.0752	0.0972	0.1004
8	10	12	4	0.1	0.0240	0.0256	0.0484	0.0496	0.0748	0.0748	0.0988	0.1000
			4.5	0.5	0.0240	0.0256	0.0480	0.0496	0.0744	0.0748	0.0984	0.1000
			5	1	0.0240	0.0252	0.0484	0.0496	0.0744	0.0748	0.0984	0.1000
			5.5	1.5	0.0240	0.0252	0.0480	0.0500	0.0744	0.0748	0.0984	0.1000
			6	2	0.0240	0.0248	0.0480	0.0500	0.0744	0.0748	0.0980	0.1000

表 6.8　假设检验问题（6.26）检验方法的功效（$c_2 = 5$，$\sigma_\gamma^2 = \sigma_\varepsilon^2 = 0.1$）

a	b	c	σ_α^2	σ_β^2	δ							
					0.025		0.05		0.075		0.1	
					PB	GP	PB	GP	PB	GP	PB	GP
3	4	5	8	0.5	0.0984	0.0160	0.1816	0.0564	0.2444	0.1288	0.3028	0.1832
			10	0.6	0.1032	0.0212	0.1908	0.0792	0.2540	0.1544	0.3148	0.2092
			12	0.7	0.1100	0.0284	0.1952	0.0988	0.2644	0.1728	0.3204	0.2412
			14	0.8	0.1128	0.0316	0.1984	0.1128	0.2676	0.1908	0.3288	0.2580
			16	0.9	0.1156	0.0384	0.2020	0.1264	0.2740	0.2056	0.3348	0.2744
4	5	6	8	0.5	0.0972	0.0800	0.2016	0.1800	0.2996	0.2712	0.3764	0.3564
			10	0.6	0.1072	0.0980	0.2168	0.2072	0.3160	0.2972	0.3956	0.3804
			12	0.7	0.1172	0.1116	0.2292	0.2264	0.3300	0.3200	0.4068	0.4040
			14	0.8	0.1244	0.1256	0.2372	0.2412	0.3412	0.3312	0.4172	0.4180
			16	0.9	0.1284	0.1384	0.2428	0.2552	0.3484	0.3396	0.4272	0.4272
5	6	7	8	0.5	0.1156	0.1672	0.2524	0.2960	0.3560	0.3792	0.4436	0.4612
			10	0.6	0.1328	0.1844	0.2720	0.3148	0.3808	0.3948	0.4660	0.4808
			12	0.7	0.1484	0.1976	0.2888	0.3316	0.3952	0.4124	0.4808	0.4972
			14	0.8	0.1596	0.2056	0.3040	0.3436	0.4040	0.4248	0.4876	0.5104
			16	0.9	0.1684	0.2124	0.3180	0.3492	0.4160	0.4312	0.5004	0.5176

续表

a	b	c	σ_α^2	σ_β^2	δ							
					0.025		0.05		0.075		0.1	
					PB	GP	PB	GP	PB	GP	PB	GP
6	8	10	8	0.5	0.2132	0.2504	0.3388	0.3592	0.4552	0.4732	0.5296	0.5408
			10	0.6	0.2344	0.2636	0.3620	0.3824	0.4772	0.4888	0.5508	0.5632
			12	0.7	0.2520	0.2796	0.3800	0.3984	0.4936	0.5096	0.5664	0.5768
			14	0.8	0.2632	0.2892	0.3960	0.4088	0.5076	0.5204	0.5796	0.5912
			16	0.9	0.2760	0.2984	0.4052	0.4172	0.5180	0.5256	0.5900	0.5964
8	10	12	8	0.5	0.3188	0.3484	0.4676	0.4776	0.5624	0.5660	0.6236	0.6320
			10	0.6	0.3484	0.3748	0.4932	0.5052	0.5872	0.5932	0.6456	0.6528
			12	0.7	0.3716	0.3904	0.5144	0.5196	0.6024	0.6068	0.6624	0.6680
			14	0.8	0.3852	0.4052	0.5260	0.5308	0.6156	0.6160	0.6744	0.6784
			16	0.9	0.3980	0.4128	0.5348	0.5396	0.6220	0.6840	0.6840	0.6876

第7章　偏正态非平衡面板数据单因素随机效应模型

通过在模型（4.1）中增加回归项，本章将偏正态非平衡单向分类随机效应模型推广至偏正态非平衡面板数据单因素随机效应模型。该模型广泛应用于计量经济、生态监测、生物医学、质量工程等领域的实际数据分析。考虑偏正态非平衡面板数据单因素随机效应模型：

$$Y_{it} = \alpha + X_{it}^{\mathrm{T}}\beta + \mu_i + \nu_{it}, \quad i=1,2,\cdots,N, t=1,2,\cdots,T_i \tag{7.1}$$

其中，Y_{it} 表示第 i 个个体在第 t 期的观测值，μ_i 表示第 i 个个体的随机效应，ν_{it} 表示随机误差项，X_{it} 表示在 k 个解释变量上的 $k \times 1$ 观测向量，α 为标量，β 为 $k \times 1$ 回归系数。

于是，将模型（7.1）写成矩阵形式

$$Y = 1_n\alpha + X\beta + Z_\mu\mu + \nu = Z\Gamma + u \tag{7.2}$$

其中，$Y = \left[Y_{11},\cdots,Y_{1T_1},\cdots,Y_{N1},\cdots,Y_{NT_N} \right]^{\mathrm{T}}$，$X = \left[X_{11},\cdots,X_{1T_1},\cdots,X_{N1},\cdots,X_{NT_N} \right]^{\mathrm{T}}$，$Z_\mu = \mathrm{diag}\left\{ 1_{T_1},1_{T_2},\cdots,1_{T_N} \right\}$，$\beta = \left[\beta_1,\beta_2,\cdots,\beta_k \right]^{\mathrm{T}}$，$\nu = \left[\nu_{11},\cdots,\nu_{1T_1},\cdots,\nu_{N1},\cdots,\nu_{NT_N} \right]^{\mathrm{T}}$，$\mu = \left[\mu_1,\mu_2,\cdots,\mu_N \right]^{\mathrm{T}}$，$Z = [1_n, X]$，$\Gamma = \left[\alpha, \beta^{\mathrm{T}} \right]^{\mathrm{T}}$，$u = Z_\mu\mu + \nu$，$n = \sum_{i=1}^{N} T_i$，$n > N + k$，$N > k+1$。假定 Z 为列满秩矩阵，$\mu \sim \mathrm{SN}_N\left(0, \sigma_\mu^2 I_N, \lambda_1 \right)$，$\nu \sim N_n\left(0, \sigma_\nu^2 I_n \right)$，$\mu$ 和 ν 相互独立。其中，在众多实际问题中，Z 为列满秩矩阵是很容易满足的。

对于模型（7.2），本章探讨回归系数和方差分量函数的假设检验与区间估计问题。首先，基于矩阵分解技术，给出回归系数的精确检验。其次，基于 Bootstrap 方法和广义方法，构造单个方差分量、方差分量之和的检验统计量和置信区间。再次，建立方差分量之比的精确检验和近似检验。在此基础上，证明所给检验方法和置信区间的不变性等统计性质。最后，给出蒙特卡罗数值模拟结果。

7.1　模　型　性　质

令 $M_{n\times k}$ 为实数域上所有 $n \times k$ 矩阵的集合，$M(A)$ 表示矩阵 A 中列向量张成的子空间。对任给矩阵 $A \in M_{n\times k}$ 和半正定矩阵 $B \in M_{n\times n}$，则 A^-、A^{T} 和 $\mathrm{rk}(A)$ 分别表

示 A 的广义逆、转置和秩，$\mathrm{tr}(B)$ 和 $B^{1/2}$ 分别表示 B 的迹和平方根矩阵。I_n 和 1_n 分别为 n 阶单位矩阵和分量全为 1 的 n 维列向量。$\mathrm{diag}\{\cdot\}$、$\rightarrow$、$\overset{asy}{\sim}$、$\overset{d}{=}$ 和 $\triangleq$ 分别表示对角矩阵、趋于、近似服从、同分布和记为。

定理 7.1　对于模型（7.2），则矩生成函数为

$$M_Y(t) = 2\exp\left(t^{\mathrm{T}}\xi_Y + \frac{t^{\mathrm{T}}\Sigma_Y t}{2}\right)\Phi\left(\frac{\sigma_\mu \lambda_1^{\mathrm{T}} Z_\mu^{\mathrm{T}} t}{\left(1+\lambda_1^{\mathrm{T}}\lambda_1\right)^{1/2}}\right),\ t\in\mathrm{R}^n \qquad (7.3)$$

其中，$\xi_Y = Z\Gamma$，$\Sigma_Y = \sigma_\mu^2 Z_\mu Z_\mu^{\mathrm{T}} + \sigma_\nu^2 I_n$，$\lambda_2 = \dfrac{\sigma_\mu \Sigma_Y^{-1/2} Z_\mu \lambda_1}{\left(1+\lambda_1^{\mathrm{T}}\left(I_N - \sigma_\mu^2 Z_\mu^{\mathrm{T}} \Sigma_Y^{-1} Z_\mu\right)\lambda_1\right)^{1/2}}$。记 $Y\sim\mathrm{SN}_n(\xi_Y, \Sigma_Y, \lambda_2)$。

该定理证明过程类似于叶仁道和罗堃[128]中的定理 8.1，故略去。

令 H_i 为 $T_i\times(T_i-1)$ 列正交矩阵，满足 $H_i^{\mathrm{T}} H_i = I_{T_i-1}$，$H_i^{\mathrm{T}} 1_{T_i} = 0$，$i=1,2,\cdots,N$。

设 R 为 n 阶正交矩阵，$C = \mathrm{diag}\left\{\sqrt{T_i}\right\}$ 为 N 阶矩阵，$R_1 = \mathrm{diag}\left\{\dfrac{1_{T_1}}{\sqrt{T_1}}, \dfrac{1_{T_2}}{\sqrt{T_2}}, \cdots, \dfrac{1_{T_N}}{\sqrt{T_N}}\right\}$，$R_2 = \mathrm{diag}\{H_1, H_2, \cdots, H_N\}$。对列满秩矩阵 Z_μ 进行 QR 分解，即

$$Z_\mu = R[C, 0]^{\mathrm{T}} = [R_1, R_2][C, 0]^{\mathrm{T}}$$

用 R_2^{T} 左乘模型（7.2），可得

$$\tilde{Y} = \tilde{X}\beta + \tilde{\nu} \qquad (7.4)$$

其中，$\tilde{Y} = R_2^{\mathrm{T}} Y$，$\tilde{X} = R_2^{\mathrm{T}} X$，$\tilde{\nu} = R_2^{\mathrm{T}}\nu$，$\tilde{\nu}\sim N_{n-N}\left(0, \sigma_\nu^2 I_{n-N}\right)$。

定理 7.2　对于模型（7.2），$\tilde{X}$ 和 $\tilde{Y}$ 由式（7.4）给出。设 $c^{\mathrm{T}}\beta$ 为可估函数，其中 $c\in M(\tilde{X}^{\mathrm{T}})$，则有

（1）$c^{\mathrm{T}}\beta$ 的极大似然估计量为 $c^{\mathrm{T}}\hat{\beta}$，且 $c^{\mathrm{T}}\hat{\beta}\sim N\left(c^{\mathrm{T}}\beta, \sigma_\nu^2 c^{\mathrm{T}}\left(\tilde{X}^{\mathrm{T}}\tilde{X}\right)^- c\right)$，这里 $\hat{\beta} = (\tilde{X}^{\mathrm{T}}\tilde{X})^- \tilde{X}^{\mathrm{T}}\tilde{Y}$；

（2）σ_ν^2 的极大似然估计量为 $\hat{\sigma}_\nu^2 = \dfrac{(\tilde{Y} - \tilde{X}\hat{\beta})^{\mathrm{T}}(\tilde{Y} - \tilde{X}\hat{\beta})}{n-N}$，且 $\dfrac{(n-N-r_0)\hat{\sigma}_\nu^2}{\sigma_\nu^2}\sim$ $\chi_{n-N-r_0}^2$，这里 $r_0 = \mathrm{rk}(\tilde{X})$，$\chi_{n-N-r_0}^2$ 表示自由度为 $n-N-r_0$ 的卡方分布；

（3）$c^{\mathrm{T}}\hat{\beta}$ 为 $c^{\mathrm{T}}\beta$ 唯一的最小方差无偏估计，且 $c^{\mathrm{T}}\hat{\beta}$ 和 $\hat{\sigma}_\nu^2$ 相互独立。

该定理证明过程类似于王松桂等[134]中的定理 4.1.4~定理 4.1.5，故略去。

推论 7.1　当 $c^{\mathrm{T}}\beta = s_0$ 时，有

$$\frac{c^{\mathrm{T}}\hat{\beta} - s_0}{\hat{\sigma}_\nu\sqrt{c^{\mathrm{T}}(\tilde{X}^{\mathrm{T}}\tilde{X})^- c}}\sim t_{n-N-r_0}$$

其中，t_{n-N-r_0} 表示自由度为 $n-N-r_0$ 的 t 分布。

根据定理 7.2，容易证明推论 7.1。

对列满秩矩阵 Z 进行 QR 分解，即

$$Z = L\begin{bmatrix} M^{\mathrm{T}},0 \end{bmatrix}^{\mathrm{T}} = [L_1,L_2]\begin{bmatrix} M^{\mathrm{T}},0 \end{bmatrix}^{\mathrm{T}}$$

其中，L 为 n 阶正交矩阵，M 为正上三角矩阵，L_1 和 L_2 分别为 $n\times(k+1)$ 和 $n\times(n-k-1)$ 的列正交矩阵。用 L_2^{T} 左乘模型（7.2），可得

$$L_2^{\mathrm{T}}Y = L_2^{\mathrm{T}}Z_\mu\mu + L_2^{\mathrm{T}}\nu$$

根据叶仁道和罗堃[128]中的定理 2.31，有

$$L_2^{\mathrm{T}}Y \sim \mathrm{SN}_{n-k-1}\left(0,\sigma_\mu^2 L_2^{\mathrm{T}}Z_\mu Z_\mu^{\mathrm{T}}L_2 + \sigma_\nu^2 I_{n-k-1},\lambda_3\right) \tag{7.5}$$

其中，$\lambda_3 = \dfrac{\left(L_2^{\mathrm{T}}\Sigma_Y L_2\right)^{-1/2} L_2^{\mathrm{T}}\Sigma_Y^{1/2}\lambda_2}{\left(1+\lambda_2^{\mathrm{T}}\left(I_n - \Sigma_Y^{1/2}L_2\left(L_2^{\mathrm{T}}\Sigma_Y L_2\right)^{-1}L_2^{\mathrm{T}}\Sigma_Y^{1/2}\right)\lambda_2\right)^{1/2}}$。由于 $L_2^{\mathrm{T}}Z_\mu Z_\mu^{\mathrm{T}}L_2$ 为半正定矩

阵，则存在一个 $n-k-1$ 阶正交矩阵 $P = [P_1,P_2,\cdots,P_d]$，满足

$$P^{\mathrm{T}}L_2^{\mathrm{T}}Z_\mu Z_\mu^{\mathrm{T}}L_2 P = \mathrm{diag}\left\{\varDelta_1,\cdots,\varDelta_i,\cdots,\varDelta_d,\cdots,\varDelta_d\right\} \triangleq \varLambda \tag{7.6}$$

其中，$0 \leqslant \varDelta_1 < \varDelta_2 < \cdots < \varDelta_d$，重数分别为 $r_1,r_2,\cdots,r_d$，$\sum_{i=1}^{d}r_i = n-k-1$。由于 $\mathrm{rk}\left(L_2^{\mathrm{T}}Z_\mu Z_\mu^{\mathrm{T}}L_2\right) \leqslant N-1 < n-k-1$，则 $\varDelta_1 = 0$，$r_1 = n-k-1-\mathrm{rk}\left(L_2^{\mathrm{T}}Z_\mu Z_\mu^{\mathrm{T}}L_2\right)$。

令 $\overline{\varDelta} = \dfrac{\sum_{i=2}^{d}r_i\varDelta_i}{n-k-1-r_1} = \dfrac{n-\mathrm{tr}\left(L_1^{\mathrm{T}}Z_\mu Z_\mu^{\mathrm{T}}L_1\right)}{n-k-1-r_1}$。由式（7.5）和式（7.6）可知，$P_i^{\mathrm{T}}L_2^{\mathrm{T}}Y \sim \mathrm{SN}_{r_i}$

$\left(0,\left(\varDelta_i\sigma_\mu^2 + \sigma_\nu^2\right)I_{r_i},\lambda_4^{(i)}\right)$，这里 $\lambda_4^{(i)} = \dfrac{\left(P_i^{\mathrm{T}}\Sigma_L P_i\right)^{-1/2} P_i^{\mathrm{T}}\Sigma_L^{1/2}\lambda_3}{\left(1+\lambda_3^{\mathrm{T}}\left(I_{n-k-1} - \Sigma_L^{1/2}P_i\left(P_i^{\mathrm{T}}\Sigma_L P_i\right)^{-1}P_i^{\mathrm{T}}\Sigma_L^{1/2}\right)\lambda_3\right)^{1/2}}$，

$\Sigma_L = \sigma_\mu^2 L_2^{\mathrm{T}}Z_\mu Z_\mu^{\mathrm{T}}L_2 + \sigma_\nu^2 I_{n-k-1}$。

定理 7.3 令 $Q_i = Y^{\mathrm{T}}L_2 P_i P_i^{\mathrm{T}}L_2^{\mathrm{T}}Y$，$i=1,2,\cdots,d$，则 $Q_i \sim \left(\varDelta_i\sigma_\mu^2 + \sigma_\nu^2\right)\chi_{r_i}^2$，且 $Q_1,Q_2,\cdots,Q_d$ 相互独立。

证明 首先，令 $Q_i^* = \dfrac{Q_i}{\varDelta_i\sigma_\mu^2 + \sigma_\nu^2}$。易见，$\mathrm{rk}\left(P_iP_i^{\mathrm{T}}\right) = r_i$，$\dfrac{P_iP_i^{\mathrm{T}}}{\varDelta_i\sigma_\mu^2 + \sigma_\nu^2}\left(\sigma_\mu^2 L_2^{\mathrm{T}}Z_\mu Z_\mu^{\mathrm{T}}L_2 + \sigma_\nu^2 I_{n-k-1}\right)\dfrac{P_iP_i^{\mathrm{T}}}{\varDelta_i\sigma_\mu^2 + \sigma_\nu^2} = \dfrac{P_iP_i^{\mathrm{T}}}{\varDelta_i\sigma_\mu^2 + \sigma_\nu^2}$。由文献[122]的引理 1 和式（7.5），可得 $Q_i^* \sim \chi_{r_i}^2$，故 $Q_i \sim \left(\varDelta_i\sigma_\mu^2 + \sigma_\nu^2\right)\chi_{r_i}^2$。易证，$P_jP_j^{\mathrm{T}}\left(\sigma_\mu^2 L_2^{\mathrm{T}}Z_\mu Z_\mu^{\mathrm{T}}L_2 + \sigma_\nu^2 I_{n-k-1}\right)P_qP_q^{\mathrm{T}} = 0$，其中 $j,q = 1,2,\cdots,d, j\neq q$。由文献[122]的引理 1 可得，$Q_1,Q_2,\cdots,Q_d$ 相互独立。至此，定理 7.3 得证。□

定理 7.4　令 $V_0 = \dfrac{1}{\bar{\Delta}\sigma_\mu^2 + \sigma_\nu^2}\sum\limits_{j=2}^{d} Q_j$ ，其中 $Q_j = Y^{\mathrm{T}} L_2 P_j P_j^{\mathrm{T}} L_2^{\mathrm{T}} Y$ ，则 $V_0 \overset{\text{asy}}{\sim} \chi_{n-k-1-r_1}^2$ 。

证明　不失一般性，假定式（7.6）中 $d = n-k-1$ ，$P = [p_1, p_2, \cdots, p_{n-k-1}]$ ，$\Lambda = \mathrm{diag}\{\delta_1, \delta_2, \cdots, \delta_{n-k-1}\}$ ，这里 $\delta_1 = \delta_2 = \cdots = \delta_{r_1} = 0$ ，$0 < \delta_{r_1+1} \leqslant \delta_{r_1+2} \leqslant \cdots \leqslant \delta_{n-k-1}$ 。于是，Q_j 和 V_0 可分别表示为 $Q_j = Y^{\mathrm{T}} L_2 P_j P_j^{\mathrm{T}} L_2^{\mathrm{T}} Y$ 和 $V_0 = \dfrac{1}{\bar{\Delta}\sigma_\mu^2 + \sigma_\nu^2}\sum\limits_{j=r_1+1}^{n-k-1} Q_j$ 。

令 $\varphi_x(\cdot)$ 表示随机变量 x 的特征函数。由定理 7.3，可得 $\kappa_j = \dfrac{Q_j}{\delta_j \sigma_\mu^2 + \sigma_\nu^2} \sim \chi_1^2$ ，$j = 1, 2, \cdots, n-k-1$ 。进一步，则有 κ_j 的特征函数

$$\varphi_{\kappa_j}(t) = E\left(\exp\left(it\,\frac{Q_j}{\delta_j \sigma_\mu^2 + \sigma_\nu^2}\right)\right) = \varphi_{Q_j}\left(\frac{t}{\delta_j \sigma_\mu^2 + \sigma_\nu^2}\right) = (1-2it)^{-1/2}$$

故 $\varphi_{Q_j}(t) = \left(1 - 2it\left(\delta_j \sigma_\mu^2 + \sigma_\nu^2\right)\right)^{-1/2}$ 。令 $\gamma_j = \dfrac{\delta_j \sigma_\mu^2 + \sigma_\nu^2}{\bar{\Delta}\sigma_\mu^2 + \sigma_\nu^2}$ ，则 $V_0 = \sum\limits_{j=r_1+1}^{n-k-1}\gamma_j \kappa_j$ 。因为

$$\varphi_{\gamma_j \kappa_j}(t) = E\left(\exp\left(it\gamma_j\,\frac{Q_j}{\delta_j \sigma_\mu^2 + \sigma_\nu^2}\right)\right) = \varphi_{Q_j}\left(\frac{\gamma_j}{\delta_j \sigma_\mu^2 + \sigma_\nu^2}t\right) = (1 - 2i\gamma_j t)^{-1/2}$$

所以，$\varphi_{V_0}(t) = \prod\limits_{j=r_1+1}^{n-k-1}(1 - 2i\gamma_j t)^{-1/2}$ 。对 $\varphi_{V_0}(t)$ 在 $\gamma_{j0} = 1$ 处进行泰勒展开，即

$$\varphi_{V_0}(t) = (1-2it)^{-\frac{n-k-r_1-1}{2}} - (1-2it)^{-\frac{n-k-r_1+3}{2}} t^2 \sum\limits_{j=r_1+1}^{n-k-1}\left(\gamma_j - 1\right)^2 + R^*$$

其中，R^* 为泰勒余项。易见

$$\lim_{\gamma_j \to 1}\left\{ -(1-2it)^{-(n-k-r_1+3)/2}\,t^2 \sum\limits_{j=r_1+1}^{n-k-1}\left(\gamma_j - 1\right)^2 + R^* \right\} = 0$$

所以，$\varphi_{V_0}(t)$ 泰勒展开式的后两项可忽略。

令 $V_0^* \sim \chi_{n-k-1-r_1}^2$ ，则有

$$\varphi_{V_0^*}(t) = (1-2it)^{-(n-k-r_1-1)/2}$$

由此可知，V_0^* 的特征函数与 V_0 特征函数的泰勒展开式第一项相等。因此，$V_0 \overset{\text{asy}}{\sim} \chi_{n-k-1-r_1}^2$ ，即定理 7.4 得证。□

推论 7.2　对于模型（7.2），则 σ_ν^2 的无偏估计为 $\tilde{\sigma}_\nu^2 = Q_1 / r_1$ ，σ_μ^2 的可行估计为

$$\hat{\sigma}_\mu^2 = \frac{1}{(n-k-1-r_1)\bar{\Delta}}\sum\limits_{j=2}^{d} Q_j - \frac{Q_1}{r_1\bar{\Delta}}$$

根据定理 7.3 和定理 7.4，容易证明推论 7.2，故略去证明过程。

7.2　回归系数的推断

对于模型（7.2），考虑回归系数可估函数 $c^T\beta$ 的右单假设检验问题

$$H_0:c^T\beta\leqslant s_0 \quad \text{vs} \quad H_1:c^T\beta>s_0 \tag{7.7}$$

其中，$c\in M\left(\tilde{X}^T\right)$，$s_0$ 为给定值。

根据王兆军和邹长亮[135]的研究，对于假设检验问题（7.2），其检验方法与下列检验问题相一致。

$$H_0:c^T\beta=s_0 \quad \text{vs} \quad H_1:c^T\beta>s_0 \tag{7.8}$$

于是，构造检验统计量

$$T_0=\frac{c^T\hat{\beta}-s_0}{\hat{\sigma}_\nu\sqrt{c^T(\tilde{X}^T\tilde{X})^-c}}$$

其中，$\tilde{X}$、$\hat{\beta}$ 和 $\hat{\sigma}_\nu$ 由定理 7.2 给出。在原假设 $H_0:c^T\beta=s_0$ 条件下，基于定理 7.2 和推论 7.1，可得

$$T_0\sim t_{n-N-r_0}$$

进一步，基于 T_0 可给出如下 p 值

$$p_{T_0}=P(T_0>t_0\,|\,H_0) \tag{7.9}$$

其中，t_0 为 T_0 的观测值。若 $p_{T_0}<\vartheta$，则在名义显著性水平 ϑ 下拒绝原假设 H_0。

令 $\eta=\dfrac{c^T\beta}{\hat{\sigma}_{\nu 0}}$，$\eta_0=\dfrac{s_0}{\hat{\sigma}_{\nu 0}}$，$\tilde{T}_0=\dfrac{c^T\beta/\hat{\sigma}_{\nu 0}-\eta_0}{\hat{\sigma}_\nu/\hat{\sigma}_{\nu 0}\sqrt{c^T(\tilde{X}^T\tilde{X})^-c}}$，$\tilde{p}_{T_0}=P(\tilde{T}_0>\tilde{t}_0\,|\,H_0)$，其中 $\hat{\sigma}_{\nu 0}$ 和 $\tilde{t}_0$ 分别为 $\hat{\sigma}_\nu$ 和 $\tilde{T}_0$ 的观测值。定义仿射变换

$$Y_{it}^*=dY_{it}+\xi,\ i=1,2,\cdots,N,\ t=1,2,\cdots,T_i \tag{7.10}$$

其中，ξ 和 d 分别表示任意给定常数和非零常数。

定理 7.5　对于假设检验问题（7.7），考虑与之等价的检验问题

$$H_0:\eta\leqslant\eta_0 \quad \text{vs} \quad H_1:\eta>\eta_0 \tag{7.11}$$

则基于 $\tilde{p}_{T_0}$ 的检验在仿射变换式（7.10）下为不变检验。

证明　根据式（7.10），Y_{it}^* 可表示为

$$Y^*=1_n\alpha^*+X\beta^*+Z_\mu\mu^*+\nu^*$$

其中，$\alpha^*=d\alpha+\xi$，$\beta^*=d\beta$，$\mu^*=d\mu$，$\nu^*=d\nu$，$\sigma_{\mu^*}^2=d^2\sigma_\mu^2$，$\sigma_{\nu^*}^2=d^2\sigma_\nu^2$，$\mu^*\sim\text{SN}_N\left(0,\sigma_{\mu^*}^2I_N,\lambda_1\right)$，$\nu^*\sim N_n\left(0,\sigma_{\nu^*}^2I_n\right)$。在仿射变换（7.10）下，$\tilde{Y}^*=\tilde{X}_*\beta^*+\tilde{\nu}^*$，这里 $\tilde{Y}^*=d\tilde{Y}$，$\tilde{X}_*=\tilde{X}$，$\tilde{\nu}^*=d\tilde{\nu}$，$\tilde{\nu}^*\sim N_{n-N}\left(0,d^2\sigma_\nu^2I_{n-N}\right)$。于是，$\beta^*$ 和 $\sigma_{\nu^*}^2$ 的极

大似然估计分别为 $\hat{\beta}^* = d\hat{\beta}$ 和 $\hat{\sigma}_{\nu*}^2 = d^2\hat{\sigma}_\nu^2$。进一步，$\hat{\beta}^*$ 和 $\hat{\sigma}_{\nu*}^2$ 的观测值分别为 $\hat{\beta}_0^* = d\hat{\beta}_0$ 和 $\hat{\sigma}_{\nu0*}^2 = d^2\hat{\sigma}_{\nu0}^2$，其中 $\hat{\beta}_0$ 和 $\hat{\sigma}_{\nu0}^2$ 分别为 $\hat{\beta}$ 和 $\hat{\sigma}_\nu^2$ 的观测值。

易见，假设检验问题式（7.11）在仿射变换式（7.10）下为不变检验问题。在仿射变换式（7.10）下，重新定义检验统计量

$$\tilde{T}_0^* = \frac{c^{\mathrm{T}}\hat{\beta}^* / \hat{\sigma}_{\nu0*} - \eta_0}{\hat{\sigma}_{\nu*} / \hat{\sigma}_{\nu0*}\sqrt{c^{\mathrm{T}}(\tilde{X}_*^{\mathrm{T}}\tilde{X}_*)^- c}}$$

易证，$\tilde{T}_0^* = \tilde{T}_0 \sim t_{n-N-r_0}$，$\tilde{T}_0^*$ 的观测值 $\tilde{t}_0^* = \dfrac{c^{\mathrm{T}}\hat{\beta}_0^* / \hat{\sigma}_{\nu0*} - \eta_0}{\sqrt{c^{\mathrm{T}}(\tilde{X}_*^{\mathrm{T}}\tilde{X}_*)^- c}} = \tilde{t}_0$，即 $\tilde{T}_0$ 的分布和观测值在仿射变换式（7.10）下均为不变。所以，基于 $\tilde{p}_{T_0}$ 的检验在仿射变换式（7.10）下为不变检验。至此，定理 7.5 得证。□

注 7.1　对于假设检验问题式（7.7），当 $s_0 = 0$ 时，基于 p_{T_0} 的检验在仿射变换式（7.10）下为不变检验。

注 7.2　考虑可估函数 $c^{\mathrm{T}}\beta$ 的左单假设检验问题：

$$H_0 : c^{\mathrm{T}}\beta \geqslant s_0 \quad \text{vs} \quad H_1 : c^{\mathrm{T}}\beta < s_0$$

其中，$c \in M(\tilde{X}^{\mathrm{T}})$，$s_0$ 为给定值。类似于右单假设检验问题，基于 T_0 可给出如下 p 值：

$$\overline{p}_{T_0} = P(T_0 < t_0 \mid H_0)$$

注 7.3　考虑可估函数 $c^{\mathrm{T}}\beta$ 的双边假设检验问题：

$$H_0 : c^{\mathrm{T}}\beta = s_0 \quad \text{vs} \quad H_1 : c^{\mathrm{T}}\beta \neq s_0$$

其中，$c \in M(\tilde{X}^{\mathrm{T}})$，$s_0$ 为给定值。类似于单边检验问题，基于 T_0 可给出如下 p 值：

$$\hat{p}_{T_0} = 2\min\{P(T_0 > t_0 \mid H_0), P(T_0 < t_0 \mid H_0)\}$$

注 7.4　可估函数 $c^{\mathrm{T}}\beta$ 的置信水平为 $1-\vartheta$ 的置信区间为

$$\left[c^{\mathrm{T}}\hat{\beta}_0 - t_{n-N-r_0}(1-\vartheta/2)\hat{\sigma}_{\nu0}\sqrt{c^{\mathrm{T}}(\tilde{X}^{\mathrm{T}}\tilde{X})^- c},\ c^{\mathrm{T}}\hat{\beta}_0 - t_{n-N-r_0}(\vartheta/2)\hat{\sigma}_{\nu0}\sqrt{c^{\mathrm{T}}(\tilde{X}^{\mathrm{T}}\tilde{X})^- c} \right]$$

其中，$\hat{\beta}_0$ 和 $\hat{\sigma}_{\nu0}$ 分别为 $\hat{\beta}$ 和 $\hat{\sigma}_\nu$ 的观测值。进一步，则 η 的置信水平为 $1-\vartheta$ 的不变置信区间为

$$\left[\frac{c^{\mathrm{T}}\hat{\beta}_0}{\hat{\sigma}_{\nu0}} - t_{n-N-r_0}(1-\vartheta/2)\sqrt{c^{\mathrm{T}}(\tilde{X}^{\mathrm{T}}\tilde{X})^- c},\ \frac{c^{\mathrm{T}}\hat{\beta}_0}{\hat{\sigma}_{\nu0}} - t_{n-N-r_0}(\vartheta/2)\sqrt{c^{\mathrm{T}}(\tilde{X}^{\mathrm{T}}\tilde{X})^- c} \right]$$

7.3　单个方差分量的推断

对于模型（7.2），考虑单个方差分量的单边假设检验问题：

$$H_0 : \sigma_\mu^2 \leqslant s_1 \quad \text{vs} \quad H_1 : \sigma_\mu^2 > s_1 \tag{7.12}$$

其中，s_1 为给定值。

1. Bootstrap 方法

对于假设检验问题（7.12），定义

$$T_1 = \sum_{j=2}^{d} \frac{Q_j}{s_1 \Delta_j + \sigma_\nu^2}$$

若 σ_ν^2 已知，由定理 7.3，则 T_1 为假设检验问题（7.12）的检验统计量。然而，在实际问题中，σ_ν^2 往往是未知的。所以，当原假设 H_0 成立时，在 T_1 表达式中，用估计量 $\tilde{\sigma}_\nu^2 = Q_1 / r_1$ 代替 σ_ν^2，可得

$$T_1 = \sum_{j=2}^{d} \frac{Q_j}{s_1 \Delta_j + Q_1 / r_1} \tag{7.13}$$

鉴于 T_1 的分布难以获得，所以可用 Bootstrap 方法构造检验统计量。令 $q_1, q_2, \cdots, q_d$ 分别为 $Q_1, Q_2, \cdots, Q_d$ 的观测值。基于式（7.13），定义 Bootstrap 检验统计量：

$$T_{1B} = \sum_{j=2}^{d} \frac{Q_{jB_1}}{s_1 \Delta_j + Q_{1B} / r_1} \tag{7.14}$$

其中，$Q_{1B} \sim (q_1 / r_1) \chi_{r_1}^2$，$Q_{jB_1} \sim (s_1 \Delta_j + q_1 / r_1) \chi_{r_j}^2$，$j = 2, 3, \cdots, d$。于是，基于式（7.14）中 T_{1B}，可给出如下 p 值：

$$p_{T_1} = P(T_{1B} > t_1 | H_0) \tag{7.15}$$

其中，t_1 表示式（7.13）中 T_1 的观测值。若 $p_{T_1} < \vartheta$，则在名义显著性水平 ϑ 下拒绝 H_0。

对于假设检验问题（7.12），本节建立第二种 Bootstrap 检验方法。令 $Q_0 = \sum_{j=2}^{d} Q_j$。定义

$$T_2 = \frac{Q_0}{\overline{\Delta} s_1 + \sigma_\nu^2}$$

类似于式（7.13），用估计量 $\tilde{\sigma}_\nu^2 = Q_1 / r_1$ 代替 σ_ν^2，可得

$$T_2 = \frac{Q_0}{\overline{\Delta} s_1 + Q_1 / r_1}$$

则相应的 Bootstrap 检验统计量为

$$T_{2B} = \frac{Q_{0B_1}}{\overline{\Delta} s_1 + Q_{1B} / r_1} \tag{7.16}$$

基于定理 7.4，这里 $Q_{0B_1} \overset{asy}{\sim} \left(\bar{\Delta}s_1 + q_1/r_1\right)\chi^2_{n-k-1-r_1}$。因此，基于 T_{2B} 可给出如下 p 值

$$p_{T_2} = P(T_{2B} > t_2 \mid H_0) \tag{7.17}$$

其中，t_2 表示 T_2 的观测值。当 $p_{T_2} < \vartheta$ 时，在名义显著性水平 ϑ 下拒绝 H_0。

令 $\zeta = \dfrac{\sigma_\mu^2}{q_1}$，$\zeta_1 = \dfrac{s_1}{q_1}$，$\tilde{T}_2 = \dfrac{Q_0/q_1}{\bar{\Delta}\zeta_1 + Q_1/(r_1 q_1)}$，$\tilde{T}_{2B} = \dfrac{Q_{0B_1}/q_1}{\bar{\Delta}\zeta_1 + Q_{1B}/(r_1 q_1)}$，

$p_{\tilde{T}_2} = P(\tilde{T}_{2B} > \tilde{t}_2 \mid H_0)$，$q_0$ 和 $\tilde{t}_2$ 分别为 Q_0 和 $\tilde{T}_2$ 的观测值。

定理 7.6　对于假设检验问题（7.12），考虑与之等价的检验问题

$$H_0 : \zeta \leqslant \zeta_1 \quad \text{vs} \quad H_1 : \zeta > \zeta_1 \tag{7.18}$$

则基于 $p_{\tilde{T}_2}$ 的 Bootstrap 检验在仿射变换（7.10）下为不变检验。

证明　类似于定理 7.5，在仿射变换(7.10)下，则有 $Q_j^* = Y^{*\mathrm{T}} L_2 P_j P_j^{\mathrm{T}} L_2^{\mathrm{T}} Y^* = d^2 Q_j$，

$j = 1, 2, \cdots, d$，$Q_0^* = \sum\limits_{j=2}^{d} Q_j^* = d^2 Q_0$。令 Q_0^* 和 Q_j^* 的观测值分别为 $q_0^* = d^2 q_0$ 和 $q_j^* = d^2 q_j$，

$Q_{1B}^* \overset{asy}{\sim} (q_1^*/r_1)\chi^2_{r_1}$，$Q_{0B_1}^* \overset{asy}{\sim} (\bar{\Delta}\zeta_1 q_1^* + q_1^*/r_1)\chi^2_{n-k-1-r_1}$。进一步，$Q_{1B}^* \overset{d}{=} d^2 Q_{1B}$，$Q_{0B_1}^* \overset{d}{=} d^2 Q_{0B_1}$。类似于定理 7.3，易证，$Q_{0B_1}^*$ 和 Q_{1B}^* 相互独立。于是，有

$$\tilde{T}_{2B}^* = \frac{Q_{0B_1}^*/q_1^*}{\bar{\Delta}\zeta_1 + Q_{1B}^*/(r_1 q_1^*)} \overset{d}{=} \frac{Q_{0B_1}/q_1}{\bar{\Delta}\zeta_1 + Q_{1B}/(r_1 q_1)} = \tilde{T}_{2B}$$

对于假设检验问题式（7.18），在仿射变换式（7.10）下为不变检验。进而，重构检验统计量 $\tilde{T}_2^* = \dfrac{Q_0^*/q_1^*}{\bar{\Delta}\zeta_1 + Q_1^*/(r_1 q_1^*)}$，其观测值为 $\tilde{t}_2^* = \tilde{t}_2$。因此，基于 $p_{\tilde{T}_2}$ 的检验在仿射变换式（7.10）下为不变检验，即定理 7.6 得证。□

下面给出 σ_μ^2 的 Bootstrap 置信区间。若 σ_ν^2 已知，由定理 7.4，则 σ_μ^2 的枢轴量可表示为

$$T_3 = \frac{Q_0}{\bar{\Delta}\sigma_\mu^2 + \sigma_\nu^2}$$

用估计量 $\tilde{\sigma}_\nu^2 = Q_1/r_1$ 代替 σ_ν^2，可得

$$T_3 = \frac{Q_0}{\bar{\Delta}\sigma_\mu^2 + Q_1/r_1} \tag{7.19}$$

基于式（7.19）中的 T_3，构造 Bootstrap 枢轴量

$$T_{3B} = \frac{Q_{0B_2}}{\bar{\Delta}\hat{\sigma}_{\mu 0}^2 + Q_{1B}/r_1} \tag{7.20}$$

其中，$Q_{0B_2} \overset{\text{asy}}{\sim} \left(\dfrac{q_0}{n-k-1-r_1} \right) \chi_{n-k-1-r_1}^2$，$\hat{\sigma}_{\mu 0}^2 = \dfrac{q_0}{(n-k-1-r_1)\overline{\varDelta}} - \dfrac{q_1}{r_1 \overline{\varDelta}}$。注意到，$T_{3B}$ 的分布与任何未知参数无关，则可基于 T_{3B} 构造 σ_μ^2 的置信区间。令 $T_{3B}(\vartheta)$ 表示 T_{3B} 的第 ϑ 分位点，则 σ_μ^2 置信水平为 $1-\vartheta$ 的 Bootstrap 置信区间为

$$\left[\frac{q_0}{\overline{\varDelta} T_{3B}(1-\vartheta/2)} - \frac{q_1}{\overline{\varDelta} r_1}, \ \frac{q_0}{\overline{\varDelta} T_{3B}(\vartheta/2)} - \frac{q_1}{\overline{\varDelta} r_1} \right]$$

注 7.5　为构造不变参数 ζ 的 Bootstrap 置信区间，构造如下枢轴量

$$\tilde{T}_{3B} = \frac{Q_{0B_2}/q_1}{\overline{\varDelta}\hat{\zeta} + Q_{1B}/(r_1 q_1)}$$

其中，$\hat{\zeta} = \dfrac{q_0}{(n-k-1-r_1)\overline{\varDelta} q_1} - \dfrac{1}{r_1 \overline{\varDelta}}$。于是，基于上述 $\tilde{T}_{3B}$，可得 ζ 的置信水平为 $1-\vartheta$ 的不变 Bootstrap 置信区间为

$$\left[\frac{q_0}{\overline{\varDelta} q_1 \tilde{T}_{3B}(1-\vartheta/2)} - \frac{1}{\overline{\varDelta} r_1}, \ \frac{q_0}{\overline{\varDelta} q_1 \tilde{T}_{3B}(\vartheta/2)} - \frac{1}{\overline{\varDelta} r_1} \right]$$

2. 广义方法

令 $V_0 = Q_0/\left(\overline{\varDelta}\sigma_\mu^2 + \sigma_\nu^2 \right)$，$V_1 = Q_1/\sigma_\nu^2$，$V_j = Q_j/\left(\varDelta_j \sigma_\mu^2 + \sigma_\nu^2 \right)$，$j=2,3,\cdots,d$。对于假设检验问题式（7.12），定义广义检验变量

$$F_1 = \sum_{j=2}^d V_j \left(\frac{1}{V_1} + \frac{\varDelta_j \sigma_\mu^2}{q_1} \right) \sim \sum_{j=2}^d \chi_{r_j}^2 \left(\frac{1}{\chi_{r_1}^2} + \frac{\varDelta_j \sigma_\mu^2}{q_1} \right) \tag{7.21}$$

易见，F_1 的观测值为 $f_1 = \sum_{j=2}^d q_j/q_1$，$F_1$ 的分布与冗余参数无关，F_1 关于 σ_μ^2 随机单调增。所以，F_1 为假设检验问题式（7.12）的广义检验变量。基于式（7.21）中的 F_1，可给出如下广义 p 值

$$p_{F_1} = P\left(F_1 > f_1 | H_0 \right) = P\left(\frac{1}{V_1} > \frac{f_1 - \sum_{j=2}^d \varDelta_j s_1 V_j/q_1}{\sum_{j=2}^d V_j} \right)$$

$$= 1 - E_{V_2,V_3,\cdots,V_d}\left(F_{\text{IF}(r_1/2,1/2)}\left(\frac{f_1 - \sum_{j=2}^d \varDelta_j s_1 V_j/q_1}{\sum_{j=2}^d V_j} \right) \right) \tag{7.22}$$

其中，$F_{\text{IF}(r_1/2,1/2)}$ 表示参数为 $r_1/2$ 和 $1/2$ 的逆伽马分布的累积分布函数，$E_{V_2,V_3,\cdots,V_d}$ 表示关于统计量 $V_2,V_3,\cdots,V_d$ 求期望。若 $p_{F_1} < \vartheta$，则在名义显著性水平 ϑ 下拒绝原假设 H_0。

接下来，对于假设检验问题（7.12），构造 p 不变检验[128]。为此，考虑尺度变换

$$\left(\beta,\sigma_\mu^2,\sigma_v^2\right)\mapsto\left(a\beta,a^2\sigma_\mu^2,a^2\sigma_v^2\right),$$
$$\left(\hat\beta,Q_1,Q_2,\cdots,Q_d\right)\mapsto\left(a\hat\beta,a^2Q_1,a^2Q_2,\cdots,a^2Q_d\right),\ a>0 \qquad(7.23)$$

易证，F_1 在尺度变换式（7.23）下保持不变，但假设检验问题式（7.12）并不满足这个性质。于是，针对假设检验问题式（7.18），考虑尺度变换

$$\left(\beta,\zeta,\sigma_v^2\right)\mapsto\left(a\beta,\zeta,a^2\sigma_v^2\right),$$
$$\left(\hat\beta,Q_1,Q_2,\cdots,Q_d\right)\mapsto\left(a\hat\beta,a^2Q_1,a^2Q_2,\cdots,a^2Q_d\right),\ a>0 \qquad(7.24)$$

则假设检验问题式（7.18）为不变检验问题，相应的广义 p 值为

$$\tilde p_{F_1}=1-E_{V_2,V_3,\cdots,V_d}\left(F_{\mathrm{IΓ}(r_1/2,1/2)}\left(\frac{f_1-\sum_{j=2}^d \Delta_j\zeta_1 V_j}{\sum_{j=2}^d V_j}\right)\right)$$

因此，对于假设检验问题式（7.18），基于 $\tilde p_{F_1}$ 的检验在尺度变换式（7.24）下为 p 不变检验。

对于假设检验问题式（7.12），下面给出第二种广义检验方法。首先，定义近似广义检验变量

$$F_2=V_0\left(\frac{1}{V_1}+\frac{\bar\Delta\sigma_\mu^2}{q_1}\right)\overset{\mathrm{asy}}{\sim}\chi_{n-k-1-r_1}^2\left(\frac{1}{\chi_{r_1}^2}+\frac{\bar\Delta\sigma_\mu^2}{q_1}\right) \qquad(7.25)$$

易得，F_2 的观测值为 $f_2=q_0/q_1$，F_2 的近似分布与冗余参数无关，F_2 关于 σ_μ^2 随机单调增。则 F_2 为近似广义检验变量，相应的广义 p 值为

$$p_{F_2}=1-E_{V_0}\left(F_{\mathrm{IΓ}(r_1/2,1/2)}\left(\frac{f_2-\bar\Delta s_1 V_0/q_1}{V_0}\right)\right) \qquad(7.26)$$

类似地，对于不变检验问题式（7.18），在尺度变换式（7.24）下，基于 F_2 可给出如下广义 p 值

$$\tilde p_{F_2}=1-E_{V_0}\left(F_{\mathrm{IΓ}(r_1/2,1/2)}\left(\frac{f_2-\bar\Delta\zeta_1 V_0}{V_0}\right)\right)$$

下面给出 σ_μ^2 的广义置信区间。定义

$$F_3=\frac{q_0}{\bar\Delta V_0}-\frac{q_1}{\bar\Delta V_1}\overset{\mathrm{asy}}{\sim}\frac{q_0}{\bar\Delta\chi_{n-k-1-r_1}^2}-\frac{q_1}{\bar\Delta\chi_{r_1}^2} \qquad(7.27)$$

易证，F_3 的观测值为 σ_μ^2，F_3 的近似分布与任何未知参数无关，故 F_3 为近似广义枢轴量。令 $F_3(\vartheta)$ 表示 F_3 的第 ϑ 分位点，易得 σ_μ^2 的置信水平为 $1-\vartheta$ 的广义置信下限和广义置信上限，分别记为 $F_3(\vartheta/2)$ 和 $F_3(1-\vartheta/2)$。

由于 $\left[F_3(\vartheta/2),F_3(1-\vartheta/2)\right]$ 的置信水平在频率意义下不是 $1-\vartheta$，所以有必要从理论上对该区间的覆盖概率进行探讨。

定理 7.7 对于式（7.27）中的 F_3，则有

$$\lim_{\sigma_\nu^2\to 0}\Pr\left(F_3(\vartheta/2)\leqslant\sigma_\mu^2\leqslant F_3(1-\vartheta/2)\right)=1-\vartheta,$$

$$\lim_{\sigma_\mu^2\to 0}\Pr\left(F_3(\vartheta/2)\leqslant\sigma_\mu^2\leqslant F_3(1-\vartheta/2)\right)=1-\vartheta \tag{7.28}$$

该定理的证明过程与叶仁道和罗堃[128]中的定理 4.1 类似，故略去。

注 7.6 针对不变参数 ζ，构造尺度变换式（7.24）下的不变广义置信区间。首先，定义近似广义枢轴量

$$\tilde{F}_3=\frac{q_0}{\overline{\Delta}q_1 V_0}-\frac{1}{\overline{\Delta}V_1}\overset{\text{asy}}{\sim}\frac{q_0}{\overline{\Delta}q_1\chi_{n-k-1-r_1}^2}-\frac{1}{\overline{\Delta}\chi_{r_1}^2}$$

其次，令 $\tilde{F}_3(\vartheta)$ 表示 $\tilde{F}_3$ 的第 ϑ 分位点，则 ζ 的置信水平为 $1-\vartheta$ 的不变广义置信区间是 $\left[\tilde{F}_3(\vartheta/2),\tilde{F}_3(1-\vartheta/2)\right]$。

7.4 方差分量之和的推断

对于模型（7.2），考虑方差分量之和的单边假设检验问题

$$H_0:\sigma_\mu^2+\sigma_\nu^2\leqslant s_2 \quad\text{vs}\quad H_1:\sigma_\mu^2+\sigma_\nu^2>s_2 \tag{7.29}$$

其中，s_2 为给定值。

1. Bootstrap 方法

对于假设检验问题（7.29），定义 $T_4=\sum_{j=2}^d\frac{Q_j}{s_2\Delta_j+(1-\Delta_j)\sigma_\nu^2}$。类似于式（7.13），用估计量 $\tilde{\sigma}_\nu^2=Q_1/r_1$ 来代替 σ_ν^2，可得

$$T_4=\sum_{j=2}^d\frac{Q_j}{s_2\Delta_j+(1-\Delta_j)Q_1/r_1} \tag{7.30}$$

基于式（7.30），构造 Bootstrap 检验统计量

$$T_{4B}=\sum_{j=2}^d\frac{Q_{jB_2}}{s_2\Delta_j+(1-\Delta_j)Q_{1B}/r_1} \tag{7.31}$$

其中，$Q_{jB_2}\sim\left(s_2\Delta_j+(1-\Delta_j)q_1/r_1\right)\chi_{r_j}^2$，$j=2,3,\cdots,d$。因此，基于式（7.31）中的 T_{4B}，可给出如下 p 值

$$p_{T_4} = P(T_{4B} > t_4 \mid H_0) \tag{7.32}$$

这里 t_4 表示式（7.30）中 T_4 的观测值。当 $p_{T_4} < \vartheta$ 时，在名义显著性水平 ϑ 下拒绝 H_0。

对于假设检验问题（7.29），给出第二种 Bootstrap 检验方法。定义

$$T_5 = \frac{Q_0}{\overline{\varDelta} s_2 + (1 - \overline{\varDelta}) Q_1 / r_1}$$

类似于式（7.16），基于 T_5 构建 Bootstrap 检验统计量

$$T_{5B} = \frac{Q_{0B_3}}{\overline{\varDelta} s_2 + (1 - \overline{\varDelta}) Q_{1B} / r_1} \tag{7.33}$$

其中，$Q_{0B_3} \overset{\text{asy}}{\sim} \left(\overline{\varDelta} s_2 + (1 - \overline{\varDelta}) q_1 / r_1 \right) \chi^2_{n-k-1-r_1}$。因此，基于式（7.33）中的 T_{5B}，可给出如下 p 值

$$p_{T_5} = P(T_{5B} > t_5 \mid H_0) \tag{7.34}$$

其中，t_5 表示 T_5 的观测值。若 $p_{T_5} < \vartheta$，则在名义显著性水平 ϑ 下拒绝 H_0。

令　$\omega = \dfrac{\sigma_\mu^2 + \sigma_\nu^2}{q_1}$　，　$\omega_2 = \dfrac{s_2}{q_1}$　，　$\tilde{T}_5 = \dfrac{Q_0 / q_1}{\omega_2 \overline{\varDelta} + (1 - \overline{\varDelta}) Q_1 / (r_1 q_1)}$　，　$\tilde{T}_{5B} =$

$\dfrac{Q_{0B_3} / q_1}{\omega_2 \overline{\varDelta} + (1 - \overline{\varDelta}) Q_{1B} / (r_1 q_1)}$，$p_{\tilde{T}_5} = P(\tilde{T}_{5B} > \tilde{t}_5 \mid H_0)$，其中 $\tilde{t}_5$ 为 $\tilde{T}_5$ 的观测值。

定理 7.8　对于假设检验问题（7.29），考虑与之等价的检验问题

$$H_0 : \omega \leqslant \omega_2 \quad \text{vs} \quad H_1 : \omega > \omega_2 \tag{7.35}$$

则基于 $p_{\tilde{T}_5}$ 的 Bootstrap 检验在仿射变换式（7.10）下为不变检验。

该定理的证明过程与定理 7.6 类似，故略去。

下面给出 $\sigma_\mu^2 + \sigma_\nu^2$ 的 Bootstrap 置信区间。令

$$T_6 = \frac{Q_0}{\overline{\varDelta} (\sigma_\mu^2 + \sigma_\nu^2) + (1 - \overline{\varDelta}) Q_1 / r_1}$$

类似于式（7.20），构建 Bootstrap 枢轴量

$$T_{6B} = \frac{Q_{0B_2}}{\overline{\varDelta} (\hat{\sigma}_{\mu 0}^2 + \tilde{\sigma}_{\nu 0}^2) + (1 - \overline{\varDelta}) Q_{1B} / r_1} \tag{7.36}$$

其中，$\tilde{\sigma}_{\nu 0}^2 = q_1 / r_1$。令 $T_{6B}(\vartheta)$ 表示 T_{6B} 的第 ϑ 分位点，则 $\sigma_\mu^2 + \sigma_\nu^2$ 的置信水平为 $1 - \vartheta$ 的 Bootstrap 置信区间是

$$\left[\frac{q_0}{\overline{\varDelta} T_{6B}(1 - \vartheta / 2)} - \frac{(1 - \overline{\varDelta}) q_1}{\overline{\varDelta} r_1}, \frac{q_0}{\overline{\varDelta} T_{6B}(\vartheta / 2)} - \frac{(1 - \overline{\varDelta}) q_1}{\overline{\varDelta} r_1} \right]$$

注 7.7　为构造仿射变换不变参数 ω 的 Bootstrap 置信区间，定义枢轴量

$$\tilde{T}_{6B} = \frac{Q_{0B_2} / q_1}{\overline{\varDelta}\hat{\omega} + \left(1 - \overline{\varDelta}\right) Q_{1B} / \left(r_1 q_1\right)}$$

其中，$\hat{\omega} = \dfrac{q_0}{\left(n - k - 1 - r_1\right)\overline{\varDelta}q_1} - \dfrac{1}{r_1\overline{\varDelta}} + \dfrac{1}{r_1}$。进一步，基于 $\tilde{T}_{6B}$ 可得 ω 的置信水平为 $1 - \vartheta$ 的不变 Bootstrap 置信区间

$$\left[\frac{q_0}{\overline{\varDelta}q_1 T_{6B}\left(1 - \vartheta / 2\right)} - \frac{1 - \overline{\varDelta}}{\overline{\varDelta}r_1},\ \frac{q_0}{\overline{\varDelta}q_1 T_{6B}\left(\vartheta / 2\right)} - \frac{1 - \overline{\varDelta}}{\overline{\varDelta}r_1} \right]$$

2. 广义方法

对于假设检验问题式（7.29），定义

$$F_4 = \sum_{j=2}^{d} V_j \left(\frac{1 - \varDelta_j}{V_1} + \frac{\varDelta_j \left(\sigma_\mu^2 + \sigma_\nu^2\right)}{q_1} \right) \tag{7.37}$$

类似于式（7.21），易证 F_4 为广义检验变量。于是，基于式（7.37）中的 F_4，可给出广义 p 值

$$p_{F_4} = E_{V_2, V_3, \cdots, V_d} \left[F_{\mathrm{IΓ}(r_1/2, 1/2)} \left(\frac{\sum_{j=2}^{d} \left(q_j - \varDelta_j s_2 V_j\right) / q_1}{\sum_{j=2}^{d} \left(1 - \varDelta_j\right) V_j} \right) \right] \tag{7.38}$$

若 $p_{F_4} < \vartheta$，则在名义显著性水平 ϑ 下拒绝 H_0。

类似于式（7.24），在下列尺度变换下，

$$\left(\beta, \omega, \sigma_\nu^2\right) \mapsto \left(a\beta, \omega, a^2\sigma_\nu^2\right),$$

$$\left(\hat{\beta}, Q_1, Q_2, \cdots, Q_d\right) \mapsto \left(a\hat{\beta}, a^2 Q_1, a^2 Q_2, \cdots, a^2 Q_d\right),\ a > 0 \tag{7.39}$$

则假设检验问题式（7.35）为不变检验问题，其广义 p 值为

$$\tilde{p}_{F_4} = E_{V_2, V_3, \cdots, V_d} \left[F_{\mathrm{IΓ}(r_1/2, 1/2)} \left(\frac{\sum_{j=2}^{d} \left(q_j / q_1 - \varDelta_j \omega_2 V_j\right)}{\sum_{j=2}^{d} \left(1 - \varDelta_j\right) V_j} \right) \right]$$

因此，对于假设检验问题（7.35），基于 $\tilde{p}_{F_4}$ 的检验在尺度变换式（7.39）下为 p 不变检验。

对于假设检验问题（7.29），给出第二种广义检验方法。定义近似广义检验变量

$$F_5 = \frac{\left(\overline{\varDelta} - 1\right)q_1}{\overline{\varDelta}V_1} + \frac{q_0}{\overline{\varDelta}V_0} - \left(\sigma_\mu^2 + \sigma_\nu^2\right) \tag{7.40}$$

类似于式（7.26），则广义 p 值可表示为

$$p_{F_5} = E_{V_1}\left[F_{\text{IF}((n-k-1-r_1)/2,1/2)}\left(\frac{(1-\bar{\Delta})q_1}{q_0 V_1} + \frac{\bar{\Delta}s_2}{q_0}\right)\right] \tag{7.41}$$

然而，对于不变检验问题（7.35），检验变量 F_5 在尺度变换式（7.39）下不是不变的。令

$$\tilde{F}_5 = \frac{\bar{\Delta}-1}{\bar{\Delta}V_1} + \frac{q_0}{\bar{\Delta}q_1 V_0} - \omega$$

易证，$\tilde{F}_5$ 满足不变性。相应的广义 p 值为

$$p_{\tilde{F}_5} = E_{V_1}\left[F_{\text{IF}((n-k-1-r_1)/2,1/2)}\left(\frac{(1-\bar{\Delta})q_1}{q_0 V_1} + \frac{\bar{\Delta}\omega_2 q_1}{q_0}\right)\right]$$

对于假设检验问题式（7.35），基于 $p_{\tilde{F}_5}$ 的广义检验在尺度变换式（7.39）下为 p 不变检验。

接下来考虑 $\sigma_\mu^2 + \sigma_\nu^2$ 的广义置信区间。类似于式（7.27），定义近似广义枢轴量

$$F_6 = \frac{(\bar{\Delta}-1)q_1}{\bar{\Delta}V_1} + \frac{q_0}{\bar{\Delta}V_0} \tag{7.42}$$

令 $F_6(\vartheta)$ 表示 F_6 的第 ϑ 分位点，则 $\sigma_\mu^2 + \sigma_\nu^2$ 的置信水平为 $1-\vartheta$ 的广义置信下限和广义置信上限，分别记为 $F_6(\vartheta/2)$ 和 $F_6(1-\vartheta/2)$。

定理 7.9　对于式（7.42）中的 F_6，则有

$$\lim_{\sigma_\nu^2 \to 0} \Pr\left(F_6(\vartheta/2) \leqslant \sigma_\mu^2 + \sigma_\nu^2 \leqslant F_6(1-\vartheta/2)\right) = 1-\vartheta \tag{7.43}$$

该定理的证明过程与叶仁道和罗堃[128]中的定理 4.1 类似，故略去。

注 7.8　针对不变参数 ω，构造尺度变换式（7.39）下的不变广义置信区间。对此，构造近似广义枢轴量

$$\tilde{F}_6 = \frac{\bar{\Delta}-1}{\bar{\Delta}V_1} + \frac{q_0}{\bar{\Delta}q_1 V_0}$$

令 $\tilde{F}_6(\vartheta)$ 表示 $\tilde{F}_6$ 的第 ϑ 分位点，则 ω 的不变广义置信区间是 $\left[\tilde{F}_6(\vartheta/2), \tilde{F}_6(1-\vartheta/2)\right]$。

7.5　方差分量之比的推断

对于模型（7.2），考虑方差分量之比的单边假设检验问题：

$$H_0: \sigma_\mu^2 / \sigma_\nu^2 \leqslant s_3 \quad \text{vs} \quad H_1: \sigma_\mu^2 / \sigma_\nu^2 > s_3 \tag{7.44}$$

其中，s_3 为给定值。

类似于式（7.8），对于假设检验问题式（7.44），给出与之等价的检验问题
$$H_0 : \sigma_\mu^2 / \sigma_\nu^2 = s_3 \quad vs \quad H_1 : \sigma_\mu^2 / \sigma_\nu^2 > s_3$$
基于定理 7.3，定义检验统计量
$$F_7 = \frac{\sum_{j=2}^d \dfrac{Q_j}{\Delta_j s_3 + 1} / (n-k-1-r_1)}{Q_1 / r_1} \tag{7.45}$$
在 $H_0 : \sigma_\mu^2 / \sigma_\nu^2 = s_3$ 条件下，可知
$$F_7 \sim F_{n-k-1-r_1, r_1}$$
其中，$F_{n-k-1-r_1, r_1}$ 表示自由度为 $n-k-1-r_1$ 和 r_1 的 F 分布。进一步，基于式（7.45）中的 F_7，给出如下 p 值
$$p_{F_7} = P(F_7 > f_7 | H_0) \tag{7.46}$$
这里 f_7 表示式（7.45）中 F_7 的观测值。若 $p_{F_7} < \vartheta$，则在名义显著性水平 ϑ 下拒绝原假设 H_0。

根据定理 7.4，定义近似检验统计量
$$F_8 = \frac{\dfrac{Q_0}{\overline{\Delta} s_3 + 1} / (n-k-1-r_1)}{Q_1 / r_1} \tag{7.47}$$
在 $H_0 : \sigma_\mu^2 / \sigma_\nu^2 = s_3$ 条件下，可得
$$F_8 \overset{asy}{\sim} F_{n-k-1-r_1, r_1}$$
基于上述 F_8，给出如下 p 值
$$p_{F_8} = P(F_8 > f_8 | H_0) \tag{7.48}$$
其中，f_8 表示式（7.47）中 F_8 的观测值。若 $p_{F_8} < \vartheta$，则在名义显著性水平 ϑ 下拒绝原假设 H_0。

定理 7.10　对于假设检验问题（7.44），基于 p_{F_7} 和 p_{F_8} 的检验在仿射变换式（7.10）下均为不变检验。

该定理证明过程与定理 7.5 和定理 7.6 类似，故略去。

下面考虑 $\sigma_\mu^2 / \sigma_\nu^2$ 的置信区间。定义枢轴量
$$F_9 = \frac{\dfrac{Q_0}{\overline{\Delta} \sigma_\mu^2 / \sigma_\nu^2 + 1} / (n-k-1-r_1)}{Q_1 / r_1} \overset{asy}{\sim} F_{n-k-1-r_1, r_1} \tag{7.49}$$
基于上述 F_9，给出 $\sigma_\mu^2 / \sigma_\nu^2$ 的置信水平为 $1-\vartheta$ 的不变置信区间

$$\left[\frac{r_1 q_0}{\overline{\varDelta}(n-k-1-r_1)q_1 F_{n-k-1-r_1,r_1}(1-\vartheta/2)}-\frac{1}{\overline{\varDelta}},\ \frac{r_1 q_0}{\overline{\varDelta}(n-k-1-r_1)q_1 F_{n-k-1-r_1,r_1}(\vartheta/2)}-\frac{1}{\overline{\varDelta}}\right]$$

注 7.9　对于单个方差分量、方差分量之和、方差分量之比的双边及左单检验问题，相应检验方法的 p 值的构造方式与注 7.2 和注 7.3 类似，故略去其表达式。

7.6　蒙特卡罗数值模拟

本节通过蒙特卡罗数值模拟，对上述所给检验方法的统计性质进行比较分析。为方便起见，本节仅给出假设检验问题式（7.12）中 Bootstrap 方法犯第一类错误的概率和功效。具体步骤如下。

步骤 1：给定 $N, T_1, T_2, \cdots, T_N, \sigma_\mu^2, \sigma_\nu^2, \lambda_1, \alpha, \beta, X$ 和 Z_μ，生成 $Y \sim \mathrm{SN}_n(\xi_Y, \Sigma_Y, \lambda_2)$，其中 ξ_Y、Σ_Y 和 λ_2 由定理 7.1 给出。进一步，根据定理 7.3 和式（7.7），计算 q_j、$\varDelta_j$ 和 r_j，这里 q_j 为 Q_j 的观测值，$j=1,2,\cdots,d$。

步骤 2：由式（7.13），计算 T_1，并记为 t_1。

步骤 3：生成 $Q_{1B} \sim (q_1/r_1)\chi_{r_1}^2$，$Q_{jB_1} \sim (s_1\varDelta_j + q_1/r_1)\chi_{r_j}^2$，$j=2,3,\cdots,d$。由式（7.14），计算 T_{1B}。

步骤 4：将步骤 3 重复 k_1 次，并由式（7.15）得到 p_{T_1}。令 ϑ 表示名义显著性水平。若 $p_{T_1} < \vartheta$，则 $l=1$。反之，则 $l=0$。

步骤 5：将步骤 1～步骤 4 重复 k_2 次，得到 $l_1, l_2, \cdots, l_{k_2}$，则犯第一类错误的概率为 $\sum_{i=1}^{k_2} l_i / k_2$。

当备择假设 H_1 成立时，采用上述算法同理可得假设检验问题式（7.12）的功效。

在数值模拟中，令名义显著性水平 $\vartheta = 0.025, 0.05, 0.075, 0.1$，内循环次数 k_1 和外循环次数 k_2 均为 2500。不失一般性，令 $N=8$，$\alpha=1$，$\lambda_1 = 1_N$，$\beta = (\beta_1, \beta_2, \beta_3)^{\mathrm{T}} = (-1, -2, 3)^{\mathrm{T}}$，$X_{it}$ 由 $N_3(0, I_3)$ 生成。设样本量为：$N_1 = (T_1, T_2, \cdots, T_8) = (3,3,3,3,5,5,5,5)$，$N_2 = (5,5,6,6,6,6,7,7)$，$N_3 = (7,7,7,8,8,8,9,9)$，$N_4 = (8,9,9,12,12,15,15,16)$，$N_5 = (11,12,13,14,16,17,18,19)$。其余参数设置见表 7.1。

表 7.1　参数设置

检验问题	犯第一类错误的概率	功效函数
式（7.7）	$s_0 = 0, \sigma_\nu^2 = 1, c = (1,1,1)^{\mathrm{T}}$, $\sigma_\mu^2 = 0.5, 1, 2, 3$	$s_0 = 0, \sigma_\nu^2 = 1, \sigma_\mu^2 = 3, c = (1,1,1)^{\mathrm{T}}$, $\beta_1 = -1, \beta_2 = -2, \beta_3 = 3.1, 3.2, 3.3, 3.5$

检验问题	犯第一类错误的概率	功效函数
式（7.12）	$s_1 = \sigma_\mu^2 = 1,$ $\sigma_\nu^2 = 0.5,1,2,3$	$s_1 = 1, \sigma_\nu^2 = 1,$ $\sigma_\mu^2 = 2,4,5,6$
式（7.29）	$s_2 = \sigma_\mu^2 + \sigma_\nu^2 = 5,$ $\sigma_\nu^2 = 0.5,1,1.5,2$	$s_2 = 5, \sigma_\nu^2 = 1,$ $\sigma_\mu^2 = 5,10,20,25$
式（7.44）	$s_3 = \sigma_\mu^2 / \sigma_\nu^2, \sigma_\nu^2 = 1,$ $\sigma_\mu^2 = 0.5,1,2,3$	$s_3 = 1, \sigma_\nu^2 = 1,$ $\sigma_\mu^2 = 2,4,6,8$

针对假设检验问题式（7.7），表 7.2 和表 7.3 分别给出了精确检验方法犯第一类错误的概率和功效的模拟结果。由表 7.2 可知，所给检验方法的实际水平接近于名义水平，然而，在小样本情形下略显自由。由表 7.3 可得，对于设定的各种参数、样本量和名义显著性水平，随着 $c^{\mathrm{T}}\beta$ 逐渐偏离原假设，精确检验方法的功效显著增加。

针对假设检验问题（7.12），表 7.4 和表 7.5 分别给出了基于 p_{T_1}、p_{T_2}、p_{F_1} 和 p_{F_2} 四种检验方法（$\mathrm{BA_1,BA_2,GP_1,GP_2}$）犯第一类错误的概率和功效的模拟结果。由表 7.4 可见，四种方法的实际水平表现较好，其中 $\mathrm{BA_2}$ 方法在小样本情形下略显自由。进一步，$\mathrm{BA_1}$ 和 GP 方法在大多数情况下优于 $\mathrm{GP_1}$ 方法，$\mathrm{BA_2}$ 方法在大多数情况下优于 $\mathrm{GP_1}$ 和 $\mathrm{GP_2}$ 方法，$\mathrm{BA_1}$ 方法总体上略优于 $\mathrm{BA_2}$ 和 $\mathrm{GP_2}$ 方法。由表 7.5 可知，随着 σ_μ^2 逐渐偏离原假设，四种检验方法的功效均显著增加。$\mathrm{BA_1}$ 方法在功效函数意义下多数情形优于其他三种方法。类似地，$\mathrm{BA_2}$ 方法优于 $\mathrm{GP_1}$ 和 $\mathrm{GP_2}$ 方法，$\mathrm{GP_1}$ 方法优于 $\mathrm{GP_2}$ 方法。

针对假设检验问题（7.29），表 7.6 和表 7.7 分别给出了基于 p_{T_4}、p_{T_5}、p_{F_4} 和 p_{F_5} 的四种检验方法（$\mathrm{BA_1,BA_2,GP_1,GP_2}$）犯第一类错误的概率和功效的模拟结果。由表 7.6 可得，$\mathrm{BA_1}$ 和 $\mathrm{BA_2}$ 方法犯第一类错误的概率在大多数情况下接近于名义水平，而 $\mathrm{GP_1}$ 和 $\mathrm{GP_2}$ 方法略显自由。进一步，$\mathrm{BA_1}$ 和 $\mathrm{BA_2}$ 方法在大多数情况下优于 $\mathrm{GP_1}$ 和 $\mathrm{GP_2}$ 方法，其中 $\mathrm{GP_1}$ 方法优于 $\mathrm{GP_2}$ 方法，$\mathrm{BA_1}$ 方法略优于 $\mathrm{BA_2}$ 方法。由表 7.7 可见，对于给定的各种参数和样本量，当 $\sigma_\mu^2 + \sigma_\nu^2$ 逐渐偏离原假设时，四种检验方法的功效均呈现出显著增长的趋势。$\mathrm{BA_1}$ 方法在功效函数意义下多数情形优于 $\mathrm{BA_2}$ 和 $\mathrm{GP_1}$ 方法。类似地，$\mathrm{GP_2}$ 方法优于 $\mathrm{GP_1}$ 方法，$\mathrm{GP_1}$ 和 $\mathrm{GP_2}$ 方法分别优于 $\mathrm{BA_2}$ 和 $\mathrm{BA_1}$ 方法。此外，$\mathrm{GP_2}$ 方法在功效函数意义下一致优于 $\mathrm{BA_2}$ 方法。

针对假设检验问题（7.44），表 7.8 和表 7.9 分别给出不同参数和样本量条件下，精确检验方法（exact approach，EA）和近似检验方法（approximate approach，

AP）犯第一类错误的概率和功效的模拟结果。由表 7.8 可知，两种方法的实际水平在大多数情况下接近于名义水平，然而，EA 方法在大多数情况下比 AP 方法表现更为稳健。由表 7.9 可得，当 $\sigma_\mu^2 / \sigma_\nu^2$ 逐渐偏离原假设时，两种检验方法的功效均明显增加，且前者在功效函数意义下多数情形优于后者。

注 7.10　对于假设检验问题式（7.12）和式（7.29），本章在 0.025 和 0.075 名义显著性水平下亦开展模拟试验。由于其结论与 0.05 和 0.1 名义显著性水平相近，故略去结果。

表 7.2　假设检验问题（7.7）检验方法犯第一类错误的概率（$c^{\mathrm{T}}\beta = s_0 = 0$，$\beta = (-1, -2, 3)^{\mathrm{T}}$）

样本量	σ_μ^2	ϑ			
		0.025	0.05	0.075	0.1
N_1	0.5	0.0272	0.0564	0.0856	0.1164
	1	0.0280	0.0596	0.0828	0.1192
	2	0.0272	0.0552	0.0836	0.1168
	3	0.0296	0.0556	0.0872	0.1124
N_2	0.5	0.0308	0.0572	0.0844	0.1116
	1	0.0304	0.0552	0.0836	0.1116
	2	0.0312	0.0548	0.0808	0.1128
	3	0.0312	0.0544	0.0808	0.1104
N_3	0.5	0.0252	0.0568	0.0816	0.1008
	1	0.0260	0.0540	0.0792	0.1032
	2	0.0252	0.0536	0.0788	0.1032
	3	0.0244	0.0528	0.0764	0.1048
N_4	0.5	0.0240	0.0532	0.0764	0.0988
	1	0.0248	0.0500	0.0776	0.0960
	2	0.0260	0.0476	0.0748	0.0980
	3	0.0268	0.0476	0.0732	0.0980
N_5	0.5	0.0204	0.0504	0.0748	0.1016
	1	0.0204	0.0488	0.0752	0.1004
	2	0.0212	0.0492	0.0736	0.0996
	3	0.0208	0.0492	0.0712	0.0992

注：$N_1 = (3,3,3,3,5,5,5,5)$，　$N_2 = (5,5,6,6,6,6,7,7)$，　$N_3 = (7,7,7,8,8,8,9,9)$，　$N_4 = (8,9,9,12,12,15,15,16)$，
$N_5 = (11,12,13,14,16,17,18,19)$。

表 7.3 假设检验问题（7.7）检验方法的功效（$s_0 = 0$，$\beta_1 = -1$，$\beta_2 = -2$）

样本量	β_3	ϑ			
		0.025	0.05	0.075	0.1
N_1	3.1	0.0528	0.1012	0.1460	0.1820
	3.2	0.0980	0.1660	0.2192	0.2688
	3.3	0.1624	0.2496	0.3128	0.3588
	3.5	0.3256	0.4416	0.5292	0.5888
N_2	3.1	0.0608	0.1128	0.1560	0.1964
	3.2	0.1240	0.1948	0.2540	0.3056
	3.3	0.2076	0.3052	0.3792	0.4440
	3.5	0.4552	0.5840	0.6664	0.7276
N_3	3.1	0.0656	0.1116	0.1524	0.1948
	3.2	0.1304	0.2128	0.2832	0.3336
	3.3	0.2456	0.3484	0.4200	0.4800
	3.5	0.5356	0.6556	0.7272	0.7848
N_4	3.1	0.0728	0.1228	0.1672	0.2152
	3.2	0.1652	0.2612	0.3272	0.3860
	3.3	0.3276	0.4428	0.5212	0.5900
	3.5	0.7124	0.8052	0.8588	0.8892
N_5	3.1	0.0816	0.1420	0.1932	0.2364
	3.2	0.2128	0.3024	0.3712	0.4340
	3.3	0.3928	0.5284	0.6184	0.6788
	3.5	0.8232	0.8992	0.9300	0.9452

注：$N_1 = (3,3,3,3,5,5,5,5)$，$N_2 = (5,5,6,6,6,6,7,7)$，$N_3 = (7,7,7,8,8,8,9,9)$，$N_4 = (8,9,9,12,12,15,15,16)$，$N_5 = (11,12,13,14,16,17,18,19)$。

表 7.4 假设检验问题（7.12）检验方法犯第一类错误的概率（$\sigma_\mu^2 = s_1 = 1$）

样本量	σ_ν^2	ϑ							
		0.05				0.1			
		BA_1	BA_2	GP_1	GP_2	BA_1	BA_2	GP_1	GP_2
N_1	0.5	0.0500	0.0564	0.0484	0.0536	0.1104	0.1088	0.1024	0.1052
	1	0.0528	0.0552	0.0492	0.0504	0.1044	0.1064	0.0972	0.1004
	2	0.0516	0.0564	0.0464	0.0496	0.1012	0.1080	0.0944	0.0964
	3	0.0524	0.0556	0.0444	0.0468	0.1044	0.1088	0.0948	0.0956

续表

样本量	σ_ν^2	ϑ							
		0.05				0.1			
		BA_1	BA_2	GP_1	GP_2	BA_1	BA_2	GP_1	GP_2
N_2	0.5	0.0540	0.0524	0.0504	0.0508	0.1072	0.1052	0.1004	0.1044
	1	0.0508	0.0504	0.0472	0.0492	0.1032	0.1028	0.0992	0.0984
	2	0.0488	0.0512	0.0484	0.0488	0.0996	0.0984	0.0924	0.0936
	3	0.0480	0.0480	0.0440	0.0456	0.0972	0.0960	0.0908	0.0908
N_3	0.5	0.0492	0.0496	0.0500	0.0484	0.1016	0.1008	0.0992	0.1000
	1	0.0484	0.0476	0.0456	0.0472	0.1032	0.1028	0.1020	0.0996
	2	0.0492	0.0492	0.0472	0.0484	0.0976	0.0936	0.0900	0.0908
	3	0.0472	0.0484	0.0456	0.0460	0.0944	0.0944	0.0908	0.0920
N_4	0.5	0.0520	0.0584	0.0528	0.0584	0.0988	0.1016	0.0980	0.1012
	1	0.0524	0.0504	0.0476	0.0500	0.0988	0.1008	0.0964	0.1000
	2	0.0492	0.0464	0.0428	0.0456	0.0984	0.0996	0.0960	0.0984
	3	0.0496	0.0468	0.0416	0.0448	0.0968	0.0980	0.0948	0.0972
N_5	0.5	0.0472	0.0532	0.0512	0.0532	0.0932	0.0944	0.0912	0.0936
	1	0.0460	0.0476	0.0480	0.0476	0.0964	0.0956	0.0940	0.0952
	2	0.0440	0.0460	0.0428	0.0460	0.1016	0.0996	0.0956	0.0996
	3	0.0476	0.0492	0.0428	0.0480	0.1000	0.0984	0.0948	0.0984

注：$N_1 = (3,3,3,3,5,5,5,5)$，$N_2 = (5,5,6,6,6,6,7,7)$，$N_3 = (7,7,7,8,8,8,9,9)$，$N_4 = (8,9,9,12,12,15,15,16)$，$N_5 = (11,12,13,14,16,17,18,19)$。

表 7.5　假设检验问题（7.12）检验方法的功效（$s_1 = 1$，$\sigma_\nu^2 = 1$）

样本量	σ_μ^2	ϑ							
		0.05				0.1			
		BA_1	BA_2	GP_1	GP_2	BA_1	BA_2	GP_1	GP_2
N_1	2	0.3440	0.3456	0.3168	0.3276	0.4556	0.4592	0.4404	0.4456
	4	0.7440	0.7324	0.7184	0.7244	0.8136	0.8148	0.8020	0.8048
	5	0.8332	0.8332	0.8232	0.8260	0.8816	0.8804	0.8692	0.8736
	6	0.8856	0.8840	0.8752	0.8796	0.9280	0.9224	0.9196	0.9180
N_2	2	0.3792	0.3824	0.3744	0.3760	0.4876	0.4860	0.4784	0.4792
	4	0.7744	0.7732	0.7684	0.7712	0.8428	0.8400	0.8348	0.8368
	5	0.8592	0.8592	0.8540	0.8548	0.9076	0.9044	0.9032	0.9028
	6	0.9108	0.9092	0.9060	0.9072	0.9356	0.9364	0.9332	0.9356

续表

样本量	σ_μ^2	ϑ							
		0.05				0.1			
		BA$_1$	BA$_2$	GP$_1$	GP$_2$	BA$_1$	BA$_2$	GP$_1$	GP$_2$
N_3	2	0.3904	0.3856	0.3784	0.3824	0.5044	0.5072	0.5028	0.5044
	4	0.8032	0.7992	0.7980	0.7964	0.8648	0.8628	0.8616	0.8624
	5	0.8800	0.8748	0.8756	0.8740	0.9140	0.9116	0.9104	0.9108
	6	0.9184	0.9156	0.9152	0.9152	0.9428	0.9452	0.9428	0.9444
N_4	2	0.3876	0.3800	0.3656	0.3792	0.5004	0.4980	0.4880	0.4972
	4	0.7968	0.7924	0.7860	0.7912	0.8628	0.8520	0.8524	0.8520
	5	0.8784	0.8748	0.8664	0.8744	0.9260	0.9208	0.9192	0.9208
	6	0.9260	0.9240	0.9188	0.9236	0.9560	0.9504	0.9492	0.9504
N_5	2	0.3712	0.3708	0.3648	0.3688	0.4936	0.4812	0.4768	0.4800
	4	0.8072	0.8044	0.7984	0.8040	0.8660	0.8616	0.8604	0.8616
	5	0.8864	0.8832	0.8824	0.8828	0.9284	0.9244	0.9232	0.9244
	6	0.9316	0.9312	0.9280	0.9312	0.9548	0.9536	0.9536	0.9536

注： $N_1=(3,3,3,3,5,5,5,5)$ ， $N_2=(5,5,6,6,6,6,7,7)$ ， $N_3=(7,7,7,8,8,8,9,9)$ ， $N_4=(8,9,9,12,12,15,15,16)$ ，$N_5=(11,12,13,14,16,17,18,19)$ 。

表 7.6　假设检验问题（7.29）检验方法犯第一类错误的概率（ $s_2=\sigma_\mu^2+\sigma_\nu^2=5$ ）

样本量	σ_ν^2	ϑ							
		0.05				0.1			
		BA$_1$	BA$_2$	GP$_1$	GP$_2$	BA$_1$	BA$_2$	GP$_1$	GP$_2$
N_1	0.5	0.0484	0.0516	0.0496	0.0540	0.1060	0.1064	0.1072	0.1124
	1	0.0456	0.0500	0.0548	0.0556	0.1064	0.1052	0.1128	0.1164
	1.5	0.0464	0.0496	0.0544	0.0592	0.1028	0.1024	0.1160	0.1196
	2	0.0368	0.0424	0.0592	0.0616	0.0956	0.0968	0.1196	0.1236
N_2	0.5	0.0548	0.0548	0.0580	0.0568	0.1088	0.1112	0.1116	0.1136
	1	0.0552	0.0548	0.0576	0.0588	0.1068	0.1040	0.1084	0.1092
	1.5	0.0508	0.0508	0.0580	0.0588	0.1032	0.1024	0.1148	0.1160
	2	0.0480	0.0456	0.0600	0.0612	0.0996	0.1020	0.1220	0.1204
N_3	0.5	0.0512	0.0500	0.0492	0.0508	0.1000	0.1032	0.1036	0.1068
	1	0.0524	0.0540	0.0552	0.0564	0.0996	0.0964	0.0992	0.0988
	1.5	0.0508	0.0504	0.0548	0.0556	0.1028	0.1008	0.1088	0.1088
	2	0.0484	0.0448	0.0552	0.0552	0.0952	0.1016	0.1136	0.1132

续表

样本量	σ_v^2	ϑ							
		0.05				0.1			
		BA_1	BA_2	GP_1	GP_2	BA_1	BA_2	GP_1	GP_2
N_4	0.5	0.0516	0.0532	0.0484	0.0540	0.0972	0.1028	0.1012	0.1032
	1	0.0536	0.0564	0.0520	0.0580	0.0976	0.1040	0.1040	0.1060
	1.5	0.0516	0.0544	0.0544	0.0572	0.0980	0.1044	0.1056	0.1080
	2	0.0504	0.0544	0.0560	0.0596	0.1012	0.1024	0.1088	0.1088
N_5	0.5	0.0476	0.0472	0.0460	0.0476	0.0928	0.0968	0.0940	0.0976
	1	0.0476	0.0484	0.0460	0.0488	0.0952	0.0972	0.0980	0.0992
	1.5	0.0480	0.0484	0.0504	0.0528	0.0968	0.0948	0.0972	0.1008
	2	0.0480	0.0488	0.0536	0.0540	0.0956	0.0952	0.1000	0.1024

注：$N_1=(3,3,3,3,5,5,5,5)$，$N_2=(5,5,6,6,6,6,7,7)$，$N_3=(7,7,7,8,8,8,9,9)$，$N_4=(8,9,9,12,12,15,15,16)$，$N_5=(11,12,13,14,16,17,18,19)$。

表 7.7 假设检验问题（7.29）检验方法的功效（$s_2=5$，$\sigma_v^2=1$）

样本量	σ_μ^2	ϑ							
		0.05				0.1			
		BA_1	BA_2	GP_1	GP_2	BA_1	BA_2	GP_1	GP_2
N_1	5	0.1332	0.1252	0.1272	0.1320	0.1996	0.2028	0.2108	0.2148
	10	0.5656	0.5592	0.5624	0.5708	0.6584	0.6524	0.6572	0.6608
	20	0.8836	0.8792	0.8788	0.8836	0.9248	0.9176	0.9212	0.9228
	25	0.9392	0.9324	0.9308	0.9348	0.9596	0.9544	0.9548	0.9572
N_2	5	0.1324	0.1264	0.1316	0.1344	0.2140	0.2148	0.2216	0.2200
	10	0.5580	0.5580	0.5660	0.5648	0.6564	0.6544	0.6632	0.6620
	20	0.8904	0.8880	0.8888	0.8904	0.9244	0.9260	0.9276	0.9280
	25	0.9336	0.9340	0.9352	0.9372	0.9592	0.9576	0.9576	0.9588
N_3	5	0.1292	0.1232	0.1252	0.1312	0.2124	0.2080	0.2120	0.2140
	10	0.5684	0.5704	0.5760	0.5784	0.6724	0.6696	0.6736	0.6760
	20	0.9028	0.9000	0.9020	0.9016	0.9300	0.9276	0.9296	0.9296
	25	0.9392	0.9376	0.9388	0.9396	0.9568	0.9560	0.9564	0.9576
N_4	5	0.1252	0.1272	0.1216	0.1284	0.2132	0.2100	0.2092	0.2160
	10	0.5656	0.5616	0.5576	0.5692	0.6708	0.6660	0.6700	0.6716
	20	0.8912	0.8852	0.8828	0.8872	0.9284	0.9236	0.9220	0.9244
	25	0.9384	0.9356	0.9328	0.9360	0.9620	0.9616	0.9628	0.9624

样本量	σ_μ^2	ϑ							
		0.05				0.1			
		BA_1	BA_2	GP_1	GP_2	BA_1	BA_2	GP_1	GP_2
N_5	5	0.1148	0.1224	0.1200	0.1236	0.1996	0.1952	0.1944	0.1980
	10	0.5476	0.5468	0.5452	0.5500	0.6584	0.6556	0.6556	0.6612
	20	0.9056	0.8988	0.8988	0.9016	0.9324	0.9312	0.9296	0.9320
	25	0.9436	0.9416	0.9404	0.9424	0.9600	0.9580	0.9584	0.9580

注： $N_1 = (3,3,3,3,5,5,5,5)$ ， $N_2 = (5,5,6,6,6,6,7,7)$ ， $N_3 = (7,7,7,8,8,8,9,9)$ ， $N_4 = (8,9,9,12,12,15,15,16)$ ， $N_5 = (11,12,13,14,16,17,18,19)$ 。

表 7.8 假设检验问题（7.44）检验方法犯第一类错误的概率（ $s_3 = \sigma_\mu^2 / \sigma_\nu^2$ ， $\sigma_\nu^2 = 1$ ）

样本量	σ_μ^2	ϑ							
		0.025		0.05		0.075		0.1	
		EA	AP	EA	AP	EA	AP	EA	AP
N_1	0.5	0.0264	0.0272	0.0520	0.0548	0.0832	0.0860	0.1092	0.1108
	1	0.0268	0.0288	0.0508	0.0564	0.0844	0.0848	0.1128	0.1116
	2	0.0292	0.0292	0.0496	0.0544	0.0784	0.0824	0.1096	0.1116
	3	0.0280	0.0296	0.0520	0.0536	0.0780	0.0816	0.1064	0.1060
N_2	0.5	0.0252	0.0236	0.0476	0.0456	0.0728	0.0740	0.1016	0.1036
	1	0.0228	0.0252	0.0492	0.0476	0.0784	0.0780	0.1028	0.1016
	2	0.0268	0.0280	0.0508	0.0496	0.0812	0.0792	0.1028	0.1012
	3	0.0268	0.0260	0.0512	0.0532	0.0820	0.0780	0.1048	0.1048
N_3	0.5	0.0256	0.0244	0.0484	0.0496	0.0740	0.0752	0.0988	0.1000
	1	0.0248	0.0248	0.0452	0.0480	0.0720	0.0720	0.0984	0.0976
	2	0.0248	0.0252	0.0440	0.0456	0.0696	0.0696	0.1036	0.1016
	3	0.0244	0.0244	0.0460	0.0444	0.0704	0.0720	0.1016	0.0984
N_4	0.5	0.0252	0.0264	0.0504	0.0496	0.0764	0.0792	0.1008	0.0980
	1	0.0236	0.0280	0.0512	0.0528	0.0780	0.0776	0.1048	0.1024
	2	0.0212	0.0280	0.0488	0.0540	0.0768	0.0776	0.1036	0.1020
	3	0.0224	0.0280	0.0476	0.0512	0.0736	0.0768	0.1008	0.1012
N_5	0.5	0.0248	0.0264	0.0496	0.0476	0.0744	0.0740	0.0916	0.0940
	1	0.0248	0.0280	0.0476	0.0464	0.0672	0.0692	0.0948	0.0924
	2	0.0236	0.0272	0.0472	0.0476	0.0680	0.0696	0.0904	0.0916
	3	0.0232	0.0244	0.0456	0.0492	0.0680	0.0704	0.0904	0.0912

注： $N_1 = (3,3,3,3,5,5,5,5)$ ， $N_2 = (5,5,6,6,6,6,7,7)$ ， $N_3 = (7,7,7,8,8,8,9,9)$ ， $N_4 = (8,9,9,12,12,15,15,16)$ ， $N_5 = (11,12,13,14,16,17,18,19)$ 。

表 7.9　假设检验问题（7.44）检验方法的功效（$s_3 = 1$，$\sigma_\nu^2 = 1$）

样本量	σ_μ^2	ϑ							
		0.025		0.05		0.075		0.1	
		EA	AP	EA	AP	EA	AP	EA	AP
N_1	2	0.1792	0.1792	0.2576	0.2648	0.3264	0.3312	0.3844	0.3780
	4	0.5324	0.5288	0.6312	0.6320	0.6948	0.6888	0.7376	0.7312
	6	0.7376	0.7332	0.8136	0.8104	0.8524	0.8496	0.8792	0.8748
	8	0.8468	0.8436	0.8976	0.8956	0.9268	0.9212	0.9408	0.9396
N_2	2	0.2236	0.2256	0.3184	0.3228	0.3856	0.3856	0.4376	0.4364
	4	0.6288	0.6220	0.7060	0.7060	0.7568	0.7580	0.7972	0.7928
	6	0.8196	0.8188	0.8696	0.8684	0.8964	0.8964	0.9132	0.9132
	8	0.9012	0.9032	0.9348	0.9320	0.9484	0.9496	0.9604	0.9596
N_3	2	0.2520	0.2516	0.3400	0.3408	0.4092	0.4068	0.4648	0.4692
	4	0.6848	0.6852	0.7676	0.7640	0.8096	0.8076	0.8376	0.8376
	6	0.8572	0.8584	0.8980	0.8980	0.9168	0.9144	0.9316	0.9268
	8	0.9236	0.9200	0.9480	0.9468	0.9580	0.9564	0.9640	0.9668
N_4	2	0.2588	0.2712	0.3624	0.3592	0.4296	0.4224	0.4800	0.4724
	4	0.7088	0.7000	0.7720	0.7756	0.8148	0.8100	0.8428	0.8404
	6	0.8760	0.8672	0.9100	0.9048	0.9324	0.9276	0.9444	0.9440
	8	0.9360	0.9332	0.9616	0.9564	0.9696	0.9668	0.9760	0.9736
N_5	2	0.2672	0.2644	0.3580	0.3576	0.4184	0.4120	0.4716	0.4636
	4	0.7160	0.7160	0.7852	0.7844	0.8256	0.8224	0.8536	0.8480
	6	0.8820	0.8780	0.9188	0.9176	0.9364	0.9352	0.9476	0.9472
	8	0.9448	0.9444	0.9640	0.9620	0.9708	0.9712	0.9764	0.9760

注：$N_1 = (3,3,3,3,5,5,5,5)$，$N_2 = (5,5,6,6,6,6,7,7)$，$N_3 = (7,7,7,8,8,8,9,9)$，$N_4 = (8,9,9,12,12,15,15,16)$，$N_5 = (11,12,13,14,16,17,18,19)$。

第8章 偏正态混合效应模型

本章通过引入设计矩阵的一般表达式，将偏正态单向分类随机效应模型和偏正态非平衡面板数据单因素随机效应模型推广至一般偏正态混合效应模型。与传统模型相比，偏正态混合效应模型引入了随机效应和偏度参数，能够充分描述数据之间的相关信息及非对称性，从而大大提高模型的精度。因此，这类模型能够较为有效地处理结构复杂的数据，如纵向（longitudinal）数据、成组（clustered）数据、空间（spatial）数据等。于是，该模型在经济、金融、生物、医学、地质、气象、农业、工业、工程技术等领域具有非常广泛的应用背景，上述领域的许多现象或问题都可以借助偏正态混合效应模型作出较好的解释。为此，偏正态混合效应模型已成为现代统计学中应用最为广泛的模型之一。

考虑一般偏正态混合效应模型：

$$y = X\beta + Z\varepsilon + \varepsilon_0 \qquad\qquad (8.1)$$

其中，y 为 $n \times 1$ 观测向量，X 和 Z 分别是 $n \times p$ 和 $n \times k$ 已知设计矩阵，β 为 $p \times 1$ 回归系数，ε 为 $k \times 1$ 随机效应，ε_0 为 $n \times 1$ 随机误差向量。假定 $\varepsilon \sim N_k(0, \sigma_\varepsilon^2 I_k)$，$\varepsilon_0^2 \sim \mathrm{SN}_n(0, \sigma_{\varepsilon_0}^2 I_n, \alpha_{\varepsilon_0})$，且 ε 和 ε_0 相互独立。当 $\alpha_{\varepsilon_0} = 0$ 时，则模型（8.1）退化为正态混合效应模型。

对于模型（8.1），本章讨论回归系数和方差分量函数的假设检验和区间估计问题。首先，给出模型（8.1）的统计性质，如矩生成函数、密度函数、二次型分布、独立性等。其次，基于所提出的广义非中心偏 χ^2 分布和非中心偏 F 分布，构造回归系数线性假设检验问题的精确检验。再次，分别基于 Bootstrap 方法和广义方法，构造单个方差分量、方差分量之和、方差分量之比的检验统计量和置信区间。最后，给出蒙特卡罗数值模拟结果。

8.1 模 型 性 质

令 $M_{n \times n}$ 为实数域上所有 $n \times n$ 矩阵的集合。对任给矩阵 $A \in M_{n \times n}$，则 A^{T}、$\mathrm{rk}(A)$ 和 $\mathrm{tr}(A)$ 分别表示 A 的转置、秩和迹。$\bar{J}_n = 1_n 1_n^{\mathrm{T}} / n$，$P_A$ 表示矩阵 A 的正交投影阵，即 $P_A = A(A^{\mathrm{T}} A)^- A^{\mathrm{T}}$。

对于模型（8.1），给出定理 8.1～定理 8.5 及推论 8.1。证明过程类似于 Ye 等[33]、Ye 和 Wang[120]、叶仁道和罗堃[128]的相关研究，故略去。

定理 8.1 对于模型（8.1），则有

（1）观测向量 y 的矩生成函数为

$$M_y(t) = 2\exp\left(t^T\mu_y + \frac{t^T\Sigma_y t}{2}\right)\Phi\left(\frac{\sigma_{\varepsilon_0}\alpha_{\varepsilon_0}^T t}{(1+\alpha_{\varepsilon_0}^T\alpha_{\varepsilon_0})^{1/2}}\right), \ t\in R^n$$

其中，$\mu_y = X\beta, \Sigma_y = \sigma_\varepsilon^2 ZZ^T + \sigma_{\varepsilon_0}^2 I_n$。

（2）观测向量 y 的密度函数为

$$f_y(x;\mu_y,\Sigma_y,\alpha_1) = 2\phi_n(x;\mu_y,\Sigma_y)\Phi(\alpha_1^T\Sigma_y^{-1/2}(x-\mu_y)), \ x\in R^n$$

其中，$\alpha_1 = \dfrac{\sigma_{\varepsilon_0}\Sigma_y^{-1/2}\alpha_{\varepsilon_0}}{\left(1+\alpha_{\varepsilon_0}^T(I_n-\sigma_{\varepsilon_0}^2\Sigma_y^{-1})\alpha_{\varepsilon_0}\right)^{1/2}}$。记 $y\sim SN_n(\mu_y,\Sigma_y,\alpha_1)$。

（3）观测向量 y 的均值向量和协方差阵为

$$E(y) = \mu_y + \sqrt{\frac{2}{\pi}}\frac{\Sigma_y^{1/2}\alpha_1}{(1+\alpha_1^T\alpha_1)^{1/2}}, \ Cov(y) = \Sigma_y^{1/2}\left(I_n - \frac{2\alpha_1\alpha_1^T}{\pi(1+\alpha_1^T\alpha_1)}\right)\Sigma_y^{1/2}$$

定理 8.2 对于模型（8.1），设 $B_i\in M_{k_i\times n}, i=1,2$，则 $B_1 y$ 与 $B_2 y$ 相互独立的充要条件为

（1）$B_1\Sigma_y B_2^T = 0$；

（2）$B_1\Sigma_y^{1/2}\alpha_1 = 0$ 或者 $B_2\Sigma_y^{1/2}\alpha_1 = 0$。

其中，$\Sigma_y = \sigma_\varepsilon^2 ZZ^T + \sigma_{\varepsilon_0}^2 I_n$，$\alpha_1 = \dfrac{\sigma_{\varepsilon_0}\Sigma_y^{-1/2}\alpha_{\varepsilon_0}}{\left(1+\alpha_{\varepsilon_0}^T(I_n-\sigma_{\varepsilon_0}^2\Sigma_y^{-1})\alpha_{\varepsilon_0}\right)^{1/2}}$。

定理 8.3 对于模型（8.1），令 $Q = y^T A y/\sigma_*^2$，其中 $A\in M_{n\times n}$，$m = rk(A)$，$\sigma_*^2 = \dfrac{1}{m}\left(\sigma_{\varepsilon_0}^2 tr(A) + \sigma_\varepsilon^2 tr(AZZ^T)\right)$，则 $Q\sim S\chi_m^2(\lambda,\delta_1,\delta_2)$ 的充要条件为

（1）ΩA 是秩为 m 的幂等阵；

（2）$\lambda = \mu_y^T A\mu_y/\sigma_*^2$；

（3）$\delta_1 = \alpha_1^T\Omega^{1/2}A\mu_y/(d\sigma_*)$；

（4）$\delta_2 = \alpha_1^T P_1 P_1^T\alpha_1/d^2$。

其中，$\mu_y = X\beta$，$\Sigma_y = \sigma_\varepsilon^2 ZZ^T + \sigma_{\varepsilon_0}^2 I_n = \sigma_*^2\Omega$，$\alpha_1 = \dfrac{\sigma_{\varepsilon_0}\Sigma_y^{-1/2}\alpha_{\varepsilon_0}}{\left(1+\alpha_{\varepsilon_0}^T(I_n-\sigma_{\varepsilon_0}^2\Sigma_y^{-1})\alpha_{\varepsilon_0}\right)^{1/2}}$，$d = (1+\alpha_1^T P_2 P_2^T\alpha_1)^{1/2}$，$P = (P_1,P_2)$ 为正交矩阵，且满足

$$\Omega^{1/2} A \Omega^{1/2} = P \begin{pmatrix} I_m & 0 \\ 0 & 0 \end{pmatrix} P^{\mathrm{T}} = P_1 P_1^{\mathrm{T}}$$

推论 8.1　对于定理 8.3 中所定义的二次型，若 $\alpha_1^{\mathrm{T}} \Omega^{1/2} A \mu_y = 0$，则 $Q \sim \chi_m^2(\lambda)$ 与 δ_2 无关，当且仅当

（1）ΩA 是秩为 m 的幂等阵；

（2）$\lambda = \mu_y^{\mathrm{T}} A \mu_y / \sigma_*^2$。

其中，$\mu_y = X\beta$，$\Sigma_y = \sigma_\varepsilon^2 ZZ^{\mathrm{T}} + \sigma_{\varepsilon_0}^2 I_n = \sigma_*^2 \Omega$，$\sigma_*^2 = \dfrac{1}{m}\left(\sigma_{\varepsilon_0}^2 \operatorname{tr}(A) + \sigma_\varepsilon^2 \operatorname{tr}(AZZ^{\mathrm{T}}) \right)$，

$m = \operatorname{rk}(A)$，$\alpha_1 = \dfrac{\sigma_{\varepsilon_0} \Sigma_y^{-1/2} \alpha_{\varepsilon_0}}{\left(1 + \alpha_{\varepsilon_0}^{\mathrm{T}} (I_n - \sigma_{\varepsilon_0}^2 \Sigma_y^{-1}) \alpha_{\varepsilon_0} \right)^{1/2}}$。

特别地，当 $\mu_y = 0$ 或者 $\alpha_1 = 0$ 时，推论 8.1 结论成立。

令 $\mathrm{GS}\chi^2_{m_1,\cdots,m_l}(\lambda_1,\cdots,\lambda_l; \eta_{11},\cdots,\eta_{1l}; \eta_{21},\cdots,\eta_{2l}; \eta_2)$ 表示广义非中心偏 χ^2 分布，具体定义见叶仁道和罗堃[128]中所提出的定义 8.1。

定理 8.4　对于模型（8.1），令 $Q = (Q_1, Q_2, \cdots, Q_l)^{\mathrm{T}}$，$Q_i = y^{\mathrm{T}} A_i y / \sigma_{*i}^2$，这里 $A_i \in M_{n \times n}$，$m_i = \operatorname{rk}(A_i)$，$\sigma_{*i}^2 = \dfrac{1}{m_i}\left(\sigma_{\varepsilon_0}^2 \operatorname{tr}(A_i) + \sigma_\varepsilon^2 \operatorname{tr}(A_i ZZ^{\mathrm{T}}) \right)$，$i = 1, 2, \cdots, l$。则

$$Q \sim \mathrm{GS}\chi^2_{m_1, m_2, \cdots, m_l}(\lambda_1, \cdots, \lambda_l; \eta_{11}, \cdots, \eta_{1l}; \eta_{21}, \cdots, \eta_{2l}; \eta_2)$$

的充要条件为

（1）$\Omega_i A_i$ 为秩是 m_i 的幂等阵；

（2）$\lambda_i = \mu_y^{\mathrm{T}} A_i \mu_y / \sigma_{*i}^2$；

（3）$A_i A_j = 0$；

（4）$\eta_{1i} = \alpha_1^{\mathrm{T}} \Omega_i^{1/2} A_i \mu_y / \sigma_{*i}$；

（5）$\eta_{2i} = \alpha_1^{\mathrm{T}} P_i P_i^{\mathrm{T}} \alpha_1$。

其中，$\mu_y = X\beta$，$\Sigma_y = \sigma_\varepsilon^2 ZZ^{\mathrm{T}} + \sigma_{\varepsilon_0}^2 I_n = \sigma_{*i}^2 \Omega_i$，$\alpha_1 = \dfrac{\sigma_{\varepsilon_0} \Sigma_y^{-1/2} \alpha_{\varepsilon_0}}{\left(1 + \alpha_{\varepsilon_0}^{\mathrm{T}} (I_n - \sigma_{\varepsilon_0}^2 \Sigma_y^{-1}) \alpha_{\varepsilon_0} \right)^{1/2}}$，

$\eta_2 = \alpha_1^{\mathrm{T}} \alpha_1$，$P = (P_1, \cdots, P_l, P_{l+1})$ 为正交矩阵，且满足

$$\Omega_i^{1/2} A_i \Omega_i^{1/2} = P \begin{pmatrix} 0 & 0 & 0 \\ 0 & I_{m_i} & 0 \\ 0 & 0 & 0 \end{pmatrix} P^{\mathrm{T}} = P_i P_i^{\mathrm{T}}$$

这里左上角 0 为 $\displaystyle\sum_{j=1}^{i-1} m_j$ 阶方阵（当 $t=1$ 时，为标量 0），右下角 0 为 $\displaystyle\sum_{j=i+1}^{l+1} m_j$ 阶方阵。

定理 8.5 对于模型(8.1),记 $A_1 = P_{(X:Z)} - P_X$, $A_2 = I_n - P_{(X:Z)}$ 。若 $P_X ZZ^{\mathrm{T}} = ZZ^{\mathrm{T}} P_X$, $ZZ^{\mathrm{T}} = cP_Z$, 则有

$$V_1 = \frac{T_1}{\sigma^2} \sim \chi_{n_1}^2 , \quad V_2 = \frac{T_2}{\sigma_{\varepsilon_0}^2} \sim \chi_{n_2}^2 \tag{8.2}$$

且 V_1 和 V_2 相互独立。其中, $T_1 = y^{\mathrm{T}} A_1 y$, $T_2 = y^{\mathrm{T}} A_2 y$, $\sigma^2 = \sigma_{\varepsilon_0}^2 + c\sigma_\varepsilon^2$, $c = \dfrac{\mathrm{tr}(A_1 ZZ^{\mathrm{T}})}{n_1}$, $n_1 = \mathrm{rk}(P_{(X:Z)}) - \mathrm{rk}(P_X)$, $n_2 = n - \mathrm{rk}(X:Z)$ 。

注 8.1 定理 8.5 中条件 $P_X ZZ^{\mathrm{T}} = ZZ^{\mathrm{T}} P_X$ 和 $ZZ^{\mathrm{T}} = cP_Z$,在平衡数据情形下是很容易满足的,如一般偏正态平衡随机效应模型,故而具有一定的普适性。对此,本书在上述条件下探讨模型(8.1)中单个方差分量、方差分量之和、方差分量之比的统计推断问题。下面以偏正态两向分类混合模型为例,验证定理 8.5 中的条件。考虑偏正态两向分类混合模型

$$y = X\beta + Z\varepsilon + \varepsilon_0 \tag{8.3}$$

其中, $\beta = (\mu, \beta_1, \cdots, \beta_a)^{\mathrm{T}}$ 为未知固定效应向量, $X = (1_{ab} : I_a \otimes 1_b)$, $Z = 1_a \otimes I_b$, $\varepsilon \sim N_b(0, \sigma_\varepsilon^2 I_b)$, $\varepsilon_0 \sim \mathrm{SN}_{ab}(0, \sigma_{\varepsilon_0}^2 I_{ab}, \alpha_{\varepsilon_0})$, 且 ε 和 ε_0 相互独立。易证, $P_X ZZ^{\mathrm{T}} = ZZ^{\mathrm{T}} P_X = a\bar{J}_{ab}$, $ZZ^{\mathrm{T}} = aP_Z = a(\bar{J}_a \otimes I_b)$, 即满足定理 8.5 中的条件。

8.2 回归系数的推断

首先,考虑模型(8.1)中回归系数的线性假设问题,即

$$H_0 : c_*^{\mathrm{T}} \beta = d_* \quad \mathrm{vs} \quad H_1 : c_*^{\mathrm{T}} \beta \neq d_* \tag{8.4}$$

其中, $c_* \in M(X)$ 。上述假设检验问题等价于

$$H_0 : c_*^{\mathrm{T}} \vartheta = 0 \quad \mathrm{vs} \quad H_1 : c_*^{\mathrm{T}} \vartheta \neq 0 \tag{8.5}$$

这里 $\vartheta = \beta - \beta_0$, β_0 为方程 $c_*^{\mathrm{T}} \beta = d_*$ 的一个解。所以,不失一般性,假定 $d_* = 0$ 。

接下来,给出假设检验问题(8.4)的检验统计量。

定理 8.6 对于模型(8.1),假定

(1) $N_X \Sigma_y = \Sigma_y N_X = \sum_{i=0}^{k} \rho_i V_i^*$;

(2) 存在某个特征值 ρ_l 满足 $P_X \Sigma_y = \rho_l P_X$;

(3) $\lambda_1 = (c_*^{\mathrm{T}} \beta)^2 / (\rho_l c_*^{\mathrm{T}} (X^{\mathrm{T}} X)^- c_*)$;

(4) $\eta_{11} = \alpha_1^{\mathrm{T}} \Omega^{1/2} A_1^* \mu_y / \rho_l^{1/2}$;

(5) $\eta_{2t} = \alpha_1^{\mathrm{T}} P_t P_t^{\mathrm{T}} \alpha_1, t = 1,2$ 。

则有结论如下:

（1）$(y^{\mathrm{T}}A_1^* y / \rho_l, y^{\mathrm{T}}A_2^* y / \rho_l)^{\mathrm{T}} \sim \mathrm{GS}\chi^2_{1,n_l}(\lambda_1, 0; \eta_{11}, 0; \eta_{21}, \eta_{22}; \eta_2)$；

（2）$F(y) = \dfrac{y^{\mathrm{T}}A_1^* y}{y^{\mathrm{T}}A_2^* y / n_l} \sim \mathrm{SF}_{1,n_l}(\lambda_1, \delta_1, \delta_2)$。

其中，$\rho_0, \rho_1, \cdots, \rho_k$ 为 $N_X \Sigma_y$ 的非零特征值，亦为 $\sigma^2_{\varepsilon_0}$ 和 σ^2_{ε} 的非零不同线性组合，

$V_0^*, V_1^*, \cdots, V_k^*$ 为正交投影阵且满足 $\sum\limits_{i=0}^{k} V_i^* = N_X$，$V_i^* V_j^* = 0 (i \neq j)$，$\delta_1 = \dfrac{\eta_{11}}{(1 + \eta_2 - \eta_{21})^{1/2}}$，

$\delta_2 = \dfrac{\eta_{21}}{(1 + \eta_2 - \eta_{21})^{1/2}}$，$A_1^* = X(X^{\mathrm{T}}X)^- c_* (c_*^{\mathrm{T}}(X^{\mathrm{T}}X)^- c_*)^{-1} c_*^{\mathrm{T}}(X^{\mathrm{T}}X)^- X^{\mathrm{T}}$，$A_2^* = V_l^*$，

$n_l = \mathrm{rk}(V_l^*)$，$\mu_y = X\beta$，$\Sigma_y = \sigma^2_{\varepsilon} ZZ^{\mathrm{T}} + \sigma^2_{\varepsilon_0} I_n = \rho_l \Omega$，$\alpha_1 = \dfrac{\sigma_{\varepsilon_0} \Sigma_y^{-1/2} \alpha_{\varepsilon_0}}{\left(1 + \alpha_{\varepsilon_0}^{\mathrm{T}}(I_n - \sigma^2_{\varepsilon_0} \Sigma_y^{-1}) \alpha_{\varepsilon_0}\right)^{1/2}}$，

$\eta_2 = \alpha_1^{\mathrm{T}} \alpha_1$，$P = (P_1, P_2, P_3)$ 为正交矩阵，且满足

$$\Omega^{1/2} A_t^* \Omega^{1/2} = P \begin{pmatrix} 0 & 0 & 0 \\ 0 & I_{m_i} & 0 \\ 0 & 0 & 0 \end{pmatrix} P^{\mathrm{T}} = P_t P_t^{\mathrm{T}}$$

这里左上角 0 为 $\sum\limits_{j=1}^{t-1} m_j$ 阶方阵（当 $t=1$ 时，为标量 0），右下角 0 为 $\sum\limits_{j=t+1}^{3} m_j$ 阶方阵。

证明 对于结论（1），只需证明 $A_1^* A_2^* = 0$，$\sigma^2_{*1} = \sigma^2_{*2} = \rho_l$，$\lambda_1 = \mu_y^{\mathrm{T}} A_1^* \mu_y / \rho_l$，$\lambda_2 = 0$，$A_t^* \Omega A_t^* = A_t^*, t = 1, 2$。

由条件（1），则有

$$A_1^* A_2^* = 0，\quad \Sigma_y = N_X \Sigma_y N_X + P_X \Sigma_y P_X = \sum_{i=0}^{k} \rho_i V_i^* + P_X \Sigma_y P_X$$

进一步，

$$\sigma^2_{*2} = n_l^{-1} \mathrm{tr}(A_2^* \Sigma_y) = \mathrm{tr}\left(A_2^* \left(\sum_{i=0}^{k} \rho_i V_i^* + P_X \Sigma_y P_X\right)\right) = \rho_l$$

注意到 $(A_1^*)^2 = A_1^*$，所以 $\mathrm{tr}(A_1^*) = \mathrm{rk}(A_1^*) = 1$。由条件（2）可得，$\sigma^2_{*1} = \mathrm{tr}(A_1^* \Sigma_y) = \rho_l$。由条件（3）可得

$$\begin{aligned} \lambda_1 &= (c_*^{\mathrm{T}} \beta)^2 / (\rho_l c_*^{\mathrm{T}}(X^{\mathrm{T}}X)^- c_*) \\ &= (X\beta)^{\mathrm{T}} (X(X^{\mathrm{T}}X)^- c_* (c_*^{\mathrm{T}}(X^{\mathrm{T}}X)^- c_*)^{-1} c_*^{\mathrm{T}}(X^{\mathrm{T}}X)^- X^{\mathrm{T}})(X\beta) / \rho_l \\ &= \mu_y^{\mathrm{T}} A_1^* \mu_y / \rho_l \end{aligned}$$

类似地，可以证明 $\lambda_2 = 0$。此外，容易证明

$$A_t^* \Omega A_t^* = A_t^* \Sigma_y A_t^* / \rho_l = (A_t^*)^2 = A_t^*，\quad t = 1, 2$$

故结论（1）得证。由结论（1）和定义 6.1，结论（2）得证。□

当式（8.4）中 H_0 成立时，由定理 8.6 可得，$\lambda_1 = \eta_{11} = 0$，$F(y) \sim F_{1,n_l}$。令 $F_{1,n_l}(\delta)$ 表示自由度分别是 1 和 n_l 的 F 分布的第 δ 分位点。因此，假设检验问题（8.4）的检验方法为

$$\varphi_1(F(y)) = \begin{cases} 1, & \text{若} F(y) \geqslant F_{1,n_l}(1-\gamma) \\ 0, & \text{其他} \end{cases}$$

其功效函数为

$$g_1(\lambda_1, \delta_1, \delta_2) = \Pr(F(y) \geqslant F_{1,n_l}(1-\gamma)) = \Pr(\mathrm{SF}_{1,n_l}(\lambda_1, \delta_1, \delta_2) \geqslant F_{1,n_l}(1-\gamma))$$

8.3　单个方差分量的推断

对于模型（8.1），考虑单个方差分量的单边假设检验问题：

$$H_0 : \sigma_\varepsilon^2 \leqslant c_0 \qquad \text{vs} \qquad H_1 : \sigma_\varepsilon^2 > c_0 \qquad\qquad (8.6)$$

其中，c_0 为给定值。

1. Bootstrap 方法

对于假设检验问题（8.6），首先给出 σ_ε^2 和 $\sigma_{\varepsilon_0}^2$ 的无偏估计。由定理 8.5，可得

$$\hat{\sigma}_\varepsilon^2 = \frac{T_1/n_1 - T_2/n_2}{c}, \quad \hat{\sigma}_{\varepsilon_0}^2 = \frac{T_2}{n_2} \qquad\qquad (8.7)$$

若 $\sigma_{\varepsilon_0}^2$ 已知，由定理 8.5，则式（8.2）中 V_1 为假设检验问题（8.6）的检验统计量。然而，在实际问题中，$\sigma_{\varepsilon_0}^2$ 往往是未知的。所以，当原假设 H_0 成立时，在 V_1 表达式中，用估计量 $\hat{\sigma}_{\varepsilon_0}^2$ 代替 $\sigma_{\varepsilon_0}^2$，可得

$$F_1 = \frac{T_1}{cc_0 + T_2/n_2} \qquad\qquad (8.8)$$

易见，难以获得 F_1 的精确分布。对此，利用 Bootstrap 方法构造检验统计量。基于式（8.8），定义 Bootstrap 检验统计量

$$F_{1B} = \frac{T_{1B}}{cc_0 + T_{2B}/n_2} \qquad\qquad (8.9)$$

其中，$T_{1B} \sim (cc_0 + t_2/n_2)\chi_{n_1}^2$，$T_{2B} \sim (t_2/n_2)\chi_{n_2}^2$，$t_2$ 表示 T_2 的观测值。于是，基于式（8.9）中的 F_{1B}，可给出如下 p 值

$$p_1 = P(F_{1B} > f_1 \mid H_0) \qquad\qquad (8.10)$$

其中，f_1 表示式（8.8）中 F_1 的观测值。若 $p_1 \leqslant \delta$，则在名义显著性水平 δ 下拒绝 H_0。

注 8.2　在 F_{1B} 基础上，可构造 σ_1^2 的 Bootstrap 枢轴量 $\tilde{F}_{1B}$。令 $\tilde{F}_{1B}(\omega)$ 为 $\tilde{F}_{1B}$ 的

第 ω 分位点，则 σ_ε^2 的置信水平为 $1-\delta$ 的 Bootstrap 置信区间是

$$\left[\frac{t_1}{c\tilde{F}_{1B}(1-\delta/2)} - \frac{t_2}{n_2}, \frac{t_1}{c\tilde{F}_{1B}(\delta/2)} - \frac{t_2}{n_2} \right]$$

其中，t_1 表示 T_1 的观测值。

2. 广义方法

对于假设检验问题（8.6），定义广义检验变量

$$F_2 = V_1(1/V_2 + c\sigma_\varepsilon^2/t_2) \tag{8.11}$$

易证，F_2 的观测值为 $f_2 = t_1/t_2$，F_2 的分布与冗余参数无关，F_2 关于 σ_ε^2 随机单调增。所以，F_2 为假设检验问题（8.6）的广义检验变量。基于式（8.11）中的 F_2，可给出如下广义 p 值：

$$p_2 = P(F_2 \geqslant t_1/t_2 \mid H_0) = P\left(V_1 \geqslant \frac{t_1 V_2}{t_2 + cV_2\sigma_\varepsilon^2} \right)$$

$$= 1 - E_{V_2}\left[F_{\chi_{n_1}^2}\left(\frac{t_1 V_2}{t_2 + cV_2\sigma_\varepsilon^2} \right) \right]$$

其中，$F_{\chi_{n_1}^2}$ 表示自由度为 n_1 的 χ^2 分布的分布函数，E_{V_2} 表示关于统计量 V_2 求期望。当 $p_2 \leqslant \delta$ 时，在名义显著性水平 δ 下拒绝原假设 H_0。

下面给出 σ_μ^2 的广义置信区间。定义

$$F_2^* = \frac{1}{c}\left(\frac{t_1(\sigma_{\varepsilon_0}^2 + c\sigma_\varepsilon^2)}{T_1} - \frac{t_2\sigma_{\varepsilon_0}^2}{T_2} \right) \tag{8.12}$$

易知，F_2^* 的观测值为 σ_ε^2，F_2^* 的分布与任何未知参数无关，故 F_2^* 为广义枢轴量。令 $F_2^*(\delta)$ 表示 F_2^* 的第 δ 分位点，可得 σ_ε^2 的置信水平为 $1-\delta$ 的广义置信下限和广义置信上限，分别记为 $F_2^*(\delta/2)$ 和 $F_2^*(1-\delta/2)$。

接下来，以偏正态两向分类混合模型（8.3）为例，演示假设检验问题（8.6）的检验方法。首先，式（8.8）可表示为

$$F_{11} = \frac{y^{\mathrm{T}}\left(\bar{J}_a \otimes (I_b - \bar{J}_b) \right) y}{ac_0 + \dfrac{y^{\mathrm{T}}\left((I_a - \bar{J}_a) \otimes (I_b - \bar{J}_b) \right) y}{(a-1)(b-1)}} \tag{8.13}$$

相应的 Bootstrap 检验统计量为

$$F_{11B} = \frac{y_B^{\mathrm{T}}\left(\bar{J}_a \otimes (I_b - \bar{J}_b) \right) y_B}{ac_0 + \dfrac{y_B^{\mathrm{T}}\left((I_a - \bar{J}_a) \otimes (I_b - \bar{J}_b) \right) y_B}{(a-1)(b-1)}} \tag{8.14}$$

其中

$$y_B^T\left(\overline{J}_a\otimes(I_b-\overline{J}_b)\right)y_B\sim\left(ac_0+\frac{y_*^T\left((I_a-\overline{J}_a)\otimes(I_b-\overline{J}_b)\right)y_*}{(a-1)(b-1)}\right)\chi_{(b-1)}^2$$

$$y_B^T\left((I_a-\overline{J}_a)\otimes(I_b-\overline{J}_b)\right)y_B\sim\left(\frac{y_*^T\left((I_a-\overline{J}_a)\otimes(I_b-\overline{J}_b)\right)y_*}{(a-1)(b-1)}\right)\chi_{(a-1)(b-1)}^2$$

这里 y_* 为 y 的观测值。于是，基于式（8.14）给出假设检验问题（8.6）的 p 值

$$p_{11}=P(F_{11B}>f_{11}\,|\,H_0) \tag{8.15}$$

其中，f_{11} 表示式（8.13）中 F_{11} 的观测值。

类似地，广义检验变量 F_2 可表示为

$$F_{21}=V_1(1/V_2+a\sigma_\varepsilon^2/t_2) \tag{8.16}$$

其中，$V_1\sim\chi_{(b-1)}^2$，$V_2\sim\chi_{(a-1)(b-1)}^2$，$t_2=y_*^T\left((I_a-\overline{J}_a)\otimes(I_b-\overline{J}_b)\right)y_*$。根据式（8.12），可给出假设检验问题（8.6）的广义 p 值。

8.4　方差分量之和的推断

对于模型（8.1），考虑方差分量之和的单边假设检验问题：

$$H_0:\sigma_\varepsilon^2+\sigma_{\varepsilon_0}^2\leqslant c_1 \qquad vs \qquad H_1:\sigma_\varepsilon^2+\sigma_{\varepsilon_0}^2>c_1 \tag{8.17}$$

其中，c_1 为给定值。

1. Bootstrap 方法

对于假设检验问题（8.17），当原假设 H_0 成立时，在式（8.2）V_1 中用无偏估计 $\hat\sigma_{\varepsilon_0}^2$ 取代 $\sigma_{\varepsilon_0}^2$，可得

$$F_3=\frac{T_1}{cc_1-(c-1)T_2/n_2} \tag{8.18}$$

由于 F_3 的精确分布难以获取，类似于式（8.9），可用 Bootstrap 方法构建检验统计量。基于式（8.18），给出 Bootstrap 检验统计量

$$F_{3B}=\frac{T_{1B}}{cc_1-(c-1)T_{2B}/n_2} \tag{8.19}$$

其中，$T_{1B}\sim\left(cc_1-\frac{(c-1)t_2}{n_2}\right)\chi_{n_1}^2$，$T_{2B}\sim(t_2/n_2)\chi_{n_2}^2$。因此，利用 F_{3B} 可给出如下 p 值

$$p_3=P(F_{3B}>f_3\,|\,H_0) \tag{8.20}$$

其中，f_3 表示式（8.18）中 F_3 的观测值。若 $p_3\leqslant\delta$，则在名义显著性水平 δ 下拒绝 H_0。

注 8.3　类似于式（8.19）中 F_{3B}，可构造 $\sigma_\varepsilon^2 + \sigma_{\varepsilon_0}^2$ 的 Bootstrap 枢轴量 $\tilde{F}_{3B}$。令 $\tilde{F}_{3B}(\omega)$ 为 $\tilde{F}_{3B}$ 的第 ω 分位点，可得 $\sigma_\varepsilon^2 + \sigma_{\varepsilon_0}^2$ 在置信水平 $1-\delta$ 下的 Bootstrap 置信区间为

$$\left[\frac{t_1}{c\tilde{F}_{3B}(1-\delta/2)} + \frac{(c-1)t_2}{cn_2}, \; \frac{t_1}{c\tilde{F}_{3B}(\delta/2)} + \frac{(c-1)t_2}{cn_2} \right]$$

2. 广义方法

对于假设检验问题（8.17），定义广义检验变量

$$F_4 = \frac{t_1}{cV_1} + \frac{(c-1)t_2}{cV_2} - (\sigma_\varepsilon^2 + \sigma_{\varepsilon_0}^2) \tag{8.21}$$

由上式中的 F_4，可计算广义 p 值

$$p_4 = P(F_4 \leq 0 \mid H_0) = 1 - F_{V_2}\left(F_{\chi_m^2}\left(\frac{t_1 V_2}{cc_1 V_2 - t_2(c-1)} \right) \right) \tag{8.22}$$

若 $p_4 \leq \delta$，则在名义显著性水平 δ 下拒绝原假设 H_0。

接下来给出 $\sigma_\varepsilon^2 + \sigma_{\varepsilon_0}^2$ 的广义置信区间。构造广义枢轴量

$$F_4^* = \frac{t_1}{c_1 V_1} + \frac{(c-1)t_2}{cV_2}$$

令 $F_4^*(\omega)$ 表示 F_4^* 的第 ω 分位点，则 $\left[F_4^*(\delta/2), F_4^*(1-\delta/2) \right]$ 为 $\sigma_1^2 + \sigma_0^2$ 的置信水平为 $1-\delta$ 的广义置信区间。

类似地，针对假设检验问题（8.17），给出偏正态两向分类混合模型（8.3）的检验方法。定义 Bootstrap 检验统计量

$$F_{31B} = \frac{y_B^{\mathrm{T}}\left(\overline{J}_a \otimes (I_b - \overline{J}_b) \right) y_B}{ac_1 - (a-1)\dfrac{y_B^{\mathrm{T}}\left((I_a - \overline{J}_a) \otimes (I_b - \overline{J}_b) \right) y_B}{(a-1)(b-1)}}$$

其中

$$y_B^{\mathrm{T}}\left(\overline{J}_a \otimes (I_b - \overline{J}_b) \right) y_B \sim \left(ac_1 - (a-1)\frac{y_*^{\mathrm{T}}\left((I_a - \overline{J}_a) \otimes (I_b - \overline{J}_b) \right) y_*}{(a-1)(b-1)} \right) \chi_{(b-1)}^2,$$

$$y_B^{\mathrm{T}}\left((I_a - \overline{J}_a) \otimes (I_b - \overline{J}_b) \right) y_B \sim \left(\frac{y_*^{\mathrm{T}}\left((I_a - \overline{J}_a) \otimes (I_b - \overline{J}_b) \right) y_*}{(a-1)(b-1)} \right) \chi_{(a-1)(b-1)}^2$$

进一步，构造广义检验变量

$$F_{41} = \frac{t_1}{aV_1} + \frac{(a-1)t_2}{aV_2} - (\sigma_\varepsilon^2 + \sigma_{\varepsilon_0}^2)$$

其中，$t_1 = y_*^{\mathrm{T}}\left(\bar{J}_a \otimes (I_b - \bar{J}_b)\right)y_*$。根据式（8.20）和式（8.22），可分别给出假设检验问题（8.17）的 Bootstrap p 值和广义 p 值。

8.5　方差分量之比的推断

对于模型（8.1），考虑方差分量之比的单边假设检验问题：

$$H_0 : \sigma_\varepsilon^2 / \sigma_{\varepsilon_0}^2 \leqslant c_2 \qquad \text{vs} \qquad H_1 : \sigma_\varepsilon^2 / \sigma_{\varepsilon_0}^2 > c_2 \qquad (8.23)$$

其中，c_2 为给定值。

1. Bootstrap 方法

对于假设检验问题（8.23），当原假设 H_0 成立时，在式（8.2）V_1 中用无偏估计 $\hat{\sigma}_{\varepsilon_0}^2$ 取代 $\sigma_{\varepsilon_0}^2$，可得

$$F_5 = \frac{T_1}{(cc_1+1)T_2 / n_2} \qquad (8.24)$$

基于式（8.24），给出 Bootstrap 检验统计量

$$F_{5B} = \frac{T_{1B}}{(cc_2+1)T_{2B} / n_2} \qquad (8.25)$$

其中，$T_{1B} \sim \dfrac{(cc_2+1)t_2}{n_2}\chi_{n_1}^2$，$T_{2B} \sim (t_2/n_2)\chi_{n_2}^2$。于是，利用 F_{5B} 可给出如下 p 值

$$p_5 = P\left(F_{5B} > f_5 \mid H_0\right) \qquad (8.26)$$

其中，f_5 表示式（8.24）中 F_5 的观测值。若 $p_5 \leqslant \delta$，则在名义显著性水平 δ 下拒绝原假设 H_0。

注 8.4　类似于式（8.25）中 F_{5B}，可构造 $\sigma_\varepsilon^2 / \sigma_{\varepsilon_0}^2$ 的 Bootstrap 枢轴量 $\tilde{F}_{5B}$。令 $\tilde{F}_{5B}(\omega)$ 为 $\tilde{F}_{5B}$ 的第 ω 分位点，可得 $\sigma_\varepsilon^2 / \sigma_{\varepsilon_0}^2$ 在置信水平 $1-\delta$ 下的 Bootstrap 置信区间为

$$\left[\frac{t_1 n_2}{ct_2 \tilde{F}_{5B}(1-\delta/2)} - \frac{1}{c}, \; \frac{t_1 n_2}{ct_2 \tilde{F}_{5B}(\delta/2)} - \frac{1}{c}\right]$$

2. 广义方法

对于假设检验问题（8.23），定义广义检验变量

$$F_6 = \frac{t_1 V_2 - t_2 V_1}{cV_1 t_2} - \frac{\sigma_\varepsilon^2}{\sigma_{\varepsilon_0}^2} \qquad (8.27)$$

由式（8.27）中的 F_6，可计算广义 p 值

$$p_6 = P(F_6 \leqslant 0 \mid H_0) = 1 - E_{V_2}\left(F_{\chi_m^2}\left(\frac{t_1 V_2}{t_2 + (cc_2 + 1)}\right)\right) \tag{8.28}$$

若 $p_6 \leqslant \delta$，则在名义显著性水平 δ 下拒绝 H_0。

下面给出 $\sigma_\varepsilon^2 / \sigma_{\varepsilon_0}^2$ 的广义置信区间。定义广义枢轴量

$$F_6^* = \frac{t_1 V_2 - t_2 V_1}{c V_1 t_2}$$

其中，F_6^* 的观测值为 $\sigma_\varepsilon^2 / \sigma_{\varepsilon_0}^2$。因此，可利用 F_6^* 的百分位数构造其广义置信区间。

定理 8.7 对于假设检验问题（8.23），基于 p_5 的 Bootstrap 检验与基于 p_6 的广义检验几乎是等价的。

证明 由式（8.26），则 p_5 可简化为

$$p_5 = P(F_{5B} > f_5 \mid H_0) = P\left(\frac{T_{1B}}{(cc_2 + 1)T_{2B} / n_2} > \frac{t_1}{(cc_2 + 1)t_2 / n_2} \mid H_0\right) = P\left(\frac{T_{1B}}{T_{2B}} > \frac{t_1}{t_2} \mid H_0\right)$$

另外，由式（8.28），则 p_6 可简化为

$$p_6 = P(F_6 \leqslant 0 \mid H_0) = P\left(\frac{t_1 V_2 - t_2 V_1}{c V_1 t_2} - \frac{\sigma_\varepsilon^2}{\sigma_{\varepsilon_0}^2} \leqslant 0 \mid H_0\right) = P\left(\frac{t_1 T_2}{t_2 \sigma_{\varepsilon_0}^2} - \frac{T_1}{\sigma^2} \leqslant \frac{c T_1 \sigma_\varepsilon^2}{\sigma_{\varepsilon_0}^2 \sigma^2} \mid H_0\right)$$

$$= P\left(T_1\left(c\sigma_\varepsilon^2 + \sigma_\varepsilon^2\right) \geqslant \frac{t_1 T_2 \sigma^2}{t_2} \mid H_0\right) = P\left(\frac{T_1}{T_2} \geqslant \frac{t_1}{t_2} \mid H_0\right)$$

根据上述两个式子，基于 p_5 的 Bootstrap 检验与基于 p_6 的广义检验几乎是等价的。至此，定理 8.7 得证。□

接下来，针对假设检验问题（8.23），给出偏正态两向分类混合模型（8.3）的检验方法。定义 Bootstrap 检验统计量

$$F_{51B} = \frac{y_B^{\mathrm{T}}\left(\bar{J}_a \otimes (I_b - \bar{J}_b)\right) y_B}{(ac_2 + 1)\dfrac{y_B^{\mathrm{T}}\left((I_a - \bar{J}_a) \otimes (I_b - \bar{J}_b)\right) y_B}{(a-1)(b-1)}}$$

其中

$$y_B^{\mathrm{T}}\left(\bar{J}_a \otimes (I_b - \bar{J}_b)\right) y_B \sim \left((ac_2 + 1)\frac{y_*^{\mathrm{T}}\left((I_a - \bar{J}_a) \otimes (I_b - \bar{J}_b)\right) y_*}{(a-1)(b-1)}\right)\chi_{(b-1)}^2$$

$$y_B^{\mathrm{T}}\left((I_a - \bar{J}_a) \otimes (I_b - \bar{J}_b)\right) y_B \sim \left(\frac{y_*^{\mathrm{T}}\left((I_a - \bar{J}_a) \otimes (I_b - \bar{J}_b)\right) y_*}{(a-1)(b-1)}\right)\chi_{(a-1)(b-1)}^2$$

另外，定义广义检验变量：

$$F_{61} = \frac{t_1 V_2 - t_2 V_1}{a V_1 t_2} - \frac{\sigma_\varepsilon^2}{\sigma_{\varepsilon_0}^2}$$

根据式（8.26）和式（8.28），可分别给出假设检验问题（8.23）的 Bootstrap p 值和广义 p 值。

8.6　蒙特卡罗数值模拟

为方便起见，针对上述三种方差分量函数的假设检验问题，本节运用蒙特卡罗数值模拟，研究本书所给两种检验方法的统计性质。针对偏正态两向分类混合模型（8.3），给出检验问题（8.6）中 Bootstrap 方法犯第一类错误的概率和功效的算法。具体步骤如下。

步骤 1：对于给定的 $\left(a, b, \sigma_\varepsilon^2, \sigma_{\varepsilon_0}^2, c_0\right)$，生成 $t_1 = y_*^{\mathrm{T}}\left(\overline{J}_a \otimes \left(I_b - \overline{J}_b\right)\right) y_* \sim$ $\left(a\sigma_\varepsilon^2 + \sigma_{\varepsilon_0}^2\right) \chi_{(b-1)}^2$ 和 $t_2 = y_*^{\mathrm{T}}\left(\left(I_a - \overline{J}_a\right) \otimes \left(I_b - \overline{J}_b\right)\right) y_* \sim \sigma_{\varepsilon_0}^2 \chi_{(a-1)(b-1)}^2$。

步骤 2：根据式（8.13），计算可得 f_{11}。

步骤 3：生成 $y_B^{\mathrm{T}}\left(\overline{J}_a \otimes \left(I_b - \overline{J}_b\right)\right) y_B \sim \left(ac_0 + \dfrac{t_2}{(a-1)(b-1)}\right) \chi_{(b-1)}^2$，

$$y_B^{\mathrm{T}}\left(\left(I_a - \overline{J}_a\right) \otimes \left(I_b - \overline{J}_b\right)\right) y_B \sim \left(\frac{t_2}{(a-1)(b-1)}\right) \chi_{(a-1)(b-1)}^2$$

并由式（8.14）计算 F_{11B}。

步骤 4：将步骤 3 重复 l_1 次，并由式（8.15）得到 p_{11} 值。若 $p_{11} < \delta$，则 $Q = 1$。反之，则 $Q = 0$。

步骤 5：将上述步骤重复 l_2 次，可得 l_2 个 Q 值 $Q_1, Q_2, \cdots, Q_{l_2}$，故犯第一类错误的概率可记为 $\sum_{i=1}^{l_2} Q_i / l_2$。

当备择假设 H_1 成立时，采用上述算法同理可得假设检验问题（8.6）的功效。

在数值模拟中，内循环数 l_1 和外循环数 l_2 均为 2500 次，取名义显著性水平 $\delta = 0.025, 0.05, 0.075, 0.1$，样本量 $(a, b) = (3,4), (5,8), (7,10), (9,12), (12,15)$。在检验问题（8.6）中，取 $c_0 = 0.5$，$\sigma_{\varepsilon_0}^2 = 0.5, 1, 1.5, 2, 2.5$。在检验问题（8.17）中，取 $c_1 = 5$，$\sigma_{\varepsilon_0}^2 = 0.2, 0.5, 1, 1.5, 2$。在检验问题（8.23）中，取 $c_2 = 3$，$\sigma_{\varepsilon_0}^2 = 1, 1.5, 2, 2.5, 3$。

针对检验问题（8.6），表 8.1 和表 8.2 分别给出 Bootstrap（PB）方法和广义（GP）方法犯第一类错误的概率和功效的模拟结果。由表 8.1 可知，PB 方法和 GP 方法在小样本情况下分别略显自由和保守，但总体上与名义显著性水平相差不大。其原因主要在于 PB 方法和 GP 方法在频率意义下均不是精确推断方法，从而使得模拟结果易受样本量、参数等因素的影响。随着样本量的增加，两种方法均接近于名义显著性水平，即能较好地控制犯第一类错误的概率，但 PB 方法大多数情况下优于 GP 方法。由表 8.2 可见，对于设定的参数、样本量和名义显著性水平，PB 方法的功效一致优于 GP 方法。

针对检验问题（8.17），表 8.3 和表 8.4 分别给出 PB 方法和 GP 方法犯第一类错误的概率和功效的模拟结果。由表 8.3 可得，PB 方法在小样本下较为保守，而 GP 方法则较为自由。随着样本量的增加，PB 方法和 GP 方法犯第一类错误的概率表现明显变好，且前者在绝大多数情况下优于后者。由表 8.4 可知，随着样本量的增加和 $\sigma_\varepsilon^2 + \sigma_{\varepsilon_0}^2$ 偏离原假设，两种方法的功效均呈现出显著增长的趋势，且 GP 方法一致优于 PB 方法。

针对假设检验问题（8.23），表 8.5 和表 8.6 分别给出 PB 方法和 GP 方法犯第一类错误的概率和功效的模拟结果。由表 8.5 可见，无论样本量如何取值，PB 方法和 GP 方法实际水平均接近于名义水平，且两种方法的模拟结果几乎一致，这进一步验证了定理 8.7 的结论。由表 8.6 可得，随着样本量的增加和 $\sigma_\varepsilon^2 / \sigma_{\varepsilon_0}^2$ 偏离原假设，两种方法的功效均增长明显。

注 8.5 基于表 8.1、表 8.3 和表 8.5，可分别得到单个方差分量、方差分量之和、方差分量之比在现有参数设置下 Bootstrap 置信区间和广义置信区间的模拟结果。结果表明，Bootstrap 置信区间在大部分样本量和参数设置下优于广义置信区间。

表 8.1 假设检验问题（8.6）检验方法犯第一类错误的概率（ $\sigma_{\varepsilon_0}^2 = c_0 = 0.5$ ）

a	b	σ_ε^2	\multicolumn{8}{c}{δ}							
			\multicolumn{2}{c}{0.025}	\multicolumn{2}{c}{0.05}	\multicolumn{2}{c}{0.075}	\multicolumn{2}{c}{0.1}
			PB	GP	PB	GP	PB	GP	PB	GP
3	4	0.5	0.0256	0.0188	0.0500	0.0352	0.0760	0.0608	0.1012	0.0828
		1	0.0264	0.0168	0.0540	0.0360	0.0772	0.0576	0.1036	0.0800
		1.5	0.0308	0.0160	0.0564	0.0384	0.0824	0.0576	0.1024	0.0812
		2	0.0340	0.0172	0.0584	0.0384	0.0836	0.0596	0.1052	0.0816
		2.5	0.0368	0.0172	0.0609	0.0400	0.0840	0.0608	0.1056	0.0836
5	8	0.5	0.0256	0.0236	0.0500	0.0476	0.0752	0.0728	0.0996	0.0972
		1	0.0256	0.0236	0.0500	0.0464	0.0744	0.0712	0.1004	0.0960
		1.5	0.0256	0.0220	0.0516	0.0456	0.0756	0.0712	0.1008	0.0928
		2	0.0260	0.0232	0.0500	0.0460	0.0760	0.0700	0.1000	0.0936
		2.5	0.0260	0.0216	0.0512	0.0460	0.0764	0.0700	0.1000	0.0936
7	10	0.5	0.0248	0.0240	0.0496	0.0484	0.0752	0.0728	0.1004	0.0992
		1	0.0252	0.0244	0.0496	0.0472	0.0756	0.0732	0.0996	0.0972
		1.5	0.0252	0.0240	0.0500	0.0484	0.0744	0.0728	0.0996	0.0976
		2	0.0260	0.0240	0.0500	0.0484	0.0756	0.0724	0.1004	0.0976
		2.5	0.0256	0.0224	0.0508	0.0472	0.0752	0.0716	0.1004	0.0968

续表

a	b	σ_ε^2	δ							
			0.025		0.05		0.075		0.1	
			PB	GP	PB	GP	PB	GP	PB	GP
9	12	0.5	0.0252	0.0248	0.0504	0.0488	0.0752	0.0744	0.0996	0.0984
		1	0.0248	0.0244	0.0504	0.0476	0.0752	0.0728	0.1004	0.0980
		1.5	0.0248	0.0244	0.0504	0.0484	0.0752	0.0740	0.1000	0.0980
		2	0.0252	0.0248	0.0504	0.0476	0.0748	0.0732	0.1004	0.0968
		2.5	0.0252	0.0244	0.0500	0.0484	0.0748	0.0732	0.1004	0.0972
12	15	0.5	0.0248	0.0248	0.0500	0.0492	0.0752	0.0748	0.1000	0.0996
		1	0.0252	0.0248	0.0500	0.0492	0.0752	0.0744	0.0996	0.0992
		1.5	0.0252	0.0248	0.0496	0.0492	0.0756	0.0740	0.0996	0.0992
		2	0.0252	0.0240	0.0500	0.0480	0.0752	0.0740	0.1000	0.0992
		2.5	0.0252	0.0244	0.0500	0.0484	0.0752	0.0740	0.0996	0.0980

表 8.2　假设检验问题（8.6）两种检验方法的功效（$\sigma_{\varepsilon_0}^2 = c_0 = 0.5$）

a	b	σ_ε^2	δ							
			0.025		0.05		0.075		0.1	
			PB	GP	PB	GP	PB	GP	PB	GP
3	4	1	0.1440	0.1084	0.2004	0.1660	0.2528	0.2156	0.2920	0.2612
		1.2	0.1896	0.1556	0.2644	0.2252	0.3152	0.2772	0.3680	0.3248
		1.5	0.2716	0.2188	0.3500	0.3024	0.4096	0.3720	0.4624	0.4204
		2	0.3872	0.3312	0.4784	0.4240	0.5340	0.4920	0.5800	0.5444
		2.5	0.4860	0.4220	0.5712	0.5240	0.6172	0.5856	0.6536	0.6220
5	8	1	0.2600	0.2532	0.3452	0.3332	0.4088	0.4000	0.4624	0.4548
		1.2	0.3744	0.3652	0.4704	0.4608	0.5332	0.5280	0.5848	0.5788
		1.5	0.5312	0.5240	0.6132	0.6088	0.6712	0.6640	0.7068	0.7020
		2	0.7024	0.6988	0.7704	0.7656	0.8048	0.8000	0.8320	0.8284
		2.5	0.8064	0.8000	0.8528	0.8492	0.8820	0.8780	0.8980	0.8956
7	10	1	0.3160	0.3144	0.4220	0.4180	0.4868	0.4804	0.5472	0.5444
		1.2	0.4632	0.4632	0.5700	0.5652	0.6264	0.6228	0.6720	0.6696
		1.5	0.6352	0.6332	0.7160	0.7152	0.7648	0.7616	0.7972	0.7940
		2	0.8024	0.8020	0.8548	0.8528	0.8848	0.8832	0.9036	0.9028
		2.5	0.8876	0.8876	0.9240	0.9240	0.9436	0.9424	0.9528	0.9524
9	12	1	0.3744	0.3744	0.4836	0.4824	0.5600	0.5600	0.6108	0.6092
		1.2	0.5456	0.5440	0.6452	0.6432	0.6980	0.6964	0.7428	0.7412
		1.5	0.7148	0.7144	0.7900	0.7876	0.8284	0.8276	0.8576	0.8564
		2	0.8700	0.8696	0.9124	0.9120	0.9324	0.9324	0.9472	0.9472
		2.5	0.9420	0.9420	0.9628	0.9624	0.9704	0.9704	0.9784	0.9784

续表

a	b	σ_ε^2	δ							
			0.025		0.05		0.075		0.1	
			PB	GP	PB	GP	PB	GP	PB	GP
		1	0.4632	0.4592	0.5740	0.5740	0.6428	0.6412	0.6852	0.6840
		1.2	0.6400	0.6372	0.7300	0.7284	0.7804	0.7800	0.8136	0.8128
12	15	1.5	0.8056	0.8028	0.8648	0.8644	0.8920	0.8920	0.9156	0.9156
		2	0.9364	0.9344	0.9596	0.9596	0.9712	0.9708	0.9768	0.9768
		2.5	0.9756	0.9752	0.9844	0.9844	0.9896	0.9892	0.9912	0.9912

表 8.3 假设检验问题（8.17）两种检验方法犯第一类错误的概率（$\sigma_\varepsilon^2 + \sigma_{\varepsilon_0}^2 = c_1 = 5$）

a	b	$\sigma_{\varepsilon_0}^2$	δ							
			0.025		0.05		0.075		0.1	
			PB	GP	PB	GP	PB	GP	PB	GP
		0.2	0.0244	0.0268	0.0500	0.0512	0.0752	0.0784	0.0996	0.1036
		0.5	0.0248	0.0264	0.0488	0.0540	0.0752	0.0808	0.0988	0.1072
3	4	1	0.0224	0.0312	0.0476	0.0572	0.0728	0.0880	0.0964	0.1184
		1.5	0.0164	0.0324	0.0404	0.0644	0.0660	0.0960	0.0904	0.1248
		2	0.0152	0.0348	0.0372	0.0692	0.0664	0.1016	0.0920	0.1316
		0.2	0.0248	0.0256	0.0496	0.0508	0.0748	0.0752	0.0996	0.1000
		0.5	0.0248	0.0260	0.0496	0.0516	0.0748	0.0784	0.1000	0.1036
5	8	1	0.0240	0.0288	0.0496	0.0544	0.0740	0.0800	0.0988	0.1068
		1.5	0.0224	0.0268	0.0468	0.0564	0.0732	0.0860	0.0968	0.1140
		2	0.0184	0.0300	0.0424	0.0584	0.0636	0.0896	0.0932	0.1192
		0.2	0.0244	0.0252	0.0496	0.0504	0.0748	0.0760	0.0996	0.1004
		0.5	0.0248	0.0252	0.0496	0.0504	0.0748	0.0756	0.1004	0.1016
7	10	1	0.0240	0.0276	0.0504	0.0524	0.0744	0.0792	0.0992	0.1052
		1.5	0.0248	0.0272	0.0472	0.0536	0.0744	0.0816	0.1000	0.1076
		2	0.0216	0.0276	0.0464	0.0548	0.0692	0.0856	0.0960	0.1120
		0.2	0.0240	0.0252	0.0496	0.0500	0.0748	0.0752	0.0996	0.0996
		0.5	0.0248	0.0248	0.0496	0.0500	0.0748	0.0756	0.1000	0.1004
9	12	1	0.0244	0.0264	0.0496	0.0508	0.0760	0.0768	0.1004	0.1036
		1.5	0.0252	0.0272	0.0476	0.0544	0.0748	0.0788	0.0996	0.1044
		2	0.0228	0.0272	0.0484	0.0540	0.0716	0.0840	0.0992	0.1076
		0.2	0.0248	0.0256	0.0496	0.0496	0.0744	0.0752	0.1000	0.1004
		0.5	0.0248	0.0248	0.0496	0.0504	0.0748	0.0756	0.1000	0.1008
12	15	1	0.0252	0.0256	0.0492	0.0500	0.0744	0.0764	0.1000	0.1024
		1.5	0.0248	0.0268	0.0492	0.0532	0.0744	0.0784	0.0984	0.1028
		2	0.0240	0.0264	0.0484	0.0532	0.0736	0.0800	0.0984	0.1060

表 8.4 假设检验问题（8.17）两种检验方法的功效（$c_1 = 5$，$\sigma_{\varepsilon_0}^2 = 3$）

a	b	σ_{ε}^2	δ							
			0.025		0.05		0.075		0.1	
			PB	GP	PB	GP	PB	GP	PB	GP
3	4	4	0.0696	0.1456	0.1472	0.2124	0.2100	0.2724	0.2600	0.3192
		5	0.1056	0.2040	0.2068	0.2820	0.2688	0.3456	0.3316	0.4048
		7	0.1820	0.3196	0.3044	0.4024	0.3900	0.4700	0.4452	0.5204
		10	0.2964	0.4536	0.4388	0.5360	0.5168	0.6000	0.5776	0.6400
		14	0.4320	0.5864	0.5688	0.6544	0.6404	0.7092	0.6860	0.7444
5	8	4	0.1108	0.2476	0.2056	0.3376	0.2912	0.4024	0.3612	0.4552
		5	0.1892	0.3712	0.3312	0.4604	0.4188	0.5220	0.4900	0.5780
		7	0.3820	0.5688	0.5372	0.6512	0.6276	0.7096	0.6864	0.7524
		10	0.6140	0.7556	0.7416	0.8152	0.8028	0.8536	0.8372	0.8816
		14	0.7848	0.8800	0.8692	0.9148	0.9032	0.9316	0.9240	0.9424
7	10	4	0.1740	0.2988	0.2912	0.3948	0.3732	0.4604	0.4380	0.5120
		5	0.3128	0.4504	0.4412	0.5468	0.5316	0.6024	0.5976	0.6640
		7	0.5608	0.6796	0.6848	0.7544	0.7544	0.8000	0.7972	0.8364
		10	0.7848	0.8568	0.8624	0.8976	0.8968	0.9204	0.9172	0.9316
		14	0.9052	0.9424	0.9488	0.9624	0.9624	0.9716	0.9708	0.9784
9	12	4	0.2636	0.3552	0.3764	0.4508	0.4536	0.5152	0.5200	0.5736
		5	0.4340	0.5272	0.5596	0.6200	0.6284	0.6820	0.6876	0.7340
		7	0.7064	0.7652	0.7932	0.8320	0.8380	0.8696	0.8712	0.8904
		10	0.8892	0.9184	0.9276	0.9432	0.9504	0.9592	0.9596	0.9672
		14	0.9652	0.9736	0.9800	0.9860	0.9876	0.9908	0.9908	0.9928
12	15	4	0.3700	0.4224	0.4788	0.5360	0.5592	0.5952	0.6172	0.6556
		5	0.5724	0.6224	0.6796	0.7256	0.7432	0.7736	0.7884	0.8116
		7	0.8276	0.8568	0.8840	0.9096	0.9160	0.9248	0.9316	0.9448
		10	0.9560	0.9624	0.9728	0.9780	0.9816	0.9860	0.9872	0.9896
		14	0.9908	0.9936	0.9956	0.9972	0.9972	0.9972	0.9976	0.9984

表 8.5 假设检验问题（8.23）两种检验方法犯第一类错误的概率（$\sigma_{\varepsilon}^2 / \sigma_{\varepsilon_0}^2 = c_2 = 3$）

a	b	$\sigma_{\varepsilon_0}^2$	δ							
			0.025		0.05		0.075		0.1	
			PB	GP	PB	GP	PB	GP	PB	GP
3	4	1	0.0252	0.0248	0.0496	0.0496	0.0748	0.0748	0.0996	0.0996
		1.5	0.0248	0.0248	0.0496	0.0496	0.0748	0.0748	0.0996	0.0996

续表

a	b	$\sigma^2_{\varepsilon_0}$	δ							
			0.025		0.05		0.075		0.1	
			PB	GP	PB	GP	PB	GP	PB	GP
3	4	2	0.0252	0.0248	0.0496	0.0496	0.0748	0.0748	0.0996	0.0996
		2.5	0.0248	0.0248	0.0496	0.0496	0.0752	0.0748	0.0996	0.0996
		3	0.0248	0.0248	0.0496	0.0496	0.0748	0.0748	0.0996	0.0996
5	8	1	0.0252	0.0248	0.0496	0.0496	0.0752	0.0748	0.0996	0.0996
		1.5	0.0248	0.0248	0.0496	0.0496	0.0752	0.0748	0.0996	0.0996
		2	0.0252	0.0248	0.0496	0.0496	0.0752	0.0748	0.0996	0.0996
		2.5	0.0248	0.0252	0.0496	0.0496	0.0752	0.0752	0.1000	0.1000
		3	0.0248	0.0248	0.0496	0.0496	0.0752	0.0748	0.0996	0.0996
7	10	1	0.0248	0.0252	0.0496	0.0496	0.0748	0.0748	0.0996	0.1000
		1.5	0.0248	0.0248	0.0496	0.0496	0.0752	0.0748	0.1000	0.1000
		2	0.0248	0.0252	0.0496	0.0496	0.0748	0.0748	0.0996	0.1000
		2.5	0.0248	0.0252	0.0496	0.0496	0.0748	0.0748	0.0996	0.0996
		3	0.0248	0.0248	0.0496	0.0496	0.0752	0.0748	0.1000	0.1000
9	12	1	0.0252	0.0252	0.0496	0.0496	0.0752	0.0752	0.0996	0.0996
		1.5	0.0252	0.0252	0.0496	0.0496	0.0752	0.0752	0.0996	0.0996
		2	0.0252	0.0252	0.0496	0.0496	0.0752	0.0752	0.0996	0.0996
		2.5	0.0252	0.0248	0.0500	0.0500	0.0752	0.0752	0.0996	0.0996
		3	0.0252	0.0252	0.0496	0.0496	0.0752	0.0752	0.0996	0.0996
12	15	1	0.0248	0.0248	0.0496	0.0496	0.0748	0.0748	0.0996	0.1000
		1.5	0.0248	0.0248	0.0496	0.0496	0.0748	0.0748	0.0996	0.1000
		2	0.0248	0.0248	0.0496	0.0496	0.0748	0.0748	0.0996	0.1000
		2.5	0.0248	0.0248	0.0500	0.0500	0.0748	0.0748	0.0996	0.0996
		3	0.0248	0.0248	0.0496	0.0496	0.0748	0.0748	0.0996	0.1000

表 8.6　假设检验问题（8.23）两种检验方法的功效（$c_2 = 3$，$\sigma^2_{\varepsilon_0} = 1$）

a	b	σ^2_{ε}	δ							
			0.025		0.05		0.075		0.1	
			PB	GP	PB	GP	PB	GP	PB	GP
3	4	6	0.0908	0.0908	0.1504	0.1504	0.2068	0.2068	0.2640	0.2640
		8	0.1444	0.1444	0.2240	0.2240	0.2964	0.2964	0.3608	0.3608

a	b	σ_ε^2	δ							
			0.025		0.05		0.075		0.1	
			PB	GP	PB	GP	PB	GP	PB	GP
3	4	10	0.2032	0.2032	0.2964	0.2964	0.3804	0.3804	0.4448	0.4448
		12	0.2592	0.2592	0.3648	0.3648	0.4452	0.4452	0.5148	0.5148
		15	0.3328	0.3328	0.4476	0.4476	0.5328	0.5328	0.5920	0.5920
5	8	6	0.2216	0.2216	0.3224	0.3224	0.3836	0.3836	0.4508	0.4508
		8	0.3912	0.3912	0.5124	0.5124	0.5700	0.5700	0.6392	0.6392
		10	0.5380	0.5380	0.6504	0.6504	0.6960	0.6960	0.7496	0.7496
		12	0.6516	0.6516	0.7420	0.7420	0.7872	0.7872	0.8228	0.8228
		15	0.7652	0.7652	0.8316	0.8316	0.8624	0.8624	0.8984	0.8984
7	10	6	0.3092	0.3092	0.4144	0.4144	0.4892	0.4892	0.5468	0.5468
		8	0.5340	0.5340	0.6320	0.6320	0.6880	0.6880	0.7372	0.7372
		10	0.6880	0.6880	0.7656	0.7656	0.8044	0.8044	0.8428	0.8428
		12	0.7880	0.7880	0.8476	0.8476	0.8812	0.8812	0.9076	0.9076
		15	0.8820	0.8820	0.9204	0.9204	0.9412	0.9412	0.9508	0.9508
9	12	6	0.3752	0.3752	0.4892	0.4892	0.5548	0.5548	0.6140	0.6140
		8	0.6248	0.6248	0.7072	0.7072	0.7628	0.7628	0.8044	0.8044
		10	0.7748	0.7748	0.8372	0.8372	0.8740	0.8740	0.9024	0.9024
		12	0.8648	0.8648	0.9108	0.9108	0.9328	0.9328	0.9480	0.9480
		15	0.9392	0.9392	0.9584	0.9584	0.9700	0.9700	0.9776	0.9776
12	15	6	0.4632	0.4632	0.5768	0.5768	0.6380	0.6380	0.6852	0.6852
		8	0.7208	0.7208	0.7996	0.7996	0.8412	0.8412	0.8696	0.8696
		10	0.8616	0.8616	0.9080	0.9080	0.9324	0.9324	0.9436	0.9436
		12	0.9320	0.9320	0.9560	0.9560	0.9676	0.9676	0.9752	0.9752
		15	0.9740	0.9740	0.9848	0.9848	0.9884	0.9884	0.9900	0.9900

第9章　数字金融风险指数测度与分析

接下来，基于上述统计推断理论与方法，对我国东中西区域数字金融风险的影响因素进行统计分析，以确定预警变量。为此，首先构建我国数字金融风险指标体系，并测度数字金融风险指数。具体内容包括：①介绍数字金融风险的基本概念，并构建我国数字金融风险指标体系。②介绍 AHP、熵权法以及拉格朗日乘子法，并对我国 23 个省区市数字金融风险指数进行赋权和测算。③运用泰尔指数探究区域内、区域间数字金融风险差异及其对总体差异的贡献度。

9.1　基本概念与指标体系

1. 数字金融

数字金融与互联网金融、金融科技相比既有相似点，也有差异之处。例如，互联网金融强调互联网企业的金融特性，金融科技则侧重于互联网技术在金融领域的应用，数字金融的应用则更加广泛，它涵盖前两者的特征。目前，我国数字金融行业发展迅猛，科学技术不断创新、传统金融供给不足和早期监管框相对宽松等为数字金融成长创造了便利条件。在具体业务模式上，我国数字金融在支付和借贷方面优势十分明显，加密货币和跨境支付业务与欧美发达国家相比则相对薄弱。

2. 数字金融风险

数字金融是传统金融与互联网相结合的产物,同时拥有两者累加的风险属性。一方面，数字金融的本质是金融，具有传统金融的市场风险、信用风险、流动性风险。另一方面，数字技术是数字金融的操作手段，具有互联网属性的操作风险、政策风险[1]。数字金融发展的重要活力之一是风控创新。基于数字金融风险属性研究和大数据技术相结合的风控创新，既弥补了大数据分析中对因果分析的忽略，又提高了数字金融风控研究的准确度[136]。

3. 数字金融风险识别

（1）操作风险。当数字金融企业或用户使用网络系统时，会产生因操作不当导致的网络安全风险。一方面，数字金融企业疏于对从业人员知识结构培训，增加从业人员使用新系统的操作风险。另一方面，用户由于自身金融知识不完备，使用电子设备警惕性不足，易造成信息泄露和财产隐患。目前，互联网技术尚不成熟，导致网络漏洞产生的概率大幅增加，使得网络病毒更易入侵。因此，本书以被篡改网站数量和被植入后门的网站数量作为数字金融操作风险的度量。

（2）信用风险。一方面，由于缺乏完备征信系统管理，数字金融企业和客户存在因偿还利息能力不足等问题易导致的违约风险。另一方面，鉴于平台掌握借款人信息不全，借款人信用风险逐渐累积并转移给平台，更有平台为获取经营资金、扩大经营规模发布虚假信息，从而使得平台信用风险大幅增加。因此，本书采用数字金融企业现金流量利息保障倍数、问题企业当年发生数和问题企业当年累计数作为数字金融信用风险的度量。

（3）市场风险。由于数字金融市场准入门槛低，企业规模和专业水平参差不齐，故本书选取数字金融企业年化收益率和数字金融企业市盈率作为数字金融市场风险的度量。同时，鉴于电子商务市场和数字金融市场存在较强的正相关性，故将网上零售额增长率也纳入衡量市场风险的指标体系中。

（4）流动性风险。由于数字金融企业未建立金融保障体系，易产生因资金周转困难导致的风险。例如，某些数字金融企业实行复合中介模式，企业使用自有资金垫付违约借款人的资金，于是，该企业承担巨大的资金压力，从而诱发流动性风险。因此，本书以数字金融企业应付账款周转率、数字金融企业净资产同比增长率和数字金融企业速动比率作为数字金融流动性风险的度量。

（5）政策风险。目前，与欧美发达国家相比，我国数字金融监管政策并不完善，易造成数字金融监管缺位。另外，由于数字金融涵盖面较广，现有监管体制不适用。因此，本书选取数字金融监管政策条例数对其政策风险进行度量。政策条例数越多，则认为数字金融行业监管越严格，即数字金融风险越低。

4. 指标体系构建

基于上述分析，数字金融风险既包含传统金融常规性风险，也包含互联网技术风险。因此，本书结合数字金融业务特点，采用风险类别列举法，对我国各省数字金融中存在的潜在风险类别进行识别与汇总。构建包含操作风险、信用风险、市场风险、流动性风险和政策风险 5 个方面的数字金融风险指标体系，包括 5 项一级指标和 12 项二级指标，具体结果见表 9.1。

表 9.1　数字金融风险指标体系

一级指标	二级指标	指标作用
操作风险 I_1	被篡改网站数量 I_{11}（个）	正向
	被植入后门的网站数量 I_{12}（个）	正向

续表

一级指标	二级指标	指标作用
信用风险 I_2	数字金融企业现金流量利息保障倍数 I_{21}	负向
	问题企业当年发生数 I_{22}（个）	正向
	问题企业当年累计数 I_{23}（个）	正向
市场风险 I_3	数字金融企业年化收益率 I_{31}（%）	负向
	网上零售额增长率 I_{32}（%）	负向
	数字金融企业市盈率 I_{33}（%）	正向
流动性风险 I_4	数字金融企业应付账款周转率 I_{41}（%）	负向
	数字金融企业净资产同比增长率 I_{42}（%）	负向
	数字金融企业速动比率 I_{43}（%）	负向
政策风险 I_5	数字金融监管政策条例数 I_{51}（条）	负向

9.2 数字金融风险指数赋权方法

1. AHP

AHP 通过建立模型和两两比较判断矩阵，并基于定量评价与定性研究相结合的多目标决策分析方法[137]。该方法的核心是将一个复杂决策问题分解成多个目标和准则，从而建立起层级结构模型。结合专家意见，构建两两对比判断矩阵，并通过科学计算得出最低层相对于最高层的重要性权重值。根据我国各省数字金融风险指标体系，构建目标层、准则层和因子层。其中，我国各省数字金融风险为目标层，5 项一级指标为准则层，12 项二级指标为因子层。进而，构造判断矩阵：

$$A = (a_{ij})_{n \times n} = \begin{bmatrix} a_{11} & a_{12} & \cdots & a_{1n} \\ a_{21} & a_{22} & \cdots & a_{2n} \\ \vdots & \vdots & \ddots & \vdots \\ a_{n1} & a_{n2} & \cdots & a_{nn} \end{bmatrix} \qquad (9.1)$$

其中，标度值 a_{ij} 表示 i 指标相对于 j 指标的重要程度，$a_{ij} > 0$，$a_{ij} = 1/a_{ji}$，$a_{ii} = 1$。a_{ij} 的标度方法参照 Saaty 标度法[138]，这里 Saaty 标度法如表 9.2 所示。

表 9.2　Saaty 标度法

标度	含义
1	i 指标与 j 指标一样重要
3	i 指标比 j 指标稍微重要
5	i 指标比 j 指标重要

标度	含义
7	i 指标比 j 指标显著重要
9	i 指标比 j 指标绝对重要
2，4，6，8	上述相邻两个标度之间的折中标度值
倒数	若 i 指标对于 j 指标的标度值 a_{ij} 为 n，则 j 指标对于 i 指标的标度值 a_{ij} 为 $1/n$

在计算指标权重时，首先，对判断矩阵 A 中每一列进行归一化处理，得到 $\tilde{a}_{ij} = a_{ij} / \sum_{j=1}^{n} a_{ij}$。其次，将 $\tilde{a}_{ij}$ 行求和得到 $\tilde{p}_i = \sum_{i=1}^{n} \tilde{a}_{ij}$。最后，将 $\tilde{p}_i$ 归一化处理，得到指标主观权重 $p_i = \tilde{p}_i / \sum_{i=1}^{n} \tilde{p}_i$ 与权重向量 $P = (p_1, p_2, \cdots, p_n)^{\mathrm{T}}$。

此外，还需对判断矩阵进行一致性检验。首先，由 $AP = \lambda_{\max} P$ 得到判断矩阵 A 的最大特征根 $\lambda_{\max}$。进而，计算一致性指标 $\mathrm{CI} = (\lambda_{\max} - n) / (n-1)$。最后，通过 $\mathrm{CR} = \mathrm{CI} / \mathrm{RI}$ 得到一致性比率。这里 RI 为随机一致性指标[138]，具体结果见表 9.3。

表 9.3　随机一致性指标值 RI

n	RI	n	RI
1	0	6	1.24
2	0	7	1.32
3	0.58	8	1.41
4	0.9	9	1.45
5	1.12	10	1.49

2. 熵权法

熵权法是根据指标变异性程度来确定权重大小的一种客观赋权法。对于某一指标，其离散程度可以通过熵值进行度量。熵值越小，该指标离散程度越大，即认为指标值的差异程度越大，提供的信息量越多，故权重越大。

首先，因各指标量纲不同，需对 n 个评价指标，m 年数据的原始指标数据矩阵 $X = (x_{ij})_{n \times m}$ 进行标准化处理。若第 i 个指标为正向指标，则

$$x_{ij}^* = \frac{x_{i\max} - x_{ij}}{x_{i\max} - x_{i\min}} \tag{9.2}$$

若第 i 个指标为负向指标，则

$$x_{ij}^* = \frac{x_{ij} - x_{i\min}}{x_{i\max} - x_{i\min}} \tag{9.3}$$

其中，$x_{i\min}$ 和 $x_{i\max}$ 分别为 m 年数据中第 i 项指标的最小值与最大值。进一步，计算第 i 项指标的第 j 年指标值的比重

$$\tilde{q}_{ij} = \frac{x_{ij}^*}{\sum\limits_{j=1}^{m} x_{ij}^*} \tag{9.4}$$

在此基础上，得到第 i 项指标的熵值 $e_i = -\dfrac{1}{\ln m}\sum\limits_{j=1}^{m} \tilde{q}_{ij}\ln \tilde{q}_{ij}$。最后，计算得到第 i 项指标的权重系数 $q_i = \dfrac{1-e_i}{n-\sum\limits_{i=1}^{n} e_i}$。

3. 综合赋权法

易知，AHP 是基于主观经验，熵权法是根据信息差异，综合赋权法既克服了 AHP 主观性缺陷，又弥补了熵权法缺乏专业性的不足。对此，本书将 AHP 和熵权法相结合进行综合赋权，使得各指标权重更加合理、更加全面。

首先，利用 AHP 得到的主观权重 p_i 和熵权法得到的客观权重 q_i 计算综合权重 p_i^*，可得

$$p_i^* = \frac{p_i q_i}{\sum\limits_{i=1}^{n} p_i q_i}, \quad i = 1, 2, \cdots, n \tag{9.5}$$

其次，为使 p_i^* 与 p_i、q_i 尽可能相近，基于最小信息熵原理[139]可构建目标函数

$$\min E = \sum_{i=1}^{n} p_i^* \left(\ln \frac{p_i^*}{p_i} \right) + \sum_{i=1}^{n} p_i^* \left(\ln \frac{p_i^*}{q_i} \right), \quad i = 1, 2, \cdots, n \tag{9.6}$$

最后，利用拉格朗日乘子法进行优化，得到最优综合赋权权重

$$p_i^* = \frac{(p_i q_i)^{\frac{1}{2}}}{\sum\limits_{i=1}^{n} (p_i q_i)^{\frac{1}{2}}}, \quad i = 1, 2, \cdots, n \tag{9.7}$$

其中，$\sum\limits_{i=1}^{n} p_i^* = 1,\ p_i^* > 0$。

9.3 数字金融风险指数的测度与分析

1. 数据来源

考虑到我国各省（自治区、直辖市）指标数据的可获取性，本书共选取我

国 23 个省（自治区、直辖市）2013～2021 年的二级指标数据①。其中，操作风险数据来源于《中国互联网网络安全报告》，信用风险、市场风险和流动性风险数据来源于同花顺、23 个省（自治区、直辖市）的统计年鉴，政策风险数据来源于政府网站。

2. 指标赋权

首先，计算 AHP 下各指标权重。根据 AHP 原理及专家意见，构造一级指标和二级指标的判断矩阵，计算各指标权重，并进行一致性检验。判断矩阵及权重见表 9.4～表 9.8。其次，计算熵权法下各指标权重 q_i。最后，对 AHP 下的主观权重进行修正，得到综合指标权重 p_i^*，结果如表 9.9 所示。

表 9.4　一级指标判断矩阵及权重

判断矩阵 A	I_1	I_2	I_3	I_4	I_5	权重
I_1	1	1/4	5	1/3	1/3	0.1046
I_2	4	1	8	2	3	0.4142
I_3	1/5	1/8	1	1/7	1/6	0.1841
I_4	3	1/2	7	1	2	0.2625
I_5	3	1/3	6	1/2	1	0.0346

注：$\lambda_{max} = 5.2045$，CR=0.0457＜0.10，通过一致性检验。

表 9.5　操作风险层判断矩阵及权重

判断矩阵 B	I_{11}	I_{12}	权重
I_{11}	1	2	0.6667
I_{12}	1/2	1	0.3333

注：二阶判断矩阵本身就具有完全一致性。

表 9.6　信用风险层判断矩阵及权重

判断矩阵 C	I_{21}	I_{22}	I_{23}	权重
I_{21}	1	5	6	0.7226
I_{22}	1/5	1	2	0.1741
I_{23}	1/6	1/2	1	0.1033

注：$\lambda_{max} = 3.0293$，CR=0.0252＜0.10，通过一致性检验。

---

① 23 个省（自治区、直辖市）分别为北京、天津、河北、山西、内蒙古、辽宁、黑龙江、上海、江苏、浙江、安徽、福建、江西、山东、湖南、湖北、广东、广西、重庆、四川、贵州、云南、陕西。

表 9.7　市场风险及流动性风险层判断矩阵及权重

判断矩阵 D	I_{31}/I_{41}	I_{32}/I_{42}	I_{33}/I_{43}	权重
I_{31}/I_{41}	1	2	1/2	0.2973
I_{32}/I_{42}	1/2	1	1/3	0.1638
I_{33}/I_{43}	2	3	1	0.5389

注：$\lambda_{\max}=3.0092$，CR=0.0079<0.10，通过一致性检验。

表 9.8　AHP 下指标权重 $p_i=(i=1,2,\cdots,12)$

准则层	权重	因子层	权重	p_i
I_1	0.1046	I_{11}	0.6667	0.0697
		I_{12}	0.3333	0.0349
I_2	0.4142	I_{21}	0.7226	0.2993
		I_{22}	0.1741	0.0721
		I_{23}	0.1033	0.0428
I_3	0.1841	I_{31}	0.2973	0.0547
		I_{32}	0.1638	0.0302
		I_{33}	0.5389	0.0992
I_4	0.2625	I_{41}	0.2973	0.0780
		I_{42}	0.1638	0.0430
		I_{43}	0.5389	0.1415
I_5	0.0346	I_{51}	0.0346	0.0346

表 9.9　23 个省（自治区、直辖市）熵权法下指标权重 q_i 及综合赋权下指标权重 p_i^*

二级指标权重	天津		河北		山西		内蒙古		黑龙江	
	q_i	p_i^*	q_i	p_i^*	q_i	p_i^*	q_i	p_i^*	q_i	p_i^*
I_{11}	0.0822	0.0857	0.1358	0.1127	0.1251	0.0991	0.1204	0.1036	0.1261	0.0990
I_{12}	0.1533	0.0828	0.1227	0.0757	0.1459	0.0757	0.1515	0.0821	0.0803	0.0559
I_{21}	0.0537	0.1435	0.0350	0.1185	0.1697	0.2391	0.0386	0.1215	0.1853	0.2488
I_{22}	0.0746	0.0830	0.1408	0.1167	0.1237	0.1002	0.0907	0.0914	0.1734	0.1181
I_{23}	0.0675	0.0608	0.0753	0.0657	0.0712	0.0586	0.0946	0.0719	0.1006	0.0693
I_{31}	0.0277	0.0441	0.0356	0.0511	0.0307	0.0435	0.0917	0.0801	0.0468	0.0535
I_{32}	0.0536	0.0455	0.1209	0.0699	0.0529	0.0424	0.0436	0.0410	0.0504	0.0412
I_{33}	0.2290	0.1706	0.0768	0.1011	0.1169	0.1143	0.1605	0.1427	0.0521	0.0759
I_{41}	0.0512	0.0716	0.0463	0.0696	0.0312	0.0524	0.0524	0.0723	0.0315	0.0524
I_{42}	0.1341	0.0860	0.1264	0.0854	0.0417	0.0449	0.0338	0.0431	0.0298	0.0378
I_{43}	0.0473	0.0926	0.0419	0.0891	0.0515	0.0906	0.0477	0.0929	0.0631	0.0998
I_{51}	0.0257	0.0338	0.0425	0.0444	0.0395	0.0392	0.0744	0.0574	0.0607	0.0484

续表

二级指标权重	福建		江西		湖南		广东		贵州	
	q_i	p_i^*	q_i	p_i^*	q_i	p_i^*	q_i	p_i^*	q_i	p_i^*
I_{11}	0.0715	0.0774	0.1140	0.1065	0.1265	0.1021	0.2085	0.1374	0.1470	0.1187
I_{12}	0.1080	0.0672	0.1447	0.0848	0.1387	0.0756	0.1193	0.0735	0.1351	0.0804
I_{21}	0.0447	0.1267	0.0336	0.1198	0.0840	0.1724	0.0421	0.1279	0.0308	0.1125
I_{22}	0.1074	0.0965	0.0835	0.0927	0.0733	0.0791	0.1090	0.1010	0.1466	0.1205
I_{23}	0.0797	0.0640	0.0928	0.0752	0.0653	0.0575	0.1097	0.0781	0.0628	0.0608
I_{31}	0.0483	0.0563	0.0338	0.0514	0.0384	0.0498	0.0692	0.0702	0.0447	0.0580
I_{32}	0.0345	0.0354	0.0857	0.0607	0.0621	0.0471	0.0572	0.0473	0.0605	0.0501
I_{33}	0.1939	0.1520	0.0483	0.0827	0.1111	0.1142	0.1264	0.1276	0.0762	0.1019
I_{41}	0.1381	0.1138	0.0470	0.0723	0.1546	0.1195	0.0404	0.0640	0.0400	0.0655
I_{42}	0.0388	0.0448	0.0351	0.0464	0.0310	0.0397	0.0424	0.0487	0.0347	0.0453
I_{43}	0.0858	0.1207	0.0503	0.1007	0.0499	0.0914	0.0370	0.0825	0.0465	0.0951
I_{51}	0.0493	0.0453	0.2311	0.1068	0.0653	0.0517	0.0387	0.0417	0.1752	0.0913

二级指标权重	广西		辽宁		江苏		浙江		山东	
	q_i	p_i^*	q_i	p_i^*	q_i	p_i^*	q_i	p_i^*	q_i	p_i^*
I_{11}	0.1825	0.1250	0.2088	0.1391	0.1274	0.1046	0.1472	0.1151	0.2273	0.1446
I_{12}	0.1099	0.0686	0.0625	0.0538	0.0943	0.0637	0.0718	0.0568	0.1216	0.0748
I_{21}	0.0615	0.1503	0.0373	0.1218	0.0404	0.1221	0.0284	0.1048	0.0798	0.1775
I_{22}	0.1016	0.0948	0.1249	0.1094	0.1111	0.0994	0.0935	0.0933	0.1250	0.1090
I_{23}	0.1014	0.0730	0.0987	0.0749	0.0984	0.0721	0.0883	0.0698	0.0484	0.0522
I_{31}	0.0943	0.0796	0.0363	0.0513	0.0536	0.0602	0.0920	0.0806	0.0420	0.0550
I_{32}	0.0406	0.0388	0.0306	0.0350	0.1277	0.0689	0.0586	0.0477	0.0599	0.0488
I_{33}	0.0506	0.0785	0.1323	0.1320	0.0901	0.1050	0.2462	0.1776	0.0393	0.0717
I_{41}	0.0559	0.0732	0.0569	0.0768	0.0647	0.0789	0.0392	0.0629	0.0281	0.0537
I_{42}	0.0466	0.0496	0.0322	0.0429	0.0419	0.0471	0.0441	0.0495	0.0236	0.0366
I_{43}	0.0663	0.1073	0.0355	0.0817	0.0982	0.1309	0.0607	0.1052	0.0437	0.0903
I_{51}	0.0888	0.0614	0.1440	0.0813	0.0523	0.0472	0.0300	0.0366	0.1613	0.0858

二级指标权重	重庆		四川		北京		安徽		陕西	
	q_i	p_i^*	q_i	p_i^*	q_i	p_i^*	q_i	p_i^*	q_i	p_i^*
I_{11}	0.1169	0.1059	0.2323	0.1388	0.1862	0.1299	0.1591	0.1198	0.3184	0.1699
I_{12}	0.1630	0.0884	0.0724	0.0548	0.0869	0.0627	0.1588	0.0846	0.0818	0.0609
I_{21}	0.0339	0.1180	0.1170	0.2041	0.0363	0.1188	0.0421	0.1276	0.0499	0.1394
I_{22}	0.1318	0.1143	0.0718	0.0785	0.1392	0.1142	0.1728	0.1269	0.0969	0.0953
I_{23}	0.0984	0.0761	0.0714	0.0603	0.1217	0.0823	0.0933	0.0718	0.0851	0.0688

续表

二级指标权重	重庆		四川		北京		安徽		陕西	
	q_i	p_i^*	q_i	p_i^*	q_i	p_i^*	q_i	p_i^*	q_i	p_i^*
I_{31}	0.0341	0.0507	0.0396	0.0508	0.0362	0.0507	0.0416	0.0543	0.0449	0.0565
I_{32}	0.0482	0.0447	0.0451	0.0402	0.0449	0.0420	0.0471	0.0428	0.0551	0.0465
I_{33}	0.0413	0.0750	0.1286	0.1232	0.0695	0.0947	0.0411	0.0726	0.0342	0.0664
I_{41}	0.0757	0.0901	0.0483	0.0670	0.0806	0.0904	0.0397	0.0633	0.0855	0.0931
I_{42}	0.0338	0.0447	0.0393	0.0448	0.0562	0.0560	0.0684	0.0617	0.0324	0.0426
I_{43}	0.0544	0.1028	0.0312	0.0725	0.0466	0.0926	0.0951	0.1319	0.0756	0.1179
I_{51}	0.1686	0.0895	0.1031	0.0651	0.0957	0.0656	0.0410	0.0428	0.0403	0.0426

二级指标权重	上海		云南		湖北	
	q_i	p_i^*	q_i	p_i^*	q_i	p_i^*
I_{11}	0.1034	0.0923	0.1555	0.1170	0.1113	0.0953
I_{12}	0.0693	0.0535	0.1207	0.0729	0.0927	0.0615
I_{21}	0.1305	0.2149	0.0548	0.1439	0.0613	0.1465
I_{22}	0.1059	0.0950	0.1921	0.1322	0.0772	0.0807
I_{23}	0.0814	0.0642	0.1150	0.0788	0.0654	0.0572
I_{31}	0.0598	0.0622	0.0411	0.0533	0.0271	0.0416
I_{32}	0.0276	0.0314	0.0415	0.0397	0.0722	0.0505
I_{33}	0.2972	0.1867	0.0946	0.1088	0.1498	0.1319
I_{41}	0.0507	0.0684	0.0624	0.0784	0.0690	0.0794
I_{42}	0.0240	0.0350	0.0417	0.0476	0.0584	0.0542
I_{43}	0.0244	0.0639	0.0412	0.0858	0.1128	0.1367
I_{51}	0.0258	0.0325	0.0394	0.0415	0.1027	0.0645

3. 风险指数测度与分析

为计算 2013~2021 年我国 23 个省（自治区、直辖市）数字金融风险指数 $Y_a\ (a=1,2,\cdots,23)$，将表 9.9 中综合赋权所得权重与标准化处理后的数值相乘，即

$$Y_a = P_a^* X_a^*, \quad a=1,2,\cdots,23 \qquad (9.8)$$

其中，$P_a^* = \left[P_{11}^*, P_{12}^*, \cdots, P_{112}^* \right]$，$X_a^* = (x_{ij}^*)_{12\times9} = \begin{bmatrix} x_{11}^* & x_{12}^* & \cdots & x_{19}^* \\ x_{21}^* & x_{22}^* & \cdots & x_{29}^* \\ \vdots & \vdots & \ddots & \vdots \\ x_{121}^* & x_{122}^* & \cdots & x_{129}^* \end{bmatrix}$，$Y_a = [Y_{11}, Y_{12}, \cdots, Y_{19}]$。具体结果如表 9.10 所示。

表 9.10　我国 23 个省（自治区、直辖市）数字金融风险指数

地区	2013	2014	2015	2016	2017	2018	2019	2020	2021
北京	0.4139	0.4137	0.3999	0.5957	0.6032	0.6076	0.7443	0.7205	0.6622
天津	0.3822	0.4373	0.3015	0.3103	0.3591	0.3024	0.3785	0.6002	0.3928
河北	0.4676	0.4264	0.4091	0.4918	0.3816	0.4818	0.5122	0.4769	0.6823
山西	0.3259	0.2949	0.4226	0.6819	0.4032	0.2953	0.4916	0.4155	0.3640
内蒙古	0.5434	0.5104	0.6802	0.4662	0.4622	0.5329	0.6932	0.4508	0.3382
辽宁	0.4647	0.3834	0.4046	0.4273	0.4722	0.5405	0.7507	0.6644	0.4754
黑龙江	0.2618	0.3950	0.4683	0.6745	0.7008	0.3532	0.4541	0.2771	0.3408
上海	0.3996	0.3255	0.3271	0.5150	0.3940	0.3866	0.4509	0.4013	0.3827
江苏	0.4485	0.4728	0.4071	0.5503	0.5694	0.6350	0.7859	0.7336	0.6342
浙江	0.2858	0.2476	0.3988	0.5808	0.4313	0.6075	0.5867	0.5173	0.4326
安徽	0.5397	0.3462	0.5755	0.6259	0.5597	0.6301	0.6434	0.4517	0.5847
福建	0.3509	0.3106	0.4928	0.5746	0.4687	0.5767	0.6248	0.6319	0.4121
江西	0.4910	0.3984	0.6675	0.6479	0.5145	0.5546	0.6296	0.5895	0.6855
山东	0.4320	0.4648	0.4195	0.3400	0.4476	0.2829	0.6312	0.5254	0.3276
湖北	0.3580	0.4159	0.3388	0.3779	0.3322	0.3166	0.4631	0.5267	0.5605
湖南	0.3362	0.4861	0.6861	0.6062	0.4707	0.4188	0.4609	0.5945	0.3717
广东	0.2470	0.3100	0.5535	0.5613	0.5992	0.5545	0.8086	0.6510	0.4543
广西	0.5400	0.4057	0.6037	0.2394	0.3397	0.4360	0.7699	0.5795	0.5260
重庆	0.5114	0.5344	0.5307	0.5024	0.6205	0.4869	0.6669	0.5584	0.5142
四川	0.4110	0.4574	0.3723	0.5801	0.4244	0.3605	0.7295	0.4991	0.4610
贵州	0.5499	0.3271	0.4843	0.4543	0.4815	0.4568	0.5910	0.5356	0.3245
云南	0.4876	0.4154	0.5183	0.6197	0.6287	0.5076	0.7291	0.4599	0.5429
陕西	0.3610	0.3854	0.4378	0.4617	0.3891	0.5119	0.6818	0.6458	0.5821
均值	0.4178	0.3985	0.4739	0.5167	0.4806	0.4712	0.6208	0.5438	0.4805

　　从数字金融分布来看，2013 年，全国平均数字金融风险指数为 0.4178，其中排名前五的为贵州（0.5499）、内蒙古（0.5434）、广西（0.5400）、安徽（0.5397）、重庆（0.5114），排名最后的为湖南（0.3362）、山西（0.3259）、浙江（0.2858）、黑龙江（0.2618）、广东（0.2470）。2021 年，全国平均数字金融风险指数为 0.4805，其中排名前五为江西（0.6855）、河北（0.6823）、北京（0.6622）、江苏（0.6342）、

安徽（0.5847），排名最后的为山西（0.3640）、黑龙江（0.3408）、内蒙古（0.3382）、山东（0.3276）、贵州（0.3245）。

为直观显示我国数字金融风险的空间分布，本书利用 ArcGIS10.2 软件对我国 2013 年和 2021 年 23 个省（自治区、直辖市）的数字金融风险指数进行可视化。根据可视化结果，贵州、内蒙古、广西、重庆等中西区域数字金融风险排名逐渐降低，北京、江苏、河北等东部区域数字金融风险排名逐渐上升，数字金融风险有自西向东转移的趋势。究其原因，西部区域在数字金融行业刚起步阶段，经济发展水平相对滞后、监管措施和数字技术不完善以及人均教育水平较低等，因此存在较高的流动性风险、政策风险及操作风险。随着数字金融飞速发展，国家逐步出台规范政策，互联网技术得到普及，各行业与数字金融领域融合，各省整体数字金融水平得到了提升。东部区域因其先天地理优势和高质量经济水平，吸引了更多外来数字金融平台，而平台准入门槛低，潜在违规违约风险也逐步提升。尤其是，2013 年与 2021 年江西省与安徽省都居于数字金融风险排名高位，当地政府应该引起重视。

9.4　数字金融风险区域异质性测度与分析

1. 数字金融风险区域分布特征

为了探究我国数字金融风险区域差异，利用空间热力图将 23 个省（自治区、直辖市）划分为东中西三大区域①，并利用 2013～2021 年数字金融风险指数绘制数字金融风险均值变化趋势图，结果见图 9.1。

由图 9.1 可见，东中西三大区域及全国数字金融风险整体变化趋势基本一致，而区域间变化程度存在差异。2016、2018、2019 年分别为各区域数字金融风险变化的三个时间转折点。其中，2016 年被称为数字金融监管元年，一系列数字金融行业政策法规的颁布，有效地控制了各区域数字金融风险的持续上升。国家互联网金融安全技术专家委员会数据显示，截至 2019 年 4 月，数字金融操作风险大幅上升，互联网金融网站异常数量达到 21624 个，漏洞数量为 1362 个。2020 年初新冠疫情暴发，数字金融行业发挥其在渠道线上化、服务全时化、运营平台化、流程自动化等方面的突出优势，在疫情中逐步完善自身数字化运营管理能力。《中国互联网金融年报 2020》显示，随着小额网贷平台

---

① 东部：北京、天津、河北、辽宁、山东、江苏、浙江、上海、福建、广东 10 个省（直辖市）。中部：黑龙江、安徽、江西、湖南、湖北、山西 6 个省。西部：内蒙古、广西、重庆、四川、贵州、云南、陕西 7 个省（自治区、直辖市）。

整治运动的深入推进，我国互联网金融风险专项整治成效显著，各区域数字金融风险逐渐下降。

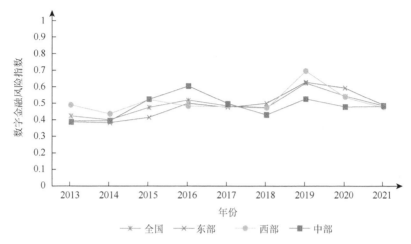

图 9.1　2013～2021 年中国及三大区域数字金融风险趋势图

2. 我国数字金融风险总泰尔指数

泰尔指数因其可以将区域总体差异分解为区域间差异和区域内差异，而被广泛应用于金融风险差异的测度[140]。该指数的取值范围为 0～1，越接近 1 则代表区域差异越显著。为进一步研究我国不同区域数字金融风险指数的异质性，利用陈凯等[140]对泰尔指数的分解方法，分别获得东中西区域数字金融风险的区域间泰尔指数和区域内泰尔指数，具体公式如下：

$$T = T_b + T_w = T_b + \sum_i \left(\frac{Y_i}{Y}\right) T_{wi} \tag{9.9}$$

$$T_b = \sum_i \left(\frac{Y_i}{Y}\right) \ln\left(\frac{Y_i}{Y} \Big/ \frac{N_i}{N}\right) \tag{9.10}$$

$$T_{wi} = \sum_i \left(\frac{Y_{ij}}{Y}\right) \ln\left(\frac{Y_{ij}}{Y_i} \Big/ \frac{N_{ij}}{N_i}\right) \tag{9.11}$$

其中，T 表示我国数字金融风险总泰尔指数，以测度我国数字金融风险总差异。T_b 和 T_w 分别表示区域间和区域内数字金融风险泰尔指数，分别反映区域间和区域内数字金融风险差异。Y 和 N 分别表示省区市数字金融风险总和与省市总数。Y_i 和 N_i 分别表示第 i 个区域省市的数字金融风险总和与第 i 个区域的省区市数。Y_{ij} 表示第 i 区域第 j 个省市的数字金融风险值，N_{ij} 表示第 i 个区域第 j 个省区市数，值均为 1。

此外，泰尔指数还可以对区域间贡献率和区域内贡献率进行测度，具体计算公式如下：

$$W_b = T_b / T \qquad\qquad (9.12)$$

$$W_w = T_w / T \qquad\qquad (9.13)$$

$$W_i = (Y_i / Y) \times (T_w / T) \qquad\qquad (9.14)$$

其中，W_b 和 W_w 分别表示区域间和区域内对总泰尔指数的贡献率。W_i 表示第 i 个区域对总泰尔指数贡献率的大小，反映了该区域内差异对总体差异的影响程度。由式（9.9）～式（9.14）可得东中西区域数字金融风险的区域间泰尔指数、区域内泰尔指数及其贡献率，具体结果见表 9.11 和图 9.2。

表 9.11　2013～2021 年我国数字金融风险总泰尔指数及其分解　　（单位：%）

年份	总泰尔指数	区域间泰尔指数	区域内泰尔指数	区域间贡献率	区域内贡献率
2013	1.17	0.57	0.60	48.72	51.28
2014	0.70	0.17	0.53	24.29	75.71
2015	1.31	0.68	0.63	51.91	48.09
2016	1.24	0.48	0.76	38.71	61.29
2017	0.72	0.02	0.70	2.78	97.22
2018	1.17	0.18	0.99	15.38	84.62
2019	1.14	0.55	0.59	48.25	51.75
2020	0.96	0.39	0.57	40.63	59.38
2021	1.03	0.01	1.02	0.97	99.03
均值	1.05	0.34	0.71	30.18	69.82

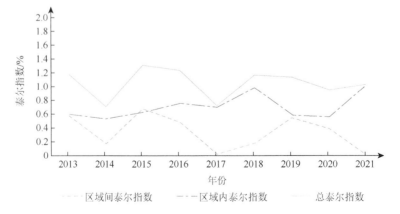

图 9.2　2013～2021 年我国数字金融风险泰尔指数及其变化趋势

　　由表 9.11 可知，基于总差异视角，我国数字金融风险总泰尔指数均值为 1.05，其中 2014 年、2017 年、2020 年的总泰尔指数低于 1。具体原因为：①2014 年互联网技术刚开始渗透到金融业务领域，从而使得数字金融风险总差异不明显。②由于 2017 年数字金融行业受政策法规的影响，故各区域数字金融风险均呈现较大幅度的下降，从而缩小了风险总差异。③2020 年新冠疫情的暴发有效推动了数字金融行业发展，从而延缓了数字金融风险扩张，使得总差异有较小幅度的下降。从区域间和区域内差异看，我国数字金融风险区域间和区域内泰尔指数均值分别为 0.34 和 0.71，贡献率均值分别为 30.18%和 69.82%。这表明区域内的数字金融风险差异大于区域间的差异，即我国数字金融风险的总体差异主要来源于区域内差异。

　　根据图 9.2 中泰尔指数的演变趋势，可知 2013～2021 年我国数字金融风险总泰尔指数呈现下降和上升反复交替的趋势，且近年来指数波动幅度呈现缩小趋势。这表明我国数字金融风险总差异并未出现严格的单调增或单调减，且近年来总差异波动幅度明显缩小。从区域间差异看，2013～2021 年区域间泰尔指数与总泰尔指数的波动趋势基本一致，即区域间风险差异波动是引起总差异波动的主要原因。从区域内差异看，2013～2017 年区域内泰尔指数波动较小，且该时期同一区域内部的数字金融风险变化具有一致性，即区域内风险差异较为稳定。2020 年之后，区域内泰尔指数大幅上升，这是因为各区域受到新冠疫情冲击的影响，区域内风险变化一致性特征开始减弱，从而使得区域内风险差异进一步扩大。

3. 东中西区域内部数字金融风险泰尔指数

　　根据数字金融风险区域分布特征的分析，可知区域内的风险差异对总差异起决定性作用。在此基础上，为比较各区域内数字金融风险差异及其变动趋势，基于式（9.11）和式（9.14），分别给出各区域内的泰尔指数与其对总泰尔指数的贡献率，结果见表 9.12 和图 9.3。

表 9.12　2013～2021 年东中西区域内数字金融风险泰尔指数及其贡献率　（单位：%）

年份	东部泰尔指数	中部泰尔指数	西部泰尔指数	东部贡献率	中部贡献率	西部贡献率
2013	0.72	0.75	0.36	20.69	12.29	18.10
2014	0.78	0.30	0.40	31.18	19.21	24.96
2015	0.51	0.87	0.55	18.13	13.92	15.98
2016	0.86	0.50	0.87	25.39	18.55	17.06
2017	0.68	0.74	0.68	41.50	26.18	29.38
2018	1.52	0.97	0.21	38.86	20.06	25.72
2019	1.13	0.25	0.10	22.81	11.43	17.67
2020	0.74	0.66	0.21	28.13	13.56	17.71
2021	1.31	0.97	0.62	43.47	26.02	29.44
均值	0.92	0.67	0.45	30.02	17.91	21.78

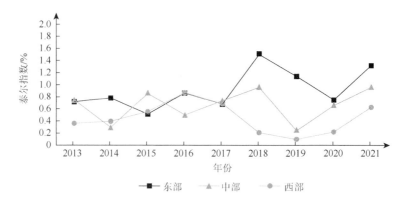

图 9.3　2013～2021 年东中西区域内数字金融风险泰尔指数及其变化趋势

由表 9.12 可知，数字金融风险差异最大的是东部区域，泰尔指数均值为 0.92；最小的是西部区域，泰尔指数均值为 0.45。其主要原因是东部区域内省市间的数字金融发展不平衡，数字金融风险存在较大差异。相较于东部，西部区域数字金融发展起步晚，从而区域内各省区市间的数字金融风险差异较小。

由图 9.3 可见，东部泰尔指数整体上呈现上升趋势，而在 2019 年和 2020 年出现显著的回落。中部泰尔指数呈反复波动，在 2019 年之后连续上升。类似于中部区域，西部泰尔指数同样呈现反复波动，并在 2018 年出现显著的回落，从而导致了与东中部泰尔指数的差异。随着新冠疫情的暴发，区域间泰尔指数差异明显缩小，而各区域内泰尔指数均呈现大幅上升的趋势。这是由于数字金融行业因疫情暴发而快速发展，从而减少了区域间的数字金融风险差异。另外，东中西区域内各省区市间数字金融发展不平衡，从而使得区域内的数字金融风险差异均呈现上升趋势。

基于上述分析结果，可知我国数字金融风险存在明显的区域异质性特征。对此，为进一步分析数字金融风险的成因及预警问题，下面分别针对东中西区域，探讨数字金融风险的影响因素及预警问题。

第10章　中国区域数字金融风险影响与预警分析

本章利用上述偏正态建模理论，对我国东中西区域数字金融风险构建偏正态面板数据模型，以确定数字金融风险预警变量。在此基础上，基于多种机器学习模型，建立我国东中西区域数字金融风险预警模型，从而作出更为准确、有效的统计推断，有助于实际问题的解决。具体内容包括：其一，分析影响数字金融风险的潜在因素，并作变量选择。其二，验证东中西区域金融风险指数的偏正态分布特征，并构建数字金融风险的偏正态面板数据模型。其三，对东中西区域数字金融风险指数分别在正态与偏正态模型下作比较分析，以确定预警变量。其四，介绍 BPNN、XGBoost、SVM 等七种机器学习模型。其五，利用系统聚类和 K-Means 聚类方法对数字金融风险指数进行分类，进一步，运用七种机器学习方法对东中西区域数字金融风险建立预警模型。其六，基于东中西区域的最优预警模型，对预警变量重要性进行识别，以分析重要变量对预测效果的影响程度。

10.1　中国区域数字金融风险影响因素分析

1. 影响因素

1）新冠疫情冲击

2020 年新冠疫情暴发不仅给世界经济带来了强烈的短期冲击，而且产生了较为深远的影响。社交隔离意味着限工限产，边境封关意味着贸易停摆。随着抗击疫情的管控措施逐步展开，各国轮番进入"经济静默期"，我国也不例外。我国幅员辽阔，新冠疫情的空间不均衡分布以及中国区域经济发展的差异性，使得区域经济在疫情冲击下表现出区域异质性，数字金融领域发展亦产生了不确定性。因此，探讨新冠疫情暴发对数字金融风险影响已成为金融领域的研究焦点。

2）数字金融发展水平

本章中数字金融发展水平由北京大学提出的数字金融指数度量。数字金融发展水平反映了数字金融的覆盖广度、使用深度和数字支持服务程度，以及支付、保险、货币基金、征信、投资、信贷等业务的普及水平[136]。数字金融发展水平从不同维度上体现了区域差异性。北京大学数字金融报告中指出，数字金融发展水平的数字支持服务程度的区域差距最小、覆盖广度次之，使用深度差异最大。目前，由于数字金融行业门槛低、监管制度不完善，故而数字金融发展程度和潜力越大，则潜在风险就越大。

3）政府收支状况

本章利用财政赤字来刻画我国的收支状况，即财政支出大于财政收入而产生的差额。2020年新冠疫情暴发，我国财政赤字规模增长约36.2%，经济遭受严重冲击。同年4月中共中央政治局召开会议提出"六保"，与2018年提出"六稳"工作共同展开，积极应对经济下行压力。在此背景下，较高的财政赤字水平不仅对我国经济稳定产生了一定的影响，也给数字金融的发展埋下了隐患。

4）政府财政支出规模

国际上，一般采用财政支出占GDP比重来度量政府财政支出规模，该比重科学地分析财政支配与国民经济问题之间的动态关系[141]。政府财力支出规模可有效衡量一国财政支出结构、财政分配关系的合理性。根据用途，财政支出可分为经济建设、文教、国防、行政支出等。经济建设方面财政支出越多，则政府干预经济的力度越大，在一定范围内经济发展稳定性越大。因此，政府财政支出规模越大，分配给数字金融市场的财政支出越多，进而降低了数字金融发展的风险。

5）人口规模

人口规模是指一定时间、地理范围内（如国家、地区、城市等）的人口总量。一方面，虽然部分区域人口基数大，但由于数字金融普及不到位，数字金融业务操作不够熟练，从而增加操作风险，进而增加该区域数字金融风险。另一方面，人口规模越大，则该区域数字金融发展潜力越大，进而区域流动资金也就越多。这促使数字金融流动性风险得到缓解，即该区域数字金融风险亦得到缓释。

6）失业水平

本章运用失业率表示失业水平，是指失业人数占总劳动力人口的比例。失业率是市场上最为敏感的经济指标，被称为所有经济指标的"皇冠上的明珠"。失业率上升表明经济发展衰退，各个领域发展不稳定因素增多，数字金融领域亦是如此。因此，当一个区域失业水平越高时，该区域数字金融风险也越高。

7）国民经济发展水平

GDP作为衡量国民经济发展水平的核心指标，是指一个国家（或区域）所有常驻单位在一定时期内生产的全部最终产品和服务的市场价值总和[142]。提高国民经济水平会推动社会保障改善、教育投入提高、基础设施完善等，从而提升公民的福利待遇，进而提高技术水平和劳动生产率，提升工资水平和就业率，增加居民手中流动资金。因此，良好的国民经济发展水平能够保障居民生活，激发居民投资热情，降低数字金融行业资金流动性风险，从而缓释数字金融风险。

8）通货膨胀水平

通货膨胀率作为衡量经济发展的先行指标，具有重要的方向标作用。如果通货膨胀率上升，则居民和企业的资金持有成本会增加。一方面，投资多样化需求上升，数字金融领域流动资金增多，从而降低数字金融流动性风险，缓解数字金融风险。另一方面，数字金融监管不足、平台风控机制不健全等，使得多数数字金融平台因利益驱动而采用非法方式套取资金，从而增加数字金融风险。

9）房地产发展水平

我国房地产业发展与经济发展之间存在很高的依存度。一方面，房地产作为我国重要的经济产业之一，已成为 GDP 快速增长的重要推手。另一方面，良好的经济发展水平可为房地产业获得稳定的发展环境和政策支持。故采用房价增长率与 GDP 增长率的比值来度量房地产发展水平。传统的房地产企业最大的融资压力源于融资成本高，而数字金融通过借助数字平台多方向扩展融资渠道，从而缓解企业融资压力[143]。总之，房地产作为经济发展的重要产业之一，其稳步发展能有效降低数字金融平台所面临的毁约风险和资金流动风险，从而在一定程度上缓解数字金融风险。

2. 变量说明

根据谭中明的结论[144]，并结合上述影响因素，本章选取新冠疫情冲击、数字金融发展水平、政府收支状况、政府财政支出规模、人口规模、失业水平、国民经济发展水平、通货膨胀水平、房地产发展水平作为自变量，各省份数字金融风险水平作为因变量，构建数字金融风险的影响分析模型，具体结果见表 10.1。

表 10.1　变量说明

变量	变量名	变量说明	变量代码
因变量	各省份数字金融风险水平	数字金融风险指数	ZID
自变量	新冠疫情冲击	是否处在新冠疫情暴发后时期	COVID-19
	数字金融发展水平	数字金融指数的对数	lnPKU_DFIIC
	政府收支状况	财政赤字	GRE
	政府财政支出规模	财政支出/GDP	GFE
	人口规模	人口数量的对数	lnPOP
	失业水平	失业率	UNE
	国民经济发展水平	GDP 增长率	GDP
	通货膨胀水平	居民消费价格指数-100	INF
	房地产发展水平	房价增长率/GDP 增长率	RED

由 9.4 节可知，我国东中西部数字金融风险存在显著区域差异。因此，分别对东部、中部、西部区域的数字金融风险进行统计建模，以探究区域数字金融风险的影响因素和差异。其中，相关数据来源于国家统计局、地方统计局、北京大学数字金融研究报告以及 2013～2021 年各省份国民经济报告。

3. 偏正态面板数据模型

1）偏正态分布验证

首先，本章对东部区域 10 个省（直辖市）2013～2021 年的数字金融风险指数分布特征进行验证。由图 10.1 可知，东部区域数字金融风险指数呈偏态分布特征。其次，为验证该结论的正确性，需要对数据进行正态性检验。结果表明，Shapiro-Wilk、Anderson-Darling 和 Cramer-von Mises 三种检验方法的 p 值分别为 0.0488、0.0336 和 0.0215。因此，在 5%名义显著性水平下，东部区域数字金融风险指数不服从正态分布。进一步，对数字金融风险指数进行偏正态分布假设检验，即设原假设：数字金融风险指数服从偏正态分布。经计算可得，检验统计量 $\chi^2 = 1.6240 < \chi^2_{0.05}(2) = 5.9915$。所以，在 5%名义显著性水平下，原假设不能被拒绝，即认为东部区域数字金融风险指数服从偏正态分布。基于矩估计方法，可得该数据的分布为 SN（0.3543，0.1823^2，1.9191）。类似可证，中部区域数据亦服从偏正态分布，而西部区域数据服从正态分布。为方便起见，本章仅给出分布直方图及其概率密度曲线，结果见图 10.2 和图 10.3。

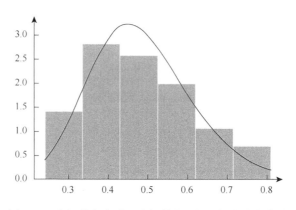

图 10.1　东部数字金融风险指数直方图及概率密度曲线

2）偏正态面板数据模型

针对上述偏正态分布特征，利用第 7～第 8 章的偏正态统计建模理论，本章提出如下偏正态面板数据模型：

$$Y = 1_{ab}\beta_0 + X\beta + (I_a \otimes 1_b)\mu + \varepsilon \tag{10.1}$$

其中，Y 为 $ab \times 1$ 观测向量值，$X = (X_1^T, X_2^T, \cdots, X_a^T)^T$ 为 $ab \times k$ 已知设计矩阵，$\beta = (\beta_1, \beta_2, \cdots, \beta_k)^T$ 为 $k \times 1$ 的未知回归系数，μ 为 $a \times 1$ 的随机效应，ε 为 $ab \times 1$ 的随机误差。假设 $\mu \sim N_a(0, \sigma_1^2 I_a)$，$\varepsilon \sim \mathrm{SN}_{ab}(0, \sigma_0^2 I_{ab}, \alpha)$，$\mu$ 和 ε 相互独立。当 $\alpha = 0$ 时，模型（10.1）退化为正态面板数据模型。

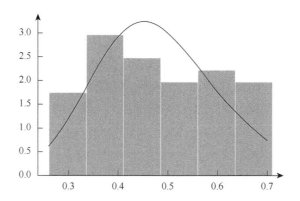

图 10.2　中部数字金融风险指数直方图及概率密度曲线

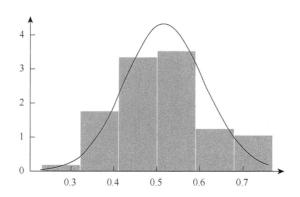

图 10.3　西部数字金融风险指数直方图及概率密度曲线

引理 10.1　若 $X_1 \sim N(0,1)$，$X_0 \sim N(0, I_n)$，且两者相互独立，则有 $W \sim \mathrm{SN}_n(0, I_\alpha, \alpha)$，

$$W = \delta |X_1| + (I_n - \delta\delta^T)^{1/2} X_0 \tag{10.2}$$

其中，$\delta = \alpha / \sqrt{1 + \alpha^T \alpha}$。

该引理证明可参见 Arellano-Valle 等[145]的相关研究，故略去。

4. EM 算法

众所周知，极大似然估计是一种较为有效的估计方法。然而，对于复杂参数估计问题，极大似然估计的计算往往比较困难。对此，EM 算法通过引入隐变量，使得复杂参数估计问题简单化，故被广泛应用于极大似然估计问题的求解[146]。这种方法的中心思想是根据已知观测数据估计缺失数据，并利用观测数据和缺失数据估计值，对参数估计值进行反复迭代直至收敛[147]。于是，由于偏正态面板数据模型存在偏度参数且似然函数较为复杂，故本章利用 EM 算法对偏正态面板数据模型进行估计。

令 $Z=(X,Y)$ 表示一组由观测数据 X 和未观测数据 Y 构成的潜在数据集，其概率密度函数记为 $p(X,Y|\theta)$，其中 θ 为待估参数。EM 算法利用对潜在数据对数似然函数的反复迭代，使得观测数据的最大似然函数达到最大化。分别用 $L(X;\theta)=\log p(X|\theta)=\int p(X,Y|\theta)\mathrm{d}y$ 和 $Lc(X;\theta)=\log p(X,Y|\theta)$ 表示观测数据和潜在数据的对数似然函数。假设经过 t 次迭代后，θ 的估计结果为 $\theta(t)$，则第 $t+1$ 次迭代时 EM 算法步骤如下。

（1）E 步：计算潜在数据的似然函数期望 $Q(\theta|\theta(t))=E\{Lc(\theta;Z)|X;\theta(t)\}$。

（2）M 步：通过最大化 $Q(\theta|\theta(t))$ 得到 θ 新的估计值 $\theta(t+1)$。

（3）继续将 $\theta(t+1)$ 代入 E 步，重复上述步骤直至收敛。

将偏正态面板数据模型（10.1）转化为

$$Y_j = X_{*j}\beta_* + 1_b\mu_j + \varepsilon_j, \quad j=1,2,\cdots,a \qquad (10.3)$$

其中，$X_{*j}=(1_b:X_j)$，$\beta_*=(\beta_1,\beta_2,\cdots,\beta_k)^\mathrm{T}$，随机效应 $\mu_j\sim N(0,\sigma_1^2)$ 和随机误差 $\varepsilon_j\sim\mathrm{SN}_b(0,\sigma_0^2 I_b,\alpha_j)$ 相互独立。根据引理 10.1，对于随机误差 ε_j，则有 $\varepsilon_j=\sigma_0 I_b\delta_j\left|X_{1j}\right|+\sigma_0 I_b\left(I_b-\delta_j\delta_j^\mathrm{T}\right)^{1/2}X_{0j}$，其中 $\delta_j=\alpha_j\big/\sqrt{1+\alpha_j^\mathrm{T}\alpha_j}$，$X_{1j}\sim N(0,1)$，$X_{0j}\sim N_b(0,I_b)$，$t_j=\left|X_{1j}\right|$ 为隐变量。

对于待估参数 $\theta=(\beta_*^\mathrm{T},\sigma_1,\sigma_0)^\mathrm{T}$ 和 δ_j，其极大似然函数为

$$l(\theta,\delta)\propto -\frac{1}{2}\sum_{j=1}^a\ln\left|\psi_j\right| - \frac{1}{2}\sum_{j=1}^a(Y_j-X_{*j}\beta_*)^\mathrm{T}\Sigma^{-1}(Y_j-X_{*j}\beta_*) - \frac{1}{2}\sum_{j=1}^a\frac{(t_j-\eta_j)^2}{\tau_j^2} \quad (10.4)$$

其中，$\psi_j=\sigma_1^2 1_b 1_b^\mathrm{T}+\sigma_0^2 I_b(I_b-\delta_j\delta_j^\mathrm{T})$，$\Sigma_j=\sigma_1^2 1_b 1_b^\mathrm{T}+\sigma_0^2 I_b$，$\tau_j^2=\dfrac{1}{1+(\sigma_0 I_b\delta_j)^\mathrm{T}\psi_j^{-1}(\sigma_0 I_b\delta_j)}$，$\eta_j=\dfrac{(\sigma_0 I_b\delta_j)^\mathrm{T}\psi_j^{-1}(Y_j-X_{*j}\beta_*)}{1+(\sigma_0 I_b\delta_j)^\mathrm{T}\psi_j^{-1}(\sigma_0 I_b\delta_j)}$。

令 $\theta_c=(\theta^\mathrm{T},\delta_j^\mathrm{T})^\mathrm{T}$，$\hat{t}_j=E(t_j^2|\hat{\theta}_c,Y_j)$，$\hat{t}_j^2=E(t_j^2|\hat{\theta}_c,Y_j)$，则有

$$\hat{t}_j=\hat{\eta}_j+\frac{\phi(\hat{\eta}_j/\hat{\tau}_j)}{\Phi(\hat{\eta}_j/\hat{\tau}_j)}\hat{\tau}_j, \quad \hat{t}_j^2=\hat{\eta}_j^2+\hat{\tau}_j^2+\frac{\phi(\hat{\eta}_j/\hat{\tau}_j)}{\Phi(\hat{\eta}_j/\hat{\tau}_j)}\hat{\eta}_j\hat{\tau}_j \qquad (10.5)$$

根据 Y_j 和上一次迭代结果 $\hat{\theta}_c$，结合式（10.4）和式（10.5）计算得到期望值（E 步），并求得参数 $\hat{\theta}_c$ 的极大似然估计值（M 步）：

$$\hat{\beta}_* = \left\{ \sum_{j=1}^{a} X_{*j}^{\mathrm{T}} \left[\hat{\Sigma}_j^{-1} + \hat{\tau}_j^2 \hat{\Psi}_j^{-1} (\hat{\sigma}_0 I_b \hat{\delta}_j)(\hat{\sigma}_0 I_b \hat{\delta}_j)^{\mathrm{T}} \hat{\psi}_j^{-1} \right] X_{*j} \right\}^{-1}$$

$$\times \sum_{j=1}^{a} \left\{ X_{*j}^{\mathrm{T}} \left[\hat{\Sigma}_j^{-1} + \hat{\tau}_j^2 \hat{\Psi}_j^{-1} (\hat{\sigma}_0 I_b \hat{\delta}_j)(\hat{\sigma}_0 I_b \hat{\delta}_j)^{\mathrm{T}} \hat{\psi}_j^{-1} \right] Y_j - \hat{\imath} X_{*j}^{\mathrm{T}} \hat{\psi}_j^{-1} (\hat{\sigma}_0 I_b \hat{\delta}_j) \right\} \quad (10.6)$$

最后，将 $\hat{\beta}_*$ 代入式（10.4），并重复迭代至收敛，进而得到 θ_c 的极大似然估计值。

5. 实证结果分析

我国东中西各区域的实证结果见表 10.2～表 10.4。由表 10.2 和表 10.3 可见，东部和中部区域偏正态面板数据模型的对数似然值相较于正态面板数据模型分别高出 53.0166 和 35.3544，且 AIC 与 BIC 值均低于正态面板数据模型，这说明偏正态面板数据模型对东部和中部区域数字金融风险指数的拟合效果更优，且各变量均在 5%显著性水平下通过相关性检验[①]。

表 10.2　东部偏正态与正态面板数据模型实证结果

变量名	估计值	
	偏正态	正态
Intercept	−3.1744	0.2935
COVID-19	−0.0017	0.0044
GRE	0.1983	0.2027
GFE	−0.8417	−0.8767
INF	0.0606	0.0621
lnPOP	0.2601	−0.1530
AIC	−274.6331	−162.7000
BIC	−262.1341	−142.7000
对数似然估计值	142.3166	89.3000

由表 10.2 可得，政府收支状况（GRE）、人口规模（lnPOP）和通货膨胀水平（INF）均对东部区域数字金融风险具有正向影响。政府收支状况系数为 0.1983，说明提高东部区域政府赤字水平会影响当地经济稳定，而数字金融行业在不稳定的经济环境下会提高问题企业的数量和毁约率，从而造成数字金融风险的上升。通货膨胀水平（系数为 0.0606）的提高会增加数字金融风险隐患，其主要原因在

---

① 当数据不服从正态分布时，若仍沿用正态面板模型对其进行建模分析，易导致模型统计推断缺乏稳健性，同时模型检验过程中 t 检验、卡方检验以及 F 检验也将失效。因此，本书偏正态面板数据模型各变量均采用 Spearman 相关性检验挑选变量。

于东部区域数字金融监管不足、平台自身风控机制不健全等方面。此外，较多数字金融平台通过非法形式套取资金，从而提升该区域的数字金融风险。人口规模（系数为 0.2601）对该区域数字金融风险产生正向影响，这表明东部区域应该进一步扩大数字金融业务，提高居民的数字金融操作水平。

与此相反，新冠疫情冲击（COVID-19）和政府财政支出规模（GFE）均对东部数字金融风险指数产生了负向影响。政府财政支出规模系数为–0.8417，表明东部区域政府一定程度的经济干预能够稳固经济环境，从经济结构上稳定数字金融发展，进而缓解数字金融风险。新冠疫情冲击系数为–0.0017，可见新冠疫情冲击对该区域数字金融风险扩展起到了缓冲作用。主要原因如下。首先，新冠疫情的暴发使得金融产品线下服务停滞，客户逐渐提高线上金融产品的使用次数和操作水平。数字鸿沟在新冠疫情影响下逐步被填平，使得数字金融行业的操作风险同步减少。其次，此次疫情中数字政务、在线办公及在线教学等数字化方式进一步普及，智能化生产、线上办公需求加大，这些均促进了数字金融企业业务发展，使得企业流动性资金增多，减少了数字金融行业流动性风险。最后，新冠疫情暴发让政府更加重视数字金融行业的宏观调控。2020 年以来，国家陆续颁布的《商业银行互联网贷款管理暂行办法》《网络小额贷款业务管理暂行办法（征求意见稿）》《第三方互联网平台存款：数字金融和金融监管的一个产品案例（续）》分别对数字金融行业贷款业务、网贷企业注册要求及存款业务做出明确规定，从而降低了数字金融行业政策风险。

表 10.3　中部偏正态与正态面板数据模型实证结果

变量名	估计值	
	偏正态	正态
Intercept	–2.7996	–2.2593
COVID-19	–0.0625	–0.0643
lnPKU_DFIIC	0.2463	0.2306
lnPOP	0.1967	0.1493
UNE	0.1040	0.0866
GDP	–0.0039	–0.0035
INF	–0.0243	–0.0231
AIC	–142.9088	–70.2000
BIC	–130.9749	–52.3000
对数似然估计值	77.4544	44.1000

由表 10.3 可知，在偏正态面板数据模型下，人口规模、数字金融发展水平

（lnPKU_DFIIC）、失业水平（UNE）均对中部区域数字金融风险具有正向影响。数字金融发展水平（系数为 0.2463）加剧数字金融风险，说明中部区域数字金融行业门槛低、监管制度不完善，数字金融发展程度和潜力越大，则潜在的市场风险和政策风险越大，从而使得数字金融风险隐患趋多。失业水平系数为 0.1040，表明失业率的上升会造成社会发展不稳定，于是，数字金融行业发展稳定性也会受到影响，从而为数字金融风险埋下隐患。

相反，新冠疫情冲击、通货膨胀水平和国民经济发展水平（GDP）均对中部区域数字金融风险指数产生了负向影响。通货膨胀水平（系数为-0.0243）与国民经济发展水平（系数为-0.0039）缓解了中部区域数字金融风险，这表明货币贬值流动性过剩，人们生活水平和质量提高，使得中部区域居民的投资热情提升，更有利于数字金融平台融资，进而缓解数字金融平台资金流动风险。

表 10.4　西部正态面板数据模型实证结果

变量名	估计值
	正态
Intercept	−0.0597
COVID-19	−0.0721
lnPKU_DFIIC	0.1808
lnPOP	−0.0549
GDP	−0.0041
INF	0.0470
RED	−0.3297
AIC	−103.7000
BIC	−84.4000
对数似然估计值	60.8000

由表 10.4 可得，在正态面板数据模型下，数字金融发展水平和通货膨胀水平的系数为正，而新冠疫情冲击、人口规模、国民经济发展水平及房地产发展水平（RED）的系数为负。人口规模（系数为-0.0549）与东部和中部区域作用相反，这说明西部区域人口规模能够通过缓解区域的流动性风险，降低数字金融风险。房地产发展水平系数为-0.3297，这表明随着数字金融发展与业务普及，房地产行业的数字化使得数字金融成为其主要的融资手段。因此，房地产行业的稳步发展能够降低数字金融平台的毁约风险，从而缓解数字金融风险。

由参数估计结果可知，其一，新冠疫情的暴发延缓了东中西区域数字金融风险的扩张，其中，西部区域风险缓释程度最大，而东部区域最小。主要原因为：相比于东部区域，西部区域教育水平较为落后，数字金融发展较慢，监管措施不到位，从而使得数字平台业务操作隐患和政策风险较大。其二，人口规模上升会增加东部和中部区域数字金融风险，但能抑制西部区域数字金融风险，其中，东部区域增加程度高于中部区域。西部区域数字金融与各行业结合程度不高，散户成为数字金融平台的主要客源，增加人口规模能够缓解该区域的资金流动性风险。其三，通货膨胀水平上涨会增加东部和西部区域数字金融风险，却缓解了中部区域数字金融风险。这说明中部区域居民投资热情更易被调动，数字金融平台操作更加规范，故能更好地规避信用风险和流动性风险。

10.2　中国区域数字金融风险预警分析

10.2.1　机器学习方法

1. BPNN

BPNN 模型是线性权重的激活函数模型，学习过程分为前向传播过程和反向传播过程[148]。本章以单隐层位列对该算法流程进行介绍。

1）前向传播过程

设输入层有 n 个神经元，输入变量 $x=(x_1,x_2,\cdots,x_n)$，与隐含层之间的链接权值为 w_{ih}。设隐含层有 p 个神经元，各神经元阈值为 b_h，输入变量为 $h_i=(h_{i1},h_{i2},\cdots,h_{ip})$，输出变量为 $h_o=(h_{o1},h_{o2},\cdots,h_{op})$。记 $f(x)$ 为传递函数。于是，隐含层输入变量 $h_{ik}=\sum_{i=1}^{n}w_{ih}*x_i(k)-b_h$，输出变量 $h_{oh}(k)=f(h_{ik}(k))$，$h=1,2,\cdots,p$。

设输出层有 q 个神经元，与隐含层链接权值为 w_{ho}，输出层各神经元的阈值为 b_o，实际输出变量 $y_o=(y_{o1},y_{o2},\cdots,y_{oq})$，期望输出变量 $d_o=(d_1,d_2,\cdots,d_q)$。那么输出层 $y_{h_o}(k)=\sum_{h=1}^{p}w_{ho}*h_{oh}(k)-b_o$，$y_o(k)=f(h_o(k))$，$o=1,2,\cdots,q$。因此，实际输出值和期望值的均方误差为

$$e=\frac{1}{2}\sum_{o=1}^{q}(d_o(k)-y_o(k))^2 \tag{10.7}$$

2）反向传播过程

首先，将上述均方误差由输出层展开到隐含层

$$e=\frac{1}{2}\sum_{o=1}^{q}(d_o(k)-y_o(k))^2=\frac{1}{2}\sum_{o=1}^{q}\left(d_o(k)-f\left(\sum_{h=1}^{p}w_{ho}h_{oh}(k)\right)\right)^2 \tag{10.8}$$

再由隐含层展开到输入层

$$e = \frac{1}{2}\sum_{o=1}^{q}\left(d_o(k) - f\left(\sum_{h=1}^{p} w_{ho} h_{oh}\right)\right)^2 = \frac{1}{2}\sum_{o=1}^{q}\left(d_o(k) - f\left(\sum_{h=1}^{p} w_{ho} f\left(\sum_{i=1}^{n} w_{ih} x_i\right)\right)\right)^2 \quad (10.9)$$

其次，需要通过反向调整输出层权值 w_{ho} 和隐含层权值 w_{ih}，以降低误差值。调整过程使用梯度下降法，具体公式如下：

$$\Delta w_{ho} = -\eta \frac{\partial e}{\partial w_{ho}} = -\eta \delta_o(k) h_{oh}(k), \quad h=1,2,\cdots,p, \quad o=1,2,\cdots,q \quad (10.10)$$

$$\Delta w_{ih}(k) = -\eta \frac{\partial e}{\partial w_{ih}} = -\eta \delta_h(k) x_i(k), \quad i=1,2,\cdots,n, \quad h=1,2,\cdots,p \quad (10.11)$$

其中，η 为学习率，$\delta_o(k) h_{oh}(k) = \frac{\partial e}{\partial w_{ho}} = \frac{\partial e}{\partial y_{io}} * \frac{\partial y_{io}}{\partial w_{ho}}$，$\delta_h(k) x_i(k) = \frac{\partial e}{\partial w_{ih}} = \frac{\partial e}{\partial h_{ih}} * \frac{\partial h_{ih}}{\partial w_{ih}}$。最后，通过输出层神经元偏导函数和隐含层神经元偏导函数，分别调整不同层之间的权重，具体公式如下：

$$w_{ho}^{N+1}(k) = w_{ho}^{N} - \eta \delta_o(k) h_{oh}(k) \quad (10.12)$$

$$w_{ih}^{N+1}(k) = w_{ih}^{N} - \eta \delta_h(k) x_i(k) \quad (10.13)$$

2. 随机森林

随机森林是通过集成学习的装袋（Bagging）思想，对多棵决策树加以集成的一种算法。这种方法由若干棵决策树组成，利用投票确定各决策树种的最佳决策结果。其统计思想为：从原始样本中用 Bootstrap 方法随机抽取若干个子样本，对每一个子样本进行决策树建模，采用多数投票法对随机森林的随机分类结果进行决策。由此可见，这种方法能很好地处理异常值和噪声，并具有较高的预测准确率，成为一种重要的机器学习方法。分类示意图见图 10.4。

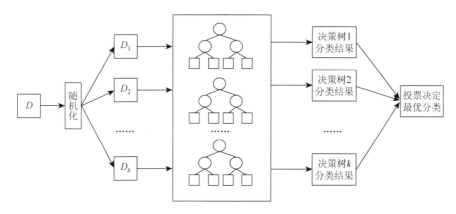

图 10.4　随机森林分类示意图

3. SVM

SVM 作为一种机器学习方法，其核心思想是寻找最优分类超平面以满足分类要求，该超平面可使超平面两侧的空白区域在保证分类精度情况下最大化[148]。

对于一个训练集 (x_i, y_i)，$i = 1, 2, \cdots, n$，$x \in \mathrm{R}^n$，$y \in \{\pm 1\}$，设超平面为 $w^{\mathrm{T}} x + b = 0$，其中 w 为法向量，b 为位移项。为构造最优超平面问题，即求解如下式子。

$$\max \frac{2}{\|w\|} \tag{10.14}$$

$$\text{s.t. } y_i \left(w^{\mathrm{T}} x_i + b\right) \geqslant 1, \quad i = 1, 2, \cdots, n \tag{10.15}$$

对于式（10.14）和式（10.15），如果能找到满足该条件的解，即将训练集划分为间隔最大的超平面。

4. 朴素贝叶斯

朴素贝叶斯是在数据每个特征与其似然概率相互独立的假设下，对观测值每一个可能分类的后验概率进行比较，寻求后验概率最大的分类视为观测值的预测分类[148]。

对于一个训练集 B，样本个数为 N，样本类别为 m 类，表示为 $A = \{A_1, A_2, \cdots, A_m\}$，第 j 类样本的数量为 N_{A_j}，$i = 1, 2, \cdots, m$，每个样本包含 n 个属性，用 $C_1, C_2, \cdots, C_n$ 表示。假设给定一个待判样本 $h = (h_1, h_2, \cdots, h_n)$，其中 h_i 表示待判样本 h 在属性 C_i 的取值，则可根据朴素贝叶斯算法，计算得出待判样本 h 属于类别 A_j 的条件概率，即

$$P\left(A_j \mid h\right) = \frac{P\left(A_j\right)}{P(h)} \prod_{i=1}^{n} P\left(h_i \mid A_j\right), \quad i = 1, 2, \cdots, n, \quad j = 1, 2, \cdots, m \tag{10.16}$$

$$P\left(A_j\right) = \frac{N_{A_j}}{N} \tag{10.17}$$

$$P\left(h_i \mid A_j\right) = \frac{N_{A_j, h_i}}{N_{A_j}} \tag{10.18}$$

$$P\left(A_j \mid h\right) = \arg\max_{y} P\left(A_j\right) \prod_{i=1}^{n} P\left(h_i \mid A_j\right), \quad i = 1, 2, \cdots, n, \quad j = 1, 2, \cdots, m \tag{10.19}$$

其中，$P\left(A_j\right)$ 为第 A_j 类的先验概率，$P\left(A_j \mid h\right)$ 为待判样本 h 属于类别 A_j 的概率，N_{A_j, h_i} 为第 A_j 类下属性 C_i 的取值为 h_i 的样本个数，$P\left(h_i \mid A_j\right)$ 为在属于第 A_j 类的前提下待判样本 h 在属性 C_i 的取值为 h_i 的条件概率。由此得出，待判样本 h 属于各

类的概率为 $P_j = P(A_j | h)$。如果 $P_r = \max\{P_1, P_2, \cdots, P_M\}$，那么待判样本为第 r 类。

5. 梯度提升算法

1）XGBoost

XGBoost 是一种通过集成思想将多个低分类性能的弱学习器组合成高分类性能的强学习器，是对梯度提升决策树（GBDT）的改进[149]。XGBoost 模型以决策树作为基分类器，通过一系列模型相加生成，可表示成如下形式：

$$\hat{y}_i = \sum_{k=1}^{K} f_k(X_i),\ f_k \in F \tag{10.20}$$

其中，K 为模型中的决策树个数，X_i 为第 i 个输入样本，$\hat{y}_i$ 为第 k 次迭代后的模型预测值，$f_k(X_i)$ 为第 k 个决策树的预测值，F 为所有决策树的集合。目标函数如式（10.21）所示：

$$\mathrm{Obj}(\theta) = L(\theta) + \sum_{k=1}^{K} \Omega(f_k) \tag{10.21}$$

$$L(\theta) = \sum_{i=1}^{n} l(y_i, \hat{y}_i) \tag{10.22}$$

$$\Omega(f) = \gamma T + \frac{1}{2}\lambda \|u\|^2 \tag{10.23}$$

其中，式（10.22）中的 $L(\theta)$ 表示 XGBoost 模型拟合程度的损失函数，Ω 为模型中的正则化项，y_i 为样本的真实类标签，$\hat{y}_i$ 为样本的预测值。式（10.23）中 T 为每棵树的叶子节点数，λ 为惩罚系数，u 为每棵树叶子节点的权数组成的集合。

2）LightGBM

LightGBM 是一种通过优化 GBDT 算法的机器学习方法，具体包括基于直方图的决策树算法、单边梯度采样、互斥特征捆绑等[150]。与 XGBoost 算法按照层分裂的叶子生长形式不同，LightGBM 算法采用按照叶子节点分裂的向深层生长模式。在进行分裂时，找到目前所有叶子节点中获得信息增益最大的叶子节点，并依次进行寻找最优树结构。与按层分裂方式相比，按叶子节点的分裂方式可以减少损失，从而提高预测结果的精确性。同时，按叶子节点的分裂方式还可以通过对每个叶子节点的最小值和树深度的限制，避免模型产生过拟合问题。

3）CatBoost

CatBoost 是一种基于对称决策树和 GBDT 框架的机器学习方法。CatBoost 的优势主要表现在以下三个方面。其一，CatBoost 利用"有序原则"方法，有效地解决了 GBDT 算法在迭代过程中存在的条件位移问题，并能训练和学习整个数据集。其二，CatBoost 将传统的梯度增强算法转换成有序增强算法，解决了迭代过程中梯度偏移、泛化能力低、过拟合等问题，增强了模型鲁棒性[151]。其三，CatBoost

采用贪心算法对分类特征进行分类，并将其作为附加特征，有利于模型识别高阶依赖关系，从而提高预测的准确率。

10.2.2　预警区间构建

为获得最优预警区间，本章采用系统聚类和 K-Means 聚类两种方法对数字金融风险指数进行类别划分，并取相邻类中最大值与最小值的平均数作为预警区间临界值[152]。由于系统聚类方法自动将风险指数划分成三类，因此，构建三段预警区间，风险状态分别为低风险、中风险和高风险，如表 10.5 所示。而 K-Means 聚类方法需人为设定类别个数，为此，借鉴游悦[153]风险类别划分的方法，利用 K-Means 聚类构建四段预警区间，风险状态分别为安全、基本安全、警惕、较大风险，如表 10.6 所示。

表 10.5　系统聚类下的预警区间划分

风险状态	区间划分
低风险	(0, 0.44]
中风险	(0.44, 0.61]
高风险	(0.61, 1]

表 10.6　K-Means 聚类下的预警区间划分

风险状态	区间划分
安全	(0, 0.33]
基本安全	(0.33, 0.52]
警惕	(0.52, 0.71]
较大风险	(0.71, 1]

10.2.3　预警模型训练与结果分析

本章首先针对东中西区域，利用随机森林、XGBoost、LightGBM、CatBoost、SVM、朴素贝叶斯、BPNN 等七种机器学习方法，依次构建三段、四段预警区间下的数字金融风险预警模型。其次，选择准确率（accuracy）、精确率和召回率的加权平均值（Weighted-F1，WF1）[①]作为模型评估指标。最后，根据评估指标选取东中西区域最优风险预警区间和预警模型。

---

① F1 值是基于模型精确率和召回率计算出的一个综合指标，而 Weighted-F1 考虑了不同类别的重要性，把每个类别的样本数量作为权重，计算加权后的 F1 值。Weighted-F1 具体定义为：$WF1 = \frac{1}{N}\sum_{i=1}^{m} n_i \frac{2P_iR_i}{P_i+R_i}$，其中，$N$ 为总样本数，m 为总类别数，n_i 为第 i 类的样本数，P_i 和 R_i 分别为第 i 类的精确率和召回率。

1. 预警模型训练

为训练和测试机器学习模型的性能，本章按照 4∶1 的比例将东中西区域样本数据划分为训练集和测试集，并确保同一区域的预警模型使用相同的训练集进行训练。通过网格搜索和交叉验证方法，寻找到各模型的最优超参数值，并用测试集预测结果评估各模型[154]。在四段预警区间下，本章给出东部数字金融风险预警模型的基本参数设置。由于朴素贝叶斯模型不需要调参，故其余模型基本参数的最优设置如下。

（1）随机森林：决策树个数 n_estimators=50；最大深度 max_depth=4；最大特征数目 max_features=4。

（2）XGBoost：子节点中实例重量的最小总和 min_child_weight=3；最大深度 max_depth=4；类别个数 num_class=2；学习率 eta=0.01；惩罚项 gamma=0.05。

（3）LightGBM：决策树个数 n_estimators=100；最大叶子节点 num_leaves=5；学习率 learning_rates=0.05。

（4）CatBoost：最大深度 max_depth=3；最大迭代次数 iterations=50；L2 正则参数 l2_leaf_reg=3；学习率 learning_rates=0.5。

（5）SVM：惩罚参数 C=2；制定训练所需要的内存 cache_size=50；核函数中的独立项 coef0=0.0；degree=2。

（6）BPNN：学习率 learning_rate=0.001；迭代次数 epoch=200；梯度下降加速参数 momentum=0.9；隐藏层层数为 2，第一层设置为 18 个神经元，第二层设置为 16 个神经元；输入层设置为 6 个神经元，输出层设置为 1 个神经元。

2. 预警模型评估

表 10.7 为东中西区域分别在三段、四段区间下各预警模型的预测效果汇总表。由表 10.7 可知，在四段预警区间下，东中西区域风险预警模型的整体预测效果优于三段预警区间。这说明采用 K-Means 聚类方法所构建的四段预警区间，有利于提高模型的预测效果。基于此，本章仅对四段预警区间下东中西区域模型的预测效果进行对比分析。

首先，通过比较东中西区域预警模型的评估指标可知，西部区域模型整体预测效果最好，其中 XGBoost 模型的预测准确率高达 84%，为该区域最优预警模型。这主要是因为西部区域省市间的数字金融发展比较均衡，区域内数字金融风险差异小，且风险变化具有一致性。其次，中部区域 XGBoost 模型的预测准确率为 81%，亦是该区域最优预警模型，但相比于西部，中部区域模型整体预测效果较弱。其主要原因是中部区域数字金融行业正处于快速发展阶段，更易受金融市场波动、区域经济发展等影响，导致区域内的数字金融风险差异进一步扩大，从而降低了模型预测准确率。最后，东部区域模型的整体预测效果均弱于中部和西部。其中，

表 10.7 东中西区域风险预警模型的预测效果（%）

区域	东部				中部				西部			
区间分类	三段区间		四段区间		三段区间		四段区间		三段区间		四段区间	
模型	Accuracy	WF1	Accuracy	WF1	Accuracy	WF1	Accuracy	WF1	Accuracy	WF1	Accuracy	WF1
随机森林	55.56	56.94	77.78	72.69	54.55	46.62	72.73	72.73	76.92	71.06	76.92	76.08
XGBoost	61.11	62.36	72.22	65.60	45.45	35.32	81.82	82.12	76.92	66.89	84.62	84.43
LightGBM	55.56	56.94	66.67	57.28	54.55	45.02	63.64	49.49	76.92	66.89	76.92	76.08
CatBoost	66.67	68.42	72.22	69.81	45.45	37.98	63.64	64.24	76.92	71.06	76.92	76.08
BPNN	50.00	50.79	66.67	65.15	36.36	30.71	72.73	71.69	61.54	59.76	76.92	76.08
SVM	55.56	56.20	61.11	48.02	36.36	35.84	54.55	55.32	69.23	62.94	53.85	44.23
朴素贝叶斯	50.00	48.61	61.11	59.87	54.55	45.02	45.45	46.36	53.85	56.78	38.46	37.18

随机森林模型的预测准确率为 77%，为东部区域最优预警模型。这是因为东部区域省市间的数字金融发展不平衡，区域内部面临着更大的数字金融风险差异，使得东部区域模型整体的预测准确率明显低于中部和西部。

东中西区域数据集有各自分布特点，其中东部区域数字金融风险四段区域划分更为均衡，而中西部区域划分后的数据更加不平衡。在 XGBoost 中，当模型首次无法预测异常时，它将为下一轮迭代提供更多的偏好和权重，提高低参与度预测类的能力，从而对于不平衡数据有更好的预测效果。因此，中西部区域 XGBoost 模型预测效果优于东部区域，而随机森林则更适用于东部区域数据。

综上所述，本章推荐 K-Means 聚类方法所构建的四段预警区间作为东中西区域的最优风险预警区间。针对东中西区域数字金融风险预警问题，选择随机森林模型作为东部最优预警模型，选择 XGBoost 模型作为中部和西部的最优预警模型。由于东中西区域数字金融风险最优预警模型和最优预测效果有所不同，进一步证明了对各区域进行独立风险预警研究的合理性。基于此，下面将对东中西区域预警变量的重要性进行识别，并分析各区域重要变量对预测效果的影响。

3. 预警变量重要性分析

根据李斌等[151]和 Gu 等[155]特征变量重要性的评估方法，本章利用上述最优预警模型来识别变量的重要性。具体步骤如下。其一，在控制其他特征变量、超参数和数据结构不变的条件下，剔除需要识别重要性的变量后，重新训练模型。其二，剔除该变量后，计算 Accuracy 和 Weighted-F1 评估指标的变化程度，以此来度量该变量的重要性。评估指标值下降越多，则表示变量越重要。东中西各区域预警变量重要性排序见图 10.5～图 10.7。

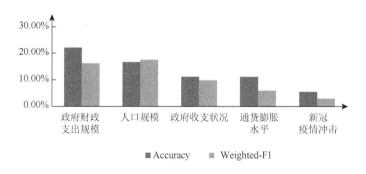

图 10.5　东部预警变量重要性排序

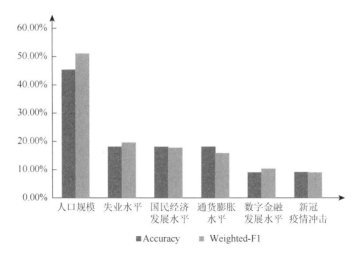

图 10.6　中部预警变量重要性排序

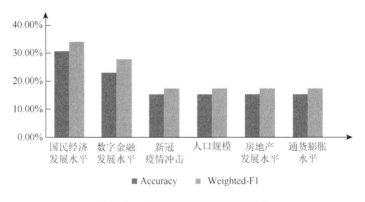

图 10.7　西部预警变量重要性排序

由图 10.5～图 10.7 可知，东中西区域的数字金融风险预警变量均对模型预测效果起到积极作用。由图 10.5 可见，政府财政支出规模变量的加入使预警模型Accuracy 和 Weighted-F1 评估指标分别上升了 22.22% 和 16.28%。这表示东部财政支出对数字金融行业的发展速度有明显影响，稳定的财政支出有利于数字金融行业平稳发展，进而减少数字金融风险波动水平。因此，可利用该变量分析东部数字金融风险波动情况，以提高模型对风险状态的预警能力。

由图 10.6 可得，人口规模变量的加入使预警模型 Accuracy 和 Weighted-F1 评估指标分别上升了 45.45% 和 51.20%。这说明中部数字金融风险指数与人口规模变化密切相关，中部区域可根据人口流动情况分析数字金融发展形势，进而预测风险指数变化趋势及风险状态。近年来中部区域出现人口回流趋势，马述忠和胡增玺[156]认为中部人口回流促进了区域数字金融行业的发展，同时数字金融发展水平的提高又有效减缓了人口流失问题，进一步证明了人口规模变量对中部区域数字金融风险预警的重要性。

由图 10.7 可知，国民经济发展水平变量在西部区域预警变量重要性排序中位于首位，加入该变量后模型 Accuracy 和 Weighted-F1 评估指标分别上升了 30.77% 和 34.05%。而数字金融发展水平仅次于国民经济发展水平，相应的 Accuracy 和 Weighted-F1 评估指标分别上升了 23.08% 和 27.92%。这表明我国经济水平对西部区域数字金融风险指数的影响较大，该区域可根据经济水平的波动来预测风险指数变化趋势，进一步提高风险状态预警能力。此外，西部区域数字金融风险指数与该区域的数字金融发展水平也具有较强的相关性。由于西部区域数字金融行业具有较大发展潜力，故该区域依据数字金融市场的变动情况来剖析区域风险指数走向，亦能提升风险状态的预警能力。

进一步，新冠疫情变量的加入对各区域最优模型预警能力的提升具有不同程度的影响。其中，东部区域预警模型在加入新冠疫情变量后，Accuracy 和 Weighted-F1 评估指标分别上升了 5.56% 和 2.88%。这表明新冠疫情变量的加入对东部区域模型预测效果的正向影响较小，主要原因是东部区域数字金融行业发展稳定，数字金融风险指数不会因疫情产生较大波动。西部区域预警模型在加入新冠疫情变量后，Accuracy 和 Weighted-F1 评估指标分别上升了 15.38% 和 17.51%。这说明新冠疫情变量的加入对西部区域模型预测效果的正向影响较大，主要原因是该区域数字金融行业受疫情影响正快速发展，使得数字金融风险呈现上升态势。因此，通过分析疫情下西部区域数字金融行业的发展情况，进一步掌握风险指数的变化趋势，亦能有效提高西部区域模型对风险状态的预警能力。

10.3　结论与建议

1. 研究结论

数字金融行业利用数字技术重塑了金融商业模式，形成了大数据风控、智能投顾、移动支付等多种新兴金融服务模式。这扩大了金融服务覆盖面，优化了服务流程，提高了服务效率，降低了交易成本。在此背景下，相较数字金融业务的迅猛发展，对其风险展开统计建模和应用研究已成为重要的研究课题。因此，深入研究数字金融风险测度、影响因素及预警模型，具有重要的学术价值和现实意义。

首先，从操作风险、信用风险、市场风险、流动性风险及政策风险五个方面，构建我国 23 个省（自治区、直辖市）数字金融风险指标体系，并利用拉格朗日乘子法得到 AHP 与熵权法最优综合赋权权重，进而对我国 23 个省（自治区、直辖市）2013～2021 年数字金融风险指数进行测度。其次，将 23 个省（自治区、直辖市）按东中西三大区域进行划分，利用泰尔指数对数字金融风险进行区域异质性分析。

研究结果表明，我国数字金融风险存在明显的区域异质性特征，故应分别对东中西区域进行影响因素和风险预警分析。在此基础上，利用偏正态与正态面板数据模型，筛选东中西区域数字金融风险的影响因素和预警变量，并运用聚类方法建立两种风险预警区间。进一步，利用 BPNN、XGBoost、SVM 等七种机器学习方法，构建东中西区域的风险预警模型。最后，基于东中西区域最优预警模型，对预警变量重要性进行识别，分析重要变量对预测效果的影响程度。具体研究结论如下。

其一，2013～2021 年三大区域及全国数字金融风险整体变化趋势基本一致，其中，2016 年、2018 年、2019 年分别为各区域数字金融风险变化的三个转折点，全国数字金融风险有自西向东发展的趋势。由泰尔指数结果可知，我国 2013～2021 年数字金融风险总体差异主要来自区域内部，2014 年、2017 年、2020 年数字金融风险总体差异不明显，且变化呈现下降和上升反复交替趋势。我国 2013～2020 年区域内部差异主要集中在东部区域，且该区域差异呈现上升趋势，其中 2019 和 2020 年出现显著回落。中部区域差异呈反复波动，于 2019 年之后连续上升。西部区域差异与中部同样呈现反复波动，并在 2018 年出现显著回落，从而拉大了与东中部泰尔指数的差异。随着新冠疫情的暴发，区域间泰尔指数差异明显缩小，而各区域内泰尔指数均呈现大幅度的上升趋势。

其二，由于我国东中部区域数字金融风险呈现偏正态分布特征，故偏正态面板数据模型比正态面板数据模型拟合效果好。通过对各区域进行分析，可知政府收支状况对东部区域数字金融风险具有正向影响，而政府财政支出规模对东部数字金融风险具有负向影响。数字金融发展水平和失业水平的上升加剧了中部区域数字金融风险，但国民经济发展水平的提升能够缓解中部区域数字金融风险。数字金融发展水平和国民经济发展水平对西部区域数字金融风险的作用类似于中部区域，房地产发展水平上升却能够缓解西部区域数字金融风险。根据参数估计结果，新冠疫情的暴发延缓了东中西三个区域数字金融风险的扩张，其中，西部区域缓解风险程度最大，东部区域最小。人口规模上升则会增加东部和中部区域数字金融风险，但能抑制西部区域数字金融风险，且东部区域增加程度高于中部区域。通货膨胀水平上涨会增加东部和西部区域数字金融风险，却缓解了中部区域数字金融风险。

其三，对东中西区域数字金融风险预警模型进行分析，本书推荐 K-Means 聚类方法所构建的四段预警区间作为东中西区域的最优风险预警区间。针对东中西区域数字金融风险预警问题，选择随机森林模型作为东部最优预警模型，选择 XGBoost 模型作为中部和西部的最优预警模型。利用最优预警模型对预警变量重要性进行识别，分析重要变量对预测效果的影响程度。研究结果表明，政府财政支出规模、人口规模、国民经济发展水平分别是东中西区域最重要的预警变量，且新冠疫情冲击变量的加入亦能提高各区域最优模型对风险状态的预警能力。

2. 对策建议

1）基于国家视角

其一，根据全国各区域数字金融风险变化规律，完善数字金融风险监管措施，强化数字金融网络安全建设。2016 年是数字金融风险监管的元年，而 2019 年数字金融网络漏洞达到高峰。根据风险指数结果，可知 2016 年以后我国各区域数字金融风险得到缓释，而 2019 年风险值又达高峰。这也进一步验证了前面的结论。因此，国家应重视完善数字金融监管措施，强化数字金融网络安全建设，为数字金融发展建立良好的环境，从而降低数字金融风险暴发的概率。

其二，把握新冠疫情下经济社会对数字化转型的需求机遇，积极推广数字金融理念、普及数字金融操作知识。新冠疫情对线下金融业发展产生冲击，而对数字金融业务需求上升。把握当前机遇，降低数字金融企业和用户的操作风险，提高数字金融行业准入门槛，推进先进技术应用和完善金融机构风险管理机制，积极应对突发性公共卫生事件。

2）基于区域视角

其一，针对区域数字金融风险异质性特点，各区域应制定有针对性的风险防范方案，并加强区域间的数字金融协同合作。与东部区域相比，西部区域更应重视素质教育和数字金融知识的普及，加强企业数字金融业务的拓展。东部区域应重视建设良好的数字金融发展环境，营造稳定的发展氛围，有效降低问题企业的数量及毁约率。中部区域则更应关注就业市场的稳定性，巩固数字金融发展基础，提高人民生活质量，更有利于数字金融平台融资，调动资金流动性。针对区域数字金融发展不均衡问题，可通过加强区域间数字金融合作、为不同区域制定具有针对性的数字金融监管政策等方式加以缓解。政府部门应坚持数字金融市场发展与数字金融风险监管齐头并进，减少我国数字金融风险区域差异，防止数字金融危机发生。

其二，利用机器学习方法对数字金融风险进行预警分析，推进各省数字金融行业信息共享。鉴于机器学习方法具有分类准确率高、学习过程迅速等特点，故将机器学习方法嵌入到数字金融风险监管平台中，可提高数字金融风险状态识别的准确率。进一步，通过加强省份间的协同合作共享，大幅增加数据的样本量，充分契合机器学习方法能够处理海量数据的特征，从而提高机器学习模型的风险状态预警能力。

其三，利用区域数字金融风险特征，识别重要性较高的预警变量。众所周知，增加重要变量会大幅提升模型的预测效果。反之，选取无关变量不仅会降低模型的预警能力，导致预警风险状态出现偏差，严重时甚至会影响数字金融市场的稳定。因此，市场监管者、专业服务机构、相关政府监管部门应重视预警变量的科学筛选。通过甄别有效信息、避开冗余信息等方法，识别具有较高重要性的预警变量。

参 考 文 献

[1] 塔琳. 互联网金融的系统性风险测算[J]. 统计与决策，2019，35（7）：158-161.

[2] 谭中明，陈文书，卜亚. 基于 MSBVAR 模型的数字金融风险预警研究[J]. 经济论坛，2022（8）：49-58.

[3] 董小君，石涛. "重灾区" 互联网金融风险指数及其影响要素分析[J]. 现代经济探讨，2020（3）：1-10.

[4] 谢平，邹传伟，刘海二. 互联网金融监管的必要性与核心原则[J]. 国际金融研究，2014（8）：3-9.

[5] 张晶. 互联网金融：新兴业态、潜在风险与应对之策[J]. 经济问题探索，2014（4）：81-85.

[6] 廖愉平. 我国互联网金融发展及其风险监管研究：以 P2P 平台、余额宝、第三方支付为例[J]. 经济与管理，2015，29（2）：51-57.

[7] 夏政. 基于系统论的互联网金融生态建设[J]. 财经科学，2015（1）：1-10.

[8] 张承惠. 中国互联网金融的监管与发展[J]. 金融论坛，2016，21（10）：13-17.

[9] 刘芬华，吴非，李华民. 互联网金融：创新金融体征、泡沫风险衍生与规制逻辑[J]. 经济学家，2016（6）：35-42.

[10] Magee R. Peer-to-peer lending in the United States：Surviving after Dodd-Frank[J]. North Carolina School Banking Institute Journal，2011，16（15）：139-174.

[11] Chaffee C，Rapp C. Regulating on-line peer-to-peer lending in the aftermath of Dodd-Frank：In search of an evolving regulatory regime for an evolving industry[J]. Washington and Lee Law Review，2012，75（69）：485-532.

[12] Michael K. Peer-to-peer lending：Auctioning microcredits over the Internet[C]. Proceedings of the International Conference on Information Systems，Technology and Management，2008：1-8.

[13] Larrimore L，Jiang L，Larrimore J，et al. Peer to peer lending：the relationship between language features，trustworthiness，and persuasion success[J]. Journal of Applied Communication Research，2011，39（1）：19-37.

[14] Steelmann A. Bypassing banks[J]. Federal Reserve Bank of Richmond，2006，10（3）：37-40.

[15] Puro L，Teich J E，Wallenius H，et al. Borrower Decision Aid for people-to-people lending[J]. Decision Support Systems，2010，49（1）：52-60.

[16] Dumičić K，Čeh Časni A，Palić I. Multivariate analysis of determinants of Internet banking use in European Union countries[J]. Central European Journal of Operations Research，2015，23（3）：563-578.

[17] 王傲君. 数字普惠金融发展存在的风险及对策[J]. 湖北师范大学学报（哲学社会科学版），2019，39（6）：49-52.

[18] 何宏庆. 数字普惠金融风险：现实表征与化解进路[J]. 兰州学刊，2020（1）：68-78.

[19] 王伟都. 互联网金融发展及风险预警机制试探[J]. 营销界，2019，（51）：189-205.

[20] 张燕. 以大数据为基础的互联网金融风险预警[J]. 时代经贸，2019，16（3）：73-74.

[21] 赵潇潇. 数字金融风险区域差异比较研究：基于 AHP 层次分析法[J]. 价值工程，2020，39（20）：81-82.

[22] 王立勇，石颖. 互联网金融的风险机理与风险度量研究：以 P2P 网贷为例[J]. 东南大学学报（哲学社会科学版），2016，18（2）：103-112，148.

[23] 贺丽娜. 互联网金融企业财务风险预警的案例研究[D]. 杭州：杭州电子科技大学，2020.

[24] Lin T I，Lee J C，Yen S Y. Finite mixture modelling using the skew normal distribution[J]. Statistica Sinica，2007，17（3）：909-927.

[25] Basso R M，Lachos V H，Cabral C R B，et al. Robust mixture modeling based on scale mixtures of skew-normal distributions[J]. Computational Statistics & Data Analysis，2010，54（12）：2926-2941.

[26] Frühwirth-Schnatter S，Pyne S. Bayesian inference for finite mixtures of univariate and multivariate skew-normal and skew-t distributions[J]. Biostatistics，2010，11（2）：317-336.

[27] Verbeke G，Lesaffre E. The effect of misspecifying the random-effects distribution in linear mixed models for longitudinal data[J]. Computational Statistics & Data Analysis，1997，23（4）：541-556.

[28] Zhang D W，Davidian M. Linear mixed models with flexible distributions of random effects for longitudinal data[J]. Biometrics，2001，57（3）：795-802.

[29] Pinheiro J C，Liu C H，Wu Y N. Efficient algorithms for robust estimation in linear mixed-effects models using the Multivariate t Distribution[J]. Journal of Computational and Graphical Statistics，2001，10（2）：249-276.

[30] Ghidey W，Lesaffre E，Eilers P. Smooth random effects distribution in a linear mixed model[J]. Biometrics，2004，60（4）：945-953.

[31] Lin T I，Lee J C. Estimation and prediction in linear mixed models with skew-normal random effects for longitudinal data[J]. Statistics in Medicine，2008，27（9）：1490-1507.

[32] Lachos V H，Dey D K，Cancho V G. Robust linear mixed models with skew-normal independent distributions from a Bayesian perspective[J]. Journal of Statistical Planning and Inference，2009，139（12）：4098-4110.

[33] Ye R D，Wang T H，Gupta A K. Distribution of matrix quadratic forms under skew-normal settings[J]. Journal of Multivariate Analysis，2014，131：229-239.

[34] Azzalini A. A class of distributions which includes the normal ones[J]. Scandinavian Journal of Statistics，1985，12（2）：171-178.

[35] Arnold B C，Lin G D. Characterizations of the skew-normal and generalized chi distributions[J]. Sankhyā：The Indian Journal of Statistics，2004，66（4）：593-606.

[36] Gupta A K，Nguyen T T，Sanqui J A T. Characterization of the skew-normal distribution[J]. Annals of the Institute of Statistical Mathematics，2004，56（2）：351-360.

[37] Kim H M，Genton M G. Characteristic functions of scale mixtures of multivariate skew-normal distributions[J]. Journal of Multivariate Analysis，2011，102（7）：1105-1117.

[38] Su N C，Gupta A K. On some sampling distributions for skew-normal population[J]. Journal of Statistical Computation and Simulation，2015，85（17）：3549-3559.

[39] Gupta A K，Huang W J. Quadratic forms in skew normal variates[J]. Journal of Mathematical Analysis and Applications，2002，273（2）：558-564.

[40] Wang T H，Li B K，Gupta A K. Distribution of quadratic forms under skew normal settings[J]. Journal of Multivariate Analysis，2009，100（3）：533-545.

[41] Balakrishnan N，Scarpa B. Multivariate measures of skewness for the skew-normal distribution[J]. Journal of Multivariate Analysis，2012，104（1）：73-87.

[42] Contreras-Reyes J E，Arellano-Valle R B. Kullback–leibler divergence measure for multivariate skew-normal distributions[J]. Entropy，2012，14（9）：1606-1626.

[43] Liao X，Peng Z X，Nadarajah S. Asymptotic expansions for moments of skew-normal extremes[J]. Statistics & Probability Letters，2013，83（5）：1321-1329.

[44] Liao X，Peng Z X，Nadarajah S，et al. Rates of convergence of extremes from skew-normal samples[J]. Statistics & Probability Letters，2014，84：40-47.

[45] Nadarajah S，Li R. The exact density of the sum of independent skew normal random variables[J]. Journal of Computational and Applied Mathematics，2017，311：1-10.

[46] Otiniano C E G，Rathie P N，Ozelim L C S M. On the identifiability of finite mixture of Skew-Normal and Skew-t distributions[J]. Statistics & Probability Letters，2015，106：103-108.

[47] Bartoletti S，Loperfido N. Modelling air pollution data by the skew-normal distribution[J]. Stochastic Environmental Research and Risk Assessment，2010，24（4）：513-517.

[48] Counsell N，Cortina-Borja M，Lehtonen A，et al. Modelling psychiatric measures using skew-normal distributions[J]. European Psychiatry，2011，26（2）：112-114.

[49] Hutton J L，Stanghellini E. Modelling bounded health scores with censored skew-normal distributions[J]. Statistics in Medicine，2011，30（4）：368-376.

[50] Eling M. Fitting insurance claims to skewed distributions：Are the skew-normal and skew-student good models？[J]. Insurance：Mathematics and Economics，2012，51（2）：239-248.

[51] Carmichael B，Coën A. Asset pricing with skewed-normal return[J]. Finance Research Letters，2013，10（2）：50-57.

[52] Pigeon M，Antonio K，Denuit M. Individual loss reserving with the multivariate skew normal framework[J]. ASTIN Bulletin：The Journal of the IAA，2013，43（3）：399-428.

[53] Taniguchi M，Petkovic A，Kase T，et al. Robust portfolio estimation under skew-normal return processes[J]. The European Journal of Finance，2015，21（13/14）：1091-1112.

[54] Contreras-Reyes J E，Arellano-Valle R B. Growth estimates of cardinalfish（*Epigonus crassicaudus*）based on scale mixtures of skew-normal distributions[J]. Fisheries Research，2013，147：137-144.

[55] Mazzuco S，Scarpa B. Fitting age-specific fertility rates by a flexible generalized skew normal probability density function[J]. Journal of the Royal Statistical Society Series A：Statistics in Society，2015，178（1）：187-203.

[56] Gupta R，Brown N. Reliability studies of the skew-normal distribution and its application to a

strength-stress model[J]. Communications in Statistics: Theory and Methods, 2001, 30 (11): 2427-2445.

[57] Figueiredo F, Gomes M I. The skew-normal distribution in SPC[J]. REVSTAT-Statistical Journal, 2013, 11 (1): 83-104.

[58] Montanari A, Viroli C. A skew-normal factor model for the analysis of student satisfaction towards university courses[J]. Journal of Applied Statistics, 2010, 37 (3): 473-487.

[59] Hossain A, Beyene J. Application of skew-normal distribution for detecting differential expression to microRNA data[J]. Journal of Applied Statistics, 2015, 42 (3): 477-491.

[60] Pewsey A. Problems of inference for Azzalini's skewnormal distribution[J]. Journal of Applied Statistics, 2000, 27 (7): 859-870.

[61] Pewsey A. The wrapped skew-normal distribution on the circle[J]. Communications in Statistics-Theory and Methods, 2000, 29 (11): 2459-2472.

[62] Pewsey A. Modelling asymmetrically distributed circular data using the wrapped skew-normal distribution[J]. Environmental and Ecological Statistics, 2006, 13 (3): 257-269.

[63] Arellano-Valle R B, Azzalini A. The centred parametrization for the multivariate skew-normal distribution[J]. Journal of Multivariate Analysis, 2008, 99 (7): 1362-1382.

[64] Wang Z Y, Wang C, Wang T H. Estimation of location parameter in the skew normal setting with known coefficient of variation and skewness[J]. International Journal of Intelligent Technologies & Applied Statistics, 2016, 9 (3): 191-208.

[65] Ma Z W, Chen Y J, Wang T H, et al. The inference on the location parameters under multivariate skew normal settings[M]//Studies in Computational Intelligence. Cham: Springer International Publishing, 2018: 146-162.

[66] Gui W H, Guo L. Statistical inference for the location and scale parameters of the skew normal distribution[J]. Indian Journal of Pure and Applied Mathematics, 2018, 49 (4): 633-650.

[67] Thiuthad P, Pal N. Hypothesis testing on the location parameter of a skew-normal distribution (SND) with application[C]//Proceedings of the ITM Web of Conferences, International Conference on Mathematics (ICM 2018): Recent Advances in Algebra, Numerical Analysis, Applied Analysis and Statistics, Tokyo, Japan, 2018: 03003.

[68] Maleki M, Wraith D. Mixtures of multivariate restricted skew-normal factor analyzer models in a Bayesian framework[J]. Computational Statistics, 2019, 34 (3): 1039-1053.

[69] Hu Y P, Xue L G, Zhao J, et al. Skew-normal partial functional linear model and homogeneity test[J]. Journal of Statistical Planning and Inference, 2020, 204: 116-127.

[70] Arellano-Valle R B, Contreras-Reyes J E, Quintero F O L, et al. A skew-normal dynamic linear model and Bayesian forecasting[J]. Computational Statistics, 2019, 34 (3): 1055-1085.

[71] 金立斌, 许王莉, 朱利平, 等. 偏正态混合模型的惩罚极大似然估计[J]. 中国科学: 数学, 2019, 49 (9): 1225-1250.

[72] Said K K, Ning W, Tian Y B. Likelihood procedure for testing changes in skew normal model with applications to stock returns[J]. Communications in Statistics-Simulation and Computation, 2017, 46 (9): 6790-6802.

[73] Efron B. Bootstrap methods: Another look at the jackknife[J]. The Annals of Statistics, 1979,

7（1）：1-26.

[74] Krishnamoorthy K，Lu F，Mathew T. A parametric bootstrap approach for ANOVA with unequal variances：Fixed and random models[J]. Computational Statistics & Data Analysis，2007，51（12）：5731-5742.

[75] Ma C X，Tian L L. A parametric bootstrap approach for testing equality of inverse Gaussian means under heterogeneity[J]. Communications in Statistics-Simulation and Computation，2009，38（6）：1153-1160.

[76] 杨方芹，徐礼文，阿吉尔古丽. 单向随机模型方差分量的参数 Bootstrap 检验[C]. 统计教育与应用统计研讨会论文集. 北京：中国商业出版社，2012：234-237.

[77] Zhang G Y，Christensen R，Pesko J. Parametric bootstrap and objective Bayesian testing for heteroscedastic one-way ANOVA[J]. Statistics & Probability Letters，2021，174：109095.

[78] Xu L W，Mei B，Chen R R，et al. Parametric bootstrap tests for unbalanced nested designs under heteroscedasticity[J]. Journal of Statistical Computation and Simulation，2014，84（9）：2059-2070.

[79] Xu L W，Qu K Y，Wu M X，et al. Parametric bootstrap tests for unbalanced three-factor nested designs under heteroscedasticity[J]. Communications in Statistics-Simulation and Computation，2016，45（1）：322-338.

[80] Xu L W，Yang F Q，Chen R R，et al. A parametric bootstrap test for two-way ANOVA model without interaction under heteroscedasticity[J]. Communications in Statistics-Simulation and Computation，2015，44（5）：1264-1272.

[81] Yue L L，Shi J H，Song W X. A parametric bootstrap approach for two-way error component regression models[J]. Communications in Statistics-Simulation and Computation，2015：1-10.

[82] Sinha S K. Bootstrap tests for variance components in generalized linear mixed models[J]. Canadian Journal of Statistics，2009，37（2）：219-234.

[83] 叶仁道，姜玲. Panel 数据模型的参数 bootstrap 推断[J]. 高校应用数学学报 A 辑，2018，33（4）：379-386.

[84] Ye R D，Ge W T，Luo K. Bootstrap inference on variance component functions in the unbalanced two-way random effects model[J]. Communications in Statistics-Simulation and Computation，2022，51（9）：5373-5386.

[85] Tsui K W，Weerahandi S. Generalized p-values in significance testing of hypotheses in the presence of nuisance parameters[J]. Journal of the American Statistical Association，1989，84（406）：602.

[86] Weerahandi S. Generalized confidence intervals[J]. Journal of the American Statistical Association，1993，88（423）：899-905.

[87] Tian L L. Testing equality of inverse Gaussian means under heterogeneity，based on generalized test variable[J]. Computational Statistics & Data Analysis，2006，51（2）：1156-1162.

[88] Park J. The generalized p-value in one-sided testing in two sample multivariate normal populations[J]. Journal of Statistical Planning and Inference，2010，140（4）：1044-1055.

[89] Krishnamoorthy K，Mathew T. Inferences on the means of lognormal distributions using generalized p-values and generalized confidence intervals[J]. Journal of Statistical Planning and

Inference，2003，115（1）：103-121.

[90] Krishnamoorthy K，Mallick A，Mathew T. Inference for the lognormal mean and quantiles based on samples with left and right type I censoring[J]. Technometrics，2011，53（1）：72-83.

[91] Gamage J，Mathew T，Weerahandi S. Generalized p-values and generalized confidence regions for the multivariate Behrens–Fisher problem and MANOVA[J]. Journal of Multivariate Analysis，2004，88（1）：177-189.

[92] Krishnamoorthy K，Lu Y. Inferences on the common mean of several normal populations based on the generalized variable method[J]. Biometrics，2003，59（2）：237-247.

[93] Lin S H，Lee J C. Generalized inferences on the common mean of several normal populations[J]. Journal of Statistical Planning and Inference，2005，134（2）：568-582.

[94] Ye R D，Ma T F，Wang S G. Inferences on the common mean of several inverse Gaussian populations[J]. Computational Statistics & Data Analysis，2010，54（4）：906-915.

[95] Weerahandi S. Testing variance components in mixed models with generalized p values[J]. Journal of the American Statistical Association，1991，86（413）：151.

[96] Arendacká B. Generalized confidence intervals on the variance component in mixed linear models with two variance components[J]. Statistics，2005，39（4）：275-286.

[97] Mathew T，Webb D W. Generalized p values and confidence intervals for variance components：applications to army test and evaluation[J]. Technometrics，2005，47（3）：312-322.

[98] Weerahandi S，Berger V W. Exact inference for growth curves with intraclass correlation structure[J]. Biometrics，1999，55（3）：921-924.

[99] Lin S H，Lee J C. Exact tests in simple growth curve models and one-way ANOVA with equicorrelation error structure[J]. Journal of Multivariate Analysis，2003，84（2）：351-368.

[100] Chi E M，Weerahandi S. Comparing treatments under growth curve models：exact tests using generalized p-values[J]. Journal of Statistical Planning and Inference，1998，71（1/2）：179-189.

[101] Tian L L. Interval estimation and hypothesis testing of intraclass correlation coefficients：the generalized variable approach[J]. Statistics in Medicine，2005，24（11）：1745-1753.

[102] Ye R D，Wang S G. Inferences on the intraclass correlation coefficients in the unbalanced two-way random effects model with interaction[J]. Journal of Statistical Planning and Inference，2009，139（2）：396-410.

[103] Gilder K，Ting N，Tian L L，et al. Confidence intervals on intraclass correlation coefficients in a balanced two-factor random design[J]. Journal of Statistical Planning and Inference，2007，137（4）：1199-1212.

[104] Weerahandi S，Johnson R A. Testing reliability in a stress-strength model when X and Y are normally distributed[J]. Technometrics，1992，34（1）：83.

[105] Roy A，Mathew T. A generalized confidence limit for the reliability function of a two-parameter exponential distribution[J]. Journal of Statistical Planning and Inference，2005，128（2）：509-517.

[106] Krishnamoorthy K，Lin Y. Confidence limits for stress-strength reliability involving Weibull models[J]. Journal of Statistical Planning and Inference，2010，140（7）：1754-1764.

[107] Mathew T，Sebastian G，Kurian K M. Generalized confidence intervals for process capability indices[J]. Quality and Reliability Engineering International，2007，23（4）：471-481.

[108] Hsu B M，Wu C W，Shu M H. Generalized confidence intervals for the process capability index Cpm[J]. Metrika，2008，68（1）：65-82.

[109] 李新民，徐兴忠，李国英. 广义 P 值的 Fiducial 推断[J]. 中国科学（A 辑：数学），2007，37（6）：733-741.

[110] Hannig J，Iyer H，Patterson P. Fiducial generalized confidence intervals[J]. Journal of the American Statistical Association，2006，101（473）：254-269.

[111] 徐兴忠，刘芳. 混合比的统计推断[J]. 中国科学（A 辑：数学），2008，38（1）：106-120.

[112] Xiong S F，Mu W Y，Xu X Z. Generalized inference for a class of linear models under heteroscedasticity[J]. Communications in Statistics-Theory and Methods，2008，37（8）：1225-1236.

[113] 徐礼文. 复杂数据的 bootstrap 统计推断及其应用[M]. 北京：科学出版社，2016.

[114] 胡晓予. 高等概率论[M]. 北京：科学出版社，2009.

[115] 吴立德，汪嘉冈，李贤平，等. 概率论[M]. 上海：上海科技教育出版社. 北京：高等教育出版社，1979-1981.

[116] 钟开莱. 概率论教程[M]. 北京：机械工业出版社，2010.

[117] Graybill F A，Deal R B. Combining unbiased estimators[J]. Biometrics，1959，15（4）：543.

[118] Azzalini A，Capitanio A. The Skew-normal and Related Families[M]. New York：Cambridge University Press，2014.

[119] 叶仁道，王仲池，罗堃，等. 多个偏正态总体共同位置参数的 Bootstrap 置信区间[J]. 数学物理学报，2021，41（1）：194-216.

[120] Ye R D，Wang T H. Inferences in linear mixed models with skew-normal random effects[J]. Acta Mathematica Sinica，English Series，2015，31（4）：576-594.

[121] Ye R D，Xu L J，Luo K，et al. A parametric bootstrap approach for one-way classification model with skew-normal random effects[J]. Applied Mathematics-A Journal of Chinese Universities，2019，34（4）：423-435.

[122] Wu M X，Tian Y，Liu A Y. Robust inference in linear mixed model with skew normal-symmetric error[J]. Frontiers of Mathematics in China，2017，12（6）：1483-1500.

[123] 叶仁道，戚戬. 偏正态单向分类随机效应模型中方差分量函数的 Bootstrap 推断[J]. 数理统计与管理，2022，41（2）：309-321.

[124] Wimmer G，Witkovský V. Between group variance component interval estimation for the unbalanced heteroscedastic one-way random effects model[J]. Journal of Statistical Computation and Simulation，2003，73（5）：333-345.

[125] 潘捷建. 正态变量的二次型和线性型组的联合分布及其渐近独立性[J]. 数学进展，1966（2）：183-189.

[126] Genton M G. Discussion of the skew-normal[J]. Scandinavian Journal of Statistics，2005，32（2）：189-198.

[127] Burch B D. Confidence intervals for variance components in unbalanced one-way random effects model using non-normal distributions[J]. Journal of Statistical Planning and Inference，

2011，141（12）：3793-3807.

[128] 叶仁道，罗堃. 若干混合效应模型的统计推断研究[M]. 北京：科学出版社，2016.

[129] Karlsson S，Skoglund J. Maximum-likelihood based inference in the two-way random effects model with serially correlated time effects[J]. Empirical Economics，2004，29：79-88.

[130] 范永辉，王松桂. 两向分类随机效应模型中方差分量的非负估计[J]. 工程数学学报，2007，24（2）：303-310.

[131] Ye R D，Ge W T，Luo K. Bootstrap inference on the variance component functions in the two-way random effects model with interaction[J]. Journal of Systems Science and Complexity，2021，34（2）：774-791.

[132] Muirhead R J. Aspects of Multivariate Statistical Theory[M]. New York：Wiley，1982.

[133] Ye R D，Wang T H，Sukparungsee S，et al. Tests in variance components models under skew-normal settings[J]. Metrika，2015，78（7）：885-904.

[134] 王松桂，史建红，尹素菊，等. 线性模型引论[M]. 北京：科学出版社，2004.

[135] 王兆军，邹长亮. 数理统计教程[M]. 北京：高等教育出版社，2014.

[136] 黄益平，黄卓. 中国的数字金融发展：现在与未来[J]. 经济学（季刊），2018，17（4）：1489-1502.

[137] Beşikçi E B，Kececi T，Arslan O，et al. An application of fuzzy-AHP to ship operational energy efficiency measures[J]. Ocean Engineering，2016，121：392-402.

[138] Saaty T L，Kearns K P. The Analytic Hierarchy Process[M]//Analytical Planning. Amsterdam：Elsevier，1985：19-62.

[139] 郑晓云，王雨. 基于 AHP 和熵权法的房地产开发企业诚信评价[J]. 山西建筑，2016，42（2）：213-214.

[140] 陈凯，刘筱慧，王雪，等. 商业银行不良贷款地区差异的泰尔指数分解及影响因素分析[J]. 工业技术经济，2021，40（10）：116-127.

[141] 郭梦芸. 我国财政支出占 GDP 的比重变化的实证分析[J]. 中国商界（下半月），2009（8）：22.

[142] 黄邦根，李刚，郑美华. 宏观经济学[M].北京：人民邮电出版社：2017.

[143] 朱海洋. 互联网金融背景下房地产企业融资研究[J]. 纳税，2020，14（18）：178-180.

[144] 谭中明. 区域金融风险预警系统的设计和综合度量[J]. 软科学，2010，24（3）：69-74.

[145] Arellano-Valle R B，Bolfarine H，Lachos V H. Skew-normal linear mixed models[J]. Journal of Data Science，2021，3（4）：415-438.

[146] 张宏东. EM 算法及其应用[D]. 济南：山东大学，2014.

[147] 杨基栋. EM 算法理论及其应用[J]. 安庆师范学院学报（自然科学版），2009，15（4）：30-35.

[148] Ian G，Yoshua B，Aaron C. Deep Learning[M]. Massachusetts：Massachusetts Institute of Technology，2016.

[149] Wu L F，Huang G M，Fan J L，et al. Potential of kernel-based nonlinear extension of Arps decline model and gradient boosting with categorical features support for predicting daily global solar radiation in humid regions[J]. Energy Conversion and Management，2019，183：280-295.

[150] 董力铭，曾文治，雷国庆. 分类梯度提升算法（CatBoost）与蝙蝠算法（Bat）耦合建模预

测中国西北部地区水面蒸发量[J]. 节水灌溉，2021（2）：63-69.

[151] 李斌，邵新月，李玥阳. 机器学习驱动的基本面量化投资研究[J]. 中国工业经济，2019（8）：61-79.

[152] Samitas A，Kampouris E，Kenourgios D. Machine learning as an early warning system to predict financial crisis[J]. International Review of Financial Analysis，2020，71：101507.

[153] 游悦. 基于神经网络分位数回归的金融风险预警研究[D]. 长沙：湖南大学，2019.

[154] 任广宇. 基于机器学习的债券违约风险预测研究[D]. 成都：西南财经大学，2021.

[155] Gu S H，Kelly B，Xiu D C. Empirical asset pricing via machine learning[J]. The Review of Financial Studies，2020，33（5）：2223-2273.

[156] 马述忠，胡增玺. 数字金融是否影响劳动力流动？：基于中国流动人口的微观视角[J]. 经济学（季刊），2022，22（1）：303-322.